“十三五”普通高等教育规划教材

建设法规

主编　范成伟　明杏芬

同济大学出版社
TONGJI UNIVERSITY PRESS

内容提要

“建设法规”是土木工程、工程管理、工程造价及建筑工程技术等相关专业的通识课程。本书根据建设行业市场实际需要及其发展趋势构筑知识体系，包括建设法规综述，建设工程许可法规，建设工程发承包法规，建设工程合同与劳动合同法律制度，建设工程安全生产管理法规，建设工程质量法律制度，建设工程施工环境保护、节约能源和文物保护法律制度，解决建设工程纠纷法律制度等八个方面的知识；从有关专著、注册建造师、注册造价工程师等执业资格考试，以及有实际经验的现场管理人员中收集案例，从案例出发，融合工程建设领域方面的法律知识点，通过对工程实际案例进行分析，结合课后习题，加强学生对建设法规内容的理解。本书内容不仅体现了本专业的核心知识要点，而且尽量体现了本领域的最新前沿知识。

本书适合土木工程、工程管理、工程造价及建筑工程技术等专业的师生教学使用，同时也可作为建造师、造价工程师等人员学习培训的参考阅读资料。

图书在版编目(CIP)数据

建设法规 / 范成伟，明杏芬主编. -- 上海：同济大学出版社，2017.5 (2022.8 重印)
ISBN 978-7-5608-6978-0

Ⅰ.①建… Ⅱ.①范…②明… Ⅲ.①建筑法—中国—教材 Ⅳ.①D922.297

中国版本图书馆 CIP 数据核字(2017)第 096512 号

“十三五”普通高等教育规划教材

建设法规

主编 范成伟 明杏芬

责任编辑 陈佳蔚 责任校对 徐春莲 封面设计 潘向蓁

出版发行 同济大学出版社 www.tongjipress.com.cn
(地址：上海市四平路 1239 号 邮编：200092 电话：021-65985622)
经 销 全国各地新华书店
印 刷 常熟市大宏印刷有限公司
开 本 787 mm×1092 mm 1/16
印 张 22.25
印 数 4201—5300
字 数 555 000
版 次 2017 年 5 月第 1 版 2022 年 8 月第 3 次印刷
书 号 ISBN 978-7-5608-6978-0

定 价 48.00 元

前　言

“建设法规”是土木工程、工程管理、工程造价及建筑工程技术等相关专业的通识课程。本书根据建设行业市场实际需要及其发展趋势构筑知识体系，包括建设法规综述，建设工程许可法规，建设工程发承包与招投标法规，建设工程合同与劳动合同法律制度，建设工程安全生产管理法规，建设工程质量法律制度，建设工程施工环境保护、节约能源和文物保护法律制度，解决建设工程纠纷法律制度等八个方面的知识；从有关专著、注册建造师、注册造价工程师等执业资格考试，以及有实际经验的现场管理人员中收集案例，从案例出发，融合工程建设领域方面的法律知识点，通过对工程实际案例进行分析，结合课后习题，加强学生对建设法规内容的理解。本书内容不仅体现了本专业的核心知识要点，而且尽量体现了本领域的最新前沿知识。

目前，在我国现有的各类建设工程相关执业资格考试中，较多科目含有“建设工程法规”有关内容，本书紧紧围绕应用技术型人才培养目标，在编写过程中结合注册建造师、注册造价工程师等执业资格考试的要求来组织内容。因此本书不仅是高等院校建设工程相关专业及土木工程专业应用型人才的教材，也可作为有关执业资格考试的复习参考书。

本书结构清晰，根据最新修订和新颁布的法律法规进行编写。本书所涉及的最新修订或新颁布的法律法规主要有《中华人民共和国采购法》《中华人民共和国安全生产法》《中华人民共和国环境保护法》《中华人民共和国大气污染防治法》《中华人民共和国行政诉讼法》《政府采购法实施条例》《安全生产许可证条例》《国务院办公厅关于全面治理拖欠农民工工资问题的意见》，以及《电子招标投标办法》《建筑业企业资质管理规定》《建筑工程施工转包违法分包等违法行为认定查处管理办法（试行）》《建筑工程施工发包和承包计价管理办法》等。

本书是湖北省教育科学“十二五”规划 2014 年度课题“工程项目管理类课程教学改革”的成果之一。全书由范成伟、明杏芬担任主编，对大纲进行最终审定，并负责全书的总纂。本书项目一、项目二由明杏芬编写；项目三、项目四、项目六由范成伟编写；项目五由碧桂园集团云南区域公司明晓东编写；项目七由叶小宁编写；项目八由武汉铭泽瑞建设工程有限公司李敏编写。在此一并表示感谢！

由于编者经验有限，本书如有不足之处，恳请读者多多提出宝贵意见。

编　者

2017 年 5 月

目　　录

前言

项目一　建设法规综述 …… 1
知识目标 …… 1
技能目标 …… 1
第一部分　情景案例导入与分析 …… 1
第二部分　相关工作任务 …… 2
任务 1　建设法规基础 …… 2
任务 2　建设法律关系 …… 5
任务 3　建设工程代理制度 …… 9
任务 4　建设工程物权制度 …… 13
任务 5　建设工程债权制度 …… 18
任务 6　建设工程担保制度 …… 21
课后习题 …… 26

项目二　建设工程许可法规 …… 29
知识目标 …… 29
技能目标 …… 29
第一部分　情景案例导入与分析 …… 29
第二部分　相关工作任务 …… 31
任务 1　建设工程施工许可制度 …… 31
任务 2　从业单位资格许可 …… 40
任务 3　专业技术人员执业资格许可 …… 50
课后习题 …… 56

项目三　建设工程发承包与招投标法规 …… 58
知识目标 …… 58
技能目标 …… 58
第一部分　情景案例导入与分析 …… 58
第二部分　相关工作任务 …… 60

任务1 发包与承包概述 …… 60
任务2 建设工程承包制度 …… 64
任务3 承发包违法行为应承担的法律责任 …… 77
任务4 建设工程招标 …… 79
任务5 建设工程投标 …… 93
任务6 开标、评标和中标 …… 100
任务7 建设工程招标的管理机构及其职责 …… 106
课后习题 …… 107

项目四 建设工程合同和劳动合同法律制度 …… 111
知识目标 …… 111
技能目标 …… 111
第一部分 情景案例导入与分析 …… 111
第二部分 相关工作任务 …… 112
任务1 建筑工程合同概述 …… 112
任务2 建筑工程合同的订立 …… 115
任务3 无效合同和效力待定合同的规定 …… 119
任务4 合同的履行、变更、转让、撤销和终止 …… 121
任务5 建设工程施工合同的法定形式和内容 …… 128
任务6 合同的履行 …… 130
任务7 建设工程工期和支付价款的规定 …… 137
任务8 违约责任及违约责任的免除 …… 143
任务9 劳动合同订立的规定 …… 145
任务10 劳动合同的履行、变更、解除和终止 …… 151
任务11 劳动保护的规定 …… 156
课后习题 …… 165

项目五 建设工程安全生产管理法规 …… 170
知识目标 …… 170
技能目标 …… 170
第一部分 情景案例导入与分析 …… 170
第二部分 相关工作任务 …… 171
任务1 施工安全生产许可证制度 …… 171
任务2 施工安全生产责任和安全生产教育培训制度 …… 176
任务3 施工现场安全防护制度 …… 192
任务4 施工安全事故的应急救援与调查处理 …… 206
任务5 建设单位和相关单位的建设工程安全责任制度 …… 214
课后习题 …… 224

项目六 建设工程质量法律制度…… 228
知识目标…… 228
技能目标…… 228
第一部分 情景案例导入与分析…… 228
第二部分 相关工作任务…… 229
任务1 工程建设标准…… 229
任务2 施工单位的质量责任和义务…… 235
任务3 建设单位及相关单位的质量责任和义务…… 244
任务4 建设工程竣工验收制度…… 255
任务5 建设工程质量保修制度…… 268
课后习题…… 273

项目七 建设工程施工环境保护、节约能源和文物保护法律制度…… 277
知识目标…… 277
技能目标…… 277
第一部分 情景案例导入与分析…… 277
第二部分 相关工作任务…… 278
任务1 施工现场噪声污染防治的规定…… 278
任务2 施工现场废气、废水污染防治的规定…… 282
任务3 施工现场固体废物污染防治的规定…… 289
任务4 施工节约能源制度…… 292
任务5 施工文物保护制度…… 299
课后习题…… 302

项目八 解决建设工程纠纷法律制度…… 305
知识目标…… 305
技能目标…… 305
第一部分 情景案例导入与分析…… 305
第二部分 相关工作任务…… 306
任务1 建设工程纠纷主要种类和法律解决途径…… 306
任务2 民事诉讼制度…… 311
任务3 仲裁制度…… 322
任务4 调解、和解制度…… 328
任务5 行政强制、行政复议和行政诉讼制度…… 333
课后习题…… 341

参考答案…… 344

项目一　建设法规综述

知识目标

◇ 了解建设工程法规体系及效力等级
◇ 熟悉建设法律关系主体、客体和内容
◇ 熟悉建设工程代理制度
◇ 掌握建设工程物权制度
◇ 掌握建设工程债权制度
◇ 掌握建设工程担保制度

技能目标

◇ 能够运用所学的基本知识正确处理建设工程当事人之间的法律关系
◇ 能够运用工程建设基本民事法律制度知识处理实际工作中遇到的问题和纠纷
◇ 具有通过执业资格考试的能力

第一部分　情景案例导入与分析

案例　明月湾大桥建设法律关系构成

案情简介　2014 年 6 月 2 日，扬新县人民政府和湖北六保置业发展有限公司(以下简称甲)签订了明月大桥投资合同，总投资额为 9 600 万元。其后，六保置业发展有限公司委托湖北天天工程咨询有限责任公司招标代理，分别与大桥局设计院(以下简称乙)和四川瑞阳工程建筑有限公司(以下简称丙)签订了工程勘察设计合同和工程总承包合同。

施工合同约定，由丙根据甲提供的设计图纸进行施工，工程竣工时依据国家有关验收规定及设计图纸进行质量验收。工程施工过程中，栈桥局部发生 2 cm 下沉，甲会同有关质量监督部门对工程进行检查，发现是由于设计不符合规范所致。原来乙未对现场进行仔细勘察即自行进行设计导致设计不合理，给甲带来了重大损失。

问题：

1. 请分析本案中有哪些建设工程法律关系？其构成要素如何？
2. 本案中有何种代理关系？
3. 本案中债形成的依据是什么？

案例分析：

1. 法律关系主体、法律关系客体和法律关系的内容称为法律关系构成的三要素。建设法律关系主体是建设法律关系的参加者,可以是自然人或公民、法人和其他组织等。

本案中涉及的主体有湖北六保置业发展有限公司(甲)、大桥局设计院(乙)、四川瑞阳工程建筑有限公司(丙)、招标代理湖北天天工程咨询有限责任公司。

建设法律关系客体是指建设法律关系主体享有的权利和承担的义务所共同指向的对象,包括物、行为、财产和非物质财富。本案中的客体有建设资金 9 600 万元、施工单位的建设行为、招标代理行为和设计图纸。

建设法律关系的内容即建设法律关系主体享有的权利和应承担的义务。

2. 代理包括委托代理、法定代理和指定代理。本案中的代理属于委托代理。

3. 建设工程债的产生,是指特定当事人之间债权债务关系的产生。引起债产生的一定法律事实,就是债产生的根据。建设工程债产生的根据有合同、侵权、无因管理和不当得利等。本案中债形成的依据是合同。

第二部分 相关工作任务

任务 1 建设法规基础

一、建设工程法律法规的概念与特征

(一) 建设法规概念

建设法规是指国家权力机关或其授权的行政机关制定的调整国家及有关机构、企事业单位、社会团体、公民之间在建设活动中或建设行政管理活动中发生的各种社会关系的法律、法规的统称。根据国务院 2000 年 1 月 30 日发布的《建设工程质量管理条例》规定,建设工程是指土木工程、建筑工程、线路管道和设备安装工程及建筑装修工程。

(二) 建设法规特征

(1) 行政性。这是建设法规的重要特征,这一特征表明了建设法规是直接体现行政命令的调整方法,其调整方式主要有授权、命令、禁止、许可、免除、计划、撤销等。

(2) 政策性。建设法规体现国家的工程建设政策,国家的建设形势总是处于不断发展变化之中,建设法律、法规也需要随着政策的变化而变化。当国家财政紧张时,就需要减少基本建设投资,反之则可适当增加基本建设投资。

(3) 经济性。建设活动与生产、分配、交换、消费相联系,直接为社会创造财富。如房地产开发、住宅商品化、工程建设勘察设计、施工安装等都是直接为社会创造财富的活动。随着工程建设的发展,其在国民经济中的地位也日益突出。许多国家把建筑业看成是国民经济的重要支柱之一。

(4) 技术性。工程建设产品的质量和安全与人民群众的生命财产安全息息相关。为保证工程建设产品的质量和安全,大量的建设法规都是以技术规范的形式出现,以便于广大工程技术人员和管理机构遵照执行,如各种设计规范、施工规范、验收规范、产品质量检测规范等。

案例 1-1 根据法的效力等级,《招标投标法实施条例》属于( )。

A. 法律　　B. 部门规章　　C. 行政法规　　D. 单行条例

二、建设法规体系

建设法规体系是国家法律体系的组成部分,它必须要与国家的宪法和相关法律保持一致,不能出现与其他法律法规相互矛盾和抵触的地方,但是由于其自身的行业特征,它又具有相对独立性。

根据《中华人民共和国立法法》(以下简称《立法法》)中关于立法权限的规定,我国的建设法规体系由六个部分组成,其法律效力由高到低分别为:

(一) 建设法律

建设法律即由全国人民代表大会及其常务委员会颁行的属于国务院建设行政主管部门主管业务范围内的各项法律。其内容主要涉及建设领域的基本方针、政策,它的法律效力仅次于宪法,在全国范围内具有普遍约束力,是建设法律体系的核心和基础。主要包括《中华人民共和国建筑法》(以下简称《建筑法》)《中华人民共和国城乡规划法》《城市房地产管理法》《中华人民共和国合同法》(以下简称《合同法》)和《中华人民共和国招标投标法》等。

(二) 建设行政法规

建设行政法规即由国务院制定颁行的属于建设行政主管部门主管业务范围的各项法规。其内容一般是对建设法律条款的细化,它的法律效力仅次于建设法律。常以"条例""办法""规定""章程"等名称出现,例如,《建设工程质量管理条例》《建设工程安全生产管理条例》《建设工程勘察设计管理条例》《城市房地产开发经营管理条例》《招标投标法实施条例》等。

(三) 建设部门规章

建设部门规章即由国务院建设行政主管部门或其与国务院其他相关部门联合制定颁行的法规。它一方面将法律法规的规定进一步细化,另一方面也作为法律法规的补充,为相关部门的依法行政提供依据。常以"规定""办法""实施办法""规则"等形式出现,如住房和城乡建设部发布的《房屋建筑和市政基础设施工程质量监督管理规定》《市政公用设施抗灾设防管理规定》,国家发展和改革委员会发布的《招标公告发布暂行办法》《工程建设项目招标范围和规模标准规定》等。

(四) 地方性建设法规

地方性建设法规即由省(自治区、直辖市)、较大的市(省会城市、国务院批准的市、经济特区)的人民代表大会及其常务委员会结合本地区实际情况制定颁行的或经其批准颁行的,只在本区域有效的建设法规。目前,各地方都制定了大量的规范建设活动的地方性法规、自治条例和单行条例,如《北京市建筑市场管理条例》《天津市建筑市场管理条例》《新疆维吾尔自治区建筑市场管理条例》等。

(五) 地方政府规章

地方政府规章即由省、自治区、直辖市和较大的市的人民政府根据法律、行政法规和本省、自治区、直辖市的地方性法规,制定的地方政府规章。目前,省、自治区、直辖市和较大的市的人民政府都制定了大量地方规章,如《重庆市建设工程造价管理规定》《安徽省建设工程造价管理办法》《深圳市建设工程勘察设计合同管理暂行办法》等。

(六) 国际条约

国际条约是指我国与外国缔结、参加、签订、加入、承认的双边、多边的条约、协定和其他具有条约性质的文件。国际条约的名称，除“条约”外，还有“公约”“协议”“协定”“议定书”“宪章”“盟约”“换文”和“联合宣言”等。除我国在缔结时宣布持保留意见不受其约束的以外，这些条约的内容都与国内法具有一样的约束力，所以也是我国法的形式。例如，我国加入 WTO 后，WTO 中与工程建设有关的协定也对我国的建设活动产生约束力。

案例 1-1 分析：

答案：C

理由：依照《立法法》规定，行政法规是国务院根据宪法和法律就有关执行法律和履行行政管理职权问题制定的规范性文件的总称，常以“条例”“办法”“规定”“章程”等名称出现。

三、法律法规的效力层级

法律体系中各种法的形式，由于制定的主体、程序、时间、适用范围的不同，具有不同的效力，形成了法的效力等级体系。

案例 1-2 下列规范性文件中，法律效力最高的是(　　)。

A. 上海市建筑市场管理条例　　B. 建筑业企业资质管理规定

C. 工程建设项目施工招标投标办法　　D. 安全生产许可证条例

(一) 上位法优于下位法

在我国法律体系中，法律的效力是仅次于宪法而高于其他法的形式。行政法规的法律地位和法律效力仅次于宪法和法律，高于地方性法规和部门规章。地方性法规的效力，高于本级和下级地方政府规章。省、自治区人民政府制定的规章的效力，高于本行政区域内较大的市人民政府制定的规章。部门规章之间、部门规章与地方政府规章之间具有同等效力，在各自的权限范围内施行。

案例 1-2 分析：

答案：D

理由：法律法规的效力层级从高到低依次为宪法、法律、行政法规、地方性法规和部门规章、地方政府规章。案例中 A 属于地方法规；B 和 C 属于部门规章；D 属于行政法规。

(二) 特别法优于一般法

特别法优于一般法，是指公法权力主体在实施公权力行为中，当一般规定与特别规定不一致时，优先适用特别规定。《立法法》规定，同一机关制定的法律、行政法规、地方性法规、自治条例和单行条例、特别规定与一般规定不一致时，适用特别规定。

(三) 新法优于旧法

新法、旧法对同一事项有不同规定时，新法的效力优于旧法。《立法法》规定，同一机关制定的法律、行政法规、地方性法规、自治条例和单行条例、规章，新的规定与旧的规定不一致时，适用新的规定。

案例 1-3　《立法法》规定,(　　)之间对一事项的规定不一致时,由国务院裁决。

A. 地方性法规与地方政府规章　　B. 部门规章

C. 部门规章与地方性法规　　D. 地方政府规章与部门规章

E. 同一机关制定的旧的一般规定与新的特别规定

(四) 需要由有关机关裁决适用的特殊情况

法律之间对同一事项的新的一般规定与旧的特别规定不一致,不能确定如何适用时,由全国人民代表大会常务委员会裁决。

行政法规之间对同一事项的新的一般规定与旧的特别规定不一致,不能确定如何适用时,由国务院裁决。

地方性法规、规章之间不一致时,由有关机关依照下列规定的权限进行裁决:

(1) 同一机关制定的新的一般与旧的特别规定不一致时,由制定机关裁决。

(2) 地方性法规与部门规章之间对同一事项的规定不一致,不能确定如何适用时,由国务院提出意见,国务院认为应当适用地方性法规的,应当决定在该地方适用地方性法规的规定;认为应当适用部门规章的,应当提请全国人民代表大会常务委员会裁决。

(3) 部门规章之间、部门规章与地方政府规章之间对同一事项的规定不一致时,由国务院裁决。

根据授权制定的法规与法律规定不一致,不能确定如何适用时,由全国人民代表大会常务委员会裁决。

案例 1-3 分析:

答案:BD

任务 2　建设法律关系

一、建设法律关系的概念

法律关系,是指有法律规范调整一定社会关系而形成的权利义务关系。其实质是法律主体之间存在的特定权利和义务的关系。法律关系一般由主体、客体和内容三个部分构成,缺一不可。法律关系的种类有很多,如民事法律关系、行政法律关系、刑事法律关系和经济法律关系等。

建设法律关系是指建设法律规范所确定和调整的,在建设管理和建设协作过程中所产生的权利和义务关系。如在具体的建设活动中,其建设行政主管部门与建设项目的投资人或项目业主、承包人、勘察设计单位以及工程监理单位之间,依据相关建设法规,形成了管理与被管理的建设法律关系,这种关系受建设法律规范的约束和调整。由于建设活动涉及面广、内容复杂、法律关系主体广泛、所依据的法律规范多样,因此就决定了建设法律关系具有综合性、复杂性和协作性等特点。

二、建设法律关系的构成

在法学上,通常把法律关系主体、法律关系客体和法律关系的内容称为法律关系构成的三要素。任何法律关系都是由这三要素构成的，缺一不可。建设法律关系的构成也不例外。

案例 1-4 发电厂甲与施工单位乙签订了价款为 5 000 万元的固定总价建设工程承包合同，明确施工单位要保质保量保工期完成发电厂厂房施工任务。乙按照图纸施工竣工后，向甲方提交了竣工报告。由于时间紧迫，发电厂还没组织验收就直接投入使用。使用过程中，甲方发现厂房主体存在质量问题，要求乙方修理。乙方认为工程未经验收便提前使用，出现质量问题，施工单位不应再承担责任。

问题：

1. 本案中的建设工程法律关系主体是什么？
2. 本案中的建设工程法律关系客体是什么？
3. 本案中的建设工程法律关系内容是什么？

(一) 建设法律关系主体

建设法律关系主体是建设法律关系的参加者，是指参加建设活动，受建设法律规范调整，在法律上享有权利、承担义务的人。在我国，建设法律关系的主体十分广泛。

(1) 自然人或公民。自然人是指因出生而获得生命的人类个体，是权利主体或义务主体最基本的形态，一般包括本国公民、外国公民和无国籍人。公民是指取得一国国籍并根据该国宪法和法律规定享有权利和承担义务的人。自然人的概念比公民的概念更广泛。自然人在建设活动中可以成为建设法律关系的主体，例如，注册建筑师、注册结构工程师、注册监理工程师等与有关发包单位签订合同时即成为建设法律关系的主体。

(2) 法人。法人是与自然人相对应的概念，是指具有民事权利能力和民事行为能力，依法独立享有民事权利和承担民事义务的组织。根据《中华人民共和国民法通则》(以下简称《民法通则》)第 37 条的规定："法人必须依法成立；有必要的财产或者经费；有自己的名称、组织机构和场所；能够独立承担民事责任。"法人是建设活动中最主要的主体。

(3) 其他组织。是指依法或依据有关政策成立，有一定的组织机构和财产，但不具备法人资格的各类组织。在现实生活中，这些组织也称为非法人组织，包括非法人企业，如一些不具备法人资格的合伙企业、私营企业、个体工商户、农村承包经营户等，以及非法人机关、事业单位和社会团体。

案例 1-4 分析：

1. 建设法律关系主体是建设法律关系的参加者，可以是自然人或公民、法人和其他组织。本案中涉及的主体有发电厂甲和施工单位乙。

(二) 建设法律关系客体

建设法律关系客体是指建设法律关系主体享有的权利和承担的义务所共同指向的对象。建设主体为了某一客体，相互之间才会建立起权利义务关系。这里的权利义务所指向的对象，就是建设法律关系的客体，主要包括以下四类：

(1)物。是指可以为人们控制和支配，有一定经济价值并以物质形态表现出来的物体。它是我国应用最为广泛的法律关系客体。作为建设法律关系客体的物主要表现为建设材料，如钢筋、水泥、矿石等及其构成的建筑产品等。

(2) 行为。是指建设法律关系主体行使权利和履行义务的各种有意识的活动，包括作为和不作为。在建设法律关系中，行为多表现为完成一定的工作，如勘察设计、施工安装、检查验收等活动。

(3) 财产。一般是指资金和有价证券。作为建设法律关系客体的财产主要表现为建设资金,如基本建设贷款合同的标的,即一定数量的货币。

(4) 非物质财富。也称精神产品,是指人们脑力劳动的成果或智力方面的创作成果,包括著作权、专利权商标权等。作为建设法律关系客体的非物质财富主要表现为设计图纸等。

案例 1-4 分析:

2. 建设法律关系客体是指建设法律关系主体享有的权利和承担的义务所共同指向的对象,包括物、行为、财产和非物质财富。本案中的客体有建设资金 5 000 万元、施工单位的建设行为和不维修行为、已建好的厂房和设计图纸。

(三) 建设法律关系内容

建设法律关系的内容即建设法律关系主体享有的权利和应承担的义务。这是建设法律关系的核心,直接体现了主体的要求和利益。

(1) 建设权利。即建设法律关系的主体可以要求其他主体做出某种行为或不做某种行为,以实现自己的权利,也可以因其他主体的行为而导致自己的权利不能实现时要求国家机关予以保护或予以制裁。如施工合同中建设单位享有获得符合质量要求的建筑产品的权利,施工单位享有获得工程进度款的权利。

(2) 建设义务。是指建设法律关系主体因为按照法律规定或约定而承担的责任。权利和义务是相互对应的,相应主体应自觉履行建设义务,义务主体如果不履行或不适当履行,就要承担相应的法律责任。如建筑材料供应合同法律关系中,材料供应商的义务就是按照合同约定的时间、地点、质量标准、规格和数量向建设单位或施工单位提供符合合同约定要求的建筑材料,而采购方即建设单位或施工单位的义务就是按照合同约定的方式向材料供应商支付材料款。只有双方都按照合同约定履行了各自的义务,才能实现其相应的权利。

案例 1-4 分析:

3. 建设法律关系的内容即建设法律关系主体享有的权利和应承担的义务。本案中发电厂的权利是得到按期完成的保质保量的厂房,义务是按合同提供施工场地、设计图纸,按期支付工程款等;施工单位的权利是按合同得到工程款,义务是保质保量保工期完成发电厂厂房施工任务。

三、建设法律关系的产生、变更和消灭

(一) 建设法律关系的产生

建设法律关系的产生是指建设法律关系主体之间形成了一定的权利义务关系。如某建设单位与施工单位签订了工程建设合同,主体双方就产生了相应的权利义务,此时受建设法律、法规调整的建设法律关系即告产生。又如建设行政主管部门对建设单位的建筑工程质量和安全依法实施监督,对违法行为依法实施行政处罚时,主体双方就产生了相应的权利和义务。

(二) 建设法律关系的变更

建设法律关系的变更,是指因一定的建设法律事实出现,原有的建设法律关系发生变

化，包括建设法律关系三个要素的变更，即主体变更、客体变更和内容变更。

(1) 主体变更。是指建设法律关系主体变化，即原主体变为另一主体。如甲建设单位与乙施工单位签订建设工程承包合同后，因故不能履行，经乙施工单位同意，将合同转让给丙建设单位。主体数目增多或减少，也是主体变更。

(2) 客体变更。是指建设法律关系中权利和义务所指向的对象发生变化，即客体的性质或范围发生变化。如甲建设单位与乙施工单位签订的建设工程承包合同的标的是住宅房屋，后改为商场房屋。

(3) 内容变更。建设法律关系主体与客体的变更，必定导致相应的权利和义务，即内容的变更。

(三) 建设法律关系的消灭

案例 1-5 甲房地产公司和乙施工企业签订了一份工程施工合同，乙企业通过加强施工现场的管理，终于如期交付了符合合同约定质量标准的工程，甲公司随即也按约支付了工程款。

问题：上述合同法律关系的终止属于哪一种终止？

建设法律关系的消灭是指因一定的建设法律事实出现，原有的建设法律关系终结。如工程竣工验收合格并办理了移交手续，工程尾款结清，施工合同终止，由此施工合同双方的权利义务便归于消灭。

(1) 自然消灭。是指某类建设法律关系所规范的权利和义务顺利得到履行，取得各自的利益，从而使该法律关系达到完结。

(2) 协议消灭。是指建设法律关系主体之间协商解除某类建设法律关系规范的权利和义务，致使该法律关系归于消灭。

(3) 违约消灭。是指建设法律关系主体一方违约或发生不可抗力，致使某类建设法律关系规范的权利不能实现。

案例 1-5 分析：

甲房地产公司和乙施工企业各自规范的权利和义务顺利得到履行，取得各自的利益，从而使该法律关系达到完结，合同法律关系属于自然终止。

(四) 建设法律关系产生、变更和消灭的原因

1. 建设法律事实概念

建设法律事实是建设法律规范所确定的，能够引起建设法律关系产生、变更或解除的客观事实。只有通过一定的建设法律事实，才能在当事人之间产生一定的建设法律关系或者使原来的建设法律关系变更或消灭。不是任何事实都可成为建设法律事实，只有当建设法规把某种客观情况同一定的法律后果联系起来时，这种事实才被认为是建设法律事实，成为产生建设法律关系的原因，从而和法律后果形成因果关系。

2. 建设法律事实类型。

案例 1-6 下面不属于法律事件中的事件的是(　　)。

A. 海啸　　B. 暴雨　　C. 战争　　D. 实施盗窃

建设法律事实按是否包含当事人的意志分为两类。

(1) 事件。是指法律规范所规定的，不以当事人的意志为转移的法律事实。当建设法律规范规定把某种自然现象和建设权利义务关系联系在一起的时候，这种现象就成为法律事实的一种，即事件。这是建设法律关系产生、变更或消灭的原因之一，如洪水灾害导致工程施工延期，致使建设合同不能履行等。事件可分为：自然事件，如地震、海啸、台风等；社会事件，如战争、政府禁令、暴乱等；意外事件，如爆炸事故、触礁、失火等。

（2）行为。是指人的有意识的活动，包括积极的作为或消极的不作为。行为能引起建设法律关系的产生、变更或消灭，通常表现为：民事法律行为、违法行为、行政行为、立法行为、司法行为等。

案例1-6分析：

答案：D

理由：事件是指法律规范所规定的，不以当事人的意志为转移的法律事实。

任务3 建设工程代理制度

一、代理制的概念

代理制是指代理人在被授予的代理权限范围内，以被代理人的名义与第三人实施民事法律行为，而行为后果由该被代理人承担的法律制度。由此可见，代理关系中通常涉及三方当事人，即被代理人、代理人和代理关系所涉及的第三人。

二、代理的法律特征和种类

（一）代理的法律特征

1. 代理人必须在代理权限范围内实施代理行为

代理人实施代理活动的直接依据是代理权。因此，代理人必须在代理权限范围内与第三人或相对人实施代理行为。

2. 代理人应该以被代理人的名义实施代理行为

《民法通则》规定，代理人应以被代理人的名义对外实施代理行为。代理人如果以自己的名义实施代理行为，则该代理行为产生的法律后果只能由代理人自行承担。那么，这种行为是自己的行为而非代理行为。

3. 代理行为必须是具有法律意义的行为

代理人为被代理人实施的是能够产生法律上权利义务关系，产生法律后果的行为。如果是代理人请朋友吃饭、聚会等，不能产生权利义务关系，就不是代理行为。

4. 代理行为的法律后果归属于被代理人

代理人在代理权限内，以被代理人的名义同第三人进行的具有法律意义的行为，在法律上产生与被代理人自己的行为同样的后果。因而，被代理人对代理人的代理行为承担民事责任。

（二）代理的主要种类

案例1-7 某施工单位法定代表人授权市场合约部经理赵某参加某工程投标活动，这个行为属于（　　）。

A. 法定代理　　B. 委托代理　　C. 指定代理　　D. 表见代理

代理包括委托代理、法定代理和指定代理。

1. 委托代理

委托代理按照被代理人的委托行使代理权。因委托代理中，被代理人是以意思表示的方法将代理权授予代理人的，故又称“意定代理”或“任意代理”，如公民委托律师代理诉讼即属于委托代理。

2. 法定代理

法定代理是指根据法律的直接规定而发生的代理。《民法通则》规定，无民事行为能力人、限制民事行为能力人的监护人是他的法定代理人，如父母代理未成年人进行民事活动就是属于法定代理。法定代理是为了保护无民事行为能力的人或限制民事行为能力的人的合法权益而设立的一种代理形式，适用范围比较窄。

3. 指定代理

指定代理是根据人民法院或有关单位的指定而发生的代理。1992 年 7 月颁布的《最高人民法院关于适用〈中华人民共和国民事诉讼法〉若干问题的意见》第 67 条规定：“在诉讼中，无民事行为能力人、限制民事行为能力人的监护人是他的法定代理人。事先没有确定监护人的，可以由有监护资格的人协商确定，协商不成的，由人民法院在他们之间指定诉讼的法定代理人。”如人民法院指定一名律师作为离婚诉讼中丧失行为能力而又无其他法定代理人的一方当事人的代理人，就属于指定代理。

案例 1-7 分析：

答案：B

理由：委托代理按照被代理人的委托行使代理权。

三、代理人和被代理人的权利、义务及法律责任

建设工程代理法律关系与其他代理关系一样，存在两个法律关系：一是代理人与被代理人之间的委托关系；二是被代理人与第三人的合同关系。

（一）代理人在代理权限内以被代理人的名义实施代理行为

《民法通则》规定，代理人在代理权限内，以被代理人的名义实施民事法律行为，被代理人对代理人的代理行为，承担民事责任。这是代理人与被代理人基本权利和义务的规定。代理人必须取得代理权，并依据代理权限，以被代理人的名义实施民事法律行为。

（二）转托他人代理应当事先取得被代理人的同意

《民法通则》规定，委托代理人需要将被代理人的利益转托他人代理的，应当事先取得被代理人的同意。事先没有取得被代理人同意的，应当在事后及时告诉被代理人，如果被代理人不同意，由代理人对自己所转托的人的行为负民事责任，但在紧急情况下，为了保护被代理人的利益而转托他人代理的除外。

（三）无权代理与表见代理

《民法通则》规定，没有代理权、超越代理权或者代理权终止后的行为，只有经过被代理人的追认，被代理人才承担民事责任。未经追认的行为，由行为人承担民事责任。本人知道他人以本人名义实施民事行为而不作否认表示的，视为同意。

案例 1-8 甲施工企业在某建筑物施工过程中，需要购买一批水泥。甲施工企业的采

购员张某持介绍信到乙建材公司要求购买一批B强度等级的水泥。由于双方有长期的业务关系,未签订书面的水泥买卖合同,乙建材公司很快就发货了。但乙建材公司发货后,甲施工企业拒绝支付货款。甲施工企业提出的理由是,公司让张某购买的水泥是A强度等级而非B强度等级。双方由此发生纠纷。

问题:

1. 水泥买卖合同是否有效?
2. 合同纠纷应当如何处理?

1. 无权代理

无权代理是指行为人不具有代理权,但以他人的名义与第三人进行的法律行为。无权代理一般存在三种表现形式:①自始未经授权。如果行为人自始至终没有被授予代理权,就以他人的名义进行民事行为,属于无权代理。②超越代理权。代理权限是有范围的,超越了代理权限,依然属于无权代理。③代理权已终止。行为人虽曾得到被代理人的授权,但该代理权已经终止的,行为人如果仍以被代理人的名义进行民事行为,则属于无权代理。

被代理人对无权代理人实施的行为如果予以追认,则无权代理可转化为有权代理,产生与有权代理相同的法律效力,并不会发生代理的赔偿责任。如果被代理人不予以追认的,对被代理人不发生效力,则无权代理人需承担因无权代理行为给被代理人和善意第三人造成的损失。

案例1-8分析:

1. 本案中的纠纷处理,首先要判明水泥买卖合同是否有效,而对于合同效力判断的重要依据是甲施工企业的介绍信是如何写的。《民法通则》第65条规定:"民事法律行为的委托代理,可以用书面形式,也可用口头形式。……书面委托代理的授权委托书应当载明代理人的姓名或者名称、代理事项、权限和期间,并由委托人签名或者盖章。"

据此,甲施工企业的介绍信可以视为授权委托书,张某则是甲施工企业的代理人。如果甲施工企业开出的介绍信是"介绍张某购买水泥",则张某的行为是合法代理行为,其购买B强度等级水泥的行为在代理权限范围内;双方的口头合同也是有效的,应当继续履行,即甲施工企业应当付款。如果甲施工企业开出的介绍信是"介绍张某购买A强度等级水泥",则张某购买B强度等级水泥的行为就超越了代理权限,双方的口头合同无效。

2. 如果合同被确认无效后,其首要的法律后果是返还财产,即甲施工企业可以退货、拒付货款。乙建材公司的损失,按照《民法通则》第66条关于"没有代理权、超越代理权或者代理权终止后的行为,只有经过被代理人的追认,被代理人才承担民事责任。未经追认的行为,由行为人承担民事责任"的规定,应当向张某主张。

2. 表见代理

表见代理是指行为人虽无权代理,但由于行为人的某些行为,造成了足以使善意第三人相信其有代理权的表象,而与善意第三人进行的、由本人承担法律后果的代理行为。《合同法》规定,行为人没有代理权、超越代理权或者代理权终止后以被代理人名义订立合同,相对人有理由相信行为人有代理权的,该代理行为有效。

案例1-9 2012年7月,甲建筑公司中标某大厦工程,负责施工总承包。2013年5月,甲公司将该大厦装饰工程施工分包给乙装饰公司。甲公司驻该项目经理为李某;乙公司驻该项目的项目经理为王某。李某与王某是多年的老朋友，一向私交不错。2014 年 6 月，甲公司在该项目上需租赁部分架管、扣件，但资金紧张。李某听说王某与丙材料租赁公司关系密切，便找王某帮忙赊租架管、扣件。王某答应了李某的请求。随后，李某将盖有甲公司合同专用章的空白合同书及该单位的空白介绍信交给王某。同年 7 月 10 日，王某找到丙租赁站、出具了甲公司的介绍信（没有注明租赁的财产）和空白合同书，要求租赁脚手架。丙租赁公司经过审查，认为王某出具的介绍信与空白合同书均盖有公章，真实无误，确信其有授权，于是签订了租赁合同。丙租赁公司依约将脚手架交给王某，但王某将脚手架用到了由他负责的其他装修工程上，后丙租赁公司多次向甲公司催要价款无果后，将甲公司诉至人民法院。

问题：

1. 王某的行为属于无权代理还是表见代理，为什么？
2. 表见代理的法律后果是什么？

表见代理除需要符合代理的一般条件外，还需具备以下特别构成要件：①须存在足以使相对人相信行为人具有代理权事实或理由。这是构成表见代理的客观要件。②须本人存在过失。其过失表现为本人表达了足以使第三人相信有授权意思的表示，或者实施了足以使第三人相信有授权意义的行为，发生了外表授权的事实。③须相对人为善意。这是构成表见代理的主观要件。如果相对人明知行为人无代理权而仍与之实施民事行为，则相对人为主观恶意，不构成表见代理。

表见代理对本人产生有权代理的效力，即在相对人与本人之间产生民事法律关系。本人受表见代理人与相对人之间实施的法律行为的约束，享有该行为设定的权利和履行该行为约定的义务。本人不能以无权代理为抗辩。本人在承担表见代理行为所产生的责任后，可以向无权代理人追偿因代理行为而遭受的损失。

3. 知道他人以本人名义实施民事行为不作否认表示的视为同意

本人知道他人以本人名义实施民事行为而不作否认表示的，视为同意。这是一种被称为默示方式的特殊授权。就是说，即使本人没有授予他人代理权，但事后并未作否认的意思表示，应视为授予了代理权。由此，他人以其名义实施法律行为的后果应由本人承担。

案例 1-9 分析：

1. 王某的行为构成了表见代理。因为，王某虽是乙公司的项目经理，向丙租赁公司租赁脚手架也超出了甲公司对其授权范围，但他向丙租赁公司出具了甲公司的介绍信及空白合同书，使丙租赁公司相信其有权代表甲公司租赁脚手架。

2. 根据《合同法》第 49 条规定："行为人没有代理权、超越代理权或代理权终止后以被代理人名义订立合同，相对人有理由相信行为人有代理权的，该代理行为有效。"表见代理的后果是由被代理人来承担的。因此，甲公司对丙租赁公司的请求的租赁费用应承担给付义务。当然，对于自己的损失，甲公司可以追究王某的侵权责任。

（四）不当或违法行为应承担的法律责任

案例 1-10 某施工单位委托业务员张某到设备展销会上购买建筑设备，由于委托书中未写明具体规格，买到的设备不符合要求，而此时款项未付，应该如何处理此事？

1. 委托书授权不明应承担的法律责任

委托书授权不明的，被代理人应当向第三人承担民事责任，代理人负连带责任。

2. 损害被代理人利益应承担的法律责任

代理人不履行职责而给被代理人造成损害的，应当承担民事责任。代理人和第三人串通，损害被代理人的利益的，由代理人和第三人负连带责任。

3. 第三人故意行为应承担的法律责任

第三人知道行为人没有代理权、超越代理权或者代理权已终止还与行为人实施民事行为给他人造成损害的，由第三人和行为人负连带责任。

4. 违法代理行为应承担的法律责任

代理人知道被委托代理的事项违法仍然进行代理活动的，或者被代理人知道代理人的代理行为违法不表示反对的，被代理人和代理人负连带责任。

案例 1-10 分析：

此案例属于典型的委托书授权不明，被代理人应当向第三人承担民事责任，代理人负连带责任。因此施工单位承担民事责任，业务员张某负连带责任。

任务 4 建设工程物权制度

《中华人民共和国物权法》(以下简称《物权法》)是规范财产关系的民事基本法律。其立法目的是为了维护国家基本经济制度，维护社会主义市场经济秩序，明确物的归属，发挥物的效用，保护权利人的物权。在建设工程活动中涉及的许多权利都源于物权，建设单位对建设工程项目的权利来自于物权中最基本的权利——所有权，施工单位的施工活动是为了形成《物权法》意义上的物——建设工程。

一、物权的法律特征和主要种类

(一) 物权的概念和特征

2007 年 3 月颁布的《物权法》规定，物权是指权利人依法对特定的物享有直接支配和排他的权利，包括所有权、用益物权和担保物权。所有民事主体都能够成为物权权利人，包括法人、法人以外的其他组织、自然人。物权的客体一般是物，包括不动产和动产。不动产是指土地以及房屋、林木等地上定着物。动产是指不动产以外的物。

物权具有以下特征：

(1) 物权是支配权。物权是权利人直接支配的权利，即物权人可以依自己的意志就标的物直接行使权利，无须他人的意思或义务人的行为介入。

(2) 物权是绝对权。物权的权利人可以对抗一切不特定的人。物权的权利人是特定的，义务人是不特定的，且义务内容是不作为，即只要不侵犯物权人行使权利就履行义务。

(3) 物权是财产权。物权是一种具有物质内容的、直接体现为财产利益的权利。财产利益包括对物的利用、物的归属和就物的价值设立的担保。

(4) 物权具有排他性。物权人有权排除他人对于他行使物权的干涉，而且同一物上不许有内容不相容的物权并存，即“一物一权”。

(二) 物权的种类

物权包括所有权、用益物权和担保物权。

1. 所有权

所有权是所有人依法对自己财产(不动产和动产)所享有的占有、使用、收益和处分的权利。它是一种财产权,又称财产所有权。所有权是物权中最重要也是最完全的一种权利。所有权在法律上也受到一定限制。最主要的限制是,为了公共利益的需要,依照法律规定的权限和程序可以征收集体所有的土地和单位、个人的房屋及其他不动产。

财产所有权的权能,是指所有人对其所有的财产依法享有的权利,包括占有权、使用权、收益权和处分权。

(1) 占有权。是指对财产实际掌握、控制的权能。占有权是行使物的使用权的前提条件,是所有人行使财产所有权的一种方式。占有权可以根据所有人的意志和利益分离出去,由非所有人享有。例如,根据货物运输合同,承运人对托运人的财产享有占有权。

(2) 使用权。是指对财产的实际利用和运用的权能。通过对财产实际利用和运用满足所有人的需要,是实现财产使用价值的基本渠道。使用权是所有人所享有的一项独立权能。所有人可以在法律规定的范围内,以自己的意志使用其所有物。

(3) 收益权。是指收取由原物产生出来的新增经济价值的权能。原物新增的经济价值,包括由原物直接派生出来的果实、由原物所产生出来的租金和利息、对原物直接利用而产生的利润等。收益往往是因为使用而产生的,因而收益权也往往与使用权联系在一起。但是,收益权本身是一项独立的权能,而使用权并不能包括收益权。有时,所有人并不行使对物的使用权,仍可以享有对物的收益权。

(4) 处分权。是指依法对财产进行处置,决定财产在事实上或法律上命运的权能。处分权的行使决定着物的归属。处分权是所有人最基本的权利,是所有权内容的核心。

2. 用益物权

案例 1-11 下列物权中,不属于用益物权的是( )。

A. 土地所有权 B. 土地承包经营权

C. 建设用地使用权 D. 地役权

用益物权是权利人对他人所有的不动产或者动产,依法享有占有、使用和收益的权利。用益物权包括土地承包经营权、建设用地使用权、宅基地使用权和地役权。

国家所有或者国家所有由集体使用以及法律规定属于集体所有的自然资源,单位、个人依法可以占有、使用和收益。此时,单位或者个人就成为用益物权人。因不动产或者动产被征收、征用,致使用益物权消灭或者影响用益物权行使的,用益物权人有权获得相应补偿。

案例 1-11 分析:

答案:A

理由:用益物权是权利人对他人所有的不动产或者动产,依法享有占有、使用和收益的权利,包括土地承包经营权、建设用地使用权、宅基地使用权和地役权。

3. 担保物权

担保物权是权利人在债务人不履行到期债务或者发生当事人约定的实现担保物权的情

形，依法享有就担保财产优先受偿的权利。债权人在借贷、买卖等民事活动中，为保障实现其债权，需要担保的，可以依照《物权法》和其他法律的规定设立担保物权。

二、土地所有权、建设用地使用权和地役权

案例 1-12 下列关于土地所有权的表述中，正确的是（　　）。

A. 城市市区的土地属于国家所有

B. 农村和城市郊区的土地一律属于农民集体所有

C. 宅基地属于国家所有

D. 宅基地属于农民集体所有

E. 自留地、自留山属于农民集体所有

（一）土地所有权

土地所有权是国家或农民集体依法对归其所有的土地所享有的具有支配性和绝对性的权利。我国实行土地的社会主义公有制，即全民所有制和劳动群众集体所有制。

全民所有即国家所有土地的所有权由国务院代表国家行使。农民集体所有的土地由本集体经济组织的成员承包经营，从事种植业、林业、畜牧业、渔业生产。耕地承包经营期限为30年。发包方和承包方应当订立承包合同，约定双方的权利和义务。承包经营土地的农民有保护和按照承包合同约定的用途合理利用土地的义务。农民的土地承包经营权受法律保护。在土地承包经期限内，对个别承包经营者之间承包的土地进行适当调整的，必须经村民会议 2/3 以上成员或者 2/3 以上村民代表的同意，并报乡（镇）人民政府和县级人民政府农业行政主管部门批准。

国家实行土地用途管制制度。国家编制土地利用总体规划，规定土地用途，将土地分为农用地、建设用地和未利用地。严格限制农用地转为建设用地，控制建设用地总量，对耕地实行特殊保护。

城市市区的土地属于国家所有。农村和城市郊区的土地，除由法律规定属于国家所有的以外，属于农民集体所有；宅基地和自留地、自留山，属于农民集体所有。

案例 1-12 分析：

答案：ADE

理由：土地所有权是国家或农民集体依法对归其所有的土地所享有的具有支配性和绝对性的权利。城市市区的土地属于国家所有。农村和城市郊区的土地，除由法律规定属于国家所有的以外，属于农民集体所有；宅基地和自留地、自留山，属于农民集体所有。

（二）建设用地使用权

1. 建设用地使用权的概念

建设用地使用权是因建造建筑物、构筑物及其附属设施而使用国家所有的土地的权利。建设用地使用权只能存在于国家所有的土地上，不包括集体所有的农村土地。

取得建设用地使用权后，建设用地使用权人依法对国家所有的土地享有占有、使用和收益的权利，有权用该土地建造建筑物、构筑物及其附属设施。

2. 建设用地使用权的设立

建设用地使用权可以在土地的地表、地上或者地下分别设立。新设立的建设用地使用

权，不得损害已设立的用益物权。

设立建设用地使用权，可以采取出让或者划拨等方式。工业、商业、旅游、娱乐和商品住宅等经营性用地以及同一土地有两个以上意向用地者的，应当采取招标、拍卖等公开竞价的方式出让。国家严格限制以划拨方式设立建设用地使用权。采取划拨方式的，应当遵守法律、行政法规关于土地用途的规定。

设立建设用地使用权的，应当向登记机构申请建设用地使用权登记。建设用地使用权自登记时设立。登记机构应当向建设用地使用权人发放建设用地使用权证书。建设用地使用权人应当合理利用土地，不得改变土地用途；需要改变土地用途的，应当依法经有关行政主管部门批准。

3. 建设用地使用权的流转、续期和消灭

建设用地使用权人有权将建设用地使用权转让、互换、出资、赠予或者抵押，但法律另有规定的除外。建设用地使用权人将建设用地使用权转让、互换、出资、赠予或者抵押，应当符合以下规定：①当事人应当采取书面形式订立相应的合同。使用期限由当事人约定，但不得超过建设用地使用权的剩余期限。②应当向登记机构申请变更登记。③附着于该土地上的建筑物、构筑物及其附属设施一并处分。

住宅建设用地使用权期间届满的，自动续期。非住宅建设用地使用权期间届满后的续期，依照法律规定办理。该土地上的房屋及其他不动产的归属，有约定的，按照约定；没有约定或者约定不明确的，依照法律、行政法规的规定办理。

建设用地使用权消灭的，出让人应当及时办理注销登记。登记机构应当收回建设用地使用权证书。

(三) 地役权

案例 1-13 建设单位需要使用相邻企业的场地开辟道路就近运输建筑材料。双方订立合同，约定建设单位向该企业支付用地费用，该企业向建设单位提供场地。在此合同中，建设单位拥有的权利是(　　)。

A. 相邻权　　B. 地役权

C. 土地使用权　　D. 建设用地使用权

1. 地役权的概念

地役权，是指为使用自己不动产的便利或提高效益而按照合同约定利用他人不动产的权利。他人的不动产为供役地，自己的不动产为需役地。从性质上说，地役权是按照当事人的约定设立的用益物权。

2. 地役权的设立

设立的地役权，当事人应当采取书面形式订立地役合同。地役合同一般包括下列条款：①当事人的姓名或者名称和住所；②供役地和需役地的位置；③利用目的和方法；④利用期限；⑤费用及其支付方式；⑥解决争议的方法。地役权自地役权合同生效时设立。当事人要求登记的，可以向登记机构申请地役权登记；未经登记，不得对抗善意第三人。

土地上已设立土地承包经营权、建设用地使用权、宅基地使用权等权利的，未经用益物权人同意，土地所有权人不得设立地役权。

案例1-13分析：

答案：B

3. 地役权的变动

需役地以及需役地上的土地承包经营权、建设用地使用权、宅基地使用权部分转让时，转让部分涉及地役权的，受让人同时享有地役权。供役地以及供役地上的土地承包经营权、建设用地使用权、宅基地使用权部分转让时，转让部分涉及地役权的，地役权对受让人具有约束力。

三、物权的设立、变更、转让、消灭和保护

案例1-14 某实业有限公司与某县土地管理局于2008年3月18日订立“工业开发及用地出让合同”，约定该实业有限公司在取得土地使用权证后1个月内将进行工业项目开工建设等相关事项。之后，县土地管理局依合同约定将土地交付给实业有限公司使用。该实业有限公司对土地进行平整等工作，支付相关费用78万元。2008年6月16日，县土地管理局以改变土地规划为由，要求该实业有限公司退回土地使用权。此时，尚未完成土地使用权登记。县土地管理局认为由于尚未进行土地使用权登记，合同还没有生效。该实业有限公司则向法院提起诉讼，要求继续履行合同，办理建设用地使用权登记手续。

问题：

1. 双方订立的合同是否有效?
2. 原告的建设用地使用权是否已经设立?
3. 纠纷应当如何解决?

（一）不动产物权的设立、变更、转让、消灭

不动产物权的设立、变更、转让、消灭，应当依照法律规定登记，自记载于不动产登记簿时发生效力。经依法登记，发生效力；未经登记，不发生效力，但法律另有规定的除外。依法属于国家所有的自然资源，所有权可以不登记。不动产登记，由不动产所在地的登记机构办理。

物权变动的基础往往是合同关系，如买卖合同导致物权的转让。需要注意的是，当事人之间订立有关设立、变更、转让和消灭不动产的合同，除法律另有规定或者合同另有约定外，自合同成立时生效；未办理物权登记的，不影响合同效力。

（二）动产物权的设立和转让

动产物权以占有和交付为公示手段。动产物权的设立和转让，应当依照法律规定交付。动产物权的设立和转让，自交付时发生效力，但法律另有规定的除外。船舶、航空器和机动车等物权的设立、变更、转让、消灭，未经登记，不得对抗善意第三人。

（三）物权的保护

物权的保护，是指通过法律规定的方法和程序保障物权人在法律许可的范围内对其财产行使占有、使用、收益、处分权利的制度。物权受到侵害的，权利人可以通过和解、调解、仲裁、诉讼等途径解决。

因物权的归属、内容发生争议的，利害关系人可以请求确认权利。无权占有不动产或者动产的，权利人可以请求返还原物。妨害物权或者可能妨害物权的，权利人可以请求排除妨

害或者消除危险。造成不动产或者动产毁损的，权利人可以请求修理、重做、更换或者恢复原状。侵害物权，造成权利人损害的，权利人可以请求损害赔偿，也可以请求承担其他民事责任。对于物权保护方式，可以单独适用，也可以根据权利被侵害的情形合并适用。

侵害物权，除承担民事责任外，违反行政管理规定的，依法承担行政责任；构成犯罪的，依法追究刑事责任。

案例 1-14 分析：

1. 双方订立的“工业开发及用地出让合同”应当已经生效。因为，办理建设用地使用权登记，并不是合同生效的前提。一般情况下，书面合同自当事人签字或者盖章时生效，除非当事人另行约定生效条件。

2. 该实业有限公司(以下简称原告)的建设用地使用权尚未设立。因为，按照《物权法》的规定，建设用地使用权自登记时设立。由于双方尚未完成土地使用权登记，因此原告的建设用地使用权尚未设立。

3. 如果土地规划确实改变，县土地管理局(以下简称被告)可以要求原告按照新的规划要求使用土地。如果原告不能按照新规划要求使用土地，原告有权要求解除合同，被告应当赔偿原告的损失。如果原告可以按照新规划要求使用土地，原告有权要求继续履行合同，被告应当为其办理建设用地使用权登记手续。

任务 5 建设工程债权制度

在建设工程活动中，经常会遇到一些债权债务的问题，因此，学习有关债权的基本法律知识，有助于在实践中防范债务风险。

一、债的基本法律关系

(一) 债的概念

《民法通则》规定，债是按照合同的约定或者按照法律规定，在当事人之间产生的特定的权利和义务关系，享有权利的人是债权人，负有义务的人是债务人。债权人有权要求债务人按照合同的约定或者依照法律的规定履行义务。

债是特定当事人之间的法律关系。债权人只能向特定的人主张自己的权利，债务人也只需向享有该项权利的特定人履行义务，即债的相对性。

(二) 债的内容

债的内容，是指债的主体双方间的权利与义务，即债权人享有的权利和债务人负担的义务，即债权与债务。债权为请求特定人为特定行为作为或不作为的权利。

债权与物权不同，物权是绝对权，而债权是相对权。债权相对性理论的内涵，可以归纳为以下三个方面：①权主体的相对性；②债权内容的相对性；③债权责任的相对性。债务是根据当事人的约定或者法律规定，债务人所负担的应为特定行为的义务。

二、建设工程债的发生根据

建设工程债的产生，是指特定当事人之间债权债务关系的产生。引起债产生的一定法律事实，就是债产生的根据。建设工程债产生的根据有合同、侵权、无因管理和不当得利。

案例1-15 某施工项目在施工过程中，施工单位与A材料供应商订立了材料买卖合同，但施工单位误将应支付给A材料供应商的货款支付给了B材料供应商。

问题：

1. B材料供应商是否应当返还材料款，应当返还给谁，为什么？

2. 如果B材料供应商拒绝返还材料款，A材料供应商应当如何保护自己的权利，为什么？

（一）合同

在当事人之间因产生了合同法律关系，也就是产生了权利义务关系，便设立了债的关系。任何合同关系的设立，都会在当事人之间发生债权债务的关系。合同引起债的关系，是债发生的最主要、最普遍的依据。合同产生债被称为合同之债。

建设工程债的产生，最主要的也是合同。施工合同的订立，会在施工单位与建设单位之间产生债；材料设备买卖合同的订立，会在施工单位与材料设备供应商之间产生债的关系。

（二）侵权

侵权，是指公民或法人没有法律依据而侵害他人的财产权利或人身权利的行为。侵权行为一经发生，即在侵权行为人和被侵权人之间形成债的关系。侵权行为产生的债称为侵权之债。在建设工程活动中，也常会产生侵权之债。例如，施工现场的施工噪声，有可能产生侵权之债。

2009年12月颁布的《中华人民共和国侵权责任法》规定，建筑物、构筑物或者其他设施及其搁置物、悬挂物发生脱落、坠落造成他人损害，所有人、管理人或者使用人不能证明自己没有过错的，应当承担侵权责任。所有人、管理人或者使用人赔偿后，有其他责任人的，有权向其他责任人追偿。

建筑物、构筑物或者其他设施倒塌造成他人损害的，由建设单位与施工单位承担连带责任。建设单位、施工单位赔偿后，有其他责任人的，有权向其他责任人追偿。因其他责任人的原因，建筑物、构筑物或者其他设施倒塌造成他人损害，由其他责任人承担侵权责任。

从建筑物中抛掷物品或者从建筑物上坠落的物品造成他人损害，难以确定具体侵权人的，除能够证明自己不是侵权人的外，由可能加害的建筑物使用人给予补偿。

（三）无因管理

无因管理，是指管理人员和服务人员没有法律上的特定义务，也没有受到他人委托，自觉为他人管理事务或提供服务。无因管理在管理人员或服务人员与受益人之间形成了债的关系。无因管理产生的债被称为无因管理之债。

（四）不当得利

不当得利，是指没有法律上或者合同上的依据，有损于他人利益而自身取得利益的行为。由于不当得利造成他人利益的损害，因此在得利者与受害者之间形成债的关系。得利者应当将所得的不当利益返还给受损失的人。不当得利产生的债被称为不当得利之债。

案例1-15分析：

1. B材料供应商应当返还材料款，其材料款应当返还给施工单位。因为，B材料供应商获得的这一材料款，没有法律上或者合同上的依据，且有损于他人利益而自身取得利益，属于债的一种，即不当得利之债，应当返还。这一债是建立在施工单位与B材料供应商之间的，故应当返还给施工单位。

2. A材料供应商应当向施工单位要求支付材料款来保护自己的权利。因为，由于施工单位误将应支付给A材料供应商的货款支付给了B材料供应商，意味着施工单位没有完成应当向A材料供应商付款的义务。但是，B材料供应商与A材料供应商之间并无债权债务关系。因此，A材料供应商无权向B材料供应商主张权利。

三、建设工程债的种类

(一) 施工合同债

施工合同债是发生在建设单位和施工单位之间的债。施工合同的义务主要是完成施工任务和支付工程款。对于完成施工任务，建设单位是债权人，施工单位是债务人；对于支付工程款，则相反。

(二) 买卖合同债

在建设工程活动中，会产生大量的买卖合同，主要是材料设备买卖合同。材料设备的买方有可能是建设单位，也有可能是施工单位。它们会与材料设备供应商产生债。

(三) 侵权之债

在侵权之债中，最常见的是施工单位的施工活动中产生的侵权。例如，施工噪声或者废水废弃物排放等扰民，可能对工地附近的居民构成侵权。此时，居民是债权人，施工单位或者建设单位是债务人。

四、债的消灭

债，因一定的法律事实的出现而使既存的债权债务关系在客观上不复存在，叫作债的消灭。债因以下事实而消灭。

(一) 债因履行而消灭

债务人履行了债务，债权人的利益得到了实现，债的关系也就自然消灭了。

(二) 债因抵消而消灭

抵消，是指同类已到履行期限的对等债务，因当事人相互抵充其债务而同时消灭。用抵消方法消灭债务应符合下列条件：必须是对等债务；必须是同一种类的给付之债；同类的对等之债都已到履行期限。

(三) 债因提存而消灭

提存，是指债权人无正当理由拒绝接受或其下落不明，或数人就同一债权主张权利，债权人一时无法确定，致使债务人一时难以履行债务，经公证机关证明或人民法院的裁决，债务人可以将履行的标的物提交有关部门保存的行为。提存是债务履行的一种方式。如果超过法律规定的期限，债权人仍不领取提存标的物的，应收归国库所有。

(四) 债因混同而消灭

混同，是指某一具体之债的债权人和债务人合为一体。如两个相互订有合同的企业合并，则产生混同的法律效果。

(五) 债因免除而消灭

免除，是指债权人放弃债权，从而免除债务人所承担的义务。债务人的债务一经债权人解除,债的关系自行解除。

(六) 债因当事人死亡而解除

债因当事人死亡而解除仅指具有人身性质的合同之债,因为人身关系是不可继承和转让的,所以,凡属委托合同的受托人、出版合同的约稿人等死亡时,其所签订的合同也随之解除。

任务6　建设工程担保制度

案例1-16　A房地产开发公司与B公司共同出资设立了注册资本为80万元人民币的C有限责任公司,A的协议出资额为70万元,但未到位;B的出资额为10万元,已经到位。C公司成立后与D银行订立了一个借款合同,借款额为50万元,期限为1年,利息5万元。该借款合同由E公司作为担保人,E公司将其一处评估价为80万元的土地使用权抵押给了D银行。C公司在经营中亏损,借款到期后无力还款。

问题:

1. D银行能否要求A公司承担还款责任,为什么?
2. D银行能否要求B公司承担还款责任,为什么?
3. D银行能否要求C公司承担还款责任,为什么?
4. D银行能否要求E公司承担还款责任,为什么?

一、担保与担保合同的规定

担保是指当事人根据法律规定或者双方约定,为促使债务人履行债务,实现债权人权利的法律制度。1995年6月颁布的《中华人民共和国担保法》(以下简称《担保法》)规定,在借贷、买卖、货物运输、加工承揽等经济活动中,债权人需要以担保方式保障其债权实现的,可以依照本法规定设定担保。

第三人为债务人向债权人提供担保时,可以要求债务人提供反担保。反担保适用《担保法》担保的规定。

担保合同是主合同的从合同,主合同无效,担保合同无效。担保合同另有约定的,按照约定。担保合同被确认无效后,债务人、担保人、债权人有过错的,应当根据其过错各自承担相应的民事责任。

二、建设工程保证担保的方式和责任

《担保法》规定,担保方式为保证、抵押、质押、留置和定金。

在建设工程活动中,保证是最为常用的一种担保方式。所谓保证,是指保证人和债权人约定,当债务人不履行债务时,保证人按照约定履行债务或者承担责任的行为。具有代为清偿债务能力的法人、其他组织或者公民,可以作保证人。但在建设工程活动中,由于担保的标的额较大,保证人往往是银行,也有信用较高的其他担保人,如担保公司。银行出具的保证通常称为保函,其他保证人出具的书面保证一般称为保证书。

(一) 保证的基本法律规定

案例1-17　甲发包人与乙承包人订立建设工程合同,并由丙公司为甲出具工程款支付

担保，担保方式为一般保证。现甲到期未能支付工程款，则下列关于该工程款清偿的说法正确的是（　　）。

A. 丙公司应代甲清偿　　B. 乙可要求甲或丙清偿
C. 只能由甲先行清偿　　D. 不可能由甲或丙共同清偿

1. 保证合同

保证人与债权人应当以书面形式订立保证合同。保证人与债权人可以就单个主合同分别订立保证合同，也可以协议在最高债权额限度内就一定期间连续发生的贷款合同或者某项商品交易订立一个保证合同。

保证合同应当包括以下内容：①被保证的主债权种类、数额；②债务人履行债务的期限；③保证的方式；④保证担保的范围；⑤保证的期间；⑥双方认为需要约定的其他事项。保证合同不完全具备以上规定内容的，可以补正。

2. 保证方式

保证的方式有一般保证和连带责任保证两种。

当事人在保证合同中约定，债务人不能履行债务时，由保证人承担保证责任的，为一般保证。当事人在保证合同中约定保证人与债务人对债务承担连带责任的，为连带责任保证。连带责任保证的债务人在主合同规定的债务履行期届满没有履行债务的，债权人可以要求债务人履行债务，也可以要求保证人在其保证范围内承担保证责任。

当事人对保证方式没有约定或者约定不明确的，按照连带责任保证承担保证责任。

案例 1-17 分析：

答案：C

理由：《担保法》第 33 条规定："债务人不履行债务时，债权人有权依照本法规定以该财产折价或者以拍卖、变卖该财产的价款优先受偿。"第 53 条规定："抵押物折价或者拍卖、变卖后，其价款超过债权数额的部分归抵押人所有，不足部分由债务人清偿。"因此，当抵押物价款低于担保的数额时，债权人只能向债务人主张权利。

3. 保证人资格

具有代为清偿债务能力的法人、其他组织或者公民，可以作为保证人。但是，以下组织不能作为保证人：

(1) 国家机关不得为保证人，但经国务院批准为使用外国政府或者国际经济组织贷款进行转贷的除外。

(2) 学校、幼儿园、医院等以公益为目的的事业单位、社会团体不得为保证人。

(3) 企业法人的分支机构、职能部门不得为保证人。企业法人的分支机构有法人书面授权的，可以在授权范围内提供保证。

任何单位和个人不得强令银行等金融机构或者企业为他人提供保证；银行等金融机构或者企业对强令其为他人提供保证的保证行为，有权拒绝。

4. 保证责任

案例 1-18　按照《担保法》的规定，债权人依法将主债权转让给第三人，在通知债务人和保证人后，保证人（　　）。

A. 可以在减少保证范围的前提下再承担保证责任

B. 必须在原担保范围内继续承担保证责任

C. 可以拒绝再承担保证责任

D. 同意后，才继续承担责任

保证合同生效后，保证人就应当在合同约定的保证范围和保证期间承担保证责任。

保证担保的范围包括主债权及利息、违约金、损害赔偿金和实现债权的费用。保证合同另有约定的，按照约定。当事人对保证担保的范围没有约定或者约定不明确的，保证人应当对全部债务承担责任。

保证期间，债权人依法将主债权转让给第三人的，保证人在原保证担保的范围继续承担保证责任。保证合同另有约定的，按照约定。保证期间，债权人许可债务人转让债务的，应当取得保证人书面同意，保证人对未经其同意转让的债务，不再承担保证责任。债权人与债务人协议变更合同的，应当取得保证人书面同意，未经保证人书面同意的，保证人不再承担保证责任。保证合同另有约定的，按照约定。

一般保证的保证人未约定保证期间的，保证期间为主债务履行期届满之日起 6 个月。连带责任保证的保证人与债权人未约定保证期间的，债权人有权自主债务履行期届满之日起 6 个月内要求保证人承担保证责任。

案例 1-18 分析：

答案：B

理由：保证期间，债权人依法将主债权转让给第三人的，保证人在原保证担保的范围继续承担保证责任。

（二）建设工程施工的担保种类

1. 施工投标保证金

投标保证金是指投标人按照招标文件的要求向招标人出具的，以一定金额表示的投标责任担保。其实质是为了避免因投标人在投标有效期内随意撤回、撤销投标或中标后不能提交履约保证金和签署合同等行为而给招标人造成损失。

投标保证金除现金外，可以是银行出具的银行保函、保兑支票、银行汇票或现金支票。

2. 施工合同履约保证金

《招标投标法》规定，招标文件要求中标人提交履约保证金的，中标人应当提供。

施工合同履约保证金，是为了保证施工合同的顺利履行而要求承包人提供的担保。施工合同履约保证金多为提供第三人的信用担保，一般是由银行或者担保公司向招标人出具履约保函或者保证书。

3. 工程款支付担保

2013 年 3 月国家发展和改革委员会等八部门经修改后发布的《工程建设项目施工招标投标办法》规定，招标人要求中标人提供履约保证金或其他形式履约担保的，招标人应当同时向中标人提供工程款支付担保。

工程款支付担保，是发包人向承包人提交的、保证按照合同约定支付工程款的担保，通常采用由银行出具保函的方式。

4. 预付款担保

2013 年 4 月住房和城乡建设部、工商总局经修改后发布的《建设工程施工合同》中提出，发包人要求承包人提供预付款担保的，承包人应在发包人支付预付款7日前提供预付款担保，专用合同条款另有约定除外。预付款担保可采用银行保函、担保公司担保等形式，具体由合同当事人在专用条款中约定。在预付款完全扣回之前，承包人应保证预付款担保持续有效。发包人在工程款中逐期扣回预付款后，预付款担保额度应相应减少，但剩余的预付款担保金额不得低于未被扣回的预付款金额。

案例1-16分析：

1. 可以要求A公司承担还款责任。因为，A公司的注册资金没有到位，应当在认缴出资额的范围内对C公司的债务承担连带责任。按照2013年12月经修改后颁布的《公司法》第3条规定："有限责任公司的股东以其认缴的出资额为限对公司承担责任。"A公司是C公司的股东，认缴的出资额为70万元，但没有到位，D银行有权要求A公司在70万元限额内承担还款责任。

2. 不能要求B公司承担还款责任。因为按照《公司法》第3条规定："有限责任公司的股东以其认缴的出资额为限对公司承担责任。"B公司认缴的出资已经到位，B公司以其认缴的出资额为限对C公司的债务承担责任。

3. 可以要求C公司承担还款责任。因为，D银行与C公司存在合同关系，C公司是债务人。《民法通则》第84条规定："债权人有权要求债务人按照合同的约定或者依照法律的规定履行义务。"

4. 不能要求E公司承担还款责任。E公司作为抵押人而不是债务人，D银行只能要求处分抵押物，无权要求E公司承担还款责任。《担保法》第33条规定："债务人不履行债务时，债权人有权依照本法规定以该财产折价或者以拍卖、变卖该财产的价款优先受偿。"第53条规定："抵押物折价或者拍卖、变卖后，其价款超过债权数额的部分归抵押人所有，不足部分由债务人清偿。"因此，当抵押物价款低于担保的数额时，债权人只能向债务人主张权利。

三、抵押权、质权、留置权、定金的规定

（一）抵押权

1. 抵押的法律概念

按照《担保法》《物权法》的规定，抵押是指债务人或者第三人不转移对财产的占有，将该财产作为债权的担保。债务人不履行债务时，债权人有权依照法律规定以该财产折价或者以拍卖、变卖该财产的价款优先受偿。其中，债务人或者第三人称为抵押人，债权人称为抵押权人。

2. 抵押物

债务人或者第三人提供担保的财产为抵押物。由于抵押物是不转移其占有的，因此能够成为抵押物的财产必须具备一定的条件。这类财产轻易不会灭失，其所有权的转移应当经过一定的程序。

债务人或者第三人有权处分的下列财产可以抵押：①建筑物和其他土地附着物；②建设用地使用权；③以招标、拍卖、公开协商等方式取得的荒地等土地承包经营权；④生产设备、原材料、半产品、产品；⑤正在建造的建筑物、船舶、航空器；⑥交通运输工具；⑦法律、行政法

规未禁止抵押的其他财产。

下列财产不得抵押：①土地所有权；②耕地、宅基地、自留地、自留山等集体所有的土地使用权；③学校、幼儿园、医院等公益为目的的事业单位、社会团体的教育设施、医疗卫生设施和其他社会公益设施；④所有权、使用权不明或者有争议的财产；⑤依法被查封、扣押、监管的财产；⑥依法不得抵押的其他财产。

当事人以下列财产抵押的，应当办理抵押登记，抵押权自登记时设立：①建筑物和其他土地附着物；②建设用地使用权；③以招标、拍卖、公开协商等方式取得的荒地等土地承包经营权；④正在建造的建筑物。当事人以下列财产抵押的，抵押权自抵押合同生效时设立，未经登记，不得对抗善意第三人：①生产设备、原材料、半产品、产品；②交通运输工具；③正在建造的船舶、航空器。

办理抵押物登记，应当向登记部门提供主合同、抵押合同、抵押物的所有权或者使用权证书。

3. 抵押的效力

抵押担保的范围包括主债权及利息、违约金损害赔偿和实现抵押权的费用。当事人也可以在抵押合同中约定抵押担保的范围。

抵押人有义务妥善保管抵押物并保证其价值。抵押期间，抵押人转让已办理登记的抵押物，应当通知抵押权人并告知受让人转让物已经抵押的情况；否则，该转让行为无效。抵押人转让抵押物的价款，应当向抵押权人提前清偿所担保的债权或者向与抵押权人约定的第三人提存。超过债权的部分归抵押人所有，不足部分由债务人清偿。转让抵押物的价款不得明显低于其价值。抵押人的行为足以使抵押物价值减少的，抵押权人有权要求抵押人停止其行为。

抵押权与其担保的债权同时存在。抵押权不得与债权分离而单独转让或者作为其他债权的担保。

4. 抵押权的实现

债务履行期届满抵押权人未受清偿的，可以与抵押人协议以抵押物折价或者以拍卖、变卖该抵押物所得的价款受偿；协议不成的，抵押权人可以向人民法院提起诉讼。抵押物折价或者拍卖、变卖后，其价款超过债权数额的部分归抵押人所有，不足部分由债务人清偿。

同一财产向两个以上债权人抵押的，拍卖、变卖抵押物所得的价款按照以下规定清偿：①抵押合同以登记生效的，按抵押物登记的先后顺序清偿；顺序相同的，按照债权比例清偿。②抵押合同自签订之日起生效的，如果抵押物未登记的，按照合同生效的先后顺序清偿，顺序相同的，按照债权比例清偿。抵押物已登记的先于未登记的受偿。

（二）质权

1. 质押的法律概念

按照《担保法》《物权法》的规定，质押是指债务人或者第三人将其动产或权力移交债权人占有，将该动产或权力作为债权的担保。债务人不履行债务时，债权人有权依照法律规定以该动产或权力折价或者拍卖、变卖该动产或权利的价款优先受偿。

质权是一种约定的担保物权，以转移占有为特征。债务人或者第三人为出质人，债权人为质权人，移交的动产或权力为质物。

2. 质押的分类

质押分为动产质押和权利质押。

动产质押是指债务人或者第三人将其动产移交债权人占有，将该动产作为债权的担保。能够用作质押的动产没有限制。

权利质押一般是将权利凭证交付质押人的担保。可以质押的权利包括：①汇票、支票、本票、债券、存款单、仓单、提单；②依法可以转让的股份、股票；③依法可以转让的商标专用权、专利权、著作权中的财产权；④依法可以质押的其他权利。

(三) 留置

按照《担保法》《物权法》的规定，留置是指债权人按照合同约定占有债务人的动产，债务人不按照合同约定的期限履行债务的，债权人有权依照法律规定留置该财产，以该财产折价或者拍卖、变卖该财产的价款优先受偿。

由于留置是一种比较强烈的担保方式，必须依法行使。《担保法》规定，因保管合同、运输合同、加工承揽合同发生的债权，债务人不履行债务的，债权人有留置权。法律规定可以留置的其他合同，适用以上规定。当事人可以在合同中约定不得留置的物。

留置权人负有妥善保管留置物的义务。因保管不善致使留置物灭失或者毁损的，留置权人应当承担民事责任。

案例 1-19 预制件定做合同总价款 100 万元，施工企业向预制件厂支付定金 50 万元，预制件厂不履行合同，则此纠纷应该如何处理？

(四) 定金

《担保法》规定，当事人可以约定一方向对方给付定金作为债权的担保。债务人履行债务后，定金应当抵作价款或者收回。给付定金的一方不履行约定的债务的，无权要求返还定金；收受定金的一方不履行约定的债务的，应当双倍返还定金。

定金应当以书面形式约定。当事人在定金合同中应当约定交付定金的期限。定金合同从实际交付定金之日起生效。定金的数额由当事人约定，但不得超过主合同标的额的 20%。

案例 1-19 分析：

预制件厂是收受定金的一方，不履行约定的债务，应当双倍返还定金。

定金的数额由当事人约定，但不得超过主合同标的额的 20%，所以本案中定金应为 20 万元，50 万元－20 万元＝30 万元属于不当得利，应当原数返还，加上定金的两倍，预制件厂应当共计返还 70 万元。

课后习题

一、单项选择题

1. 根据法的效力等级，《建设工程质量管理条例》属于(　　)。

A. 法律　　B. 部门规章

C. 行政法规　　D. 单行条例

2. 消费者王某从某房屋开发公司开发的小区购买别墅一栋，半年后发现屋顶漏水，于是向该公司提出更换别墅。在这个案例中，法律关系的主体是(　　)。

A. 该小区　　B. 王某购买的别墅

C. 别墅的屋顶　　D. 王某和该房屋开发公司

3. 根据《民法通则》，关于代理的说法，正确的是(　　)。

A. 代理人在授权范围内实施代理行为的法律后果由被代理人承担

B. 代理人可以超越代理实施代理行为

C. 被代理人对代理人的一切行为承担民事责任

D. 代理是代理人以自己的名义实施民事法律责任

4.《民法通则》规定，无民事行为能力人、限制民事行为能力人的监护人是他的(　　)。

A. 法定代理人　　B. 指定代理人

C. 委托代理人　　D. 意定代理人

5.《民法通则》规定，没有代理人、超越代理权或代理权终止后，未经被代理人追认的，由(　　)承担民事责任。

A. 第三人　　B. 行为人

C. 被代理人　　D. 行为人与被代理人共同

6. 债发生的最主要、最普遍的依据是(　　)。

A. 侵权行为　　B. 无因管理

C. 合同　　D. 不当得利

7. 甲砂场将应发给乙建筑公司的 2 500 m^3 细砂发给了丙路桥公司，3 天后，甲砂场向丙路桥公司索取这批细砂。所产生的债权债务关系是(　　)之债。

A. 合同　　B. 侵权　　C. 无因管理　　D. 不当得利

8. 根据《物权法》的规定，一般情况下动产物权的转让，自(　　)起发生效力。

A. 买卖合同生效　　B. 转移登记

C. 交付　　D. 买方占有

二、多项选择题

1. 以下属于建设工程法规形式的有(　　)。

A. 某省人大常委会通过的《建筑市场管理条例》

B. 建设部发布的《注册建造师管理办法》

C. 某省人民政府制定的《招投标管理办法》

D. 某市人民政府办公室下发通知要求公办学校全部向外来工子女开放，不收取任何赞助费用

E. 某省建设行政主管部门下发的加强安全管理的通知

2. 当事人之间订立有关设立不动产物权的合同，除法律另有规定或者另有约定外，该合同效力情形表现为(　　)。

A. 合同自成立时生效　　B. 合同自办理物权登记时生效

C. 未办理物权登记合同无效　　D. 未办理物权登记不影响合同效力

E. 合同生效当然发生物权效力

3. 国有建设用地使用权的用益物权，可以采取(　　)的方式设立。

A. 出租　　B. 出让　　C. 划拨　　D. 抵押

E. 转让

4. 法律意义上的非物质财富是指人们脑力劳动的成果或智力方面的创作，也称智力成果。下列选项中属于非物质财富的是（　　）。

A. 股票　　B. 100 元人民币

C. 建筑图纸　　D. 建筑材料的商标

E. 太阳光

5. 建设工程法律关系主体的范围包括（　　）。

A. 自然人　　B. 建设单位　　C. 承包单位　　D. 国家机关

E. 某企业的车间

6. 引起建设工程法律关系发生、变更、终止的情况称为法律事实，按照是否包含当事人的意志，法律事实可以分为（　　）。

A. 事件　　B. 不可抗力事件　　C. 无意识行为　　D. 意外事件

E. 行为

7. 建设工程法律关系的内容是指（　　）。

A. 法律权利　　B. 客体　　C. 标的　　D. 价款

E. 法律义务

8. 建设工程法律关系的变更包括（　　）。

A. 建设工程法律关系主体的变更　　B. 合同形式的变更

C. 纠纷解决方式的变更　　D. 建设工程法律关系客体的变更

E. 建设工程法律关系内容的变更

项目二　建设工程许可法规

知识目标

◇ 掌握施工许可相关规定

◇ 掌握施工许可的范围和条件

◇ 了解建筑工程企业资质等级和建设工程从业人员资格的具体规定

◇ 熟悉建设工程企业资质等级制度和建设工程从业人员执业资格制度的法律规定

技能目标

◇ 能够运用所学的基本知识正确处理涉及建设工程许可方面各种关系

◇ 能够运用建设工程许可法规相关知识处理实际工作中遇到的问题和纠纷

◇ 具有通过执业资格考试的能力

第一部分　情景案例导入与分析

案例 1　某建设工程未依法取得建设相关许可证违法建设案

案情简介　2013 年 5 月 12 日，某水泥厂与某建设公司订立了“建设工程施工合同”，双方约定：由某建设公司承建某水泥厂的第一条生产线主要厂房及烧成车间等配套工程的土建项目。开工日期为 2013 年 6 月 8 日。建筑材料由某水泥厂提供，某建设公司垫资 150 万元，在合同订立 15 日内汇入某水泥厂账户中。某建设公司付给某水泥厂 10 万元保证金，进场后再付 10 万元押图费，待图纸归还某水泥厂后再予退还。

合同订立后，某建设公司于同年 6 月前后付给某水泥厂 103 万元，某水泥厂退还 13 万元，实际占用 90 万元。其中 10 万元为押图费，80 万元为垫资费，比约定的垫资款少付 70 万元。同年 6 月某建设公司进场施工。后因某建设公司未按约支付全部垫资款及工程质量存在问题，双方产生纠纷；某建设公司于同年 8 月份停止施工。已完成的工程为：窑头基础砼、烟囱、窑尾、增温塔。

某水泥厂于同年 12 月向人民法院提出起诉。一审法院在审理中委托省建设质量安全监督总站对已建工程进行鉴定。结论为：窑头基础砼和烟囱不合格应予拆除。还查明：某水泥厂在与某建设公司订立合同和工程施工时，尚未取得建设用地规划许可证和建设工程规划许可证。

问题：

1. 某水泥厂与某建设公司于 2013 年 5 月 12 日订立的施工合同是否有效？

2. 发包人某水泥厂是否属于违法建设？施工单位是否要承担一定的责任？

案例分析：

1.《建筑法》正式确定了建筑工程施工许可制度。《建筑法》第 7 条规定："建筑工程开工前，建设单位应当按照国家有关规定向工程所在地县级以上人民政府建设行政主管部门申请领取施工许可证；但是，国务院建设行政主管部门确定的限额以下的小型工程除外。按照国务院规定的权限和程序批准开工报告的建筑工程，不再领取施工许可证。"此外，根据《建筑法》第 8 条的规定，取得施工许可证的前提是取得土地使用证、规划许可证。本案例中某水泥厂在与某建设公司订立"建设工程施工合同"及"合同总纲"时，尚未取得建设用地许可证和建设工程规划许可证，并且违反有关规定，在合同中设立垫资施工的条款，因此上述合同应属无效。

2. 根据《建筑法》，由于发包人某水泥厂没有依法取得建设用地规划许可证和建设工程规划许可证，属于违法建设，尽管法律规定领取施工许可证是建设单位的责任，但施工单位不经审查而订立了合同，也要承担一定的过错责任。

案例 2　建设单位将工程肢解发包，施工单位超越本单位资质等违法施工案

案情简介　2008 年 3 月中旬，某工程被检查时，发现该工程建设单位将工程桩基部分肢解发包给 A、B 两家桩基施工单位(其中 A 桩基施工单位不具有相应资质等级)，且开工时未办理出工程质量监督手续和建筑工程施工许可证；A 桩基施工单位超越本单位资质等级允许范围承接工程，且无建筑工程施工许可证违法施工；B 桩基施工单位无建筑工程施工许可证违法施工。

该工程总建筑面积约 15 万 m^2，工程合同总造价 2 亿元，共有 19 个单体，地下室一层，工程分为两个标段。

A 桩基施工单位(为地基基础专业承包三级资质)承接部分工程桩基合同造价约 800 万元；B 桩基施工单位承接部分工程桩基合同造价约为 1 000 万元，工程于 2007 年 12 月下旬开工，2008 年 1 月中旬才办理出工程质量监督手续和建筑工程施工许可证，至检查时工程桩全部施工完毕。

问题：建设单位、A 桩基施工单位和 B 桩基施工单位在建筑工程施工许可方面有没有违法行为？为什么？

案例分析：

建设单位在工程建设过程中将桩基工程肢解发包给两家桩基施工单位(其中一家不具有相应资质等级)，且开工时未办理出工程质量监督手续和建筑工程施工许可证，已经违反了《建筑法》第 7 条第一款(建筑工程开工前，建设单位应当按照国家有关规定向工程所在地县级以上人民政府建设行政主管部门申请领取施工许可证)、第 24 条第一款(提倡对建筑工程实行总承包，禁止将建筑工程肢解发包)，国务院令第 279 号《建设工程质量管理条例》第 7 条(建设单位应当将工程发包给具有相应资质等级的单位；建设单位不得将建设工程肢解发包)，第 13 条(建设单位在领取施工许可证或开工报告前，应当按照国家有关规定办理工程质量监督手续)的规定。根据国务院令第 279 号《建设工程质量管理条例》第 55 条(违反本条例规定，建设单位将建设工程肢解发包的，责令改正，处工程合同价款 0.5%以上 1%以下的罚款)的规定对建设单位进行处罚。

A桩基施工单位超越本单位资质等级允许范围承接工程，且无建筑工程施工许可证违法施工，根据《建筑工程施工许可管理办法》《建设工程质量管理条例》对施工单位A责令停止违法行为，处工程合同价款2%以上4%以下的罚款。

B桩基施工单位无建筑工程施工许可证违法施工，根据《建筑工程施工许可管理办法》对建设单位和施工单位分别处以罚款。

(5) 对在质量监督过程中把关不严的某县质监站予以通报批评。

第二部分 相关工作任务

任务1 建设工程施工许可制度

《建筑法》规定，建筑工程开工前，建设单位应当按照国家有关规定向工程所在地县级以上人民政府建设行政主管部门申请领取施工许可证；但是，国务院建设行政主管部门确定的限额以下的小型工程除外。按照国务院规定的权限和程序批准开工报告的建筑工程，不再领取施工许可证。

施工许可制度是由国家授权的有关行政主管部门，在建设工程开工之前对其是否符合法定的开工条件进行授权，对符合条件的建设工程允许其开工建设的法定制度。建立施工许可制度，有利于保证建设工程的开工符合必要条件，避免不具备条件的建设工程盲目开工而给当事人造成损失或导致国家财产的浪费，从而使建设工程在开工后能够顺利实施，也便于有关行政主管部门了解和掌握所辖范围内有关建设工程的数量、规模以及施工队伍等基本情况，依法进行指导和监督，保证建设工程活动依法有序进行。

一、施工许可证和开工报告的适用范围

我国目前对建设工程开工条件的审批，存在着“施工许可证”和批准“开工报告”两种形式。多数工程时办理施工许可证，部分工程则为批准开工报告。

案例2-1 某镇为改善当地的经济环境，大力发展果品产业。某果品加工厂决定投资800万元建设果汁生产分厂，计划用地30亩，用于水果储存加工。经镇政府土地管理科批准，果品加工厂获批了该项目30亩农用地的“建设用地规划许可证”和“建设工程规划许可证”，并筹备3个月之后开工建设。但在开工不久，县住建局便发现了此项违法建设的工程，责令立即停工，限期补办施工许可证，并要处以罚款。

问题：本案例中的果品加工厂有何违法行为，应如何处理？

(一) 施工许可证的适用范围

1. 需要办理施工许可证的建设工程

2011年4月经修改后公布的《建筑法》规定，建筑工程开工前，建设单位应当按照国家有关规定向工程所在地县级以上人民政府建设行政主管部门申请领取施工许可证。

2014年6月住房和城乡建设部经修改后发布的《建筑工程施工许可管理办法》进一步

规定，在中华人民共和国境内从事各类房屋建筑及其附属设施的建造、装修装饰和与其配套的线路、管道、设备的安装，以及城镇市政基础设施工程的施工，建设单位在开工前应当依照本办法的规定，向工程所在地的县级以上地方人民政府住房和城乡建设主管部门（以下简称发证机关）申请领取施工许可证。

2. 不需要办理施工许可证的建设工程

（1）限额以下的小型工程

按照《建筑法》的规定，国务院建设行政主管部门确定的限额以下的小型工程，可以不申请办理施工许可证。

据此，《建筑工程施工许可管理办法》规定，工程投资额在30万元以下或者建筑面积在300 m^2 以下的建筑工程，可以不申请办理施工许可证。省、自治区、直辖市人民政府行政主管部门可以根据当地的实际情况，对限额进行调整，并报国务院建设行政主管部门备案。

（2）抢险救灾等工程

《建筑法》规定，抢险救灾及其他临时性房屋建筑和农民自建底层住宅的建筑活动，不适用本法。由于这几类工程各有其特殊性，所以，从实际出发，法律规定不需要办理施工许可证。

3. 不重复办理施工许可证的建设工程

为避免同一建设工程的开工由不同行政主管部门重复审批的现象，《建筑法》规定，按照国务院规定的权限和程序批准开工报告的建筑工程，不再领取施工许可证。其中这里有两层含义：第一是实行开工报告批准制度的建设工程，必须符合国务院的规定，其他任何部门的规定无效；第二是开工报告与施工许可证不要重复办理。

4. 另行规定的建设工程

军用房屋建筑工程有其特殊性。所以，《建筑法》规定，军用房屋建筑工程建筑活动的具体管理办法，由国务院、中央军事委员会依据本法制定。

（二）实行开工报告制度的建设工程

开工报告制度是我国沿用已久的一种建设项目开工管理制度。1979年，原国家计划委员会、国家基本建设委员会在《关于做好基本建设前期工作的通知》中规定了这项制度。1984年原国家计委发布的《关于简化基本建设项目审批手续的通知》中将其简化。1988年以后，又恢复了开工报告制度。开工报告审查的内容主要包括：①资金到位情况；②投资项目市场预测；③设计图纸是否满足施工要求；④现场条件是否具备“三通一平”等的要求。1995年国务院《严格限制新开工项目，加强固定资产投资源头的通知》《关于严格控制高档房地产开发项目的通知》中，均提到了开工报告审批制度。近些年来，公路建设项目等已由开工报告制度改为施工许可制度。

国务院规定的开工报告制度，不同于建设监理中的开工报告工作。根据《建设工程监理规范》的规定，承包商即施工单位在工程开工前应按合同约定向监理工程师提交开工报告，经总监理工程师审定通过后，即可开工。虽然在字面上都有“开工报告”，但是二者有区别：①性质不同，前者是政府主管部门的一种行政许可制度，后者则是建设监理过程中的监理单位对施工单位开工准备工作的认可；②内容不同，前者主要是建设单位应具备的开工条件，后者是施工单位应具备的开工条件；③主体不同，前者是建设单位向政府主管部门申报，后者是施工单位向监理单位提出。

案例 2-1 分析：

《建筑法》第 7 条规定："建筑工程开工前，建设单位应当按照国家有关规定向工程所在地县级以上人民政府建设行政主管部门申请领取施工许可证。"该果品加工厂未取得施工许可证，却擅自开工建设厂房和国库，属于违反施工许可法律规定的行为，按照《建筑法》第 64 条规定："违反本法规定，未取得施工许可证或者开工报告未经批准擅自施工的，责令改正，对不符合开工条件的责令停止施工，可以处以罚款。"《建设工程质量管理条例》第 57 条规定："违反本条例规定，建设单位未取得施工许可证或者开工报告未经批准，擅自施工的，责令停止施工，限期改正，处工程合同款 1%以上 2%以下的罚款。"据此，县住建局应当责令其停工并限期拆除非法建筑、返还农业用地，还可以根据具体情况处以工程合同款 1%以上 2%以下的罚款。

此外，该果品加工厂开工建设所依据的"建设工程用地许可证"和"建设工程用地规划许可证"为镇政府土地管理科颁发，超越了法律规定的职权，还应当依据《城乡规划法》对有关机构和责任人做出相应处罚。

二、申请主体和法定批准条件

案例 2-2 2006 年，某市一服装厂为扩大生产规模需要建设一栋综合楼，10 层框架结构，建筑面积 2 万 m^2。通过工程监理招标，该市某建设监理有限公司中标并与该服装厂于 2006 年 7 月 16 日签订了委托监理合同，合同价款 34 万元；通过施工招标，该市某建筑公司中标，并与服装厂于 2006 年 8 月 16 日签订了建设工程施工合同，合同价款 4 200 万元。合同签订后，建筑公司进入现场施工。在施工过程中，服装厂发现建筑公司工程进度拖延并出现质量问题，为此双方出现纠纷，并告到当地政府主管部门。当地政府主管部门在了解情况时，发现该服装厂的综合楼工程项目未办理规划许可、施工许可手续。

问题：本案中该服装厂有何违法行为，应该如何处理？

（一）施工许可证的申请主体

《建筑法》规定，建设单位应当按照国家有关规定向工程所在地县级以上人民政府建设行政主管部门申请领取施工许可证。

建设单位（又称业主或项目法人）是建设项目的投资者，为建设项目开工和施工单位进场做好各项前期准备工作，是建设单位应尽的义务。因此，施工许可证的申请领取，应该是由建设单位负责，而不是施工单位或其他单位。

案例 2-2 分析：

该服装厂未办理综合楼工程项目的规划、施工许可手续，属于违法建设项目。根据《建筑法》第 7 条规定："建筑工程开工前，建设单位应当按照国家有关规定向工程所在县级以上人民政府建设行政主管部门申请领取施工许可证。"该服装厂未申请领取施工许可证就让建筑公司开工建设，属于违法擅自施工。

该服装厂不具备申请领取施工许可证的条件。根据《建筑法》第 8 条规定，该服装厂未办理该项工程的规划许可证，不具备申请领取施工许可证的条件。所以，该服装厂即使申请也不可能获得施工许可证。

该服装厂应承担的法律责任：根据结合本案情况，对该工程应该责令停止施工，限期改正，对建设单位处以罚款，其额度在 42 万～84 万元之间。

对该服装公司违法不办理规划许可的问题由城乡规划主管部门根据《城乡规划法》给予相应的处罚。至于施工进度、质量等纠纷，应当依据合同的约定，选择和解、调解、仲裁或诉讼等法律途径解决。

（二）施工许可证的法定批准条件

《建筑法》规定，申请领取施工许可证，应当具备下列条件：①已经办理该建筑工程用地批准手续；②在城市规划区的建筑工程，已经领取规划许可证；③需要拆迁的，其拆迁进度符合施工要求；④已经确定建筑施工企业；⑤有满足施工需要的施工图纸及技术资料；⑥有保证工程质量和安全的具体措施；⑦建设资金已经落实；⑧法律、行政法规规定的其他条件。

《建筑工程施工许可管理办法》进一步规定，建设单位申请领取施工许可证，应当具备下列条件，并提交相应的证明文件：①依法应当办理用地批准手续的，已经办理该建筑工程用地批准手续；②在城市、镇规划区的建筑工程，已经取得建设工程规划许可证；③施工场地已经基本具备施工条件，需要征收房屋的，其进度符合施工要求；④已经确定施工企业；⑤有满足施工需要的技术资料，施工图设计文件已按规定审查合格；⑥有保证工程质量和安全的具体措施；⑦按照规定应当委托监理的工程已委托监理；⑧建设资金已经落实；⑨法律、行政法规规定的其他条件。

案例 2-3 某市高等专科学校由于在校学生的增加，决定建设一座学生宿舍楼，通过招标，该高等专科学校选择了 A 施工单位，签订了施工合同，并委托了某监理单位实施施工阶段的监理任务，也签订了委托监理合同。2013 年 3 月 15 日，监理单位按国家有关规定向本市建设行政主管部门申请领取施工许可证，建设行政主管部门于 2013 年 3 月 16 日收到了申请书，认为符合条件，于 2013 年 4 月 10 日颁发了施工许可证。因施工图设计出现了问题，一直未开工，于是办理了延期开工申请，直到 2013 年 8 月 10 日才开工。施工中 A 施工单位将部分工程分包给 B 施工单位。施工现场存在许多电力管线，监理单位向建设单位提出要办理有关申请批准手续。

问题：

1. 《建筑法》规定，具备哪些条件才可申请领取施工许可证？
2. 施工许可证的申请和颁发过程中有何不妥之处？请说明理由。2013 年 8 月 10 日开工是否需要重新办理施工许可证？为什么？
3. 根据《建筑法》对建筑安全生产管理的有关规定，简述建设单位在什么情况下需要按国家有关规定办理申请批准手续？

1. 依法应当办理用地批准手续的，已经办理该建筑工程用地批准手续

2004 年 8 月经修改后公布的《土地管理法》规定，任何单位和个人进行建设，需要使用土地的，必须依法申请使用国有土地。依法申请使用的国有土地包括国家所有的土地和国家征收的原属于农民集体所有的土地。经批准的建设项目需要使用国有建设用地的，建设单位应当持法律、行政法规规定的有关文件，向有批准权的县级以上人民政府土地行政主管部门提出建设用地申请，经土地行政主管部门审查，报本级人民政府批准。

办理用地批准手续是建设工程依法取得土地使用权的必经程序，也是建设工程取得施工许可的必要条件。

案例 2-4　2013 年 8 月 18 日，原告佛山市顺德区公路局向顺德区伦教街道仕版村民委员会受让伦教世龙工业区（仕版工业区）7 664.20 m^2 土地的国有土地使用权，拟建设佛山市顺德区公路局仕版养护中心料场。2014 年 1 月 18 日，原告持有"国有土地使用权证"，编号为顺府国用（2014）第 0101189 号。同年 3 月 5 日，原告领取"建设工程规划许可证"，编号为佛顺建证（2014）00255 号。同年 3 月 18 日，原告领取"建设工程施工许可证"，编号为 0062004005 号。2014 年 3 月 20 日，原告开始组织有关施工单位（佛山市顺德区承德建设工程有限公司）施工，并安排有关挖土机和铲运机进入上述施工现场。被告梁某、吴某、何某等村民以上述案土地是集体所有，涉及的土地是违法用地为由，从 2014 年 3 月 20 日开始，到案涉施工现场阻挠施工，并造成有关施工机械无法进行现场施工，至 2014 年 5 月 20 日，依法对被告进行先予执行之后，原告的工地才恢复施工。根据佛山市顺德区广得信工程造价咨询有限公司做出的"佛山市顺德区公路局仕版养护中心工地机械费市场参考价"，因被告阻挠施工，造成原告 2014 年 3 月 20 日至 2014 年 4 月 14 日工地施工机械费损失 55 500 元。

问题：本案中原告是否有过错？

2. 在城市、镇规划区的建筑工程，已经取得规划许可证

在城市、镇规划区，规划许可证包括建设用地规划许可证和建设工程规划许可证。在乡、村庄规划区内进行乡镇企业、乡村公共设施和公益事业建设的，须核发乡村建设规划许可证。

（1）建设用地规划许可证

2015 年 4 月经修改后公布的《城乡规划法》规定，在城市、镇规划区内以划拨方式提供国有土地使用权的建设项目，经有关部门批准、核准、备案后，建设单位应当向城市、县人民政府城乡规划主管部门提出建设用地规划许可申请，由城市、县人民政府城乡规划主管部门依据控制性详细规划核定建设用地的位置、面积、允许建设的范围，核发建设用地规划许可证。建设单位在取得建设用地规划许可证后，方可向县级以上地方人民政府土地主管部门申请用地，经县级以上人民政府审批后，方可向县级以上地方人民政府土地主管部门申请用地，经县级以上人民政府审批后，由土地主管部门划拨土地。

以出让方式取得国有土地使用权的建设项目，在签订国有土地使用权出让合同后，建设单位应当持建设项目的批准、核准、备案文件和国有土地使用权出让合同，向城市、县人民政府城乡规划主管部门领取建设用地规划许可证。

（2）建设工程规划许可证

在城市、镇规划区内进行建筑物、构筑物、道路、管线和其他工程建设的，建设单位或者个人应当向城市、县人民政府城乡规划主管部门或者省、自治区、直辖市人民政府确定的镇人民政府申请办理建设工程规划许可证

以上两个规划许可证，分别是申请用地和确认有关建设工程符合城市规划要求的法律凭证。

案例 2-4 分析：

受诉法院审理认为：依法登记的土地所有权和使用权受法律保护，公民由于过错侵害他人财产的，应承担民事责任。本案中，原告已依法取得案涉土地的"国有土地使用证"，并取得"建设工程规划许可证"和"建设工程施工许可证"，故原告在案涉土地上进行施工法律手

续完备，其合法施工行为受法律保护。被告阻挠原告的正常施工，侵害了原告合法的财产使用权、处分权，必须立即停止侵害。原告提供的证据可证明在被告等人阻挠施工期间的机械费用损失情况，被告提出异议，但未能提供证据反驳。综上，原告的诉讼请求，有事实和法律依据，予以支持。被告等人基本共同的故意侵害原告的合法权利，属共同侵权行为，应承担连带侵权责任，原告有权向共同侵权人中的任何一人或数人请求赔偿全部损失，故被告有关答辩理由不成立，不予采纳。

根据《民法通则》第 5 条，第 106 条第二款，第 117 条第三款，第 134 条第(一)项、第(二)项、第(七)项，《中华人民共和国土地管理法》第 43 条以及最高人民法院《关于民事诉讼证据的若干规定》第 64 条的规定，判决：①被告梁某、吴某、何某等对原告佛山市顺德区公路局位于伦教街道世龙集约工业区(仕版工业区)项目为佛山市公路局仕版养护中心料场的建筑施工立即停止侵害，排除妨碍。②被告梁某、吴某、何某等与判决发生法律效力之日起 3 日内赔偿原告佛山市顺德区公路局机械费损失 55 500 元。本案受理费 2 180 元，由被告负担(被告负担的诉讼费已由原告预交，被告应于判决发生法律效力之日起 3 日内给付原告)。

3. 施工场地已经基本具备施工条件，需要征收房屋的，其进度符合施工要求

施工场地应该具备的基本施工条件，通常要根据建设工程项目的具体情况决定。例如：已进行场区的施工测量，设置永久性经纬坐标桩、水准基桩和工程测量控制网；搞好“三通一平”“五通一平”或“七通一平”；施工使用的生产基地和生活基地，包括附属企业、加工厂站、仓库堆场，以及办公、生活、福利用房等；强化安全管理和安全教育，在施工现场要设安全纪律牌、施工公告牌、安全标志牌等。实行监理的建设工程，一般要由监理单位查看后填写“施工场地已具备施工条件的证明”，并加盖单位公章确认。

《物权法》规定，为了公共利益的需要，依照法律规定的权限和程序可以征收集体所有的土地和单位、个人的房屋及其他不动产。因此，房屋征收是物权变动的一种特殊情形，是国家取得房屋所有权的一种方式。因此，房屋征收是无权变动的一种特殊情形，是国家取得房屋所有权的一种方式。房屋征收要根据城乡规划和国家专项工程的迁建计划以及当地政府的用地文件，拆除和迁移建设用地范围内的房屋及其附属物，并对原房屋及其附属物的所有人或使用人进行补偿和安置。房屋征收是一项复杂的综合性工作，必须按照计划和施工进度进行，过早或过迟都会造成损失和浪费。需要先期进行征收的，征收进度必须能满足建设工程开始施工和连续施工的要求。

4. 已经确定施工企业

建设工程的施工必须由具体相应资质的施工企业来承担。因此，在建设工程开工前，建设单位必须依法通过招标或直接发包的方式确定承包该建设工程的施工企业，并签订建设工程承包合同，明确双方的责任、权利和义务。否则，建设工程的施工将无法进行。

按照规定应当招标的工程没有招标，应当公开招标的工程没有公开招标，或者肢解发包工程，以及将工程发包给不具备相应资质条件的企业的，所确定的施工企业无效。

5. 有满足施工需要的技术资料，施工图设计文件已按规定审查合格

技术资料一般包括地形、地质、水文、气象等自然条件资料和主要原材料、燃料来源，水电供应和运输条件等技术经济条件资料。掌握客观、准确、全面的技术资料，是实现建设工程质量和安全的重要保证。

2015 年 6 月经修改后颁布的《建设工程勘察设计管理条例》规定，编制施工图设计文件，应当满足设备材料采购、非标准设备制作和施工的需要，并注明建设工程合理使用年限。

施工图设计文件不仅要满足施工需要，还应当按照对其设计公共利益、公众安全、工程建设强制性标准的内容进行审查。2000 年 1 月颁布的《建设工程质量管理条例》规定，施工图设计文件未经审查批准的，不得使用。

6. 有保证工程质量和安全的具体措施

工程质量和安全是工程建设的永恒主题。《建设工程质量管理条例》规定，建设单位在领取施工许可证或者开工报告前，应当按照国家有关规定办理工程质量监督手续。2003 年 11 月颁布的《建设工程安全生产管理条例》规定，建设单位在申请领取施工许可证时，应当提供建设工程有关安全施工措施的资料。建设行政主管部门在审核发放施工许可证时，应当对建设工程是否有安全施工措施进行审查，对没有安全施工措施的，不得颁发施工许可证。

《建设工程施工许可管理办法》中进一步规定，施工企业编制的施工组织设计中有根据建筑工程特点制定的相应质量、安全技术措施，专业性较强的工程项目编制了专项质量、安全施工组织设计，并按照规定办理了工程质量、安全监督手续。

7. 按照规定应当委托监理的工程已委托监理

根据《建筑法》的规定，国务院可以规定实行强制监理的建筑工程的范围。为此，《建设工程质量管理条例》明确规定，下列建设工程必须实行监理：①国家重点建设工程；②大中型公用事业工程；③成片开发建设的住宅小区工程；④利用外国政府或者国际组织贷款、援助资金的工程；⑤国家规定必须实行监理的其他工程。

因此，对于上述规定中应当委托监理的工程已委托监理是办理施工许可的基本条件之一。

8. 建设资金已经落实

建设资金的落实是建设工程开工后能否顺利实施的关键。在建设资金不落实或资金不足的情况下，盲目上建设项目，要求施工企业垫资承包，转嫁投资缺口，严重拖欠工程款，不仅会加重施工企业的生产经营困难，影响了工程建设的正常进行，也会扰乱建设市场的秩序。许多“烂尾楼”工程等都是建设资金不到位的结果。因此，在建设工程开工前，建设资金必须足够落实。

《建筑工程施工许可管理办法》明确规定，建设工期不足 1 年的，到位资金原则上不得少于工程合同价的 50%，建设工期超过 1 年的，到位资金原则上不得少于工程合同价的 30%。建设单位应当提供银行出具的到位资金证明，有条件的可以实行银行付款保函或者其他第三方担保。

9. 法律、行政法规规定的其他条件

由于施工活动本身很复杂，各类工程的施工方法、建设要求等也不同，申请领取施工许可证的条件很难在一部法律中采用列举的方式全部涵盖。而且，国家对建设活动的管理还在不断完善，施工许可证的申领条件也会发生变化。所以，《建筑法》为今后法律、行政法规可能规定的施工许可证申领条件作了特别规定。需要说明的是，只有全国人民代表大会及其常委会制定的法律和国务院制定的行政法规，才有权增加施工许可证新的申领条件。《建设工程施工许可管理办法》明确规定，县级以上地方人民政府住房城乡建设主管部门不得违反法律法规规定，增设办理施工许可证的其他条件。

目前，已增加的施工许可证申领条件主要是消防设计审核。《消防法》规定，依法应当经公安机关消防机构进行消防设计审核的建设工程，未经依法审核或审核不合格的，负责审批该工程施工许可的部门不得给予施工许可，建设单位、施工单位不得施工；其他建设工程取得施工许可后经依法抽查不合格的，应当停止施工。

需要注意的是，上述的法定条件必须同时具备，缺一不可。发证机关应当自收到申请之日起 15 日内，对符合条件的申请颁发施工许可证。对于证明文件不齐全或者失效的，应当当场或者 5 日内一次告知建设单位需要补正的全部内容，审批时间可以自证明文件补正齐全后作相应顺延；对于不符合条件的，应当自收到申请之日 15 日内书面通知建设单位，并说明理由。

《建设工程施工许可管理办法》还明确规定，应当申请领取施工许可证的建筑工程未取得施工许可证的，一律不得开工。任何单位和个人不得将应当申请领取施工许可证的工程项目分解为若干限额以下的工程项目，规避申请领取施工许可证。

案例 2-3 分析：

1. 《建筑法》规定，申请领取施工许可证应当具备的条件是：已经办理该建筑工程用地批准手续；在城市规划区的建筑工程，已经取得规划许可证；需要拆迁的，其拆迁进度符合施工要求；已经确定建筑施工企业；有满足施工需要的施工图纸及技术资料；有保证工程质量和安全的具体措施；建设资金已经落实；法律、行政法规规定的其他条件。

2. 施工许可证的申请和颁发过程中的不妥之处是：

(1) 监理单位向建设行政主管部门申请领取施工许可证。

理由：应由建设单位申请领取施工许可证。

(2) 2013 年 4 月 10 日颁发施工许可证。

理由：建设行政主管部门应当自收到申请之日起 15 日内，对符合条件的申请颁发施工许可证。

(3) 2013 年 8 月 10 日开工不需重新办理施工许可证。

理由：《建筑法》规定，因故不能按期开工超过 6 个月的，应重新办理开工报告的批准手续，本案例中的延迟开工未超过 6 个月。

3. 有下列情形之一的，建设单位应当按照国家有关规定办理申请批准手续：

(1) 需要临时占用规划批准范围以外场地的；

(2) 可能损坏道路、管线、电力、邮电、通讯等公共设施的；

(3) 需要临时停水、停电、中断道路交通的；

(4) 需要进行爆破作业的；

(5) 法律、法规规定需要办理报批手续的其他情形。

三、延期开工、核验和重新办理批准的规定

案例 2-5 某房地产公司要开发建设一个大型多功能商业广场，以 EPC 模式发包给某建设集团，并于 2010 年 3 月 20 日申领到施工许可证，在按期开工后因故于 2010 年 10 月 15 日中止施工，直到 2012 年 3 月 1 日拟恢复施工。

问题：

1. 该商业广场项目应当由谁申领施工许可证？

2. 该商业广场项目中止施工后，最迟应当在何时向发证机关报告？

3. 2012 年 3 月 1 日后恢复施工时应该履行哪些程序？

（一）申请延期的规定

《建筑法》规定，建设单位应当自领取施工许可证之日起 3 个月内开工。因故不能按期开工的，应当向发证机关申请延期；延期以两次为限，每次不超过 3 个月。既不开工又不申请延期或者超过延期时限的，施工许可证自行废止。

由于施工活动不同于一般的生产活动，其受气候、经济、环境等因素的制约较大，根据客观条件的变化，允许适当延期还是必要的。当然，延期也要有必要的限制。

（二）核验施工许可证的规定

《建筑法》规定，在建的建筑工程因故中止施工的，建设单位应当自中止施工之日起一个月内，向发证机关报告，并按照规定做好建筑工程的维护管理工作。建筑工程恢复施工时，应当向发证机关报告；中止施工满一年的工程恢复施工前，建设单位应当报发证机关核验施工许可证。

所谓中止施工，指建设工程开工后，在施工过程中因特殊情况的发生而中途停止施工的一种行为。中止施工的原因很复杂，如地震、洪水等不可抗力，以及宏观调控压缩基建规模、停建缓建建设工程等。

对于因故中止施工的，建设单位应当按照规定的时限履行相关义务或者责任，以防止建设工程在中止施工期间遭受不必要的损失，保证在恢复施工时可以尽快启动。例如，建设单位与施工单位应当确定合理的停工部位，并协商提出善后处理的具体方案，明确双方的职责、权利和义务；建设单位应当派专人负责，定期检查中止施工工程的质量状况，发现问题及时解决；建设单位要与施工单位共同做好中止施工的工地现场安全、防火、防盗、维护等项工作，防止因工地脚手架、施工铁架、外墙挡板等腐烂、断裂、坠落、倒塌等导致发生人身安全事故，并保管好工程技术档案资料。

在恢复施工时，建设单位应当向发证机关报告恢复施工的有关情况。中止施工满一年的，在建设工程恢复施工前，建设单位还应当报发证机关核验施工许可证，看是否仍具备组织施工的条件，经核验符合条件的，应允许恢复施工，施工许可证继续有效；经核验不符合条件的，应当收回其施工许可证，不允许恢复施工，待条件具备后，由建设单位重新申领施工许可证。

（三）重新办理批准手续的规定

对于实行开工报告制度的建设工程，《建筑法》规定，按照国务院有关规定批准开工报告的建筑工程，因故不能按期开工或者中止施工的，应当及时向批准机关报告情况。因故不能按期开工超过 6 个月的，应当重新办理开工报告的批准手续。

按照国务院有关规定批准开工报告的建筑工程，一般都属于大中型建设项目。对于这类工程因故不能按期开工或者中止施工，在审查和管理上应该更严格。

案例 2-5 分析：

1. 根据《建筑法》第 7 条规定："建筑工程开工前，建设单位应当按照国家有关规定向工程所在地县级以上人民政府建设行政主管部门申请领取施工许可证。"因此，申领施工许可证的主体应当为该房地产公司，即该商业广场项目的建设单位。

2. 根据《建筑法》第 10 条第一款规定:“在建的建筑工程因故中止施工的,建设单位应当自中止施工之日起 1 个月内,向发证机关报告,并按照规定做好建筑工程的维护管理工作。”据此,该房地产公司向发证机关报告的最迟期限应为 2010 年 11 月 15 日。

3. 根据《建筑法》第 10 条第二款规定:“建筑工程恢复施工时,应当向发证机关报告;中止施工满 1 年的工程恢复施工前,建设单位应当报发证机关核验施工许可证。”据此,该房地产公司在恢复施工前应当向发证机关报告恢复施工的有关情况,并应当报发证机关核验施工许可证;经核验符合条件的,方可恢复施工。

任务 2 从业单位资格许可

为了建立和维护建筑市场的正常秩序,确立建筑活动主体进入建筑市场从事建筑活动的准入规则,世界上绝大多数国家都对从事建设活动主体必须具备的资格做出了严格规定,要求从事建设工程的新建、扩建、改建和拆除等活动的单位,必须在资金、技术、装备等方面具备相应的资质条件。《建筑法》《建筑业企业资质管理规定》和《工程监理企业资质管理规定》中明确规定了从事建筑活动的建筑施工企业、勘察单位、设计单位、工程监理单位等进入建筑市场应当具备的条件和资质审查制度。从业单位资格许可包括从业单位的条件和从业单位的资质。

一、从业单位的法定条件

《建筑法》第 12 条规定,从事建筑活动的建筑施工企业、勘察单位、设计单位和工程监理单位,应当具备下列条件。

1. 有符合国家规定的注册资本

注册资本指从事建筑活动的单位在按照国家有关规定进行注册登记时,申报并确定的资金总额。它反映的是企业法人的财产权,也是判断企业经济力量的依据。建筑施工企业、勘察企业、设计单位和工程监理单位在申请设立注册登记时,应当达到国家规定的注册资本的数量标准,在《建筑业企业资质等级标准》《工程监理企业资质管理规定》中均有详细规定。

2. 有与其从事的建筑活动相适应的具有法定执业资格的专业技术人员

建筑活动的专业性、技术性决定从事建筑活动的企业和单位不仅需要懂经营、懂管理的经营管理人员,更需要有与其从事的建筑活动相适应的专业技术人员。首先,建筑施工企业、勘察单位、设计单位和工程监理单位必须有与其从事的建筑活动相适应的专业技术人员,除了包括《建筑法》第 14 条规定的依法取得建筑行业有关专业职业资格证书的注册建造师、注册监理师等以外,还包括依照国家规定的条件和程序取得有关技术职称的专业技术人员等。其次,这些专业人员必须具有法定的职业资格,即经过国家统一考试合格并被依法批准注册。

3. 有从事相关建筑活动所应有的技术装备

从事建筑活动的建筑施工企业、勘察企业、设计单位和工程监理单位必须有从事相关建筑活动所应有的技术装备,否则建筑活动无法正常进行。如从事建筑施工活动,必须有相应的施工机械设备与质量检验测试手段等,没有相应的技术装备,不得从事建筑活动。

4. 法律、行政法规规定的其他条件

建筑施工企业、勘察单位、设计单位和工程监理单位，除了应具备以上三项条件外，还必须具备从事经营活动所应具备的其他条件。如按照《民法通则》中关于法人的条件，即法人应当依法成立，有必要的财产或者经费，有自己的名称、组织机构和场所，能够独立承担民事责任，若从事建筑活动的单位要成为企业法人就必须符合企业法人的条件；按照《公司法》规定设定从事建筑活动的有限责任公司和股份公司，股东或发起人必须符合法定人数；股东或发起人共同制定公司章程；有公司名称，建立符合要求的组织机构；有固定的生产经营场所和必要的生产条件；等等。这里要指出的是“其他条件”仅指法律、行政法规规定的条件、不包括部门规章及其他规范性文件的规定，因为涉及市场准入规则的问题，应当由法律、行政法规做出统一的规定。

二、从业单位的资质

从事建筑活动的建筑施工企业、勘察单位、设计单位和工程监理单位，应当按照其拥有的注册资本、专业技术人员、技术装备和已完成的建设工程业绩等资质条件申请资质，经资质审查合格，划分为不同的资质等级，取得相应等级的资质证书后，方可在其资质等级许可的范围内从事建筑活动。

从事建筑活动的建筑施工企业、勘察单位、设计单位和工程监理单位的资质等级，是反映这些单位从事建筑活动的经济、技术能力和水平的标志，规定从事建筑活动的单位只能在其经依法核定的资质等级许可的范围内从事有关建筑活动，是保证建设工程质量，维护建筑市场正常秩序的重要措施，所有从事建筑活动的单位必须严格执行。

2015 年 1 月住房和城乡建设部经修改后发布的《建筑业企业资质管理规定》中规定，建筑业企业是指从事土木工程、建筑工程、线路管道设备安装工程新建、扩建、改建等施工活动的企业。

三、施工企业资质等级、承担业务范围和资质证书管理

(一) 施工企业资质的法定条件

根据《建筑法》《行政许可法》《建设工程质量管理条例》《建设工程安全生产管理条例》等法律、行政法规，《建筑业企业资质管理规定》中规定，企业应当按照其拥有的资产、主要人员、已完成的工程业绩和技术装备等条件申请建筑业企业资质，经审查合格，取得建筑业企业资质证书后，方可在资质许可的范围内从事建筑施工活动。

案例 2-6 2012 年 1 月，某市帆布厂（以下简称甲方）与某市区修建工程队（以下简称乙方）订立了建设工程承包合同。合同规定：乙方为甲方建一框架厂房，跨度 12 m，总造价为 98.9 万元；承包方式为包工包料；建设工程工期为 2012 年 11 月 2 日至 2014 年 3 月 10 日。从工程开工直到 2014 年年底，工程仍未能完工，而且已完工工程质量部分不合格，这期间甲方付给乙方工程款、材料垫付款共 101.6 万元。为此，双方发生纠纷。经查明：乙方在工商行政管理机关登记的经营范围为维修和承建小型非生产性建设工程，无资格承包此工程。经有关部门鉴定：该项工程造价为 98.9 万元，未完工程折价为 11.7 万元，已完工程的厂房屋面质量不合格，返工费 5.6 万元。

问题：此纠纷应如何解决？

1. 有符合规定的净资产

企业资质是指企业拥有或控制的能以货币计量的经济资源，包括各种财产、债权和其他权利。企业净资产是指企业的资产总额减去负债以后的净额。净资产是属于企业所有并可以自由支配的资产，即所有者权益。相对于注册资本而言，它能够更准确地体现企业的经济实力。所有建筑业企业都必须具备基本的责任承担能力。这是法律上权利与义务相一致、利益与风险相一致原则的体现，是维护债权人利益的需要。显然，对净资产要求的全面提高意味着对企业资信要求的提高。

以建筑工程总承包企业为例，2014 年 11 月住房和城乡建设部经修改后发布的《建筑业企业资质标准》中规定，一级企业净资产 1 亿元以上；二级企业净资产 4 000 万元以上；三级企业净资产 800 万元以上。

2. 有符合规定的主要人员

工程建设施工活动是一种专业性、技术性很强的活动。因此，建筑业企业必须拥有注册建造师及其他注册人员、工程技术人员、施工现场管理人员和技术工人。

《建筑业企业资质标准》中规定，建筑工程施工总承包一级企业拥有：①建筑工程、机电工程专业一级注册建造师合计不少于 12 人，其中建筑工程专业以及注册建造师不少于 9 人；②技术负责人具有 10 年以上从事工程施工技术管理工作经历，且具有结构专业高级职称；建筑工程相关专业中级以上职称人员不少于 30 人，且结构、给排水、暖通、电气等专业人员齐全；③持有岗位证书的施工现场管理人员不少于 50 人，且施工员、质量员、安全员、机械员、造价员、劳务员等人员齐全；④经考核或培训合格的中级工以上技术工人不少于 150 人。

二级企业拥有：①建筑工程、机电工程专业注册建造师合计不少于 12 人，其中建筑工程专业注册建造师不少于 9 人。②技术负责人具有 8 年以上从事工程施工技术管理工作经历，且具有结构专业高级职称或建筑工程专业以及注册建造师执业资格；建筑工程相关专业中级以上职称人员不少于 15 人，且结构、给排水、暖通、电气等专业人员齐全。③持有岗位证书的施工现场管理人员不少于 30 人，且施工员、质量员、安全员、机械员、造价员、劳务员等人员齐全。④经考核或培训合格的中级工以上技术工人不少于 75 人。

三级企业拥有：①建筑工程、机电工程专业注册建造师合计不少于 5 人，其中建筑工程专业注册建造师不少于 4 人。②技术负责人具有 5 年以上从事工程施工技术管理工作经历，且具有结构专业中级以上职称或建筑工程专业注册建造师执业资格；建筑工程相关专业中级以上职称人员不少于 6 人，且结构、给排水、电气等专业人员齐全。③持有岗位证书的施工现场管理人员不少于 15 人，且施工员、质量员、安全员、机械员、造价员、劳务员等人员齐全。④经考核或培训合格的中级工以上技术工人不少于 30 人。⑤技术负责人（或注册建造师）主持完成过本类别资质二级以上标准要求的工程业绩不少于 2 项。

3. 有符合规定的已完成工程业绩

工程建设施工活动是一项重要的实践活动。有无承担过相应工程的经验及其业绩好坏，是衡量施工企业实际能力和水平的一项重要标准。

建筑工程施工总承包一级企业：近 5 年承担过下列 4 类中的 2 类工程的施工总承包或主体工程承包，工程质量合格。①地上 25 层以上的民用建筑工程 1 项或地上 18—24 层的民用建筑工程 2 项；②高度 100 m 以上的构筑物工程 1 项或高度 80～100 m（不含）的构筑物工程 2 项；③建筑面积 3 万 m^2 以上的单体工业、民用建筑工程 1 项或建筑面积 2 万～3

万 m^2（不含）的单体工业、民用建筑工程 2 项；④钢筋混凝土结构单跨 30 m 以上（或钢结构单跨36 m以上）的建筑工程 1 项或钢筋混凝土结构单跨 27～30 m（不含）[或钢结构单跨 36 m以上（不含）]的建筑工程 2 项。

二级企业：近 5 年承担过下列 4 类中的 2 类工程的施工总承包或主题工程承包，工程质量合格。①地上 12 层以上的民用建筑工程 1 项或地上 8—11 层的民用建筑工程 2 项；②高度 50 m 以上的构筑物工程 1 项或高度 35～50 m（不含）的构筑物工程 2 项；③建筑面积 1 万m^2 以上的单体工业、民用建筑工程 1 项或建筑面积 0.6 万～1 万 m^2（不含）的单体工业、民用建筑工程 2 项；④钢筋混凝土结构单跨 21 m 以上（或钢结构单跨 24 m 以上）的建筑工程 1 项或钢筋混凝土结构单跨 18～21 m（不含）[或钢结构单跨 21～24 m（不含）]的建筑工程2 项。

三级企业不再要求已完成的工程业绩。

4. 有符合规定的技术装备

随着工程建设机械化程度的不断提高，大跨度、超高层、结构复杂的建设工程越来越多，施工单位必须拥有与其从事施工活动相适应的技术装备。同时，为提高机械设备的使用率和降低施工成本，我国的机械租赁市场发展也很快，许多大中型机械设备都可以采用租赁或融资租赁的方式取得。因此，目前的企业资质标准对技术装备的要求并不多，主要是企业应具有与承包工程范围相适应的施工机械和质量检测设备。

（二）施工企业的资质序列、类别和等级

1. 施工企业的资质序列

《建筑业企业资质管理规定》规定，建筑业企业资质分为施工总承包资质、专业承包资质、施工劳务资质三个序列。

2. 施工企业的资质类别和等级

施工总承包资质、专业承包资质按照工程性质和技术特点分别划分为若干资质类别，各类资质类别按照规定的条件划分为若干资质等级。施工劳务资质不分类别与等级。

按照《建筑业企业资质标准》的规定，施工总承包资质序列设有 12 个类别，分别是：建筑工程施工总承包、公路工程施工总承包、铁路工程施工总承包、港口与航道工程施工总承包、水利水电工程施工总承包、电力工程施工总承包、矿山工程施工总承包、冶炼工程施工总承包、化工石油工程施工总承包、市政公用工程施工总承包、通信工程施工总承包、机电工程施工总承包。施工总承包资质一般分为 4 个等级，即特级、一级、二级和三级。

专业承包序列设有 36 个类别，分别是：地基基础工程专业承包、起重设备安装工程专业承包、预拌混凝土专业承包、电子与智能化工程专业承包、消防设施工程专业承包、防水防腐保温工程专业承包、桥梁工程专业承包、隧道工程专业承包、钢结构工程专业承包、模板脚手架专业承包、建筑装修装饰工程专业承包、建筑机电安装工程专业承包、建筑幕墙工程专业承包、古建筑工程专业承包、城市及道路照明工程专业承包、公路路面工程专业承包、公路交通工程专业承包、铁路电务工程专业承包、铁路铺轨架梁工程专业承包、铁路电气化工程专业承包、机场场道工程专业承包、民航空管工程及机场弱电系统工程专业承包、机场目视助航工程专业承包、港口与海岸工程专业承包、航道工程专业承包、通航建筑物工程专业承包、港航设备安装及水上交管工程专业承包、水工金属结构制作与安装工程专业承包、水利水电机电安装工程专业承包、河湖整治工程专业承包、输变电工程专业承包、核工程专业承包、海

洋石油工程专业承包、环保工程专业承包、特种工程专业承包。专业工程承包资质一般分为3个等级,即一级、二级和三级。

施工劳务序列不分类别和等级。

3. 承包工程范围

取得施工总承包资质的企业,可以承接施工总承包工程。施工总承包企业可以对所承接的施工总承包工程内各专业工程全部自行施工,也可以将专业工程或劳务作业依法分包给具有相应资质的专业承包企业或劳务分包作业。

取得专业承包资质的企业,可以承接施工总承包企业分包的专业工程和建设单位依法发包的专业工程。专业承包企业可以对所承接的专业工程全部自行施工,也可以将劳务作业依法分包给具有相应资质的劳务分包企业。

取得劳务分包资质的企业,可以承接施工总承包企业或专业承包企业分包的劳务作业。

4. 施工企业资质证书的管理

资质证书有效期为5年。建筑业企业资质证书有效期届满,企业继续从事建筑施工活动的,应当于资质证书有效期届满3个月前,向原资质许可机关提出延续申请。

资质许可机关应当在建筑业企业资质证书有效期届满前做出是否准予延续的决定;逾期未做出决定的,视为准予延续。

案例2-6分析:

本案中乙方在工商行政管理机关登记的经营范围为维修和承建小型非生产性建筑工程,无资格承包此项工程,因此双方签订的施工承包合同无效。

关于工程款和材料预付款,甲方已预付乙方101.6万元。工程造价为98.9万元,乙方未完工程造价为11.7万元,乙方已完工程造价为87.2万元,此时乙方应返还甲方多支付的14.4万元。但乙方已完工程部分质量不合格,返工费为5.6万元。因此,乙方实际应返还甲方20万元预付款。

四、工程勘察企业的资质等级、承担业务范围和资质证书管理

工程勘察企业是指按照国家有关规定取得相应资质证书,并根据建设工程的要求,查明、分析、评价建设场地的地质地理环境特征和岩土工程条件,编制建设工程勘察文件的企业。

案例2-7 东北某农场在辖区内投资一家粮食加工厂,考虑场区位置偏远和资金限制,便委托当地一家乙级设计院做设计,勘察设计则由当地一家地质勘探队承担。不久地质勘查报告送到了设计院,工程技术人员据此很快将粮食加工厂12个车间的图纸完成。由于地质报告显示土层较为软弱,所以基础采用钢筋混凝土预制桩。施工单位根据设计图纸预订了工程桩,并进入场地试打桩。不料发现厂区内土质很好,甚至可以采用天然地基,经过局部开挖和钎探证实了区域内轻亚黏土,根据经验推测其承载能力可以达到每平方米23 t。于是设计院建议重新勘查并将原设计的预制桩基础改为钢筋混凝土条形基础。施工单位称工程桩已经预订,虽然还没有制作完成,但订金将无法取回。地址勘探队因为报告出现重大错误,表示可以部分退还勘查设计费,但对修改设计等工作将不再另行提供任何设计支持。设计院则表态说修改设计必须另外增加费用,因为不是设计过错引起大面积返工。这种混

乱的局面让农场愤而将勘探队告上法院，要求其承担全部工程损失。

法院判决如下：

(1) 农场委托不具备工程地质勘查资质的单位进行勘察设计，不符合建设程序的要求，应承担部分责任。

(2) 该地质勘探队是地矿局下一个物矿地质队，职责范围是探矿(包括煤矿和其他稀有矿藏)，承担非资质内的业务且造成工程损失，应承担主要责任并没收全部勘察费。

(3) 设计院收到没有勘察单位和岩土工程师签字盖章的地质报告就贸然使用，也是违法行为，同样承担部分责任。

问题：本案判决是否合理？

(一) 工程勘察企业资质分类和分级

1. 资质分类

工程勘察资质分为工程勘察综合资质、工程勘察专业资质、工程勘察劳务资质。

综合资质包括工程勘察所有专业；专业资质是指岩土工程、水文地质勘查、工程测量等专业中的某一项，其中岩土工程专业类可以使岩土工程勘察、设计、测试检测、咨询监理中的一项或全部；劳务资质是指岩土工程治理、工程钻探、凿井等。

2. 资质分级

工程勘察综合资质只设甲级；工程勘察专业资质根据工程性质和技术特点设立类别和级别，确有必要设置丙级勘察资质的经建设部批准后方可设置专业类丙级；工程勘察劳务资质不分级别。

(二) 承担业务范围

综合类工程勘察企业可以承接各专业(海洋工程勘察除外)、各等级工程勘察业务。

专业类甲级工程勘察企业可承担本专业工程勘察业务范围和地区不受限制。

专业类乙级工程勘察企业可承担本专业工程勘察中、小型工程项目，其地区不受限制。

专业类丙级工程勘察企业可承担本专业工程勘察小型工程项目，地区限定在省、自治区、直辖市所辖行政区范围内。

劳务类工程勘察企业只能承担岩土工程治理、工程钻探、凿井等工程勘察劳务工作，但地区不受限制。

(三) 资质证书管理

建设工程勘察资质证书有效期为5年。资质有效期届满，企业需要延续资质证书有效期的，应当在资质证书有效期届满60日前，向原资质许可机关提出资质延续申请。对在资质有效期内遵守有关法律、法规、规章、技术标准、信用档案中无不良行为记录，且专业技术人员满足资质标准要求的企业，经资质许可机关同意，有效期延续5年。

案例2-7分析：

法院对相关单位的责任界定是合理的。

(1) 业主以场区偏远为由，委托当地一家地质勘探队做工程地质勘查是不妥当的，所以应当承担责任。

(2) 地质勘探队以为寻找矿藏的工程地质勘查复杂，而工程地质勘查相对简单，所以贸然接受工程地质勘查的任务且造成损失，所以必须承担主要责任。

(3) 设计院看似冤枉，实际上判决是有依据的。设计单位常年从事工程设计，非常清楚设计的程序和设计的依据，将无资质证书、无岩土工程师签字盖章的地质报告作为设计依据而没有向业主提出异议，这就是不负责任的工作表现，因此设计院承担责任无可非议。

五、工程设计企业的资质等级、承担业务范围和资质证书管理

工程设计企业是指按照国家有关规定取得相应资质证书，并根据建设工程的要求，对建设工程所需的技术、经济、资源、环境等条件进行综合分析、论证，编制建设工程设计文件的企业。

案例 2-8 铁鸡煤矿有一个设计科，从事小型建筑物和构筑物的设计与修缮管理工程。随着矿产资源的开发，煤矿经济效益也随之好转，于是决定新建一栋 3 000 m^2 的办公楼。为了节省建设资金且施工方便，矿领导决定将设计任务交给本单位设计科。因为设计科没有设计资质，科长只好将完成的设计图纸交给本市设计院工作的朋友，请他帮忙审核并签字盖章，同时付 2 000 元给设计院做管理费。不料工程施工并投入使用不到半年，便发现房屋顶层多处漏水，经过对屋面防水层的认真检修，渗漏问题没有解决反而更加严重。当将室内铝塑吊顶全面拆除后才发现屋面梁板变形且出现裂缝。经过专家的分析鉴定，方知该设计对冬季雪荷载的计算有错误，而且也没有按该地区抗震等级进行构造设防，梁板界面尺寸偏小且配筋不足。

问题：试分析本案例中存在的问题？

（一）工程设计企业资质分类和分级

1. 资质分类

工程设计资质分为工程设计综合资质、工程设计行业资质、工程设计专业资质和工程设计专项资质四个序列。

工程设计综合资质是指涵盖 21 个行业的设计资质；工程设计行业资质是指涵盖某个行业资质标准中的全部设计类型的设计资质；工程设计专业资质是指某个行业资质标准中的某一个设计类型的设计资质；工程设计专项资质是指为适应和满足行业发展的需要，对已形成产业的专项技术独立进行设计以及设计、施工一体化而设立的资质。

2. 资质分级

工程设计综合资质只设甲级；工程设计行业资质、工程设计专业资质、工程设计专项资质设甲级、乙级。根据工程性质和技术特点，个别行业、专业、专项资质可以设丙级，建筑工程专业资质可以设丁级。

（二）承担业务范围

取得工程设计综合资质的企业，其承接工程设计业务范围不受限制。

工程设计行业甲级设计企业承担相应行业建设项目的工程设计的范围和地区都不受限制。

工程设计行业乙级设计企业可承担相应行业的中、小型建设项目的工程设计任务，但地区不受限制。

工程设计行业丙级设计企业可承担相应行业的小型建设项目的工程设计任务，但地区限定在省、自治区、直辖市所辖行政区范围内。

具有甲、乙级行业资质的设计企业，可承担相应的咨询业务，除特殊规定外，还可承担相

应的工程设计专项资质的业务。

取得工程设计专项甲级资质证书的设计企业可承担大、中、小型专项工程设计项目，不受地区限制；取得工程设计专项乙级资质证书的设计企业可承担中、小型专项工程设计项目，不受地区限制。

持工程设计专项甲、乙级资质的设计企业可承担相应的咨询业务。

（三）资质证书管理

建设工程设计资质证书分为正本和副本，由国务院建设行政主管部门统一印制，正、副本具有同等法律效力。

资质有效期满，企业需要延续资质证书有效期的，应当在资质证书有效期届满60日前，向原资质证书许可机关提出资质延续申请。对在资质有效期内遵守有关法律、法规、规章、技术标准，信用档案中无不良行为记录，且专业技术人员满足资质标准要求的企业，经资质许可机关同意，有效期延续5年。

案例2-8分析：

本案例中，设计科的定位本是零星小项目的设计和修缮，并不具备设计资质，属于违法行为。设计单位资质和从业人员职业资格的管理，是对特定行业技术水平的宏观控制，也是国家为工程质量和建筑安全设置的第一道防线。煤矿委托不具备工程设计资质的设计科进行设计，不符合建设程序的要求，应承担部分责任，而设计科在没有资质的情况下承揽业务，也是违法行为，同样承担部分责任。

六、工程监理企业的资质等级、承担业务范围和资质证书管理

案例2-9 鼎业监理公司刚刚成立，资质为丙级。由于承接业务受限制，他们与中湖咨询公司签了合作协议，即以中湖咨询公司名义承接大项目工程监理业务，并付其一定比例的管理费。短短3年时间，鼎业监理公司的业务已饱满，于是升格为乙级。按照当地建设局的要求，上岗总监必须是经过全国考试具有职业资格的监理工程师担当，而该公司符合条件真正上岗操作的总监仅有三人，其余均为挂证不上岗的监理工程师。公司只能张冠李戴，采用冒名顶替来应付日渐增多的工程项目。业绩比较多的总监用来参加工程投标，中标后更换人员，形成投标总监是甲、上岗操作是乙的局面，甚至根本就没有总监上岗工作。为了规范监理行业的服务意识和工作行为，当地建设主管部门实行指纹考勤，要求上岗人员到质监站录入指纹，然后再到项目部进行指纹点录。于是鼎业监理公司找到做模具的小厂，给每个总监作了硅胶指纹，完全可以实现人不到岗，指纹照录的效果。业主和施工单位对此都心照不宣，习以为常。

问题：

1. 资质管理和上岗注册制度，可以对监理单位和从业人员起到哪些约束作用？
2. 监理人员不到岗，甚至以欺骗手段考勤的做法，为什么能让各方接受？

（一）工程监理企业的资质分类与分级

1. 资质分类

工程监理企业资质分为综合资质、专业资质和事务所资质。其中，专业资质按照工程性质和技术特点划分为若干工程类别。

2. 资质分级

综合资质、事务所资质不分级别。专业资质分为甲级、乙级;其中,房屋建筑、水利水电、公路和市政公用专业资质可设立丙级。每一个工程监理企业可以同时申请一类或多类工程监理资质。

(二) 承担业务范围

综合资质:可以承担所有专业工程类别建设工程项目的工程监理业务。

专业资质:其中甲级资质可承担相应专业工程类别建设工程项目的工程监理业务。乙级资质可承担相应专业类别二级以下(含二级)建设工程项目的工程监理业务。丙级资质可承担相应专业工程类别三级建设工程项目的工程监理业务。

事务所资质:可承担三级建设工程项目的工程监理业务,但是,国家规定必须实行强制监理的工程除外。

工程监理企业可以开展相应类别建设工程的项目管理、技术咨询等业务。

(三) 资质证书管理

工程监理资质证书分为正本和副本,每套资质证书包括一本正本,四本副本。正、副本具有同等法律效力。工程监理企业资质证书的有效期为5年。工程监理企业资质证书由国务院建设主管部门同意印制并发放。

资质有效期届满,工程监理企业需要继续从事工程监理活动的,应当在资质证书有效期届满60日前,向原资质许可机关申请办理延续手续。对在资质有效期内遵守有关法律、法规、规章、技术标准,信用档案中无不良记录,且专业技术人员满足资质标准要求的企业,经资质许可机关同意,有效期延续5年。

案例2-9分析:

1. 资质管理是为了对监理单位承接项目规模进行必要的控制。资质等级的确定主要是以公司技术力量和工作业绩为依据的,如果公司没有足够的技术人员和一定的工作经验,承接大项目就会力不从心,容易出现质量问题。

从业人员经过考核认证才能上岗,是我国对技术人员的基本要求,也是与国际惯例接轨的新举措。这样才能保证工程技术人员一定达到其岗位需要的业务水平,另一方面也便于建设主管部门的管理,实现责任终身制的目标。

2. 工程监理是一个新兴的行业,从1988年进行监理试点工作,到1998年《建筑法》颁布后监理工作全面铺开,经历了十年的探索阶段。工程监理实施至今也不过十余年的历史,从业人员的数量和水平还不能满足实际工作的需要。目前,许多通过考试并注册到监理公司的技术人员并没有到现场实际操作,其原因是多方面的,包括监理工程师责、权、利不统一等问题,这些都有待制度的完善。因此,监理公司采用人员替换、假指纹考勤等手段应付人员不足的局面,在很多资质低和成立时间短的公司里十分普遍。真正解决此类问题,还需要政府的监理和市场行为的规范,以及监理公司守法经营、健康发展的内在动力。

七、工程造价咨询企业的资质等级、承担业务范围和资质证书管理

(一) 工程咨询企业的资质等级

工程造价咨询企业,是指接受委托,对建设项目投资、工程造价的确定与控制提供专业

咨询服务的企业。

工程造价咨询企业资质等级分为甲级、乙级，各等级资质均应具备相应的条件标准。

（二）承担业务范围

工程造价咨询企业应当依法取得工程造价咨询企业资质，并在其资质等级许可的范围内从事工程造价咨询活动。

工程造价咨询企业依法从事工程造价咨询活动，不受行政区域限制。但在跨省、自治区、直辖市承接工程造价咨询业务的，应当自承接业务之日起30日内到建设工程所在地省、自治区、直辖市人民政府建设主管部门备案。

甲级工程造价咨询企业可以从事各类建设项目的工程造价咨询业务。

乙级工程造价咨询企业可以从事工程造价5 000万元以下的各类建设项目的工程造价咨询业务。

工程造价咨询企业可以对建设项目的组织实施进行全过程或者若干阶段的管理和服务。

（三）资质证书管理

工程造价咨询企业资质证书由国务院建设主管部门同意印制，分正本和副本。正本和副本具有同等法律效力。资质有效期为3年。

资质有效期届满，需要继续从事工程造价咨询活动的，应当在资质有效期满30日前向资质许可机关提出资质延续申请。资质许可机关应当根据申请做出是否准予延续的决定。准予延续的，资质有效期延续3年。

八、房地产开发企业的资质等级、承担业务范围和资质证书管理

（一）房地产开发企业的资质等级

房地产开发企业，是指依法设立、具有企业法人资格，从事房地产开发经营的经济组织。

房地产开发企业资质等级分为一级、二级、三级、四级四个资质等级。

新设立的房地产开发企业（含新增设房地产开发经营业务）应当申请暂定资质。

（二）承担业务范围

一级资质的房地产开发企业承担房地产项目的建设规模不受限制，可以在全国范围承揽房地产开发项目。

二级资质及二级资质以下的房地产开发企业可以承担建筑面积25万m^2以下的开发建设项目，承担业务的具体范围由省、自治区、直辖市人民政府建设行政主管部门确定。

各资质等级企业应当在规定的业务范围内从事房地产开发经营业务，不得越级承担业务。

（三）资质证书管理

新设立的房地产开发企业自领取营业执照进行备案后，核发“暂定资质证书”。“暂定资质证书”有效期1年。房地产开发主管部门可以视企业经营情况延长“暂定资质证书”有效期，但延长期限不得超过2年。

自领取“暂定资质证书”之日起1年内无开发项目的，“暂定资质证书”有效期不得延长。

任务3 专业技术人员执业资格许可

案例 2-10 原告蒋某与被告崔某于 2013 年 10 月 16 日签订"建房协议书"一份。约定，蒋某为崔某承建厂房，地点为沈阳市于洪区杨士乡大堡村，包工不包料。按实际米数 45 元/m^2，分三次付清，房屋保修费 5 000 元整，房屋竣工后 2 个月验收合格后付清。厂房长约 35 m，宽 12 m，高 4 m，南窗 10 个，北窗 6 个，门 2 个，厂房结构砖混 37 墙，里外勾缝，水泥地面，踢角线房顶防水，地基深 1 m，地梁、圈梁；小仓库原告负责拆；工期为从签订之日起 15 日。合同签订后，蒋某按约定拆除了原有的院墙、小仓库，承建厂房，施工至同年 11 月中旬，撤出工地。在撤出工地时，蒋某基本完成了约定的工程量，只未能进行屋顶防水剂水泥地面。蒋某已承建的房屋面积为 420 m^2，劳务费按约定每平方米 45 元计算，总计人工费 18 900元。崔某在施工过程中，以借款形式已向蒋某支付人工费 10 150 元。2015 年 1 月，蒋某以要求给付尚欠工程款为由，诉至沈阳市于洪区人民法院。

问题：试分析本案中原告的行为是否存在过错？

专业技术人员执业资格许可是指对具备一定专业学历、资历的从事建筑活动的专业技术人员，通过考试和注册，取得执业技术资格的一种制度。《建筑法》第 14 条明确规定："从事建筑活动的专业技术人员，应当依法取得相应的执业资格证书，并在执业资格证书许可的范围内从事建筑活动。"因为，建设工程的技术要求比较复杂，建设工程的质量和安全生产直接关系到人身安全及公共财产安全，责任极为重大。因此，对从事建设工程活动的专业技术人员，应当建立起必要的个人执业资格制度；只有依法取得相应执业资格证书的专业技术人员，方可在其执业资格证书许可的范围内从事建设工程活动。

我国对从事建设工程活动的单位实行资质管理制度比较早，较好地从整体上把住了单位的建设市场准入关，但对建设工程专业技术人员（即在勘察、设计、施工、监理等专业技术岗位上工作的人员）的个人执业资格的准入制度起步较晚，导致出现了一些高资质的单位承接建设工程，却由低水平人员甚至非专业技术人员来完成的现象，不仅影响了建设工程质量和安全，还影响到投资效益的发挥。因此，实行专业技术人员的执业资格制度，严格执行建设工程相关活动的准入和清除，有利于避免出现上述种种问题，并明确专业技术人员的责、权、利，保证建设工程确实由具有相应资格的专业技术人员主持完成设计、施工、监理等任务。

目前，我国已建立注册建筑师、注册结构工程师、注册监理工程师、注册建造师、注册造价工程师等执业资格制度。

一、注册建筑师执业资格制度

注册建筑师，是指经考试、特许、考核认定取得中华人民共和国注册建筑师执业资格证书（以下简称执业资格证书），或者经资格互认方式取得建筑师互认资格证书（以下简称互认资格证书），并按照《中华人民共和国注册建筑师条例实施细则》注册，取得中华人民共和国注册建筑师注册证书（以下简称注册证书）和中华人民共和国注册建筑师执业印章（以下简称执业印章），从事建筑设计及相关业务活动的专业技术人员。2014 年 10 月 23 日国务院令取消了注册建筑师的行政审批，由全国注册建筑师管理委员会负责其具体工作。

（一）注册建筑师的考试

注册建筑师考试分为一级注册建筑师考试和二级注册建筑师考试。注册建筑师考试实行全国统一考试，每年进行一次。遇特殊情况，经国务院建设行政主管部门和人事主管部门同意，可调整该年度考试次数。注册建筑师由全国注册建筑师管理委员会统一部署，省、自治区、直辖市注册建筑师管理委员会组织实施。

一级注册建筑师考试内容包括建筑设计前期工作、场地设计、建筑设计与表达、建筑结构、环境控制、建筑设备、建筑材料与构造、建筑经济、施工与设计业务管理、建筑法规等。上述内容分成若干科目进行考试。科目考试合格有效期为 8 年。

二级注册建筑师考试内容包括场地设计、建筑设计与表达、建筑结构与设备、建筑法规、建筑经济与施工等。上述内容分成若干科目进行考试。科目考试合格有效期为 4 年。

符合下列条件之一的，可以申请参加一级注册建筑师考试：

（1）取得建筑学硕士以上学位或者相近专业工学博士学位，并从事建筑设计或者相关业务 2 年以上的；

（2）取得建筑学学士学位或者相近专业工学硕士学位，并从事建筑设计或者相关业务 3 年以上的；

（3）具有建筑学业大学本科毕业学历并从事建筑设计或者相关业务 5 年以上的，或者具有建筑学相近专业大学本科毕业学历并从事建筑设计或者相关业务 7 年以上的；

（4）取得高级工程师技术职称并从事建筑设计或者相关业务 3 年以上的，或者取得工程师技术职称并从事建筑设计或者相关业务 5 年以上的；

（5）不具有前四项规定的条件，但设计成绩突出，经全国注册建筑师管理委员会认定达到前四项规定的专业水平的。

符合下列条件之一的，可以申请参加二级注册建筑师考试：

（1）具有建筑学或者相近专业大学本科毕业以上学历，从事建筑设计或者相关业务 2 年以上的；

（2）具有建筑设计技术专业或者相近专业大学毕业以上学历，并从事建筑设计或者相关业务 3 年以上的；

（3）具有建筑设计技术专业 4 年制中专毕业学历，并从事建筑设计或者相关业务 5 年以上的；

（4）具有建筑设计技术相近专业中专毕业学历，并从事建筑设计或者相关业务 7 年以上的；

（5）取得助理工程师以上技术职称，并从事建筑设计或者相关业务 3 年以上的。

（二）注册建筑师的注册

注册建筑师每一注册有效期为 2 年。注册建筑师注册有效期满需继续执业的，应在注册有效期届满 30 日前，按照规定的程序申请延续注册。延续注册有效期为 2 年。

（三）注册建筑师的执业范围

注册建筑师可以从事建筑设计；建筑设计技术咨询；建筑物调查与鉴定；对本人主持设计的项目进行施工指导和监督及国务院建设主管部门规定的其他业务。一级注册建筑师的执业范围不受工程项目规模和工程复杂程度的限制。二级注册建筑师的建筑设计范围只限于承担国家规定的民用建筑工程等级分级标准三级（含三级）以下项目。五级（含五级）以下项目允许非注册建筑师进行设计。

注册建筑师的执业范围不得超越其聘用单位的业务范围。注册建筑师的执业范围与其聘用单位的业务范围不符时，个人执业范围从聘用单位的业务范围。

二、注册结构工程师执业资格制度

注册结构工程师，是指取得注册结构工程师执业资格证书和注册证书，从事房屋结构、桥梁结构及塔架结构等工程设计及相关业务的专业技术人员。

根据我国《注册结构工程师执业资格制度暂行规定》，注册结构工程师分为一、二两级。一级注册结构工程师执业的范围不受工程规模及工程复杂程度的限制，而二级注册结构工程师则要受一定限制，具体限制范围由建设部另行规定。

（一）注册结构工程师执业资格的考试

注册结构工程师的考试实行全国统一大纲、统一命题、统一组织的方法，原则上每年举行一次。参考人员资格、具体考试内容和考试方法由建设部与人事部规定。一级注册结构工程师的考试分为基础考试和专业考试两部分。通过基础考试的人员，从事结构工程师设计或相关业务满一定年限，方可申请参加专业考试。

考试采取全国统一大纲、统一命题、统一组织的方法，原则上每年举行一次。参考人员资格、具体考试内容和考试方法由建设部与人事部规定，目前，基础部分考试的科目有数学、数值方法、化学、物理、理论力学、结构力学、流体力学、土力学、工程测量、建筑材料、电工电子技术、计算机基础、结构设计、结构试验、建筑施工与管理、工程经济、职业法规等18门。专业考试为钢筋混凝土结构，钢结构，砌体结构与木结构，桥梁结构，地基与基础，高层建筑、高耸结构与横向作用(以上6科中任选4科)及设计概念、建筑经济与设计业务管理共6科。二级注册结构工程师专业考试内容较一级注册结构工程师要简单一些。

（二）注册结构工程师的注册

取得注册结构工程师执业资格者，要从事结构工程设计业务的，必须先行注册。注册后其有效期为2年，届时需要继续注册的，应在期满前30日内办理注册手续。

（三）注册结构工程师的执业范围

注册结构工程师可从事结构工程设计；结构工程设计技术咨询；建筑物、构筑物、工程设施等调查和鉴定；对本人主持设计的项目进行施工指导和监督及建设部和国务院有关部门规定的其他业务。一级注册结构工程师的执业范围不受工程规模及工程复杂程度的限制，二级注册结构工程师的执业范围只限于承担国家规定的民用建筑工程等级分级标准三级项目。

三、注册监理工程师执业资格制度

注册监理工程师，是指经取得中华人民共和国监理工程师资格证书，并按照规定注册，取得中华人民共和国注册监理工程师注册执业证书和执业印章，从事工程监理及相关业务活动的专业技术人员。我国根据国情的需要，于1992年开始建立注册监理工程师制度，规定监理工程师为岗位职务，并按专业设置相应岗位。

（一）注册监理工程师执业资格考试

（1）报名条件。报名参加注册监理工程师执业资格考试的人员必须具有工程技术或工程经济专业大专或大专以上的学历，并具有高级专业技术职务或取得中级专业技术职务后从事工程设计、施工管理或工程监理等工程实践满 3 年，还要获得所在单位的推荐。

（2）考试科目："建设工程监理基本理论和相关法规""建设工程合同管理""建设工程质量、投资、进度控制""建设工程监理案例分析"。具有工程技术或工程经济专业高级专业技术职称，毕业年限及从事工程设计、施工管理和工程监理工作满足规定要求的，可免试"建设工程合同管理""建设工程质量、投资、进度控制"两科。

（3）考试方式。采取全国统一大纲、统一命题、统一组织的办法。每年举行一次。考场一般设在省会城市，经人事部、建设部批准也可在其他城市设置。

（二）注册监理工程师的注册

通过监理工程师资格考试者可获取"监理工程师资格证书"。在执业注册前，不得以监理工程师的名义从事建设工程监理业务，领证之日起，5 年内未进行执业注册，其证书失效。

国家行政机关现职工作人员，不得申请监理工程师注册。已经注册的监理工程师，不得以个人名义私自承接建设工程监理业务。注册管理机构每 5 年对监理工程师的注册复查一次，对不符合条件的，注销其注册。

（三）注册监理工程师的执业范围

取得资格证书的人员，应当受聘于一个具有建设工程勘察、设计、施工、监理、招标代理、造价咨询等一项或者多项资质的单位，经注册后方可从事相应的执业活动。从事工程监理执业活动的，应当受聘并注册于一个具有工程监理资质的单位。注册监理工程师从事执业活动，由所在单位接收委托并统一收费。因工程监理事故及相关业务造成的经济损失，聘用单位应当承担赔偿责任；聘用单位承担赔偿责任后，可依法向负有过错的注册监理工程师追偿。

注册监理工程师可以从事工程监理、工程经济与技术咨询、工程招标与采购咨询、工程项目管理服务以及国务院有关部门规定的其他业务。

四、注册建造师执业资格制度

注册建造师是指通过考核认定或考试合格取得中华人民共和国建造师资格证书，并按照规定注册，取得中华人民共和国建造师注册证书和执业印章，担任施工单位项目负责人及从事相关活动的专业技术人员。未取得注册证书和执业印章的，不得担任大中型建设工程项目的施工单位项目负责人，不得以注册建造师的名义从事相关活动。

《建造师执业资格制度暂行规定》中规定，建造师分为一级建造师和二级建造师。经国务院有关部门同意，获准在中华人民共和国境内从事建设工程项目施工管理的外籍及港、澳、台地区的专业人员，符合本规定要求的，也可报名参加建造师执业资格考试以及申请注册。

（一）建造师的考试

1. 一级注册建造师的考试

一级建造师执业资格实行全国统一大纲、统一命题、统一组织的考试制度，由人力资源与社会保障部、建设部共同组织实施，原则上每年举行一次考试；考试设"建设工程经济""建设工程法规及相关知识""建设工程项目管理"和"专业工程管理与实务"4 个科目。"专业工程管理与实务"科目分为：房屋建筑工程、公路工程、铁路工程、民航机场工程、港口与航道工程、水利水电工程、电力工程、矿山工程、冶炼工程、石油化工工程、市政公用与城市轨道工程、通信与广电工程、机电安装工程、装饰装修工程 14 个专业类别。

目前，我国建造师报考条件如下，凡遵守国家法律、法规，具备以下条件之一者，可以申请参加一级建造师执业资格考试：

(1) 取得工程类或工程经济类大学专科学历，工作满 6 年，其中从事建设工程项目施工管理工作满 4 年。

(2) 取得工程类或工程经济类大学本科学历，工作满 4 年，其中从事建设工程项目施工管理工作满 3 年。

(3) 取得工程类或工程经济类双学士学位或研究生班毕业，工作满 3 年，其中从事建设工程项目施工管理工作满 2 年。

(4) 取得工程类或工程经济类硕士学位，工作满 2 年，其中从事建设工程项目施工管理工作满 1 年。

(5) 取得工程类或工程经济类博士学位，从事建设工程项目施工管理工作满 1 年。

参加一级建造师执业资格考试合格，由各省、自治区、直辖市人事部门颁发人事部统一印制，人事部、建设部用印的"中华人民共和国一级建造师职业资格证书"，该证书在全国范围内有效。

2. 二级注册建造师的考试

二级建造师执业资格实行全国统一大纲，各省、自治区、直辖市命题并组织考试的制度。各省、自治区、直辖市人事厅(局)、建设厅(委)按照国家确定的考试大纲和有关规定，在本地区组织实施二级建造师执业资格考试。人事部、建设部负责指导和监督。

凡遵纪守法并具备工程类或工程经济类中等专科以上学历并从事建设工程项目施工管理工作满 2 年，可报名参加二级建造师执业资格考试。二级建造师执业资格考试设"建设工程施工管理""建设工程法规及相关知识""专业工程管理与实务"3 个科目。

二级建造师执业资格考试合格者，由省、自治区、直辖市人事部门颁发由人事部、建设部统一格式的"中华人民共和国二级建造师执业资格证书"。按照人事部办公厅、建设部办公厅《关于建造师考试专业类别调整的通知》的规定，二级建造师资格考试"专业工程管理与实务"科目设置 6 个专业类别：建筑工程、公路工程、水利水电工程、市政公用工程、矿业工程和机电工程。

(二) 建造师的注册

取得建造师执业资格证书且符合注册条件的人员，必须经过注册登记后，方可以建造师名义执业。建设部或其授权机构为一级建造师执业资格的注册管理机构；各省、自治区、直辖市建设行政主管部门制定本行政区域内二级建造师执业资格的注册办法，报建设部或其授权机构备案。准予注册的申请人员，分别获得"中华人民共和国一级建造师注册证书""中华人民共和国二级建造师注册证书"。已经注册的建造师必须接受继续教育，更新知识，不断提高业务水平。建造师执业资格注册有效期一般为 3 年，期满前 3 个月，要办理再次注册手续。

(三) 注册建造师的执业范围

《建造师执业资格制度暂行规定》中规定，建造师的职业范围包括：①担任建设工程项目施工的项目经理；②从事其他施工活动的管理工作；③法律、行政法规或国务院建设行政主管部门规定的其他业务。一级建造师可以担任特级、一级建筑企业资质的建设工程项目施工的项目经理；二级建造师可以担任二级及以下建筑企业资质的建设工程项目施工的项目经理。

《注册建造师管理规定》中规定，注册建造师可以从事建设工程项目总承包管理或施工管理，建设工程项目管理服务，建设工程技术经济咨询，以及法律、行政法规和国务院建设主管部门规定的其他业务。

五、注册造价工程师执业资格制度

造价工程师，是指经全国造价工程师执业资格统一考试合格，并取得造价工程师注册证，从事建设工程造价业务活动的专业技术人员。

（一）造价工程师的考试

凡从事工程建设活动的建设、设计、施工、工程造价咨询、工程造价管理等单位和部门，必须在计价、评估、审查（核）、控制及管理等岗位配备有造价工程师执业资格的专业技术人员。人事部和建设部共同负责全国造价工程师执业资格制度的政策制定、组织协调、资格考试、注册登记和监督管理工作。

造价工程师的资格考试，实行全国统一大纲、统一命题、统一组织的办法。原则上每年举行一次。具备以下条件之一者，可以申请参加注册造价工程师执业资格考试：

（1）工程造价专业大专毕业后，从事工程造价业务工作满 5 年；工程或工程经济类大专毕业后，从事工程造价业务工作满 6 年；

（2）工程造价专业本科毕业后，从事工程造价业务工作满 4 年；工程或工程经济类本科毕业后，从事工程造价业务工作满 5 年；

（3）获上述专业第二学士学位或研究生毕业和获硕士学位后，从事工程造价业务工作满 3 年；

（4）获上述专业博士学位后，从事工程造价业务工作满 2 年。

通过造价工程师执业资格考试 的合格者，由省、自治区、直辖市人事（职改）部门颁布统一印制、人事部和建设部共同用印的造价工程师执业资格证书，该证书全国范围有效。

（二）注册造价工程师的注册

参加造价工程师执业资格考试合格并取得造价工程师执业资格证书的人员受聘于一个工程造价咨询企业或者工程建设领域的建设、勘察设计、施工、招标代理、工程监理、工程造价管理等单位，可申请注册，对于无犯罪记录，身体健康、能坚持造价工程师岗位工作，经其所在单位考核合格者，可准予注册登记。根据《注册造价工程师注册管理办法》第 9 条和第 10 条可知：造价工程师注册的初始注册的有效期为 4 年。取得资格证书的人员，可自资格证书签发之日起 1 年内申请初始注册。逾期未申请者，须符合继续教育的要求后方可申请初始注册。初始注册的有效期为 4 年。

（三）注册造价工程师的执业范围

注册造价工程师的执业范围如下：①建设项目投资估算的编制、审核及项目经济评价；②工程概算、工程预算、工程结算、竣工决算、工程招标标底价、投标报价的编制、审核；③工程变更及合同价款的调整和索赔费用的计算；④建设项目各阶段的工程造价控制；⑤工程经济纠纷的鉴定;⑥工程造价计价依据的编制、审核;⑦与工程造价业务有关的其他事项。

案例 2-10 分析:

根据《建筑法》第 14 条规定,从事建筑活动的专业技术人员,应当依法取得相应的执业资格证书并在执业资格证书许可的范围内从事建筑活动。蒋某在本案中,从事建筑活动时未能取得相应的执业资格证书,故崔某与蒋某签订的建房协议无效。蒋某已付出劳务,崔某应赔偿蒋某人工费损失,其数额以双方约定的每平方米 45 元计算,计人工费为 18 900 元,扣除未完工部分的人工费 1 863.48 元及已付款 10 150 元。

课后习题

一、单项选择题

1. 背景资料:某房地产开发公司拟在某市旧城区一地块上开发住宅小区工程项目,建设工程合同价格为 2 亿元,工期为 18 个月。按照国家有关规定,该开发公司应当向工程所在地的区政府申请施工许可证。

(1) 申请领取施工许可证的时间最迟应当在( )。

A. 确定施工单位前　　B. 住宅小区工程开工前

C. 确定监理单位前　　D. 住宅小区工程竣工前

(2) 该公司申领施工许可证前,必须办妥建设用地管理和城市规划管理方面的手续,在此阶段最后取得的是该项目的( )。

A. 用地规划许可证　　B. 国有土地使用权批准文件

C. 工程规划许可证　　D. 土地使用权证

(3) 该公司申领施工许可证时向区建设局提交的施工图纸及技术资料应当( )。

A. 满足施工需要并按规定通过审查　　B. 满足施工需要并通过监理单位审查

C. 满足该开发公司的要求　　D. 满足施工单位的要求

2. 背景材料:某建设单位欲新建一座大型综合市场,于 2006 年 3 月 20 日领到工程施工许可证。领取施工许可证后因故不能按规定期限正常开工,故向发证机关申请延期。开工后又因故于 2006 年 10 月 15 日中止施工。2007 年 10 月 20 日恢复施工。

(1) 该工程正常开工的最迟允许日期应为 2006 年( )。

A. 4 月 19 日　　B. 6 月 19 日　　C. 6 月 20 日　　D. 9 月 20 日

(2) 该建设单位通过申请延期,所持工程施工许可证的有效期限最多延长至 2006 年( )为止。

A. 7 月 19 日　　B. 8 月 19 日　　C. 9 月 19 日　　D. 12 月 19 日

(3) 建设单位申请施工许可证延期的次数最多只有( )次。

A. 1　　B. 2　　C. 3　　D. 4

(4) 因故中止施工,该建设单位向施工许可证发证机关报告的最迟期限应为 2006 年( )。

A. 10 月 15 日　　B. 10 月 22 日　　C. 11 月 14 日　　D. 12 月 14 日

(5) 该工程恢复施工前,该建设单位应当(　　)。

A. 报发证机关核验施工许可证　B. 重新申领施工许可证

C. 向发证机关报告　D. 请发证机关检查施工场地

3. 根据建筑业企业资质管理的有关规定,我国建筑企业的三个资质序列是(　　)。

A. 工程总承包、专业总承包、劳务承包

B. 综合总承包、建筑专业承包、建筑劳务承包

C. 施工总承包、专业承包、劳务分包

D. 项目总承包、建筑总承包、劳务专业分包

4. 某建设工程施工合同约定,合同工期为18个月,合同价款为2 000万元。建设单位在申请领取施工许可证时,应当到位的建设资金原则上不少于(　　)万元。

A. 100　B. 200　C. 1 000　D. 600

二、多项选择题

1. 下列不需要申请领取施工许可证的建筑工程有(　　)。

A. 军用房屋建筑工程　B. 城市大型立交桥

C. 为抢险救灾修建的道路　D. 施工单位搭建的自用宿舍

E. 已按规定批准开工报告的建筑工程

2. 根据《建筑法》,申请领取施工许可证应当具备的条件包括(　　)。

A. 建筑工程按照规定的权限和程序已批准开工报告

B. 已办理该建筑工程用地批准手续

C. 城市规划区的建筑工程已经取得规划许可证

D. 已经确定建筑施工企业

E. 建设资金已经落实

3. 注册建造师享有的权利有(　　)。

A. 使用注册建造师名称

B. 遵守法律、法规和有关规定

C. 在本人执业活动中形成的文件上签字并加盖执业印章

D. 保管和使用本人注册证书、执业印章

E. 接受继续教育

4. 不同岗位的建筑业专业技术人员执业资格的共同点有(　　)。

A. 需要参加统一考试　B. 需要注册

C. 有各自的执业范围　D. 须接受继续教育

E. 可以同时应聘于两家不同的单位

5. 以下工程不需要申请施工许可证的有(　　)。

A. 某公园投资额为38万元的喷泉工程　B. 某建筑面积为200 m^2 的配电房

C. 已领取开工报告的污水处理工程　D. 为修建青藏铁路而建的临时性建筑

E. 某省军区建的军事指挥用房

项目三　建设工程发承包与招投标法规

知识目标

◇ 了解建设工程发包与承包的概念、方式

◇ 了解建设工程招投标的概念、方式

◇ 熟悉建设工程发包与承包的一般规定

◇ 熟悉建设工程招投标的基本程序

◇ 熟悉建设工程招标的管理机构对于发承包管理的基本原则

◇ 掌握建设工程强制招标的范围和标准

◇ 掌握建设工程招投标、开标、评标和中标的法律规定

◇ 掌握建设工程总承包、联合共同承包、分包制度

技能目标

◇ 能够运用所学的基本知识进行招标或投标

◇ 根据所学知识能够规范进行发包与承包活动

◇ 能够运用建筑工程承包制度界定转包、违法发包行为

◇ 具有通过执业资格考试的能力

第一部分　情景案例导入与分析

案例1　某建设工程违法转包分包案

案情简介　某学校在某市新区欲建设新校址，投资3亿元，建设教学楼、宿舍楼、图书馆等一揽子工程。建设周期为2年，该项目进行了招标。某市建设工程总公司中标。关于工程施工，双方约定：鉴于该项目是国家投资项目，工程必须保证质量达到优良；其次，必须保证工期，确保工程建设不影响学校的扩大招生并及时投入使用。对于工程施工，承包商可以在自己的下属分公司中选择施工队伍，无须与发包人另行签订合同，但为了保证工程质量，双方应当严格按照《建筑法》和《招标投标法》的规定，不得将工程进行转包和分包。

“某大学群楼建设工程承包书合同”签订后，某市建设工程总公司作为总包单位，安排下属的二、三、四、五建设分公司参与工程建设，并分别与这些参建分公司签署“安全施工责任书”和某单位“工程内部承包协议书”，对工程工期和工程质量做了约定。经过2年的建设，承包方完成了施工任务，经过建设方、投资方、承包方、设计方共同验收，该综合工程取得验收备案证。

但是，在工程投入使用不到两个月的时间内，某学生宿舍楼的女儿墙倒塌，造成5名学生重伤。此事引起学校及上级政府部门的高度重视，迅速展开调查。调查发现，二建设分公司为了加快施工进度，将其中一栋单位工程转包给具有三级施工资质的甲公司施工，收取该单位工程预算造价的20%作为管理费，该施工公司在施工中有违章操作和偷工减料的情节存在，但该公司不是引发事故发生的责任公司。同时还发现，五建设分公司为争取工期提前奖励，将自己负责的工程部分分包给临时组织的乙农民施工队，由于该队伍没有从事过大型复杂的工程建设，尽管五建设分公司为该农民施工队指派了技术员，但在施工中难免出现质量问题，引起学生伤害的主要责任单位为乙施工队。

对于调查的情况，建设单位和投资单位一致认为，作为该项目的总承包单位没有认真履行合同的约定和法律的规定，构成严重违约，造成严重后果，决定对尚未支付的工程款予以扣留，以作为赔偿学生受伤费用及违约罚金，同时对工程质量保留继续追究的权利。上述决定通知了总承包方。

问题：

1. 二公司、五公司分别实施了哪些违规行为？

2. 总承包公司接到通知后，认为自己没有责任。其原因：一是总公司下属各分包公司均具有法人资格，能够独立承担民事责任，学校应当以二公司、五公司为被告，责任后果应由二、五公司承担。二是发包方与承包方之间签订的“某大学群楼建设工程承包合同”中，明确总承包方可以安排自己的下属分公司参与建设，无须另行与发包方签订承包合同，这表明发包方与参建的两个责任公司之间是有口头协议的，发包方允许总承包公司各分公司参与施工，故应直接与分公司交涉。三是总承包单位与下属公司都签订了“安全施工责任书”和某单位“工程内部承包协议书”，约定各分公司都独立核算，施工责任自负。怎么看待总承包公司的责任问题？

案例分析：

本案例是关于建设工程发包与承包知识中涉及的分包转包责任问题。本案例中学校和市建设工程总公司两者中，学校为发包方，市建设工程总公司为（总）承包方；总公司与分公司中，总公司为发包方，二、三、四、五分公司为承包方。

1. 《建筑法》规定，建筑总承包单位可以将承包工程中的部分工程发包给具有相应资质条件的分包单位。但禁止分包单位将其承包的工程再分包。同时，《招标投标法》规定，接受分包的人不得再次分包。

《建设工程质量管理条例》规定，违法分包，是指下列行为：①总承包单位将建设工程分包给不具备相应资质条件的单位的；②建设工程总承包合同中未有约定，又未经建设单位认可，承包单位将其承包的部分交由其他单位完成的；③施工总承包单位将建设工程主体结构的施工分包给其他单位的；④分包单位将其承包的建设工程再分包的。

所以，五公司的行为属于违法分包的第④条。禁止分包单位不得再分包是为了防止层层分包，“层层剥皮”，导致工程质量安全和工期等难以保障。

2. 《建筑法》规定：“禁止承包单位将其承包的全部建筑工程转包给他人，禁止承包单位将其承包的全部建筑工程肢解以后以分包的名义分别转包给他人。”《合同法》规定：“承包人不得将其承包的全部建设工程转包给第三人或者将其承包的全部建设工程肢解以后以分包的名义分别转包给第三人。”《建设工程质量管理条例》规定：“本条例所称转包，是指承包单位承包建设工程，不履行合同约定的责任和义务，将其承包的全部建设工程转给他人或者将其承包的全部建设工程肢解以后以分包的名义分别转给其他单位承包的行为。”

所以，二公司的行为属于违法转包行为。

3.《建筑法》规定：建筑工程总承包单位按照总承包合同的约定对建设单位负责；分包单位按照分包合同的约定对总承包单位负责。总承包单位和分包单位就分包工程对建设单位承担连带责任。《招标投标法》也规定，中标人应当就分包项目向招标人负责，接受分包的人就分包项目承担连带责任。

所以，总承包单位就总承包项目对建设单位负责；应当就二公司、五公司的违法转包分包行为承担连带责任。

第二部分　相关工作任务

任务1　发包与承包概述

一、建设工程发包与承包的概念

建设工程发包，是建设工程的建设单位(或总承包单位)将建设工程任务通过招标发包或直接发包的方式，交付给具有法定从业资格的单位完成，并按照合同约定支付报酬的行为。建设工程承包，则是具有法定从业资格的单位依法承揽建设工程任务，通过签订合同确立双方的权利与义务，按照合同约定取得相应报酬，并完成建设工程任务的行为。建设工程的发包方一般为建设单位，也可以是施工总承包商、专业承包商、项目管理公司等；承包方一般为工程勘察设计单位、施工单位、工程设备供应及设备安装制造单位等。发包方与承包方的权利、义务均由双方签订的承包合同加以规定。

二、建设工程发包与承包的方式

依据《建筑法》规定，建设工程发包与承包有两种方式：招标发包和直接发包。

(1) 建设工程招标发包，是指发包方根据招标法的规定事先制定招标文件，明确其承包工程的性质、内容、工期、质量等情况和要求，由愿意承包的单位递送标书，再由发包方从中择优选择工程承包方的交易方式。

(2) 建设工程直接发包，是指发包方与承包方直接进行协商，以约定工程建设的价格、工期和其他条件的交易方式。

通过对比可知，建设工程招投标更有利于公平竞争，符合市场经济规律的要求。所以，我国相关法规都提倡招投标方式，对直接发包则加以限制。

三、建设工程发承包的一般规定

案例3-1　某村镇企业(以下简称甲方)与本村一持有维修和承建小型非生产性建筑工程资质证书的工程队(以下简称乙方)订立了建筑工程承包合同。合同中规定：乙方为甲方建设框架结构的厂房,总造价为98.9万元;承包方式为包工包料;开、竣工日期为2008年11月2日和2010年3月10日。自开工至2010年年底,甲方付给乙方工程款共101.6万元,到合同规定的竣工期限仍未能完工,并且部分工程质量不符合要求。为此,双方发生纠纷。

问题:本案中的乙方有何违法行为?

依据《建筑法》及其他有关法规,建设工程发包与承包时必须遵守以下规定:

(一)采用书面合同

《建筑法》《合同法》及其他有关法规都规定:建设工程承发包合同必须采用书面形式。建设工程承发包合同一般都有涉及金额大、风险大、合同履行期长、合同文件繁多、社会影响面广、合同成果十分重要的特点,在合同履行过程中,经常会发生变更、调整等事项。因此,从促使当事人履行合同和避免对社会产生不良后果来考虑,建筑工程承发包合同必须采用书面形式,即以口头约定方式所订立的建设工程承发包合同,由于其形式要件不符合法律规定,在法律上是无效的。

(二)禁止无资质承揽工程

《建筑法》规定,承包建筑工程的单位应当持有依法取得的资质证书,并在其资质等级许可的业务范围内承揽工程。

《建设工程质量管理条例》也规定,施工单位应当依法取得相应等级的资质证书,并在其资质等级许可的范围内承揽工程。《建设工程安全生产管理条例》进一步规定:施工单位从事建设工程的新建、扩建、改建和拆除等活动,应当具备国家规定的注册资本、专业技术人员、技术装备和安全生产等条件,依法取得相应等级的资质证书,并在其资质等级许可的范围内承揽工程。

《建筑法》明确规定,禁止总承包单位将工程分包给不具备相应资质条件的单位。2014年8月住房和城乡建设部经修改后发布的《房屋建筑和市政基础设施工程施工分包管理办法》进一步规定:“分包工程承包人必须具有相应的资质,并在其资质等级许可的范围内承揽业务。严禁个人承揽分包工程业务。”但是,在专业工程分包或者劳务作业分包中仍存在着无资质承揽工程的现象。无资质承揽劳务分包工程,常见的是作为自然人的“包工头”,带领一部分农民工组成的施工队,与总承包企业或者专业承包企业签订劳务合同,或者是通过层层转包、层层分包“垫底”获签劳务合同。

无资质承包主体签订的专业分包合同或者劳务分包合同都是无效合同。但是,当作为无资质的“实际施工人”的利益受到侵害时,其可以向合同相对方(即转包方或违法分包方)主张权利,甚至可以向建设工程项目的发包方主张权利。2004年10月发布的《最高人民法院关于审理建设工程施工合同纠纷案件施工法律问题的解释》第26条规定:“实际施工人以转包人、违法分包人为被告起诉的,人民法院应当依法受理。实际施工人以发包人为被告主张权利的,人民法院可以追加转包人或者违法分包人为本案当事人,发包人只在欠付工程价款的范围内对实际施工人承担责任。”这样规定是在依法查处违法承包工程的同时,也能使实际施工人的合法权益得到保障。

(三)禁止行贿受贿

通过行贿方式获得工程承包权既是一种不正当竞争的手段,又是危害社会的犯罪行为,此非法行为必须予以禁止。《建筑法》规定:“发包单位及其工作人员在建筑工程发包中不得收受贿赂、回扣或者索取其他好处。承包单位及其工作人员不得利用向发包单位及其工作人员行贿、提供回扣或者给予其他好处等不正当手段承揽工程。”值得注意的是，以单位名义实施的行贿行为，表面上看不是某一个人获得非法利益，没有犯罪主体，但实质上是集体共同犯罪，已构成单位犯罪。根据《刑法》规定，对单位犯罪采取双罚制，即除对单位判处罚金外，还要对直接负责的主管人员和其他直接责任人员判处相应的刑罚。

（四）禁止肢解发包

肢解发包是指建设单位将本应由一个承包单位整体承建完成的建设工程肢解成若干部分，分别发包给不同承包单位的行为。国际上，将一个工程的各个部位发包给不同施工（或设计）单位，由各个单位分别完成工程的不同部位也是通行做法，并称之为“平行发包”，也即所称的“肢解发包”。但我国当前建设单位的行为很不规范，市场竞争规则也不完善。在实践中，由于一些发包单位肢解发包工程，使施工现场缺乏应有的组织协调，不仅承建单位容易出现推诿扯皮，还会造成施工现场混乱、责任不清，工期拖延，成本增加，甚至发生严重的建设工程质量和安全问题。

为此，《招标投标法》规定，招标项目需要划分标段、确定工期的，招标人应当合理划分标段、确定工期，并在招标文件中载明。《建筑法》规定，提倡对建筑工程实行总承包，禁止将建筑工程肢解发包。同时，《建设工程质量管理条例》进一步规定，建设单位将建设工程肢解发包的，责令改正，处工程合同价款0.5%以上1%以下的罚款；对全部或者部分使用国有资金的项目，可以暂停项目执行或者暂停资金拨付。

（五）不得指定材料设备供应商

按照合同约定，建筑材料、建筑构配件和设备由工程总承包单位采购的，发包单位不得指定承包单位购入用于工程的建筑材料、建筑构配件和设备或者指定生产厂、供应商。

（六）禁止越级承包

承包单位必须具有相应资格，应当持有依法取得的资质证书，并在资质等级许可的业务范围内承揽工程。禁止建筑施工企业超越本企业资质等级许可的业务范围或者以任何形式用其他建筑施工企业的名义承揽工程。禁止建筑施工企业以任何形式允许其他单位或者个人使用本企业的资质证书、营业执照，以本企业的名义承揽工程。

案例3-1分析：

《建筑法》和《建设工程质量管理条例》均明确规定，禁止施工单位超越本单位资质等级许可的业务范围承揽工程。本案中乙方资质证书的经营范围仅为维修和承建小型非生产性建筑工程，其违法行为是超越资质许可的业务范围承揽框架结构的生产性厂房工程。同时，甲方将工程发包给不具有相应资质的承包单位，也构成了违法行为。

（七）禁止限制、排斥投标人的规定

案例3-2 某工程项目，建设单位通过招标选择了一家具有相应资质的监理单位中标，并在中标通知书发出后与该监理单位签订了监理合同，后双方又签订了一份监理酬金比中标价低8%的协议。在施工公开招标中，有A、B、C、D、E、F、G、H等施工企业报名投标，经资格预审均符合资格预审公告的要求，但建设单位以A施工企业是外地企业为由，坚持不同意其参加投标。

问题：

1. 建设单位与监理单位签订的监理合同有何违法行为，应当如何处罚？

2. 外地施工企业是否有资格参加本工程项目的投标，建设单位的违法行为应如何处罚？

《招标投标法》规定，依法必须进行招标的项目，其招标投标活动不受地区或者部门的限制。任何单位和个人不得违法限制或者排斥本地区、本系统以外的法人或者其他组织参加投标，不得以任何方式非法干涉招标投标活动。

《招标投标法实施条例》进一步规定，招标人不得以不合理的条件限制、排斥潜在投标人或者投标人。招标人有下列行为之一的，属于以不合理条件限制、排斥潜在投标人或者投标人：

(1) 就同一招标项目向潜在投标人或者投标人提供有差别的项目信息；

(2) 设定的资格、技术、商务条件与招标项目的具体特点和实际需要不相适应或者与合同履行无关；

(3) 依法必须进行招标的项目以特定行政区域或者特定行业的业绩、奖励作为加分条件或者中标条件；

(4) 对潜在投标人或者投标人采取不同的资格审查或者评标标准；

(5) 限定或者指定特定的专利、商标、品牌、原产地或者供应商；

(6) 依法必须进行招标的项目非法限定潜在投标人或者投标人的所有制形式或者组织形式；

(7) 以其他不合理条件限制、排斥潜在投标人或者投标人。

招标人不得组织个人或者部分潜在投标人踏勘项目现场。

案例 3-2 分析：

(1)《招标投标法》第 46 条规定："招标人和中标人应当按照招标文件和中标人的投标文件订立书面合同。招标人和中标人不得再行订立背离合同实质性内容的其他协议。"《招标投标法实施条例》第 57 条第一款又作了进一步规定："招标人和中标人应当依照招标投标法和本条例的规定签订书面合同，合同的标的、价款、质量、履行期限等主要条款应当与招标文件和中标人的投标文件的内容一致。招标人和中标人不得再行订立背离合同实质性内容的其他协议。"本案中的建设单位与监理单位签订监理合同之后，又签订了一份监理酬金比中标价降低 8%的协议，属再行订立背离合同实质性内容的其他协议的违法行为。对此，应该依据《招标投标法》第 59 条关于"招标人与中标人不按照招标文件和中标人的投标文件订立合同的，或者招标人、中标人订立背离合同实质性内容的协议的，责令改正；可以处中标项目金额 5‰以上 10‰以下的罚款"的规定，予以相应的处罚。

(2)《招标投标法》第 6 条规定："依法必须进行招标的项目，其招标投标活动不受地区或者部门的限制。任何单位和个人不得违法限制或者排斥本地区、本系统以外的法人或者其他组织参加投标，不得以任何方式非法干涉招标投标活动。"本案中的建设单位以 A 施工企业是外地企业为由，不同意其参加投标，是一种限制或者排斥本地区以外法人参加投标的违法行为。A 施工企业经资格预审符合资格预审公告的要求，是有资格参加本工程项目投标的。对此，《招标投标法》第 51 条规定："招标人以不合理的条件限制或者排斥潜在投标人的，对潜在投标人实行歧视待遇的，强制要求投标人组成联合体共同投标的，或者限制投标人之间竞争的，责令改正，可以处 1 万元以上 5 万元以下罚款。"

(八) 关于联合承包的规定

案例 3-3 四海建筑公司与强大建筑公司组成了一个联合体去投标，他们在共同投标协议书中约定，如果在施工的过程中发现质量问题而遭遇建设单位的索赔，各自承担索赔额的 50%。后来在施工的过程中果然由于四海建筑公司的施工技术问题出现了质量问题，并因此遭到了建设单位的索赔，索赔额是 10 万元。但是，建设单位却仅仅要求强大建筑公司赔付此赔款。强大建筑公司拒绝了建设单位的请求，理由有两点：

(1) 质量事故的出现是四海建筑公司的技术原因，应由四海建筑公司承担责任。

(2) 共同投标协议中约定了各自 50%的责任，即使不由四海建筑公司独自承担，起码四海建筑公司也应承担 50%的比例，不应该由自己拿出这笔钱。

问题：强大建筑公司的理由成立吗？

《建筑法》规定，可以由两个以上的承包单位联合共同承包的，应当按照资质等级低的单位的业务许可范围承揽工程。

联合工程承包是国际工程承包的一种通行的做法，一般适用于大型或技术复杂的建设工程项目。采用联合承包的方式，可以优势互补，增加中标机会，并可减低承包风险。但是，施工单位应当在资质等级范围内承包工程，同样适用于联合共同承包。也就是说，联合承包各方都必须具有与其承包工程相符合的资质条件，不能超越资质等级去联合承包。如果几个联合承包方的资质等级不一样，则须以低资质等级的承包方的业务许可范围为联合承包的业务许可范围。这样的规定，可以有效地避免在实践中以联合承包为借口进行“资质挂靠”的不规范行为。

案例 3-3 分析：

依据《建筑法》，联合体共同承包的，各方对承包合同的履行承担连带责任。也就是说，建设单位可以要求四海建筑公司承担赔偿责任，也可以要求强大建筑公司承担赔偿责任。已经承担责任的一方，可以就超出自己应该承接的部分向对方追偿，但是却不可以拒绝先行赔付。

任务 2 建设工程承包制度

建设工程承包制度包括总承包、共同承包、分包等制度。

《建筑法》规定，建筑工程实行招标发包的，发包单位应当将建筑工程发包给依法中标的承包单位。建筑工程实行直接发包的，发包单位应当将建筑工程发包给具有相应资质条件的承包单位。

2016 年 1 月颁发的《国务院办公厅关于全面治理拖欠农民工工资问题的意见》中规定，在工程建设领域推行工程款支付担保制度，采用经济手段约束建设单位履约行为，预防工程款拖欠。加强对政府投资工程项目的管理，对建设资金来源不落实的政府投资工程项目不予批准。政府投资项目一律不得以施工企业带资承包有关内容写入工程承包合同及补充条款。

规范工程款支付和结算行为。全面推行施工过程结算，建设单位应按合同约定的计量周期或工程进度结算并支付工程款。工程竣工验收后，对建设单位未完成竣工结算或未按合同支付工程款且未明确剩余工程款支付计划的，探索建立建设项目抵押偿付制度，有效解决拖欠工程款问题。对长期拖欠工程款结算或拖欠工程款的建设单位，有关部门不得批准其新项目开工建设。

案例 3-4 某市建筑公司法定代表人 A 与个体 B 是亲戚，B 要求能以该建筑公司的名义承接工程施工业务，双方便签订了一份承包合同。约定 B 可以使用该公司的资质证书、营业执照等承接工程，但每年要上交 10 万元的费用，如不能按时如数上交承包费，该公司有权自动解除合同。合同签订后，B 每年向 A 上交 10 万费用，利用该公司的资质证书、营业执照等多次承接工程施工业务。

问题：该建筑公司与 B 之间是否存在违法行为？

《建筑法》第 26 条规定：承包建筑工程的单位应当持有依法取得的资质证书，并在其资质等级许可的业务范围内承揽工程。

禁止建筑施工企业超越本企业资质等级许可的业务范围或者以任何形式用其他建筑施工企业的名义承揽工程。禁止建筑施工企业以任何形式允许其他单位或者个人使用本企业的资质证书、营业执照，以本企业的名义承揽工程。

案例 3-4 分析：

本案例中 A 将其建筑公司的资质证书、营业执照等借给 B 并收取一定的费用是违法行为。《建筑法》第 66 条规定："建筑施工企业转让、出借资质证书或者以其他方式允许他人以本企业的名义承揽工程的，责令改正，没收违法所得，并处罚款，可以责令停业整顿，降低资质等级；情节严重的，吊销资质证书。对因该项承揽工程不符合规定的质量标准造成的损失，建筑施工企业与使用本企业名义的单位或者个人承担连带赔偿责任。"

一、建设工程总承包

（一）总承包概念

总承包是指发包人将建设工程的勘察、设计、施工等工程建设的全部任务一并发包给一个具备相应的总承包资质条件的承包人，由该承包人对工程建设的全过程向发包人负责，直至工程竣工，向发包人交付经验收合格符合发包人要求的建设工程的发承包方式。发包人和总承包单位签订一份承包合同，俗称"交钥匙""统包"或"一揽子"合同。

在建设工程的发承包中采用总承包方式，对于缺乏工程建设方面的专门技术力量、难以对建设项目实施具体的组织管理的建设单位来说，具有明显的优越性，也符合社会化大生产专业分工的要求。为此应当提倡对建设工程实行总承包，发包人可以将全部工程发包给一个总承包人完成。

（二）总承包的分类

总承包通常分为工程总承包和施工总承包。自 20 世纪 80 年代以来，我国开始在工程建设领域推行工程总承包，从工程总承包模式的认识到实践经历了一个漫长的探索过程。目前，我国工程项目管理仍处于从施工总承包向工程总承包模式转变的过程。

案例 3-5 项目 1：武钢工程港 1 号、2 号码头改造工程，由中交第二航务工程勘察设计院有限公司以工程总承包交钥匙的方式进行建设，在没有追加投资的情况下，缩短工期近 1/3，创造了我国建港史上的一个奇迹。

项目2:深圳地铁一期工程罗湖站及口岸和车站综合交通枢纽土建围护结构工程采用了设计施工总承包模式,缩短工期6个月,节约工程投资近200万元。

项目3:房地产开发公司预建设某滨湖高级示范小区,由某设计院完成设计任务后,将施工任务发包给具有建筑工程总承包一级资质的A公司。具体包括:主体土建工程、安装工程、装饰装修工程。

问题:

1. 案例中哪些项目属于工程总承包?哪些属于施工总承包?
2. 试总结总承包模式的优势?

工程总承包:项目业主为实现项目目标而采取的一种承发包方式。即从事工程项目建设单位受业主委托,按照合同约定对从决策、设计到试运行的建设项目发展周期实行全过程或若干阶段的承包。注意,只有所承包的任务中同时包含发展周期中的两项或两项以上,才能被称之为工程总承包,设计阶段可以从方案设计、技术设计或施工图设计开始,单独的施工总承包在其范围之列。

施工总承包:发包人将全部施工任务发包给具有施工承包资质的建筑企业,由施工总承包企业按照合同的约定向建设单位负责,承包完成施工任务。

工程总承包是国际通行的工程建设项目组织实施方式,有利于发挥具有较强技术力量和组织管理能力的大承包商的专业优势,综合协调工程建设中的各种关系,强化统一指挥和组织管理,保证工程质量和进度,提高投资效益。

2003年2月13日,建设部颁布《关于培育发展工程总承包和工程项目管理企业的指导意见》,提出工程总承包的具体方式、工作内容和责任等,由业主与工程总承包企业在合同中约定。工程总承包主要有如下方式:

1. 设计采购施工(EPC)/交钥匙总承包

设计采购施工(EPC即Engineering(设计)、Procurement(采购)、Construction(施工))总承包是指工程总承包企业按照合同约定,承担工程项目的设计、采购、施工、试运行服务等工作,并对承包工程的质量、安全、工期、造价全面负责。

交钥匙总承包是设计采购施工总承包业务和责任的延伸,最终是向业主提交一个满足使用功能、具备使用条件的工程项目。

2. 设计—施工总承包(D—B)

设计—施工总承包(Design—Building)是指工程总承包企业按照合同约定,承担工程项目设计和施工,并对承包工程的质量、安全、工期、造价全面负责。

根据工程项目的不同规模、类型和业主要求,工程总承包还可采用设计—采购总承包(E—P)、采购—施工总承包(P—C)等方式。

3. 设计—采购总承包(E—P)

设计—采购总承包(Engineering—Procurement)是指工程总承包企业按照合同约定,承担工程项目设计和采购工作,并对工程项目设计和采购的质量、进度等负责。

4. 采购—施工总承包(P—C)

采购—施工总承包(Procurement—Construction)是指工程总承包企业按照合同约定,承担工程项目采购和施工工作,并对承包工程的采购和施工的质量、安全、工期、造价负责。

案例 3-5 分析：

1. 项目 1、项目 2 分别属于工程总承包的 EPC 模式和 D—B 模式。项目 3 属于施工总承包模式。

2. 总承包模式使业主直接面对一家总承包企业，减轻业主对接压力，提高管理效率。同时，总承包单位能够对项目的质量、工期、安全和造价等各个方面进行全面把握，有利于缩短工期和提高工程质量。另外，利用工程总承包企业的项目管理优势和技术创新能力可以达到节省投资、优化资源配置。

（三）总承包企业的资质管理

我国对工程总承包不设立专门的资质。凡具有工程勘察、设计或施工总承包资质的企业，可以依法从事资质许可范围内相应等级的建设工程总承包业务。但是，承接施工总承包业务的，必须是取得施工总承包资质的企业。

《建设工程勘察设计资质管理规定》规定，取得工程勘察、工程设计资质证书的企业，可以从事资质证书许可范围内相应的建设工程总承包业务。《建筑业企业资质管理规定》也规定，取得建筑业企业资质证书的企业，可以从事资质许可范围相应等级的建设工程总承包业务。我国建筑业企业资质分为施工总承包、专业承包和劳务分包。取得施工总承包资质的企业，可以承接施工总承包工程。施工总承包企业可以对所承接的施工总承包工程内专业工程全部自行施工，也可以将专业工程或劳务作业依法分包给具有相应资质的专业承包企业或劳务分包企业。

（四）工程总承包单位与工程项目管理

工程项目管理是指从事工程项目管理的企业受建设单位委托，按照合同约定，代表建设单位对工程项目的组织实施进行全过程或若干阶段的管理和服务。工程项目管理企业不直接从事该工程项目的勘察、设计、施工等，也不与该工程项目的总承包企业或勘察、设计、供货、施工等企业签订合同，但可以按合同约定，协助业主与工程项目的总承包企业或勘察、设计、供货、施工等企业签订合同，并受业主委托监督合同的履行。

《关于培育发展工程总承包和工程项目管理企业的指导意见》中指出，工程总承包单位可以接受建设单位委托，按照合同约定承担工程项目管理业务，但不应在同一个工程项目上同时承担工程总承包和工程项目管理业务，也不应与承担工程总承包或者工程项目管理业务的另一方企业有隶属关系或者其他利害关系。

（五）总承包单位的责任

案例 3-6　某公司中标了某大型工程建设项目。经建设单位的认可，总承包公司将部分工程发包给具有相应资质条件的分包单位。现在关于分包工程发生质量、安全、进度等问题给建设单位造成损失的责任承担有不同说法：

（1）建设单位只能向给其造成损失的分包单位主张权利；

（2）建设单位与分包单位无合同关系，无权向分包单位主张权利；

（3）总承包单位承担的责任超过其应承担份额的，有权向分包单位追偿；

（4）分包单位只对总承包单位负责。

问题：以上责任分担说法中符合法规要求的是第几种？

《建筑法》规定，建筑工程总承包单位按照总承包合同的约定对建设单位负责；分包单位按照分包合同的约定对总承包单位负责。总承包单位和分包单位就分包工程对建设单位承担连带责任。

所谓连带责任，是指依照法律规定或者当事人的约定，两个或者两个以上当事人对其共同债务全部承担或部分承担责任，并能因此引起其内部债务关系的一种民事责任。当责任人为多人时，每个人都负有清偿全部债务的责任，各责任人相互间有连带关系。

《建设工程质量管理条例》进一步规定，建设工程实行总承包的，总承包单位应当对全部建设工程质量负责；建设工程勘察、设计、施工、设备采购的一项或者多项实行总承包的，总承包单位应当对其承包的建设工程或者采购的设备的质量负责。总承包单位依法将建设工程分包给其他单位的，分包单位应当按照分包合同的约定对其分包工程的质量向总承包单位负责，总承包单位与分包单位对分包工程的质量承担连带责任。

据此，不论是工程总承包还是施工总承包，由于承包合同的双方主体是建设单位和总承包单位，总承包单位均应按照承包合同约定的权利义务向建设单位负责。如果分包工程发生问题，总承包单位不得以分包工程已分包为由推卸自己的总承包责任，而应与分包单位就分包工程承担连带责任。

案例 3-6 分析：

符合法规要求的是(3)。

首先，总承包单位、分包单位就分包工程对建设单位负有连带责任。因此，若分包工程发生质量、安全、进度等问题，建设单位有权向总承包单位或分包单位追偿，总承包单位和分包单位不得拒绝。

其次，总承包单位和分包单位之间的责任划分，应当根据双方的合同约定或者各自过错大小确定；一方向建设单位承担的责任超过其应承担份额的，有权向另一方追偿。

二、建设工程共同承包的规定

案例 3-7 上海环球金融中心地块面积为 3 万 m^2，总建筑面积 381 600 m^2，比邻金茂大厦。该建设工程地上 101 层，地下 3 层，建筑主体高度达 492 m。

2004 年下半年，中建总公司和上海建工集团这两家国内最大的建筑企业实现了“强强联手，合作共赢”，一举夺得上海环球金融中心的总承包权。

问题：上海环球金融中心的建设模式属于工程承包模式中的哪一种？

共同承包是指两个以上具备承包资格的单位共同组成非法人的联合体，以共同的名义对工程进行承包的行为。

在国际工程发承包活动中，由几个承包方组成联合体进行工程承包是一种通行的做法。采用这种方式进行承包，有如下优越性：

(1) 利用各自优势进行联合投标可以减弱相互间的竞争，增加中标的机会；

(2) 减少承包风险，争取更大的利润；

(3) 有助于企业之间相互学习先进技术与管理经验，促进企业发展。

案例 3-7 分析：

中建总公司和上海建工集团两家具备承包资格的单位组成联合体中标，则属于共同承包模式。

(一) 共同承包的适用范围

《建筑法》规定,大型建筑工程或者结构复杂的建筑工程,可以由两个以上的承包单位联合共同承包。

这是因为,大型建筑工程或结构复杂的建筑工程,一般投资额大、技术要求复杂、建设周期长、潜在风险较大,采取联合共同承包的方式,可以更好发挥各承包单位在资金、技术、管理等方面优势,增强抗风险能力,有利于保证工程质量和工期,提高投资效益。至于一般的中小型工程或结构不复杂的工程,完全可以由一家承包单位顺利完成,无须采用共同承包的方式,这样可有效避免由于共同承包单位过多而造成管理上的混乱。

(二) 共同承包的资质要求

案例 3-8　2009 年 3 月,四川省成都市××房地产公司欲修建一住宅小区,委任××建筑设计事务所(行业资质乙级)和××建筑设计事务所(行业资质丙级)共同负责工程设计。2009 年 9 月,当××房地产公司将设计图文报到有关部门审查时,有关部门经审查认定该项工程为中型以上建设项目,该设计为超越资质等级的违法设计,责令××房地产公司重新委托设计。

问题:本案中有关部门的审查意见是否正确?

《建筑法》规定,两个以上不同资质等级的单位实行联合共同承包的,应当按照资质等级低的单位的业务许可范围承揽工程。

我国对承包单位依法实施资质管理制度,承包单位必须在资质等级范围内承包工程。这也同样适用于共同承包。就是说,共同承包各方本身都必须具有与其所承包的工程相符合的资质条件,不能超越资质等级的规定去联合承包。如果几个共同承包单位的资质等级不一致,必须以低资质等级的单位的业务许可范围为共同承包的业务许可范围。这样才能有效地保证工程顺利实施,避免在实践中以联合共同承包为名进行“资质挂靠”的不规范行为。

案例 3-8 分析:

根据《建筑法》规定,两个以上不同资质等级的单位实行联合共同承包的,应当按资质等级较低的单位的许可业务范围承揽工程。本案中,建设单位的建设工程为中型以上,按规定,只有具备乙级以上的工程设计行业资质的设计单位才有资格设计。而本案中联合体承包设计单位之一的××建筑设计事务所仅有丙级行业资质,因此该联合体只能按丙级行业资质的许可范围承揽工程。本案中有关部门的审查意见是完全正确的。

(三) 共同承包的责任

《招标投标法》规定,联合体中标的,联合体各方应当共同与招标人签订合同,就中标项目向招标人承担连带责任。《建筑法》也规定,共同承包的各方对承包合同的履行承担连带责任。

共同承包各方应签订联合承包协议,明确约定各方在承包合同中的权利、义务以及相互合作、违约责任的承担等条款。对承包合同的履行,各承包方共同对建设单位承担连带责任。共同承包各方均应共担风险、共负盈亏。如果出现赔偿责任,建设单位有权向共同承包的任何一方请求赔偿,被请求方不得拒绝,但在赔偿后可以依据联合承包协议及各方过错大小,对于超过自己应赔偿的那部分份额,有权向共同承包的其他方进行追偿。这对于避免共同承包各方相互推诿责任,加强各方的协作与配合,维护建设单位的合法权益,是很有必要的。

三、建设工程分包

(一) 建设工程分包概念

工程分包是指工程承包单位将所承包工程中的部分工程或劳务分包给其他工程承包单位完成的活动。

案例 3-9 A 公司因建生产厂房与 B 公司签订了工程总承包合同。其后,经 A 公司同意,B 将勘察设计任务和施工任务分别发包给 C 设计单位和 D 建筑公司,并各自签订书面合同。合同约定由 D 根据 C 提供的设计图纸进行施工,工程竣工时依据国家有关规定、设计图纸进行质量验收。合同签订后,C 按时交付设计图纸,D 依照图纸进行施工。工程竣工后,A 会同有关质量监督部门对工程进行验收,发现工程存在严重质量问题,是由于 C 未对现场进行仔细勘察,设计不符合规范所致。A 公司遭受重大损失,但 C 称与 A 不存在合同关系拒绝承担责任,B 以自己不是设计人为由也拒绝赔偿。

问题:

1. A、B、C、D 在承发包合同中各自身份是什么?
2. B 公司发包工程项目的做法是否符合法律规定?
3. B 公司、C 公司拒绝承担责任的理由是否充分? 为什么?

建筑业企业资质分为施工总承包、专业承包和劳务分包三个序列。

获得施工总承包资质的企业,可以对工程实行施工总承包或者对主体工程实行施工承包。承担施工总承包的企业可以对所承接的工程全部自行施工,也可以将非主体工程或者劳务作业分包给具有相应专业承包资质或者劳务分包资质的其他建筑业企业。

获得专业承包资质的企业,可以承接施工总承包企业分包的专业工程或者建设单位按照规定发包的专业工程。专业承包企业可以对所承接的工程全部自行施工,也可以将劳务作业分包给具有相应劳务分包资质的劳务分包企业。

通常来讲,工程施工分包可以分为专业工程分包与劳务作业分包:

(1) 专业工程分包,是指施工总承包企业将其所承包工程中的专业工程发包给具有相应资质的其他建筑业企业完成的活动。

(2) 劳务作业分包,是指施工总承包企业或者专业承包企业将其承包工程中的劳务作业发包给劳务分包企业完成的活动。

案例 3-9 分析:

1. 本案中,A 是发包人,B 是总承包人,C、D 是分包人。
2. 本案中 B 作为总承包人不自行施工,而将工程全部转包他人,虽经发包人同意,但违反了《建筑法》第 28 条的禁止性规定,其与 C、D 所签订的两个分包合同是无效的。
3. 对工程质量问题,B 作为总承包人应承担责任,C、D 也应该依法分包向发包人 A 承担责任。B、C 拒绝承担责任的理由违反了《建筑法》第 29 条的规定,因此 B、C 应共同承担连带责任。

(二) 分包工程的范围

案例 3-10 昆仑饭店因扩建经营场地,筹备在饭店旁建设一座六层的写字楼,地下一层是停车场，第六层顶层作空中花园。由于设计和施工有特殊要求，在招标过程中，昆仑饭店对参加投标的单位进行了详细的考核，最后确定华厦市政工程公司承包该工程。华厦市政公司征得昆仑饭店同意，将整个工程设计分包给闽发建筑设计院并签订了“建筑工程设计合同”，与此同时未经昆仑饭店许可，擅自将整个工程施工任务转包给大诚建筑公司。后闽发建筑设计院按时完成了设计任务，大诚建筑公司根据闽发建筑设计院的设计图纸进行了施工，经验收合格，工程交付使用。在昆仑饭店投入使用一个月后，楼亭空中花园对饭店顶层造成严重损害，不断有水渗漏到第六层的房间内，导致第六层写字楼的客户无法正常办公，租用的客户不断向昆仑饭店提出租金和损失赔偿。针对这种情况，昆仑饭店要求华厦市政工程公司进行维修和部分工程返修，但始终未能从根本上解决问题。经当地的建设工程质量监督部门监测，确认工程设计存在严重质量缺陷是导致工程渗水的主要原因；另外，施工单位在工程施工中有偷工减料的情节，特别是导致渗水的主要原因；另外，施工单位在工程施工中有偷工减料的行为，特别是导致渗水的材料原因就是水泥的标号不够。面对上述问题，昆仑饭店依法将华厦市政工程公司起诉到法院，要求华厦市政工程公司赔偿工程损失和其他直接经济损失。

《建筑法》规定，建筑工程总承包单位可以将承包工程中的部分工程发包给具有相应资质条件的分包单位。禁止承包单位将其承包的全部建筑工程转包给他人，禁止承包单位将其承包的全部建筑工程肢解以后以分包的名义分别转包给他人。施工总承包的，建筑工程主体结构的施工必须由总承包单位自行完成。

《招标投标法》也规定，中标人按照合同约定或者经招标人同意，可以将中标项目的部分非主体、非关键性工作分包给他人完成。中标人不得向他人转让中标项目，也不得将中标项目肢解后分别向他人转让。《招标投标实施条例》进一步规定，中标人不得向他人转让中标项目，也不得将中标项目肢解后分包给他人转让。中标人按照合同约定或者经招标人同意，可以将中标项目的部分非主体、非关键性工作分包给他人完成。接受分包的人应当具备相应的资格条件，并不得再次分包。中标人应当就分包项目向招标人负责，接受分包的人就分包项目承担连带责任。

据此，总承包单位承包工程后可以全部自行完成，也可以将其中的部分工程分包给其他承包单位完成，但依法只能分包部分工程，并且是非主体、非关键性工作；如果是施工总承包，其主体结构的施工则须由总承包单位自行完成。这主要是防止以分包为名而发生转包行为。

2014 年 8 月住房和建设部经修改后发布的《房屋建筑和市政基础设施工程施工分包管理办法》还规定，分包工程发包人可以就分包合同的履行，要求分包工程承包人提供分包工程履约担保；分包工程承包人在提供担保后，要求分包工程发包人同时提供分包工程付款担保的，分包工程发包人应当提供。

案例 3-10 分析：

依据我国现行建筑工程法律法规，建筑工程总承包单位可以将其承包工程中的部分工程发包给具有相应资质条件的分包单位；但是，除总承包合同中约定的分包外，必须经建设单位认可。施工总承包的，建筑工程主体结构的施工必须由总承包单位自行完成。建筑工程总承包单位按照总承包合同的约定对建筑公司负责；分包单位按照分包合同的约定对总承包单位负责。总承包单位和分包单位就分包工程对建设单位承担连带责任。现行建筑工程法律法规禁止分包单位将其承包的全部建筑工程转包给他人。

在本案中，华厦市政工程公司在工程承包过程中，将工程的整个设计分包给闽发建筑设计院，虽征得昆仑饭店同意，但是对设计质量并没有给予高度的关注，因此闽发建筑设计院因设计质量导致的责任，华厦市政工程公司应承担首要责任；特别是工程施工部分，华厦市政工程公司擅自将全部施工任务分包给大诚建筑公司，对于工程主体结构部分没有亲自进行施工，很明显属于我国现行建筑工程法律法规严厉禁止的工程转包；因施工单位偷工减料而产生的责任，华厦市政工程公司同样应承担首要责任。

综上所述，对于昆仑饭店的工程损失和其他直接经济损失，华厦市政工程公司应负首要责任，闽发建筑设计院和大诚建筑公司应当与华厦公司承担连带责任。

（三）分包单位的条件与认可

《建筑法》规定，建筑工程总承包单位可以将承包工程中的部分工程发包给具有相应资质条件的分包单位；但是，除总承包合同中约定的分包外，必须经建设单位认可。禁止总承包单位将工程分包给不具备相应资质条件的单位。《招标投标法》也规定，接受分包的人应当具备相应的资格条件。

承包工程的单位必须持有依法取得的资质证书，并在其资质等级许可的业务范围内承揽工程。这一规定同样适用于工程分包单位。不具备资质条件的单位不仅不可以进行工程承包，也不得承接分包工程。《房屋建筑和市政基础设施工程施工分包管理办法》还规定，严禁个人承揽分包工程业务。

总承包单位进行分包应当经过建设单位的认可。这种认可应通过以下两种方式：①在总承包合同中规定分包的内容；②在总承包合同中没有规定分包内容的，应当事先征得建设单位的同意。

但是，劳务作业分包由劳务作业发包人与劳务作业承包人通过劳务合同约定，可不经建设单位认可。需要说明的是，分包工程须经建设单位认可，并不等于建设单位可以直接指定分包人。《房屋建筑和市政基础设施工程施工分包管理办法》规定，“建设单位不得直接指定分包工程承包人”。对于建设单位推荐的分包单位，总承包单位有权做出拒绝或者采用的选择。

（四）分包单位不得再分包

《建筑法》规定，禁止分包单位将其承包的工程再分包。《招标投标法》也规定，接受分包的人不得再次分包。

这主要是防止层层分包，“层层剥皮”。导致工程质量安全和工期等难以保障。为此，《房屋建筑和市政基础设施工程施工分包管理办法》中规定，除专业承包企业可以将其承包工程中的劳务作业发包给劳务分包企业外，专业分包工程承包人和劳务作业承包人都必须自行完成所承包的任务。

（五）转包和违法分包和挂靠行为的界定

案例 3-11 A 施工单位中标了某大型建设项目的桩基工程施工任务，但该公司拿到桩基工程后，由于施工力量不足，就将该工程全部转交了具有桩基施工资质的 B 公司。双方还签订了“桩基工程施工合同”，就合同单价、暂定总价、工期、质量、付款方式、结算方式以及违约责任等进行了约定。在合同签订后，B 公司组织实施并完成了该桩基工程施工任务。

建设单位在组织竣工验收时，发现有部分桩基工程质量不符合规定的质量标准，便要求A公司负责返工、返修，并赔偿因此造成的损失。但A公司以该桩基工程已交由B公司施工为由，拒不承担任何的赔偿责任。

问题：上述工程活动中是否存在违法行为？

1. 转包

(1) 转包的定义

为了规范建筑工程施工承发包活动，保证工程质量和施工安全，有效遏制违法发包、转包、违法分包及挂靠等违法行为，维护建筑市场秩序和建设工程主要参与方的合法权益。2014年8月4日，住房和城乡建设部制定并颁布了《建筑工程施工转包违法分包等违法行为认定查处管理办法(试行)》(以下简称《办法》)。

转包是指承包单位承包建设工程后，不履行合同约定的责任和义务，将其承包的全部建设工程转给第三人或者将其承包的全部工程肢解以后以分包的名义分别转给第三人承包的行为。

按照我国法律的规定，转包是完全禁止的，而工程分包是允许的，但必须依法进行。违法分包同样是法律禁止的行为。

(2) 转包的构成条件

构成转包必须具有以下两个要件：

① 转包人与转承包人必须是两个没有隶属关系的独立法人或其他组织或个人。也就是说转承包人对于转包人来说必须是第三人而不能是转包人的分公司或内部机构。

② 承包人必须将全部建设工程任务转给第三人。承包人必须是将其承包的全部建设工程任务直接或变相转让给第三人才构成转包，而不是将其承包的全部建设工程任务中的分部分项工程或某一部分转让给第三人，承包人只是将其承包的全部建设工程任务中的分部分项或某一部分转让给第三人，应构成分包或违法分包而不是转包。

(3) 违法转包行为

根据《办法》第7条规定，存在下列情形之一的，属于转包：

① 施工单位将其承包的全部工程转给其他单位或个人施工的；

② 施工总承包单位或专业承包单位将其承包的全部工程肢解以后，以分包的名义分别转给其他单位或个人施工的；

③ 施工总承包单位或专业承包单位未在施工现场设立项目管理机构或未派驻项目负责人、技术负责人、质量管理负责人、安全管理负责人等主要管理人员，不履行管理义务，未对该工程的施工活动进行组织管理的；

④ 施工总承包单位或专业承包单位不履行管理义务，只向实际施工单位收取费用，主要建筑材料、构配件及工程设备的采购由其他单位或个人实施的；

⑤ 劳务分包单位承包的范围是施工总承包单位或专业承包单位承包的全部工程，劳务分包单位计取的是除上缴给施工总承包单位或专业承包单位“管理费”之外的全部工程价款的；

⑥ 施工总承包单位或专业承包单位通过采取合作、联营、个人承包等形式或名义，直接或变相的将其承包的全部工程转给其他单位或个人施工的；

⑦ 法律法规规定的其他转包行为。

案例 3-11 分析：

本案中 A 公司存在着严重违法的转包行为。《建筑法》第 28 条规定："禁止承包单位将其承包的全部建筑工程转包给他人，禁止承包单位将其承包的全部建筑工程直接以后以分包的名义分别转包给他人。"《建设工程质量管理条例》第 78 条进一步明确规定："本条例所称转包，是指承包单位承包建设工程后，不履行合同约定的责任和义务，将其承包的全部建设工程转包给他人或者将其承包的全部建设工程肢解以后以分包的名义分别转给其他单位承包的行为。"

2. 违法分包

案例 3-12 某园区因扩建经营场地，筹备在园区内设一座六层的办公楼，地下一层是停车场。由于设计和施工有特殊要求，在招标过程中，招标人对参加投标的单位进行详细考核，最后 A 市政工程公司承包了该工程。由于 A 公司业务较多，后未经发包人同意将整个工程设计任务分包给 H 设计院并签订相关合同。后 H 设计院按时完成设计任务，同时 A 公司根据设计图纸完成施工任务。经验收合格，工程交付使用。办公楼投入使用一个月后，楼顶空中花园对顶层造成严重损坏，不断有水渗漏到第六层的房间内，导致第六层办公楼无法正常办公。后经调查，确认工程设计存在严重质量缺陷是导致工程渗水的主要原因。

问题：

1. A 公司的行为是否构成违法分包？

2. 园区要求 A 公司为工程质量负全责，并赔偿工程损失。A 以 H 设计院是主要责任人为由而拒绝赔偿损失。A 的理由能否成立？

3. A 公司、H 设计院分别应承担什么责任？

《办法》第 4 条：违法发包，是指建设单位将工程发包给不具有相应资质条件的单位或个人，或者肢解发包等违反法律法规规定的行为。

《建设工程施工质量管理条例》规定，违法分包是指下列行为：

(1) 总承包单位将建设工程分包给不具备相应资质条件的单位的；

(2) 建设工程总承包合同中未有约定的，又未经建设单位认可，承包单位将其承包的部分建设工程交由其他单位完成的；

(3) 施工总承包单位将建设工程主体结构的施工分包给其他单位的；

(4) 分包单位将其承包的建设工程再分包的。

存在下列情形之一的，属于违法发包：

(1) 施工单位将工程发包给个人的；

(2) 施工单位将工程发包给不具有相应资质或安全生产许可的单位的；

(3) 施工合同中没有约定，又未经建设单位认可，施工单位将其承包的部分工程交由其他单位施工的；

(4) 施工总承包单位将房屋建筑工程的主体结构的施工分包给其他单位的，钢结构除外；

(5) 专业分包单位将其承包的专业工程中非劳务作业部分再分包的；

(6) 劳务分包单位将其承包的劳务再分包的；

(7) 劳务分包单位除计取劳务作业费用外，还计取主要建筑材料款、周转材料款和大中型施工机械设备费用的；

(8) 法律法规规定的其他违法发包行为。

对于不具备分包条件或者不符合分包规定的,《工程建设项目施工招标投标管理办法》规定,招标人有权在签订合同或者中标人提出分包要求时予以拒绝。发现中标人转包或违法分包时,可要求其改正;拒不改正的,可终止合同,并报请有关行政监督部门查处。

案例 3-12 分析:

1. A公司可以将设计任务分包给H公司,但其行为属于违法分包。首先,A公司并未经过建设单位同意,且未履行法定发包程序;其次,A公司在工程承包履行过程中,并未对设计质量给予关注。

2. 不成立。A公司作为总承包单位,应就承包工程项目对建设单位负全部责任,赔偿其损失。

3. 根据《建筑法》规定,建筑工程总承包单位按照总承包合同的约定对建设单位负责;分包单位按照分包合同的约定对总承包单位负责。总承包单位和分包单位就分包工程对建设单位承担连带责任。故A公司应对建设单位负责;分包单位H设计院就设计任务对建设单位承担连带责任。

3. 挂靠行为

案例 3-13

挂靠无资质承揽工程,合同被确定无效

2012年5月6日,兰太实业有限公司(以下简称兰太公司)与鑫蓝建筑公司(以下简称鑫蓝公司)签订了建设工程施工合同。由鑫蓝公司承建兰太公司名下的多功能酒店式公寓。为确保工程质量优良,兰太公司与天意监理公司(以下简称天意公司)签订了建设工程监理合同。合同签订后,鑫蓝公司如期开工。但开工仅几天,天意公司监理工程师就发现施工现场管理混乱,遂当即要求鑫蓝公司改正。一个多月后,天意公司建立工程师和兰太公司派驻工地代表又发现工程质量存在严重问题。天意公司监理工程师当即要求鑫蓝公司停工。令兰太公司不解的是,鑫蓝公司明明是当地最具有实力的建筑企业,所承接的工程多数质量优良,却为何在这项施工中出现上述问题?经过认真、细致地调查,兰太公司和天意公司终于弄清了事实真相。原来,兰太公司虽然是鑫蓝公司签订的建设工程合同,但实际施工人是当地的一支没有资质的农民施工队(以下简称施工队)。施工队为了承揽建筑工程,挂靠于有资质的鑫蓝公司。为了规避相关法律法规关于禁止挂靠的规定,该施工与鑫蓝公司签订了所谓的联营协议。协议约定,施工队可以借用鑫蓝公司的营业执照和公章,以鑫蓝公司的名义对外签订建设工程合同;合同签订后,由施工队负责施工,鑫蓝公司对工程不进行任何管理,不承担任何责任,只提取工程价款5%的管理费。兰太公司签施工合同时,见对方(实际是施工队的负责人)持有鑫蓝公司的营业执照和公章,便深信不疑,因而导致了上述结果。兰太公司认为鑫蓝公司的行为严重违反了诚实信用原则和相关法律规定,双方所签订过的建设工程合同应为无效,要求终止履行合同。但鑫蓝公司则认为虽然是施工队实际施工,但合同是兰太公司与鑫蓝公司签订的,是双方真实意思的表示,合法有效,双方均应继续履行合同;而且,继续由施工队施工,本公司加强对施工队的管理。因此,兰太公司坚持认为鑫蓝公司的行为已导致合同无效,而且本公司已失去了对其的信任,所以坚持要求终止合同的履行。双方未能达成一致意见，兰太公司遂诉至法院。

法院经审理查明后认为，被告鑫蓝公司与没有资质的某农民施工队假联营真挂靠，并出借营业执照、公章给施工队与原告签订合同的行为违反了我国《建筑法》《合同法》等相关法律法规规定，原告兰太公司与被告鑫蓝公司签订的建设工程合同应当认定无效。

问题：法院的判决是否正确？

“挂靠”，即所谓“企业挂靠经营”，就建筑业而言，是指一个施工企业允许他人在一定期间内使用自己名义对外承接工程的行为。允许他人使用自己名义的企业为挂靠企业，相应的使用被挂靠企业名义从事经营活动的企业或个人（个体工商户和其他有经营行为的自然人）为挂靠人。最高人民法院制订《最高人民法院关于审理建设工程施工合同纠纷案件适用法律问题的解释》时并没有直接将该行为定位为“挂靠”，而是表述为“借用”，即没有资质的实际施工人借用有资质的建筑施工企业名义从事施工，“挂靠”与“借用”实际上系同一概念。

存在下列情形之一的，属于挂靠：

(1) 没有资质的单位或个人借用其他施工单位的资质承揽工程的；

(2) 有资质的施工单位相互借用资质承揽工程的，包括资质等级较低的借用资质等级高的，资质等级高的借用资质等级低的，相同资质等级相互借用的；

(3) 专业分包的发包单位不是该工程的施工总承包或专业承包单位的，但建设单位依约作为发包单位的除外；

(4) 劳务分包的发包单位不是该工程的施工总承包、专业承包单位或专业分包单位的；

(5) 施工单位在施工现场派驻的项目负责人、技术负责人、质量管理负责人、安全管理负责人中一人以上与施工单位没有订立劳动合同，或没有建立劳动工资或社会养老保险关系的；

(6) 实际施工总承包单位或专业承包单位与建设单位之间没有工程款收付关系，或者工程款支付凭证上载明的单位与施工总承包单位不一致，又不能进行合理解释并提供材料证明的；

(7) 合同约定由施工总承包单位或专业承包单位负责采购或租赁的主要建筑材料、构配件及工程设备或租赁的施工机械设备，由其他单位或个人采购、租赁，或者施工单位不能提供有关采购、租赁合同及发票等证明，又不能进行合理解释提供材料证明的；

(8) 法律法规规定的其他挂靠行为。

案例 3-13 分析：

上述案例认定建设工程施工合同无效的基本依据是《合同法》第 52 条第五项的规定，即“违反法律、行政法规的强制性规定”的合同无效。

“行为人具有相应的民事行为能力；意思表示真实；不违反法律和社会公共利益”是合同生效的一般要求，同样也是衡量建设工程施工合同是否生效的基本标准。基于建设工程施工合同的复杂性以及对社会的重要性，依照法律、行政法规，建设工程施工合同的生效对合同主体要求有具体规定，其中建设工程施工合同的承包人应具有承包工程的施工资质。

《建筑法》第 26 条第二款规定：“禁止建筑施工企业超越本企业资质等级许可的业务范围或者以任何形式用其他建筑施工企业的名义承揽工程。禁止建筑施工企业以任何形式允许其他单位或者个人使用本企业的资质证书、营业执照，以本企业的名义承揽工程。”

《最高人民法院关于审理建设工程施工合同纠纷案件适用法律问题的解释》第1条第(一)、(二)项规定："承包人未取得建筑施工企业资质或者超越资质等级的；没有资质的实际施工人借用有资质的建筑施工企业名义的，建设工程施工合同无效。"

最高人民法院《关于适用〈中华人民共和国合同法〉若干问题的解释(一)》第4条规定，合同法实施以后，人民法院应当以全国人大及其常委会制定的法律和国务院制定的行政法规未依据确认合同效力。根据《建筑法》，建筑企业应当按其资质能力从事承建的经营活动，超越本企业资质或没有资质借用有资质建筑企业名义的合同无效。很明显，上述案件中的建筑施工合同当然无效，法院的判决正确。

(六) 分包单位的责任

《建筑法》规定，建筑工程总承包单位按照总承包合同的约定对建设单位负责；分包单位按照分包合同的约定对总承包单位负责。总承包单位和分包单位就分包工程对建设单位承担连带责任。《招标投标法》也规定，中标人应当就分包项目向招标人负责，接受分包的人就分包项目承担连带责任。

总承包单位在分包工程时，应当同分包单位签订分包合同；分包单位要根据分包合同的约定，对总承包单位承担责任。同时，分包单位与总承包单位还要就分包工程承担连带责任。连带责任可分为法定连带责任和约定连带责任。约定连带责任是依照当事人之间事先的，相互约定而产生的连带责任；法定连带责任则是根据法律规定而产生的连带责任。我国对工程总分包、联合承包的连带责任均属法定连带责任。

任务3 承发包违法行为应承担的法律责任

除建设工程招标投标活动中违法行为应承担的法律责任外，建设工程承包活动中其他违法行为应承担的主要法律责任如下：

一、发包单位违法行为应承担的法律责任

案例3-14 某高校预扩大学校基础设施建设。为了节省建设资金，将建筑面积为13万m^2的图书馆工程发包给了一家具有二级资质等级的施工总承包单位。

问题：该高校的行为是否存在违法行为？若存在，应受到怎样处罚？

《建筑法》规定，发包单位将工程发包给不具有相应资质条件的承包单位的，或者违反本法规定将建筑工程肢解发包的，责令改正，处以罚款。

《建设工程质量管理条例》规定，建设单位将建设工程发包给不具有相应资质等级的勘察、设计、施工单位或者委托给不具有相应资质等级的工程监理单位的，责令改正，处50万元以上100万元以下的罚款。

建设单位将建设工程肢解发包的，责令改正，处工程合同价款0.5%以上1%以下的罚款；对全部或者部分使用国有资金的项目，并可以暂停项目执行或者暂停资金拨付。

案例3-14分析：

1. 房屋建筑工程施工总承包企业承包工程范围：

特级企业：可承担各类房屋建筑工程的施工。

一级企业：可承担单项建安合同额不超过企业注册资本金 5 倍的下列房屋建筑工程的施工：

(1) 40 层及以下、各类跨度的房屋建筑工程；

(2) 高度 240 m 及以下的构筑物；

(3) 建筑面积 20 万 m^2 及以下的住宅小区或建筑群体。

二级企业：可承担单项建安合同额不超过企业注册资本金 5 倍的下列房屋建筑工程的施工：

(1) 28 层及以下，单跨跨度 36 m 及以下的房屋建筑工程；

(2) 高度 120 m 及以下的构筑物；

(3) 建筑面积 12 万 m^2 及以下的住宅小区或建筑群体。

三级企业：可承担单项建安合同额不超过企业注册资本金 5 倍的下列房屋建筑工程的施工：

(1) 14 层及以下，单跨跨度 24 m 及以下的房屋建筑工程；

(2) 高度 70 m 及以下的构筑物；

(3) 建筑面积 6 万 m^2 及以下的住宅小区或建筑群体。

注：房屋建筑工程是指工业、民用与公共建筑（建筑物、构筑物）工程。工程内容包括地基与基础工程，土石方工程，结构工程，屋面工程，内、外部的装修装饰工程，上下水、供暖、电器、卫生洁具、通风、照明、消防、防雷等安装工程。

2. 根据以上规定，该高校图书馆工程应发包给一级或特级企业。而该高校将建设工程发包给不具有相应资质等级的施工总承包单位，应处以 50 万元以上 100 万元以下的罚款。

二、承包单位违法行为应承担的法律责任

案例 3-15 某工程项目由甲施工企业总承包，该企业将工程的土石方工程分包给乙分包公司，乙分包公司又与社会上的刘某签订任务书，约定由刘某组织人员负责土方开挖、装卸和运输，负责施工的项目管理、技术指导和现场安全、单独核算，自负盈亏。

问题：该分包公司与刘某签订土石方工程任务书的行为应当如何定性，该作何处理？

《建筑法》规定，超越本单位资质等级承揽工程的，责令停止违法行为，处以罚款，可以责令停业整顿，降低资质等级；情节严重的，吊销资质证书；有违法所得的，予以没收。未取得资质证书承揽工程的，予以取缔，并处罚款；有违法所得的，予以没收。

建筑施工企业转让、出借资质证书或者以其他方式允许他人以本企业的名义承揽工程的，责令改正，没收违法所得，并处罚款，可以责令停业整顿，降低资质等级；情节严重的，吊销资质证书。对因该项承揽工程不符合规定的质量标准造成的损失，建筑施工企业与使用本企业名义的单位或者个人承担连带赔偿责任。

承包单位将承包的工程转包的，或者违反本法规定进行分包的，责令改正，没收违法所得，并处罚款，可以责令停业整顿，降低资质等级；情节严重的，吊销资质证书。承包单位有以上规定的违法行为的，对因转包工程或者违法分包的工程不符合规定的质量标准造成的损失，与接受转包或者分包的单位承担连带赔偿责任。

《建设工程质量管理条例》规定，勘察、设计、施工、工程监理单位超越本单位资质等级承揽工程的，责令停止违法行为，对勘察、设计单位或者工程监理单位处合同约定的勘察费、设

计费或者监理酬金1倍以上2倍以下的罚款；对施工单位处工程合同价款2%以上4%以下的罚款，可以责令停业整顿，降低资质等级；情节严重的，吊销资质证书；有违法所得的，予以没收。未取得资质证书承揽工程的，予以取缔，依照以上规定处以罚款；有违法所得的，予以没收。

勘察、设计、施工、工程监理单位允许其他单位或者个人以本单位名义承揽工程的，责令改正，没收违法所得，对勘察、设计单位和工程监理单位处合同约定的勘察费、设计费和监理酬金1倍以上2倍以下的罚款；对施工单位处工程合同价款2%以上4%以下的罚款；可以责令停业整顿，降低资质等级；情节严重的，吊销资质证书。

承包单位将承包的工程转包或者违法分包的，责令改正，没收违法所得，对勘察、设计单位处合同约定的勘察费、设计费25%以上50%以下的罚款；对施工单位处工程合同价款0.5%以上1%以下的罚款；可以责令停业整顿，降低资质等级；情节严重的，吊销资质证书。

《房屋建筑和市政基础设施工程施工分包管理办法》规定，对于接受转包、违法分包和用他人名义承揽工程的，处1万元以上3万元以下的罚款。

案例3-15分析：

本案中，分包企业允许刘某以工程任务书形式承揽土石方工程，并将现场全权交由刘某负责，该项目施工中的技术、质量、安全管理及核算人员均由刘某自行组织而非该分包公司的人员，按照《房屋建筑和市政基础设施施工分包管理办法》第15条规定，这种情况应视同允许他人以本企业名义承揽工程。

《建设工程质量管理条例》第61条规定："勘察、设计、施工、工程监理单位允许其他单位或者个人以本单位名义承揽工程的，责令改正，没收违法所得，对勘察、设计单位和工程监理单位处合同约定的勘察费、设计费和监理酬金1倍以上2倍以下的罚款；对施工单位处工程合同价款2%以上4%以下的罚款；可以责令停业整顿，降低资质等级；情节严重的，吊销资质证书。"据此，对该分包公司应当做出相应的处罚。

三、其他法律责任

《建筑法》规定，在工程发包与承包中索贿、受贿、行贿，构成犯罪的，依法追究刑事责任；不构成犯罪的，分别处以罚款，没收贿赂的财物，对直接负责的主管人员和其他直接责任人员给予处分。对在工程承包中行贿的承包单位，除依照以上规定处罚外，可以责令停业整顿，降低资质等级或者吊销资质证书。

任务4　建设工程招标

一、建设工程招标概述

（一）建设工程招标的概念

建设工程招标，是指招标人就拟建工程发布通告，以法定方式吸收承包单位参加竞争，从中择优选定工程承包方的法律行为。

（二）发展历史

招标投标方式是市场经济的产物，在国外应用已有200多年的历史。1782年，英国政府出于对市场经济的宏观调控，设立文具公用局，负责政府部门所需要公用品采购的特别机构。此后，世界上许多国家陆续成立相关专门机构并立法，通过法律确定招标采购及专职招标机构的重要地位。1809年，美国通过了第一部要求密封投标的法律。1997年，韩国政府实施新的国内项目国际招标法。至此，招投标在世界经济发展中，经过了漫长的两个世纪，由简单到复杂、由自由到规范、由国内到国际，对世界区域经济和整体经济发展起到了巨大的作用。

我国改革开放以前，实行高度集中统一的计划经济体制，工程建设的设计、施工等任务都实行行政分配。自20世纪80年代开始，我国逐步在工程建设、机电设备、政府采购等领域推广招投标制度，目前，已成为我国基本建设领域的一项基本制度。

（三）建设工程招标的原则

案例3-16

违反公平竞争原则的招标案例

在一次招标活动中，招标指南写明投标不能口头附加材料，也不能附条件投标。但业主将合同授予了投标人甲。业主解释说，如果考虑到该投标人的口头附加材料，则该投标人的报价最低。另一个报价低的投标人乙起诉业主，请求法院判定业主将该合同授予自己。法院经过调查发现，该投标人是业主自己内定的承包商。法院最后判决将合同授予合格的最低价的投标人乙。

案例3-16分析：

招标投标是国际和国内建筑行业广泛采用的一种方式。其目的旨在保护公共利益和实现自由竞争。招标法规有助于在公共事业上防止欺诈、串通、倾向性和资金浪费，确保政府部门和其他业主以合理的价格获得高质量的服务。从本质上讲，招标法规是保护公共利益的，保护投标人并不是它的出发点。为了更好地保护公共利益，确保自由、公正的竞争是招标法规的核心内容。对于招标法规的实质性违反是不允许的，即使这种违反出于善意，也不允许违反有关招标法规的强制性规定。

《招标投标法》规定，招标投标活动应当遵循公开、公平、公正和诚实信用的原则。

1. 公开原则

公开原则是要求必须具有极高的透明度，招标信息、招标程序、开标过程、评标方法、中标结果都必须公开，以吸引潜在投标人做出积极响应。具体表现在建设工程招标投标的信息公开、程序公开和结果公开。

（1）信息公开

公开招标的招标公告应通过国家指定的媒体、报刊、信息网络或其他公共媒介进行发布。招标公告或投标邀请书应当载明招标人的名称和地址，招标项目的性质、规模、地点等重要事项。

（2）程序公开

招标投标活动的法律程序包括招标、投标、开标、评标和中标，整个过程要求招标方公开进行。但是为了保证招标投标活动的公正性，标底和评标委员会专家的名单在中标结果未确定之前不得公开。

2. 公平原则

公平原则即要求给予所有投标人平等的机会，不得以任何理由排斥或歧视任何一方。招标过程中，不仅应确保投标人公平竞争，还要确保招标人与中标人公平交易。

3. 公正原则

公正原则是要求按照之前公布的标准客观地评标，严格遵守法定的评标规则和统一的衡量标准，保证各投标人在平等的基础上公平竞争。

4. 诚实信用原则

诚实信用原则是所有民事活动都应遵守的基本原则之一，没有此原则做基础，公开、公平、公正将落空。它要求当事人以诚实守信的态度行使权力和履行义务，保证彼此都能得到应得利益，同时不得损害第三人和社会的利益。不得规避招标、串通投标、泄露标底、骗取中标等。

二、建设工程招标投标的项目范围和规模标准

（一）建设工程必须招标的范围

案例 3-17 下列工程项目中，属于依法必须招标范围的项目的是（ ）。

A. 某高速公路工程
B. 使用国有资金对国家博物馆的修缮工程
C. 某涉及国家秘密的工程
D. 某施工单位自建延用房屋

《招标投标法》规定：在中华人民共和国境内进行下列工程建设项目包括项目的勘察、设计、施工、监理以及与工程建设有关的重要设备、材料等的采购，必须进行招标：

（1）大型基础设施、公用事业等关系社会公共利益、公众安全的项目；

（2）全部或者部分使用国有资金投资或者国家融资的项目；

（3）使用国际组织或者外国政府贷款、援助资金的项目。

2011 年 12 月颁布的《招标投标法实施条例》指出，工程建设项目是指工程以及与工程建设有关的货物、服务。工程是指建设工程，包括建筑物和构筑物的新建、改建、扩建及其相关的装修、拆除、修缮等；与工程建设有关的货物，是指构成工程不可分割的组成部分，且为实现工程基本功能所必需的设备、材料等；与工程建设有关的服务，是指为完成工程所需的勘察、设计、监理等服务。

经国务院批准的《工程建设项目招标范围和规模标准规定》则进一步规定，关系社会公共利益、公众安全的基础设施项目的范围包括：

（1）煤炭、石油、天然气、电力、新能源等能源项目；

（2）铁路、公路、管道、水运、航空以及其他交通运输业等交通运输项目；

（3）邮政、电信枢纽、通信、信息网络等邮电通讯项目；

（4）防洪、灌溉、排涝、引（供）水、滩涂治理、水土保持、水利枢纽等水利项目；

（5）道路、桥梁、地铁和轻轨交通、污水排放及处理、垃圾处理、地下管道、公共停车场等城市设施项目；

（6）生态环境保护项目；

（7）其他基础设施项目。

同时还规定关系社会公共利益、公众安全的公用事业项目的范围包括：

(1) 供水、供电、供气、供热等市政工程项目;
(2) 科技、教育、文化等项目;
(3) 体育、旅游等项目;
(4) 卫生、社会福利等项目;
(5) 商品住宅,包括经济适用住房;
(6) 其他公用事业项目。
使用国有资金投资项目的范围包括:
(1) 使用各级财政预算资金的项目;
(2) 使用纳入财政管理的各种政府性专项建设基金的项目;
(3) 使用国有企业事业单位自有资金,并且国有资产投资者实际拥有控制权的项目。
国家融资项目的范围包括:
(1) 使用国家发行债券所筹资金的项目;
(2) 使用国家对外借款或者担保所筹资金的项目;
(3) 使用国家政策性贷款的项目;
(4) 国家授权投资主体融资的项目。
使用国际组织或者外国政府贷款、援助资金的项目包括:
(1) 使用世界银行、亚洲开发银行等国际组织贷款资金的项目;
(2) 使用外国政府及其机构贷款资金的项目;
(3) 使用国际组织或者外国政府援助资金的项目。

案例 3-17 分析:

答案:AB

理由:A 属于关系社会公共利益、公众安全的基础设施项目。B 属于使用国有资金投资项目。A、B 均属于国家相关法律、法规明确规定必须实行招标的项目范围。因此都属于正确答案。C 是例外情形,根据《招标投标法》第 66 条规定:"涉及国家安全、国家秘密、抢险救灾或实行以工代赈、需要使用农民工等特殊情况,不适宜进行招标的项目,按照国家有关规定可以不进行招标。"因此,C 项不属于必须招标的范围。D 这个选项《招标投标法》对此并没有明确规定,因此也不属于必须招标的范围。

(二) 建设工程必须招标的规模标准

案例 3-18 2014 年 4 月,某市一中学兴建一教学楼群,共 6 栋,总造价 1 600 万人民币,工程预算总投资 600 万元,其中建筑施工费约 520 万元。该学校在研究建设工程发包时,打算直接将工程施工发包给该市信誉良好、技术力量雄厚的某建筑公司。市建设局得知这一情况后,当即通知该中学,该建筑工程必须进行招标,否则发包无效。该中学接到通知后,及时纠正了错误决定,通过公开招标方式发包。

问题:该案例中建设局的做法是否正确?

按照《工程建设项目招标范围和规模标准规定》,必须招标范围内的各类工程建设项目,达到下列标准之一的,必须进行招标:
(1) 施工单项合同估算价在 200 万元人民币以上的;
(2) 重要设备、材料等货物的采购,单项合同估算价在 100 万元人民币以上的;

(3) 勘察、设计、监理等服务的采购,单项合同估算价在50万元人民币以上的;

(4) 单项合同估算价低于(1)、(2)、(3)项规定的标准,但项目总投资额在3 000万元人民币以上的。

《招标投标法》规定,依法必须进行招标的项目,其招标投标活动不受地区或者部门的限制。任何单位和个人不得违法限制或者排斥本地区、本系统以外的法人或者其他组织参加投标,不得以任何方式非法干涉招标投标活动。

案例3-18分析:

案例施工单项合同价达520万元人民币,依《工程建筑项目招标范围和规模标准规定》的规定,必须进行招标。我国建筑法法律法规之所以规定投资较大的建筑工程必须经过招标的形式发包,主要是为了通过公开、公平的竞争方式,选出技术力量雄厚、资信良好的承包单位,以保障建筑工程的质量,防止和避免直接发包中可能出现的一些弊端。本案中,市建设局的行政行为是完全正确的。

(三) 可以不进行招标的项目范围

案例3-19 有两个项目被直接发包,理由是一个项目涉及国家安全,另一个项目属于以工代赈,需要使用农民工。

问题:你认为这个理由充分吗?

《招标投标法》规定,涉及国家安全、国家秘密、抢险救灾或者属于利用扶贫资金实行以工代赈,需要使用农民工等特殊情况,不适宜进行招标的项目,按照国家有关规定可以不进行招标。

《招标投标法实施条例》还规定,除《招标投标法》规定可以不进行招标的特殊情况外,有下列情形之一的,可以不进行招标:

(1) 需要采用不可替代的专利或者专有技术;

(2) 采购人依法能够自行建设、生产或者提供;

(3) 已通过招标方式选定的特许经营项目投资人依法能够自行建设、生产或者提供;

(4) 需要向原中标人采购工程、货物或者服务,否则将影响施工或者功能配套要求;

(5) 国家规定的其他特殊情形。

案例3-19分析:

对于涉及国家安全的项目,分为两种情况:不适应招标的和适宜招标但不宜公开招标的。前者经批准可以不招标而直接发包,后者则经批准后需要邀请招标。所以,仅仅以涉及国家安全为由就不招标是不合适的。

对于以工代赈,需要使用农民工的项目,经批准可以不招标。这个理由是充分的。

2014年8月经修改后颁布的《中华人民共和国政府采购法》规定,政府采购工程进行招标投标的,适用招标投标法。2015年1月颁布的《中华人民共和国政府采购法实施条例》进一步规定,政府采购工程依法不进行招标的,应当依照政府采购法和本条例规定的竞争性谈判或者单一来源采购方式采购。

2013年12月财政部颁布的《政府采购非招标采购方式管理办法》进一步规定,竞争性谈判是指谈判小组与符合资格条件的供应商就采购货物、工程和服务事宜进行谈判,供应商按照谈判文件的要求提交响应文件和最后报价，采购人从谈判小组提出的成交候选人中确定成交供应商的采购方式。单一来源采购是指采购人从某一特定供应商处采购货物、工程和服务的采购方式。

三、建设工程招标方式

案例 3-20 国防部根据国防需要，在北部地区建设一火箭产品生产厂。原拟订在与其合作过的施工单位中通过招标选择一家，可是由于合作单位多达 20 家，国防部为达到保密要求，再次决定在这 20 家施工单位内选择 3 家军工单位投标。

问题：

1. 上述招标人的做法是否符合《招标投标法》的规定？
2. 在何种情形下，经批准可以进行邀请招标？

(一) 公开招标

公开招标是指招标人以招标公告的方式邀请不特定的法人或其他组织投标。招标公告应当通过国家制定的报刊、信息网络或者其他媒介发布。

国务院发展计划部门确定的国家重点建设项目和各省、自治区、直辖市人民政府确定的地方重点建设项目，以及全部使用国有资金投资或者国有资金投资占控股或者主导地位的工程建设项目，应当公开招标。

(二) 邀请招标

邀请招标是指招标人以投标邀请书的方式邀请特定的法人或其他组织投标。招标人采用邀请招标方式的，应当向三个以上具有承担招标项目的能力、资信良好的特定的法人或者其他组织发出投标邀请书。国务院发展计划部门确定的国家重点项目和省、自治区、直辖市人民政府确定的地方重点项目不适宜公开招标的，经国务院发展计划部门或者省、自治区、直辖市人民政府批准，可以进行邀请招标。

《招标投标实施条例》进一步规定，国家资金占控股或者主导地位的依法必须进行招标的项目，应当公开招标；但有下列情形之一的，可以邀请招标：

(1) 技术复杂、有特殊要求或者受自然环境限制，只有少量潜在投标人可供选择；

(2) 采用公开招标方式的费用占项目合同金额的比例过大。

案例 3-20 分析：

1.《招标投标法》的规定。由于本工程涉及国家机密，不宜进行公开招标，可以采用邀请招标的方式选择施工单位。

2. 国务院发展计划部门确定的国家重点项目和省、自治区、直辖市人民政府确定的地方重点项目不适宜公开招标的，经国务院发展计划部门或者省、自治区、直辖市人民政府批准，可以进行邀请招标。符合下列情形之一，经批准可以进行邀请招标：

(1) 技术复杂、有特殊要求或者受自然环境限制，只有少量潜在投标人可供选择；

(2) 采用公开招标方式的费用占项目合同金额的比例过大。

(三) 公开招标和邀请招标的区别

1. 发布信息的方式不同

公开招标是在国家或行业指定的报刊、电子网络或其他媒体发布公告；邀请招标则直接采用发送投标邀请书的方式发布信息。

2. 竞争的范围和程度不同

公开招标是面向社会的，一切潜在对招标项目感兴趣的法人和其他组织都可以参加投标竞争。招标人能够在最大限度内选择承包商，竞争性更强，择优率更高，同时也能在很大程度上避免招标活动中的贿赂、串通行为，因此国际上政府采购通常采用这种方式。邀请招标所针对的对象是事先已经了解的法人或其他组织。投标人的数量有限，且竞争性是不完全充分的，招标人的选择范围小，它可能漏掉在技术上或报价上更有竞争力的承包商或供应商。

3. 公开程序不同

公开招标的所有活动都必须严格按照预先指定并被业界所熟知的程序及标准公开进行，其作弊的可能性大大减小；而邀请招标的公开程序就相对简单，产生不法行为的机会也就较大一些。

4. 时间和费用不同

公开招标程序由于其程序比较复杂，投标人数量无法预知，而花费更多的时间和费用。但由于竞争充分，更容易获得最优报价。邀请招标只在有限的投标人中进行，所以其时间较短，费用偏低，但是由于竞争小，不易获得最优报价。

5. 资格审查时间不同

公开招标是在投标前进行资格审查，而邀请招标实在投标后进行资格审查。

（四）总承包招标和两阶段招标

《招标投标法实施条例》规定，招标人可以依法对工程以及与工程建设有关的货物、服务全部或者部分实行总承包招标。以暂估价形式包括在总承包范围内的工程、货物、服务属于依法必须进行招标的项目范围且达到国家规定规模标准的，应当依法进行招标。以上所称暂估价，是指总承包招标时不能确定价格而由招标人在招标文件中暂时估定的工程、货物、服务的金额。

对技术复杂或者无法精确拟定技术规格的项目，招标人可以分两阶段进行招标。第一阶段，投标人按照招标公告或者投标邀请书的要求提交不带报价的技术建议，招标人根据投标人提交的技术建议确定技术标准和要求，编制招标文件。第二阶段，招标人向在第一阶段提交技术建议的投标人提供招标文件，投标人按照招标文件的要求提交包括最终技术方案和投标报价的投标文件。

四、建设工程招标投标交易场所

《招标投标法实施条例》规定，设区的市级以上地方人民政府可以根据实际需要，建立统一规范的招标投标交易场所，为招标投标活动提供服务。招标投标交易场所不得与行政监督部门存在隶属关系，不得以营利为目的。国家鼓励利用信息网络进行电子招标投标。

2013 年 2 月国家发展和改革委员会、工业和信息化部、监察部、住房和城乡建设部、交通运输部、铁道部、水利部、商务部联合颁布的《电子招标投标办法》规定，电子招标投标活动是指以数据电文形式，依托电子招标系统完成的全部或者部分招标投标交易、公共服务和行政监督活动。数据电文形式与纸质形式的招标投标活动具有同等法律效力。

国家鼓励电子招标投标交易平台等竞争。电子招标投标交易平台运营机构不得以任何手段限制或者排斥潜在投标人，不得泄露依法应当保密的信息，不得弄虚作假、串通投标或者为弄虚作假、串通投标提供便利。

招标人或者其委托的招标代理机构应当在资格预审公告、招标公告或者投标邀请书中载明潜在投标人访问电子招标投标交易平台的网络地址和方法。依法必须进行公开招标项目的上述相关公告应当在电子招标投标交易平台和国家指定的招标公告媒介同步发布。

投标人应当在投标截止时间前完成投标文件的传输递交,并可以补充、修改或者撤回投标文件。投标截止时间前未完成投标文件传输的,视为撤回投标文件。投标截止时间后送达的投标文件,电子招标投标交易平台应当拒收。

电子招标投标活动及相关主体应当自觉接受行政监督部门、监察机关依法实施的监督、监察。投标人或者其他利害关系人认为电子招标投标活动不符合有关规定的,通过相关行政监督平台进行投诉。

五、招标的基本程序

(一) 履行项目审批程序

《招标投标法》规定,招标项目按照国家有关规定需要履行项目审批手续的,应当先履行审批手续。招标人应当有进行招标项目的相应资金或者资金来源已经落实,并应当在招标文件中如实载明。

《招标投标法实施条例》进一步规定,按照国家有关规定需要履行项目审批、核准手续的依法必须进行招标的项目,其招标范围、招标方式、招标组织形式应当报项目审批、核准部门审批、核准。项目审批、核准部门应当及时审批、核准确定的招标范围、招标方式、招标组织形式通报有关行政监督部门。

建设工程施工招标应具备的条件是:

(1) 招标人已经依法成立;

(2) 初步设计及概算应当履行审批手续的,已经批准;

(3) 招标范围、招标方式和招标组织形式等应当履行核准手续的,已经核准;

(4) 有相应资金或资金来源已经落实;

(5) 有招标所需的设计图纸及技术资料。

(二) 委托招标代理结构

案例 3-21

招标代理公司在宝钢设备采购中的积极作用案例

2003 年宝钢股份公司(业主)液化装置招标。在 2002 年 5 月启动前,业主已经同该领域三大国外生产供应商就工艺方案、供货范围,以及设计分工进行了前期技术交流。业主的想法是:目前这三大国外供应商的设备比国内设备的技术水平高,但价格也高,因此,他们希望国内企业也能参加竞争,如果外国企业价格比国内价格高得不多(20%的幅度),就采购外国设备;如果价格太高(超过 20%)就选择国内设备。但如果实现上述采购意图,业主缺乏经验,于是业主委托招标代理公司进行代理招标。

招标代理公司在编制招标文件时,通过调研发现国内外企业能力的主要差别在业绩水平,国外企业都具备生产 300 t/天液化产品的能力,而国内企业只能具备 200 t/天液化产品的能力。基于此,招标代理公司在招标文件的编制中将投标资格业绩标准设定为 200 t/天液化产品,使国内企业能参与竞争,评标标准设定为:没有 300 t/天液化产品的能力业绩,评标价在投标报价基础上增加20%。

这样，国内外4家企业都来投标。经过开标评标，美国一家公司投标报价比国内某企业高20%，但国内某企业没有300 t/天液化产品的业绩，其投标报价折算为评标价增加了20%。这样两者报价折算的评标价相同，美国公司产品质量好，经评审的评标价最低成为中标人。合同签订价比预算低得多。外商说，这是他们历史上报出的最低价，招标取得圆满成功。

招标代理机构的最大优势就是经验的多次总结和重复使用。该招标代理机构在为业主节约投资的同时，也为企业树立了良好的企业形象。

《招标投标法》规定了两种招标办法：自行招标和委托招标。

1. 自行招标

招标人具有编制招标文件和组织评标能力的，可以自行办理招标事宜。任何单位和个人不得强制其委托招标代理机构办理招标事宜。依法必须进行招标的项目，招标人自行招标的，应当向有关行政监督部门备案。

2. 代理招标

招标人不具备自行招标条件的，应当委托招标代理机构代为办理招标事宜。《招标投标法》规定：招标人有权自行选择招标代理机构，委托其办理招标事宜。任何单位和个人不得以任何方式为招标人指定招标代理机构。

(1) 招标代理机构

招标代理机构是依法设立、从事招标代理业务并提供相关服务的社会中介组织。《招标投标法》规定，招标人有权自行选择招标代理机构，委托其办理招标事宜。招标代理机构应当具备下列条件：

① 有从事招标代理业务的营业场所和相应资金；

② 有能够编制招标文件和组织评标的相应专业力量；

③ 有符合该法定条件、可以作为评标委员会成员人员的技术、经济等方面的专家库。

(2) 招标代理机构的资格认定

从事工程招标代理业务的机构，应当依法取得国务院建设主管部门或者省、自治区、直辖市人民政府建设主管部门认定的工程招标代理机构资格，并在其资格许可的范围内从事相应的工程招标代理业务。据此，住房和城乡建设部于2015年5月修改发布了《工程建设项目招标代理机构资格认定办法》。

《工程建设项目招标代理机构资格认定办法》将工程招标代理机构资格分为甲级、乙级和暂定级。甲级工程招标代理机构资格由国务院建设主管部门认定。乙级、暂定级工程招标代理机构资格由该机构工商注册地所在地的省、自治区、直辖市人民政府建设主管部门认定。甲级、乙级工程招标代理机构资格证书的有效期为5年，暂定级工程招标代理机构资格证书的有效期为3年。

甲级工程招标代理机构可以承担各类工程的招标代理业务。乙级工程招标代理机构只能承担工程总投资1亿元人民币以下的工程招标代理业务。暂定级工程招标代理机构，只能承担工程总投资6 000万元人民币以下的工程招标代理业务。

按照《招标投标法实施条例》的规定，招标代理机构在其资格许可和招标人委托的范围内开展招标代理业务，任何单位和个人不得非法干涉。招标代理机构不得在所代理的招标项目中投标或者代理投标，也不得为所代理的招标项目的投标提供咨询。

（三）编制招标文件和标底

1. 招标文件

案例3-22 2015年6月8日，招标人发出招标文件。招标文件规定了提交投标文件的截止日期为2015年6月25日。某投标人认为这个时间的规定违反了《招标投标法》。因为《招标投标法》第24条规定："招标人应当确定投标人编制投标文件所需要的合理时间；但是，依法必须进行招标的项目，自招标文件开始发出之日起至投标人提交投标文件截止之日止，最短不得少于20日。"

问题：你怎么认为？

招标文件是招标投标活动当事人的行为准则和评标的重要依据，是投标人投标报价的基础。《招标投标法》规定，招标人应当根据招标项目的特点和需要编制招标文件。招标文件应当包括招标项目的技术要求、对投标人资格审查的标准、投标报价要求和评标标准等所有实质性要求和条件以及拟签订合同的主要条款。国家对招标项目的技术、标准有规定的，招标人应当按照其规定在招标文件中提出相应要求。

招标文件一般应至少包括下列内容：

（1）招标人须知。这是招标文件中反应招标人的招标意图，每个条款都是投标人应该知晓和遵守的规则的说明。

（2）招标项目的性质、数量。

（3）技术规格。招标项目的技术规格或技术要求是招标文件中最重要的内容之一，是指招标项目在技术、质量方面的标准，如一定的大小、轻重、体积、精密度、性能等。

（4）招标价格的要求及其计算方式。投标报价是招标人评标时衡量的重要因素。因此，招标人在招标文件中应事先提出报价的具体要求及计算方法。

（5）评标的标准和方法。评标时只能采用招标文件中已列明的标准和方法，不得另定。

（6）交货、竣工或提供服务的时间。

（7）投标人应当提供的有关资格和资信证明文件。

（8）投标保证金的数额或其他形式的担保。招标人可以在招标文件中要求投标保证金或其他形式的担保（如抵押、保证等），以防止投标人违约，并在投标人违约时没收保证金。投标保证金的金额一般不超过投标总价的2%，以免影响投标人的积极性。中标人确定后，对落标的投标人应及时将其投标保证金退还给他们。

（9）投标文件的编制要求。

（10）提供投标文件的方式、地点和截止时间。

（11）开标、评标的日程安排。

（12）主要合同条款。合同条款应明将要完成的工程范围、供货的范围、招标人与中标人各自的权利和义务。

案例3-22分析：

是否违法应根据具体项目来确定。

必须招标的项目，根据《招标投标法》应该符合两个条件：既要属于必须招标的项目范围，也要符合相应的规模标准。如果不同时符合这两个条件，就不是必须招标的项目。

不是必须招标的项目也可以招标，但是就不受《招标投标法》第24条的"最短不得少于二十日”的限制了，而仅仅满足“招标人应当确定投标人编制投标文件所需要的合理时间”就可以了。

所以，如果这个案例中的项目不属于必须招标的项目，招标人的行为就不违法；如果是必须招标的项目，就是违法的。

2. 编制标底

标底是由招标单位或其委托的招标代理机构依据国家统一的工程量计算规则，预算定额和计价办法计算出来的工程造价，是招标人对该工程的预期价格。通俗地讲，是招标单位定的价格底线。

招标人可以自行决定是否编制标底。一个招标项目只能有一个标底。标底必须保密。接受委托编制标底的中介机构不得参加受托编制标底项目的投标，也不得为该项目的投标人编制投标文件或者提供咨询。招标人设有最高投标限价的，应当在招标文件中明确最高投标限价或者最高投标限价的计算方法。招标人不得规定最低投标限价。

住房和城乡建设部 2013 年 12 月发布的《建筑工程施工发包和承包计价管理办法》中规定，国有资金投资的建筑工程招标的，应当设有最高投标限价；非国有资金投资的建筑工程招标的，可以设有最高投标限价或者招标标底。最高投标限价应当依据工程量清单、工程计价有关规定和市场价格信息等编制。招标人设有最高投标限价的，应当在招标时公布最高投标限价的总价，以及各单位工程的分部分项工程费、措施项目费、其他项目费、规费和税金。招标标底应当依据工程计价有关规定和市场价格信息等编制。

全国使用国有资金投资或者国有资金投资为主的建筑工程，应当采用工程量清单计价；非国有资金投资的建筑工程，鼓励采用工程量清单计价。工程量清单应当依据国家制定的工程量清单计价规范、工程量计算规范等编制。工程量清单应当作为招标文件的组成部分。

3. 一般要求

《招标投标法》规定，招标文件不得要求或者标明特定的生产供应者以及含有倾向或者排斥潜在投标人的其他内容。招标人对已发出的招标文件进行必要的澄清或者修改的，应当在招标文件要求提交投标文件截止时间至少 15 日前，以书面形式通知所有招标文件收受人。该澄清或者修改的内容为招标文件的组成部分。

招标人应当确定投标人编制投标文件所需要的合理时间；但是，依法必须进行招标的项目，自招标文件开始发出之日起至投标人提交投标文件截止之日止，最短不得少于 20 日。

《招标投标法实施条例》规定，招标人可以对已发出的资格预审文件或者招标文件进行必要的澄清和修改。

(1) 澄清或者修改的内容可能影响资格预审申请文件编制的，招标人应当在提交资格预审申请文件截止时间至少 3 日前，或者投标截止时间至少 15 日前，以书面形式通知所有获取资格预审文件或者招标文件的潜在投标人；不足 3 日或 15 日的，招标人应当顺延提交资格预审申请文件的截止时间。

(2) 潜在投标人或者其他利害关系人对招标文件有异议的，应当在投标截止时间 10 日前提出。招标人应当自收到异议之日起 3 日内作出答复；作出答复前，应当暂停招标投标活动。

(3) 招标人编制的资格预审文件的内容违反法律、行政法规的强制性规定，违反公开、公平、公正和诚实信用原则，影响资格预审结果的，依法必须进行招标的项目的招标人应当在修改资格预审文件后重新招标。

(4) 招标人对招标项目划分标段的，应当遵守招标投标法的有关规定，不得利用划分标段限制或者排斥潜在投标人。依法必须进行招标的项目的招标人不得利用划分标段规避招标。招标人应当在招标文件中载明投标有效期。投标有效期从提交投标文件的截止之日起算。

(5) 潜在投标人或者其他利害关系人对招标文件有异议的，应当在投标截止时间10日前提出。招标人应当自收到异议之日起3日内作出答复；作出答复前，应当暂停招标投标活动。招标人编制招标文件的内容违反法律、行政法律的强制性规定，违反公开、公平、公正和诚实信用原则，影响潜在投标人投标的，依法应当进行招标的项目的招标人应当在修改招标文件后重新招标。

(四) 发布招标公告或投标邀请书

《招标投标法》规定，招标人采用公开招标方式的，应当发布招标公告。招标公告应当载明如下内容：

(1) 招标人的名称和地址。

(2) 招标项目的性质、数量、实施地点和时间。

招标项目的性质，指项目是基础设施项目，还是工业、农业项目或其他项目；是使用国有资金投资的项目，还是利用国际组织或者外国政府贷款、援助基金的项目，或者是私人投资项目；是土建工程招标，还是设备采购招标，或勘察设计等招标等。对于土建工程而言，数量指土建工程量，实施地点和时间指工程的建设地点、施工期。

(3) 获取招标文件的办法。

指发售招标文件的地点、负责人、收费标准，招标文件的邮购地址及费用，招标人或招标代理机构的开户银行、账号等。

采用邀请招标方式的，应当向三个以上具备承担招标项目的能力、资信良好的特定的法人或者其他组织发出投标邀请书。投标邀请书也应当载明上述类似公开招标的(1)、(2)、(3)条事项。

招标人可以根据招标项目本身的要求，在招标公告或者投标邀请书中，要求潜在投标人提供有关资质证明文件和业绩情况，并对潜在投标人进行资格审查。招标人不得以不合理的条件限制或者排斥潜在投标人，不得对潜在投标人实行歧视待遇。

招标人不得向他人透露已获取招标文件的潜在投标人的名称、数量以及可能影响公平竞争的有关招标投标的其他情况。招标人设有标底的，标底必须保密。招标人根据招标项目的具体情况，可以组织潜在投标人踏勘项目现场。

《招标投标法实施条例》进一步规定，招标人应当按照资格预审公告、招标公告或者投标邀请书规定的时间、地点发售资格预审文件或者招标文件。资格预审文件或者招标文件的发售期不得少于5日。招标人发售资格预审文件、招标文件收取的费用应当限于补偿印刷、邮寄的成本支出，不得以营利为目的。

(五) 资格审查

案例3-23 根据《工程建设项目施工招标投标办法》和《标准施工招标资格预审文件》，某依法必须招标的施工项目于2011年9月组织资格预审，发现下列情况：

甲公司，曾于2011年5月在外省受到责令停业6个月的行政处罚；

乙公司，曾于2011年6月因噪声超标受到行政监督部门给予罚款处罚；

丙公司，曾在该项目前期准备时提供过设计咨询服务；

丁公司，正与某施工企业重组，但仍以自己名义投标；

戊公司，为该项目提供项目管理服务的单位。

问题：以上申请人中不能通过资格预审的有哪些？

资格审查分为资格预审和资格后审。资格预审是在投标前对潜在投标人进行的资格审查，资格后审是在投标后（一般是在开标后）对投标人进行的资格审查。

1. 资格预审

资格预审，是指投标前对获取资格预审文件并提交资格预审申请文件的潜在投标人进行资格审查的一种方式。《招标投标法实施条例》规定，招标人采用资格预审办法对潜在投标人进行资格审查的，应当发布资格预审公告、编制资格预审文件。招标人应当合理确定提交资格预审申请文件的时间。依法必须进行招标的项目提交资格预审申请文件的时间，自资格预审文件停止发售之日起不得少于5日。

（1）资格评审组织

按照《招标投标法实施条例》第18条的规定，国有资金占控股或者主导地位的依法必须进行招标的项目，招标人应当组建资格审查委员会审查资格预审申请文件。

（2）资格条件与评审标准

按照资格预审文件载明的标准进行。

《工程建设项目施工招标投标办法》第20条规定，资格审查应主要审查潜在投标人是否符合下列条件：

① 具有独立订立合同的权利；

② 具有履行合同的能力，包括专业、技术资格和能力，资金、设备和其他物质设施状况，管理能力，经验、信誉和相应的从业人员；

③ 没有处于被责令停业，投标资格被取消，财产被接管、冻结，破产状态；

④ 在最近三年内没有骗取中标和严重违约及重大工程质量问题；

⑤ 法律、行政法规规定的其他资格条件。

案例3-23分析：

答案：甲、丙、丁不能通过资格预审。

理由：根据资格预审要求投标公司的条件，则甲处于责令停业阶段，投标资格被取消；丁不具备独立订立合同的权利；另外，法律、行政法规规定的其他资格条件中，《工程建设项目施工招标投标办法》第35条规定，在工程建设项目施工招标时，招标人的任何不具备独立法人资格的附属机构（单位），或者为招标项目的前期准备或者监理工作提供设计、咨询服务的任何法人及其任何附属机构（单位），都无资格参加该项目的投标。所以丙亦不能通过资格预审。

2. 资格后审

《招标投标法》有关资格后审的规定，招标人采用资格后审办法对投标人进行资格审查的，应当在开标后由评标委员会按照招标文件规定的标准和办法对投标人的资格进行审查。

两种方式对比，资格预审在招标前对潜在投标人进行筛选，预选出有资格参加投标的人，从而大大减少招标的工作量，提高招标的工作效率，降低招标成本。同时，还可以帮助招标人了解潜在投标人对项目投标的兴趣，以便于及时修正招标要求，扩大竞争。因此，资格预审是目前招标资格审查的主要方式。

3. 发出资格预审结果通知书

按照《招标投标法实施条例》规定，资格预审应当按照资格预审文件载明的标准和方法进行。资格预审结束后，招标人应当及时向资格预审申请人发出资格预审结果通知书。未通过资格预审的申请人不具有投标资格。通过资格预审申请人的数量不足3个的，应当重新招标。

潜在投标人或者其他利害关系人对资格预审文件有异议的，应当在提交资格预审申请文件截止时间2日前提出。招标人应当自收到异议之日起3日内做出答复；作出答复前，应当暂停招标投标活动。招标人编制资格预审文件的内容违反法律、行政法规的强制性规定，违反公开、公平、公正和诚实信用原则，影响资格预审结果的，依法必须进行招标的项目的招标人应当在修改资格预审文件后重新招标。

（六）发售招标文件

案例3-24 某水利设施施工采取公开招标的方式。招标工作从2010年8月2日开始，到9月30日结束，历时60日历天。招标工作的具体步骤如下：

(1) 成立招标组织机构。

(2) 发布招标公告和资格预审通告。

(3) 进行资格预审。8月16—20日出售资格预审文件，10家省内外施工企业购买了资格预审文件，其中的9家于8月22日递交了资格预审文件。经招标工作委员会审定后，8家单位通过了资格预审。

(4) 编制招标文件。

(5) 编制标底。

(6) 组织投标。8月28日，招标单位向上述8家单位发出资格预审合格通知书。8月30日，向各投标人发出招标文件。9月5日，召开标前会。9月8日组织投标人踏勘现场，解答投标人提出的问题。9月20日，各投标人递交投标书。9月21日，在公证员出席的情况下，当众开标。

(7) 组织评标。评标小组按事先确定的评标办法进行评标，对合格的投标人进行评分，推荐中标单位和后备单位，写出评标报告。9月22日，招标工作委员会听取评标小组汇报，决定了中标单位，发出中标通知。

(8) 9月30日招标人与中标单位签订合同。

问题：上述招标工作内容的顺序作为招标工作先后顺序是否妥当？如果不妥，请确定合理的顺序。

《招标投标法》规定：招标人应当根据招标项目的特点和需要编制招标文件。招标文件应当包括招标项目的技术要求、对投标人资格审查的标准、投标报价要求和评标标准等所有实质性要求和条件以及拟签订合同的主要条款。国家对招标项目的技术、标准有相关规定的，招标人应当按照其规定在招标文件中提出相应要求。自招标文件出售之日起至停止出售之日止，最短不得少于5日。招标人发售招标文件收取的费用应当限于补偿印刷、邮寄的成本支出，不得以营利为目的。

（七）招标人组织现场考察

招标人在投标须知规定的时间组织投标人自费进行现场考察。设置此程序的目的，一方面让投标人了解工程项目的现场情况、自然条件、施工条件以及周围环境条件，以便于编制投标书；另一方面要求投标人通过自己的实地考察确定投标的原则和策略，避免合同履行过程中投标人以不了解现场情况为理由推卸应承担的合同责任。

（八）招标人召开标前会议

投标人研究招标文件和现场考察后会以书面形式提出某些质疑问题，招标人可以及时给予书面解答，也可以留待标前会议上解答。如果对某一投标人提出的问题给予书面解答时，所回答的问题必须发送给每一个投标人以保证招标的公开和公平，但不必说明问题的来源。在这种情况下就无须召开标前会议。

标前会议的记录和各种问题的统一解释或答复，常被视为招标文件的组成部分，均应整理成书面文件分发给每一位投标人。

案例 3-24 分析：

答案：不妥当。

理由：招标工作合理的顺序应该是：成立招标组织机构—编制招标文件—编制标底—发售招标公告和资格预审通告—进行资格预审—发售招标文件—组织现场踏勘—召开标前会—接收投标文件—开标—评标—确定中标单位—发出中标通知书—签订承发包合同。

任务 5　建设工程投标

一、建设工程投标相关概念

建设工程投标是工程招标的对称概念，指具有合法资格和能力的投标人根据招标文件条件，经过初步研究和估算，在指定期限内填写标书，提出报价，并等候开标，决定能否中标的经济活动。

（一）投标人

投标人是响应投标、参加投标竞争的法人或者其他组织。投标人应当具备承担招标项目的能力；国家有关规定对投标人资格条件或者招标文件对投标人资格条件有规定的，投标人应当具备规定的资格条件。

《招标投标法实施条例》进一步规定，投标人参加依法必须进行招标的项目的投标，不受地区或者部门的限制，任何单位和个人不得非法干涉。

与招标人存在利害关系可能影响招标公正性的法人、其他组织或者个人，不得参加投标。单位负责人为同一人或者存在控股、管理关系的不同单位，不得参加同一标段或者未划分标段的同一招标项目投标。违反以上规定，相关投标均无效。

投标人发生合并、分立、破产等重大变化的，应当及时书面告知招标人。投标人不再具备资格预审文件、招标文件规定的资格条件或者其投标影响招标公正性的，其投标无效。

（二）联合体投标

案例 3-25　A 公司与 B 公司企业资质分别为施工总承包一、二级资质，二者组成联合体中标某工程，A与B约定权利义务按60%与40%划分。后因故工程停工，业主于是向B公司提出索赔100万元。

B公司认为自己只应承担40万元赔偿，其余部分不应由自己承担。

问题：

1. 该联合体施工总承包联合体资质怎样确定？
2. A公司与B公司向业主承担什么责任？
3. B公司的理由成立吗？业主能否要求B公司支付100万元？
4. B公司与A公司如何划分相关责任？

联合体投标时一种特殊的投标人组织形式，一般适用于大型的或结构复杂的建设项目。《招标投标法》规定：两个以上法人或者其他组织可以组成一个联合体，以一个投标人的身份共同投标。

1. 联合体的地位

联合体是由两个以上法人或者经济组织组成，但在投标时是作为一个整体出现，即以一个投标人的身份出现，只能提交一份投标文件，而不是每个成员提交一份投标文件。

2. 联合体的资格

联合体各方均应当具备承担招标项目的相应能力；国家有关规定或者招标文件对投标人资格条件有规定的，联合体各方均应当具备规定的相应资格条件。由同一专业的单位组成的联合体，按照资质等级较低的单位确定资质等级，即采取“就低不就高”原则确定。例如，“鸟巢”的整个设计是由一个国际联合体进行投标的，是由瑞士赫尔佐格和德梅隆设计公司与中国建筑设计研究院组成的联合体设计完成。

3. 联合体各方的责任

包括以下五个方面：

(1) 联合体各方应当签订共同投标协议，明确各方拟承担的工作和责任，并将共同投标协议连同投标文件一并提交招标人。

(2) 联合体中标的，联合体各方应当共同与招标人签订合同，就中标项目向招标人承担连带责任。

(3) 联合体各方签订共同投标协议后，不得再以自己名义单独投标，也不得组成新的联合体或参加其他联合体在同一项目投标。

(4) 联合体参加资格预审并获通过的，其组成的任何变化都必须在提交投标文件截止之日前征得招标人的同意。

(5) 联合体各方必须指定牵头人，授权其代表所有联合体成员负责投标和合同实施阶段的主办、协调工作。

《招标投标法实施条例》进一步规定，招标人应当在资格预审公告、招标公告或者投标邀请书中载明是否接受联合体投标。招标人接受联合体投标并进行资格预审的，联合体应当在提交资格预审申请文件前组成。资格预审后联合体增减、更换成员的，其投标无效。联合体各方在同一招标项目中以自己名义单独投标或者参加其他联合体投标的，相关投标均无效。

案例3-25分析：

1. 联合体资质等级为二级施工总承包资质。

2. A、B向业主承担法定连带责任。

3. B的理由不成立。A、B双方约定只对他们自己生效，不能对抗第三人，他们对于业主要承担连带赔偿责任。业主可以要求B公司赔偿100万元，且B不得拒绝。B赔偿后可向A追偿；或者B可追加A为共同被告。

4. A、B按照其约定划分责任，A承担60万元，B承担40万元。

二、建设工程投标基本程序

（一）投标前的准备工作

在正式投标前，投标人应当具备承担招标项目的资金、技术、人员、装备等各方面的能力或条件。准备工作的充分与否，往往对是否中标以及中标后能够获得较大利润起着很大的影响。通常承包商需要对投标环境、工程项目情况进行调查，并结合自身的状况，例如施工力量、技术水平、管理能力、工程经验、在建工程数量、资金状况等决定是否参加投标。对于技术水平、管理能力、财务状况等勉为其难或根本达不到的工程，应当予以否决。

（二）投标文件的编制

案例3-26 某火力发电厂工程，业主采用交钥匙合同。为此，业主依法进行了公开招标，并委托某监理公司代为招标。在该招标过程中，相继发生了下述事件。

事件一：在现场踏勘中，C公司的技术人员对现场进行了补充勘察，并在场向监理人员指出招标文件中的地质资料有误。监理人员则口头答复："如果招标文件中的地质资料确属错误，可按照贵公司勘察数据编制投标文件。"

事件二：投标人D在编制投标书时，认为招标文件要求的合同工期过于苛刻，如按此报价，导致报价过高，于是按照其认为较为合理的工期进行了编标报价，并于截标日期前2日将投标书报送招标人。1日后，D公司又提交一份降价补充文件。但招标人的工作人员以"一标一投"为由拒绝接受该降价补充文件。

问题：

1. 在事件一中，有关人员的做法是否妥当？为什么？
2. 在事件二中，是否存在不妥之处？请一一指出，并说明理由。

1. 投标文件的内容要求

投标人应当按照招标文件的要求编制投标文件。投标文件应当对招标文件提出的实质性要求和条件做出响应。投标文件应当包括下列内容：

（1）投标函及投标函附录；

（2）法定代表人身份证明或附有法定代表人身份证明的授权委托书；

（3）联合体协议书；

（4）投标保证金；

（5）已标价工程量清单；

（6）施工组织设计；

（7）项目管理机构；

（8）拟分包项目情况表；

(9) 资格审查资料；

(10) 投标人须知前附表规定的其他资料。

但是投标人须知前附表规定不接受联合体投标的，或投标人没有组成联合体的，投标文件不包括联合体协议书。

2. 投标保证金

案例 3-27 2010 年 7 月 1 日，A、B、C、D、E 公司同时投标学校图书馆项目，并按照招标文件要求缴纳投标保证金。该工程招标项目估算价为 5 000 万元，A、B、C、D 公司分别缴纳了投标保证金。投标期间，C 撤销标书文件，投标结束后，D 由于个人原因也撤销标书文件。2010 年 9 月 30 日，投标结束后进行评标，结果 A 中标，B、E 落选。(银行整存整取三个月利率是 4.275‰)。

问题：

1. 投标公司应分别缴纳多少投标保证金?
2. 招标人应当如何处置 A、B、C、D、E 公司的投标保证金?

投标保证金(Bidbond)，是指投标人按照招标文件的要求向招标人出具的，以一定金额表示的投标责任担保。其实质是为了避免因投标人在投标有效期内随意撤回、撤销投标或者中标后不能提交履约保证金和签署合同等行为而给招标人造成损失。

招标人在招标文件中要求投标人提交保证金的，投标保证金不得超过招标项目估算价的 2%。投标保证金有效期应当与投标有效期一致。依法必须进行招标的项目的境内投标单位，以现金或者支票形式提交的投标保证金应当从其基本账户转出。招标人不得挪用投标保证金。

实行两阶段招标的，招标人要求投标人提交投标保证金的，应当在第二阶段提出。招标人终止招标的，应当及时发布公告，或者以书面形式通知被邀请的或者已经获取资格预审文件、招标文件的潜在投标人。已经发售资格预审文件、招标文件或者已经收取投标保证金的，招标人应当及时退还所收取的资格预审文件、招标文件的费用，以及所收取的投标保证金及银行同期存款利息。

投标人撤回已提交的投标文件，应当在投标截止时间前书面通知招标人。招标人已收取投标保证金的，应当自收到投标人书面撤回通知之日起 5 日内退还。投标截止后投标人撤销投标文件的，招标人可以不退还投标保证金。招标人最迟应当在书面合同签订后 5 日内向中标人和未中标的投标人退还投标保证金及银行同期存款利息。

投标保证金对投标人的投标行为产生约束作用。保证招标投标活动的严肃性。招标投标是一项严肃的法律活动，在投标文件递交截止时间至招标人确定中标人的这段时间内，投标人不能要求退出竞标或者修改投标文件；而一旦招标人发出中标通知书，则合同即告成立，中标的投标人必须接受，并受到约束。否则，投标人就要承担合同订立过程中的缔约过失责任，就要承担投标保证金被招标人没收的法律后果. 这实际上是对投标人违背诚实信用原则的一种惩罚。

案例 3-27 分析：

1. 各投标公司应交的投标保证金均不应超过为 5 000×0.2%=100 万元。
2. C 公司撤标，招标人应当自动收到 D 公司书面撤回通知之日起 5 日内退还投标保证金。D公司在投标截止日期后撤标，则招标人可以不退换其投标保证金。招标人最迟在签订中标合同后5日内向A、B、E公司退还投标保证金及银行同期存款利息。

（三）投标文件的投送

案例3-28　某重点工程项目计划于2010年11月28日开工，由于工程复杂，技术难度高，一般施工队伍难以胜任，业主自行决定采取邀请招标方式。于2010年8月8日向通过资格预审的A、B、C、D、E五家施工承包企业发出了投标邀请书。该五家企业均接受了邀请，并于规定时间8月20—24日购买了招标文件。招标文件中规定，9月15日下午3时是招标文件规定的投标截止时间，10月10日发出中标通知书。在投标截止时间之前，A、B、D、E四家企业提交了投标文件，但C企业于9月15日下午5时才送达，原因是中途堵车。9月15日下午进行了公开开标，评标委员会于9月25日提出了评标报告。最终，10月10日招标人向A企业发出了中标通知书。

问题：

1. 企业自行决定采取邀请招标方式的做法是否妥当？说明理由。
2. C企业投标文件是否有效？分别说明理由。

投标文件编制好后，应当在招标文件要求提交投标文件的截止日期前，将投标文件送达投标地点。招标人收到投标文件后，应当签收保存，不得开启。投标人少于3个的，招标人应当依法重新招标。如果确因招标项目的特殊情况，即使重新招标也无法保证有3个以上的承包商、供应商参加投标的，可按照国家有关规定采取其他方式。

《招标投标法》进一步规定，未通过资格预审的申请人提交的投标文件，以及逾期送达或者不按照要求密封的投标文件，招标人应当拒收。招标人应当如实记载投标文件的送达时间和密封情况，并存档备查。

案例3-28分析：

1.《招标投标法》第11条规定，省、自治区、直辖市人民政府确定的地方重点项目中不适宜公开招标的项目，要经过省、自治区、直辖市人民政府批准，方可进行邀请招标。因此，本案业主自行对省重点工程项目决定采取邀请招标方式的做法是不妥的。

2. C投标文件无效。根据《招标投标法》第28条规定，在招标文件要求提交投标文件的截止时间后送达的投标文件，招标人应当拒收。本案C企业的投标文件送达时间迟于投标截止时间，因此，该投标文件应被拒收。

（四）投标文件的修改与撤回

投标人在招标文件要求投标文件的截止日期前，可以补充、修改或者撤回已提交的投标文件，并书面通知招标人。补充、修改的内容为投标文件的组成部分，而不是另外的投标文件，招标人不得以此为由拒绝补充或修改材料。

《招标投标实施条例》进一步规定，投标人撤回已提交的投标文件，应当在投标截止时间前书面通知招标人。

案例3-26分析：

1. C公司技术人员口头提问不妥，投标人对招标文件有异议，应当以书面形式提出；监理人员当场答复也不妥，招标人应当将各个投标人的书面质疑，统一回答，并形成书面答疑文件,寄送给所有得到招标文件的投标人。

2. 投标人D不按招标文件要求的合同工期报价的做法不妥,投标人应对招标文件做出实质性响应;招标人工作人员拒绝投标人的补充文件不妥,投标人在提交投标文件截止时间前可以修改其投标文件。

三、招标投标禁止性规定

案例3-29 李某与张某是建筑工人,一直想承揽建筑施工业务。某学校一教学楼公开招标,当时李某、张某均没有符合承揽该工程的资质等级证书。为了中标并承揽项目,李某与张某借用了A公司、B公司的资质证书,以其名义报名投标,并给A、B高额费用。这两家公司均通过了资格预审,同时C公司也通过资格预审。李某与张某商议,与C公司法定代表人黄某串通投标价格,约定事成之后利益共享,并签订利益共享协议。为了增加中标的可能性,李某与张某让资质等级较低的A公司在投标时报高价,资质等级高的B装饰公司则报较低价格。就这样,李某与张某终以借用的B装饰公司名义成功中标,拿下了该建筑工程项目。

问题:李某与张某有哪些违法行为?该违法行为应当受到何种处罚?

1. 禁止投标人之间串通投标

《招标投标法》规定,投标人不得相互串通投标报价,不得排挤其他投标人的公平竞争,损害招标人或者其他投标人的合法权益。

《招标投标法实施条例》进一步规定,禁止投标人相互串通投标。有下列情形之一的,属于投标人互相串通投标:

(1) 投标人之间协商投标报价等投标文件的实质性内容;

(2) 投标人之间约定中标人;

(3) 投标人之间约定部分投标人放弃投标或者中标;

(4) 属于同一集团、协会、商会等组织成员的投标人按照该组织要求协同投标;

(5) 投标人之间为谋取中标或者排斥特定投标人而采取的其他联合行动。

有下列情形之一的,视为投标人互相串通投标:

(1) 不同投标人的投标文件由同一单位或个人编制;

(2) 不同投标人委托同一单位或者个人办理投标事宜;

(3) 不同投标人的投标文件载明的项目管理成员为同一人;

(4) 不同投标人的投标文件异常一致或者投标报价呈现规律性差异;

(5) 不同投标人的投标文件互相混装;

(6) 不同投标人的投标保证金从同一单位或者个人的账户转出。

2. 禁止招标人与投标人之间串通投标

《招标投标法》规定,投标人不得与招标人串通投标,损害国家利益、社会公共利益或者他人的合法权益。

《招标投标实施条例》进一步规定,禁止招标人与投标人串通投标。有下列情形之一的,属于招标人与投标人串通投标:

(1) 招标人在开标前开启投标文件并将有关信息泄露给其他投标人;

(2) 招标人直接或者间接向投标人泄露标底、评标委员会成员等信息；

(3) 招标人明示或者暗示投标压低或者抬高投标报价；

(4) 招标人授意投标人撤换、修改投标文件；

(5) 招标人明示或者暗示投标人为特定投标人中标提供方便；

(6) 招标人与投标人为谋求特定投标人中标而采取的其他串通行为。

3. 禁止投标人以行贿的手段谋取中标

《招标投标法》规定："禁止投标人以向招标人或者评标委员会成员行贿的手段谋取中标。"投标人以行贿的手段谋取中标是违背招标投标基本原则的行为，对其他投标人是不公平的。投标人以行贿手段谋取中标的法律后果是中标无效，有关责任人和单位应当承担相应的行政责任或者刑事责任，给他人造成损失的，还应当承担民事赔偿责任。

4. 禁止投标人以低于成本的报价竞标

《招标投标法》规定，投标人不得以低于成本的报价竞标。投标人以低于成本的报价竞标，其目的主要是为了排挤其他对手。这里的成本应指个别企业的成本。由于每个投标人的管理水平、技术能力与条件不同，即使完成同样的招标项目，其个别成本也不可能完全相同。投标人不得以低于成本的价格报价、竞标，这一规定时为了避免出现投标人以低于成本的报价中标后，再以粗制滥造、偷工减料、以次充好等违法手段不正当的降低成本，挽回其低于成本价的损失，给工程质量造成危害；二是为了维护正常的投标竞争秩序，防止产生投标人以低于其成本的报价进行不正当竞争，损害其他以合理报价进行竞争的投标人的利益。因此，投标人以低于成本的报价竞标的手段是法律所不允许的。

5. 禁止投标人以非法手段骗取中标

《招标投标法》规定，投标人"不得以他人名义投标或者以其他方式弄虚作假，骗取中标"。《招标投标法实施条例》进一步规定，使用通过受让或者租借等方式获取的资格、资质证书投标的，属于《招标投标法》第33条规定的以他人名义投标。投保人有下列情形之一的，属于《招标投标法》第33条规定的以其他方式弄虚作假的行为：

(1) 使用伪造、变造的许可证件；

(2) 提供虚假的财务状况或者业绩；

(3) 提供虚假的项目负责人或者主要技术人员简历、劳动关系证明；

(4) 提供虚假的信用状况；

(5) 其他弄虚作假的行为。

案例3-29分析：

1. 李某与张某有两项违法行为：一是弄虚作假，以他人名义投标；二是串通投标。

2. 对于以他人名义投标的违法行为，《招标投标法》第54条规定："投标人以他人名义投标或者以其他方式弄虚作假，骗取中标的，中标无效，给招标人造成损失的，依法承担赔偿责任；构成犯罪的，依法追究刑事责任。依法必须进行招标的项目的投标人有前款所列行为尚未构成犯罪的，处中标项目金额5‰以上10‰以下的罚款，对单位直接负责的主管人员和其他直接责任人员处单位罚款数额5%以上10%以下的罚款；有违法所得的，并处没收违法所得；情节严重的，取消其1年至3年内参加依法必须进行招标的项目的投标资格并予以公告，直至由工商行政管理机关吊销营业执照。"

对于串通投标的,《招标投标法》第 53 条规定:“投标人相互串通投标或者与招标人串通投标的,……,中标无效,处中标项目金额 5%以上 10%以下的罚款,对单位直接负责的主管人员和其他直接责任人员处单位罚款数额 5%以上 10%以下的罚款;有违法所得的,并处没收违法所得;情节严重的,取消其 1 年至 2 年内参加依法必须进行招标的项目的投标资格并予以公告,直至由工商行政管理机关吊销营业执照;构成犯罪的,依法追究刑事责任。给他人造成损失的,依法承担赔偿责任。”

任务 6 开标、评标和中标

一、开标

案例 3-30 某重点工程项目 2012 年 9 月 1 日开工,委托招标代理机构公开招标选择承包企业。招标文件中规定,7 月 15 日下午 3 时是招标文件规定的投标截止时间,8 月 10 日发出中标通知书。经过发布招标公告和资格预审,投标结束后 A、B、C、D、E 五家施工承包企业通过了资格预审。7 月 18 日下午由当地招投标监督管理办公室主持进行了公开开标。评标委员会成员共有 7 人组成,其中当地招投标监督管理办公室 1 人、公证处 1 人、招标人 1 人、技术经济方面专家 4 人。

问题:

1. 请指出开标工作的不妥之处,说明理由。
2. 请指出评标委员会成员组成的不妥之处,说明理由。

开标是指投标截止后,招标人按照招标文件所确定的时间和地点,开启投标人提交的投标文件,公开宣布投标人的名称、投标价格及投标文件中的其他主要内容的活动。

(一) 开标时间

《招标投标法》规定:开标应当在招标文件确定的提交投标文件截止时间的统一时间公开进行。这一规定是为了防止招标人或者投标人利用投标文件的截止时间以后与开标时间之前的一段时间间隔做手脚,进行暗箱操作。例如,有些投标人有可能会利用这段时间与招标人或者招标代理机构串通,对投标文件的实质性内容进行更改等。

(二) 开标地点

开标地点应当为招标文件中预先确定的地点。这样所有的投标人都能事先知道开标地点,做好充分准备,按时到达。

(三) 开标的主持人和参加人

开标由招标人或其委托的招标代理机构主持,并邀请所有投标人参加,还可邀请招标主管部门、评标委员会、监察部门的有关人员参加,也可委托公证部门对整个开标过程依法进行公证。

(四) 开标程序

《招标投标法》规定:开标时,由投标人或者其推选的代表检查投标文件的密封情况,也可以由招标人委托的公证机构检查并公证;经确认无误后,由工作人员当众拆封,宣读投标人名称、投标价格和投标文件的其他内容。招标人在招标文件要求提交投标文件的截止时间前收到的所有投标文件,开标时都应当众予以拆封、宣读。开标过程应当记录,并存档备查。

《招标投标法实施条例》进一步规定，招标人应当按照招标文件规定的时间、地点开标。投标人少于3个的，不得开标；招标人应当重新招标。投标人对开标有异议的，应当在开标现场提出，招标人应当当场作出答复，并制作记录。

二、评标

（一）评标、评标委员会

1. 评标

评标，是指依据招标文件的规定和要求，对投标文件所进行的审查、评审和比较，最终确定中标人的过程。评标是招标投标活动的重要环节，是招标能否成功的关键，是确定中标人的必要前提。招标人应当采取必要的措施，保证评标在严格保密的情况下进行。任何单位和个人不得非法干预、影响评标的过程和结果。

2. 评标委员会

评标由招标人组间的评标委员会负责。依法必须进行招标的项目，其评标委员会由招标人的代表和有关技术、经济等方面的专家组成，成员人数为5人以上单数，其中技术、经济等方面的专家不得少于成员总数的2/3。与投标人有利害关系的人不得进入相关项目的评标委员会；已经进入的应当更换，评标委员会名单在中标结果确定前应当保密。

评标委员会的专家，由招标人从国务院有关部门或者省、自治区、直辖市人民政府有关部门提供的专家名册或者招标代理机构的专家库内的专家名单中确定；一般招标项目可以采取随机抽取方式，特殊招标项目可以由招标人直接确定。

案例3-30分析：

1. 开标时间和主持人不妥。

开标应当在招标文件确定的提交投标文件的截止时间公开进行。本案招标文件规定的投标截止时间是7月15日下午3时，应当在7月15日当天开标，而不应迟至7月18日上午才开标。

根据《招标投标法》第35条规定，开标应由招标人主持，本案由属于行政监督部门的当地招投标监督管理办公室主持，亦不妥。

2. 评标委员会人员构成的身份和数量有不妥。

当地招投标监督管理办公室人员不应担任评标委员会评委。根据《招标投标法》和国家计委、建设部等《评标委员会和评标方法暂行规定》，评标委员会由招标人或其委托的招标代理机构熟悉相关业务的代表，以及有关技术、经济等方面的专家组成。并规定，项目主管部门或者行政监督部门的人员不得担任评标委员会委员。一般而言，公证处人员并不熟悉工程项目相关业务，当地招投标监督管理办公室属于行政监督部门，显然招投标监督管理办公室员和公证处人员担任评标委员会成员是不妥的。

《招标投标法》还规定评标委员会技术、经济等方面的专家不得少于成员总数的2/3，而本案例中技术经济方面专家占比为4/7，低于2/3的比例要求。

（二）评标要求

案例3-31　某大型工程建设项目招标评标过程中，评标委员会对投标报价的评审有不同的做法：

A. 投标文件中的大写金额和小写金额不一致的，以大写金额为准；

B. 总价金额与单价金额不一致的,以总价金额为准;

C. 对不同文字文本投标文件的解释发生异议的,以中文文本为准;

D. 发现投标人的报价明显低于其他投标报价的,作废标处理;

E. 投标文件中的投标报价低于标底合理幅度的,作废标处理。

问题:以上评审做法是否正确?

1. 评标标准

评标时,应严格按照招标文件确定的评标标准和方法,对投标文件进行评审和比较;设有标底的,应参考标底。招标人应当在开标时公布,标底只能作为评标的参考,不得以投标报价是否接近标底作为中标条件。任何未在招标文件中列明的标准和方法,均不得采用,对招标文件中已列明的标准和方法,不得有任何改变。

2. 独立评标

《招标投标法实施条例》进一步规定,评标委员会成员应当依照招标投标和本条例的规定,按照招标文件规定的评标标准和方法,客观、公正地对投标文件提出评审意见。招标文件没有规定的评标标准和方法不得作为评标的依据。评标委员会成员不得私下接触投标人,不得收受投标人给予的财务或者其他好处,不得向招标人征询确定中标人的意向,不得接受任何单位和个人明示或者暗示提出的倾向性或者排斥特定投标人的要求,不得有其他不客观、不公正履行职务的行为。

3. 标价的确认

对报价存在前后矛盾的投标文件,除招标文件另有约定外,应按下述原则进行修正和确认:用数字表示的数额与用文字表示的数额不一致时,以文字数额为准;单价与工程量的乘积与总价不一致时,以单价为准;若单价有明显的小数点错位,应以总价为准,并修改单价。调整后的报价经投标人确认后产生约束力。如果投标人不接受修正价格的,其投标作废标处理。

4. 投标文件的澄清

投标文件中有含义不明确的内容、明显文字或者计算错误,评标委员会认为需要投标人做出必要澄清、说明的,应当书面通知该投标人。投标人的澄清、说明应当采用书面形式,并不得超出投标文件的范围或者改变投标文件的实质性内容。评标委员会不得暗示或者诱导投标人做出澄清、说明,不得接受投标人主动提出的澄清、说明。

案例3-31分析:

A、C做法正确。

评标委员会可以书面方式要求投标人对投标文件中含义不明确、对同类问题表述不一致或者有明显错别字和计算错误的内容作必要的澄清、说明或者补正。澄清、说明或者补正应以书面方式进行并不得超出投标文件的范围或者改变投标文件的实质性内容。

投标文件中的大写金额和小写金额不一致的,以大写金额为准,故A正确;总价金额与单价金额不一致的,以单价金额为准,但单价金额小数点有明显错误的除外,故B错误;对不同文字文本投标文件的解释发生异议的,以中文文本为准,C正确。在评标过程中,评标委员会发现投标人的报价明显低于其他投标报价或者在设有标底时明显低于标底,使得其投标报价可能低于其个别成本的,应当要求该投标人做出书面说明并提供相关证明材料,而不是直接作废标处理。根据《房屋建筑和市政基础设施工程施工招标投标管理办法》的规定，有下列情形之一的，评标委员会可以要求投标人做出书面说明并提供相关材料：①设有标底的，投标报价低于标底合理幅度的；②设有标底的，投标报价明显低于其他投标报价，有可能低于其企业成本的。D、E错误。

（三）评标程序

案例3-32 某房地产公司计划在北京开发某住宅项目，采用公开招标的形式，有A、B、C、D、E 5家施工单位领取了招标文件。本工程招标文件规定2013年1月20日上午11:30为投标文件接收终止时间。在提交投标文件的同时，需投标单位提供投标保证金20万元。

在2013年1月20日，有A、B、C、D 4家投标单位在上午10:30前将投标文件送达，E单位在上午11:00送达。各单位均按招标文件提供了投标保证金。在上午10:25时，B单位向招标人递交了一份投标价格降低5%的书面说明。

在开标过程中，招标人发现C单位的标袋密封处仅有投标单位公章，没有法定代表人印章或签字。

问题：

1. B单位向招标人递交的书面说明是否有效？
2. C、E两家单位标书是否为有效标？

1. 初步评审

评标委员会以招标文件为依据，审查各投标书是否响应了招标文件的实质性要求，来确定标书的有效性。初评的主要内容是：

（1）投标人的资格；

（2）投标保证有效性；

（3）报送资料的完整性；

（4）投标书与招标文件的要求有无实质性的背离；

（5）报价计算的正确性。

招标项目设有标底的，招标人应当在开标时公布。标底只能作为评标的参考，不得以投标报价是否接近标底作为中标条件，也不得以投标报价超过标底上下浮动范围作为否决投标的条件。有下列情形之一的，评标委员会应当否决其投标：

（1）投标文件未经投标单位盖章和单位负责人签字。

（2）投标联合体没有提交共同投标协议。

（3）投标人不符合国家或者招标文件规定的资格条件。

（4）同一投标人提交两个以上不同的招标文件或者投标报价，但招标文件要求提交备选投标的除外。

（5）投标报价低于成本或者高于招标文件设定的最高投标限价。

在评标过程中，评标委员会发现投标人的报价明显低于其他投标标价或者在设有标底时明显低于标底，使得其投标报价可能低于其个别成本的，应当要求该投标人做出书面说明并提供相关证明材料。投标人不能合理说明或者提供相关证明材料的，由评标委员会认定该投标以低于成本报价竞标，其投标应作废标处理。

（6）投标文件没有对招标文件的实质性要求和条件做出响应。

所谓实质上响应招标文件的要求，就是其投标文件应该与招标文件的所有条款、条件和规定相符，无显著差异或保留。显著差异或保留是指对工程的发包范围、质量标准、工期、计价标准、合同条件及权利义务产生实质性的影响；如果投标文件实质上不响应招标文件的要求或不符合招标文件的要求，将被确认为无效标。

(7) 投标人串通投标、弄虚作假、行贿等违法行为。

2. 详细评审

详细评审是指评标委员会根据招标文件确定的评标标准和方法，对经过初步评审合格的投标文件的技术部分、商务部分作进一步的评审和比较，确定投标文件的竞争性。

详细评审通常分为两个部分：技术标评审和商务标评审。评标方法包括经评审的最低投标标价法、综合评估法或者法律、行政法规循序的其他评价方法。其中，经评审的最低投标价法一般适用于具有通用技术、性能标准或者招标人对其技术、性能没有特殊要求的招标项目。不宜采用经评审的最低投标价法的招标项目，应当采用综合评估法。根据综合评估法，最大限度地满足招标文件中规定的各项评价标准，可以采取折算为货币的方法、打分的方法或者其他方法。需量化的因素以及权重应当在招标文件中明确规定。

(四) 评标结果

评标结束后，评标委员会应向投标人提交书面评标报告，评标报告应包括评标情况说明、对各个合格投标书的评价、经评审得投标人排序、废标情况说明、推荐合格的中标候选人等内容。报告主要分三种不同意见：

(1) 推荐中标候选人。评标委员会可在评价报告推荐1～3个中标候选人，供招标人参考，由招标人确定中标人。

(2) 直接确定中标人。在得到招标人授权的情况下，评标委员会可在评标报告直接确定中标人。

(3) 否决所有投标人。经评审，评审委员会认为所有投标人不符合招标文件要求，它可否决所有投标。这时，强制招标的项目应重新进行招标。

案例 3-32 分析：

1. B单位向招标人递交的书面说明有效。根据《招标投标法》的规定，投标人在招标文件要求提交投标文件的截止时间前，可以补充、修改或者撤回已提交的投标文件，补充、修改的内容作为投标文件的组成部分。

2. 在此次招投标过程中，C、E两家标书为无效标。C单位因投标书只有单位公章未有法定代表人签字，不符合《招标投标法》的要求，为废标；E单位未能在投标截止时间前送达投标文件，按规定应作为废标处理。

三、中标

案例 3-33 2012年11月22日某省A房地产开发公司就一住宅建设项目进行公开招标，某省B建筑公司与其他三家建筑公司共同参加了投标。结果由B建筑公司中标。2012年12月14日，A房地产公司就该项工程建设向B建筑公司发出中标通知书。该通知书载明：工程建筑面积74 781 m^2，中标造价人民币8 000万元，要求12月25日签订工程承包合同，12月28日开工。中标通知书发出后，B建筑公司按A房地产公司的要求提出，为抓紧工期，应该先做好施工准备，后签工程合同。A房地产公司也同意了这个意见。之后，B建筑公司安排施工队伍进入现场，平整了施工场地，将打桩桩架运入现场，并配合A房地产公司在12月28日打了两根桩，完成了项目的开工仪式。

但是，工程开工后，还没有等到正式签订承包合同，双方就因为对合同内容的意见不一致而发生了争议。A房地产公司要求B建筑公司将工程中的一个专项工程分包给自己信赖的C公司，而B建筑公司以招标文件没有要求必须分包而拒绝。2013年3月1日，A房地产公司明确函告B建筑公司："将另行落实施工队伍"。无可奈何的B建筑公司只得诉至某省某市中级人民法院，在法庭上B建筑公司指出，A房地产公司既已发出中标通知书，就表明招投标过程中的要约已经承诺，按招投标文件和《建设工程施工合同(示范文本)》的有关规定，签订工程承包合同是A房地产公司的法定义务。因此，B建筑公司要求A房地产公司继续履行合同，并赔偿损失560万元。但A房地产公司辩称：虽然已发了中标通知书，但这个文件并无合同效力，且双方的合同尚未签订，因此双方还不存在合同上的权利义务关系，A房地产公司有权另行确定合同相对人。

最后审裁结果，一审法院认定了房地产公司违约，并判决由A房地产公司B建筑公司经济损失196万元。判决后，双方都没有上诉。

问题：本案中法院的裁决是否正确？

(一) 确定中标人

根据《招标投标法》第41条规定，中标人的投标应当符合下列条件之一：

(1) 能够最大限度地满足招标文件中规定的各项综合评价标准；

(2) 能够满足招标文件的实质性要求，并且经评审的投标价格最低；但是投标价格低于成本的除外。

根据《招标投标法》和《工程建设项目施工招标投标办法》的有关规定，确定中标人应当遵守如下程序：

(1) 评标委员会提出书面评标报告后，招标人一般应当在15日内确定中标人，但最迟应当在投标有效期结束日30个工作日前确定。

(2) 招标人应当接受评标委员会推荐的中标候选人，不得在评标委员会推荐的中标候选人之外确定中标人。

(3) 使用国有资金投资或者国家融资的项目，招标人应当确定排名第一的中标候选人为中标人。排名第一的中标候选人放弃中标、因不可抗力提出不能履行合同，或者招标文件规定应当提交履约保证金而在规定的期限内未能提交的，招标人可以确定排名第二的中标候选人为中标人，依此类推。

(4) 招标人可以授权评标委员会直接确定中标人。

(二) 中标通知书

中标人确定后，招标人应向中标人发出中标通知书，并同时将中标结果通知所有未中标的投标人。中标通知书发出后，即对招标人和中标人产生法律效力。

(三) 签订书面合同

《招标投标法》规定：招标人和中标人应当自中标通知书发出之日起30天内，按照招标文件和中标人的投标文件订立书面合同。招标人和中标人不得再行订立背离合同实质性内容的其他协议。如签了这样的协议，其在法律上也是无效的。

《招标投标法实施条例》进一步规定，招标人和中标人应当依照招标投标法和本条例的规定签订书面合同，合同的标的、价款、质量、履行期限等主要条款应当与招标文件和中标人的投标文件的内容一致。

招标文件要求中标人提交履约保证金或其他形式的履约担保的，中标人应当提交；拒绝提交的，视为放弃中标项目。招标人要求中标人提供履约保证金或履约担保的，招标人应当同时向中标人提供工程款支付担保。招标人不得擅自提高履约保证金，不得强制要求中标人垫付中标项目建设资金。

案例 3-33 分析：

《招标投标法》第 45 条规定：中标通知书对招标人和中标人具有法律效力。中标通知书发出后，招标人改变中标结果的，或者中标人放弃中标项目的，应当依法承担法律责任。第 46 条规定：招标人和中标人应当自中标通知书发出之日起 30 日内，按照招标文件和中标人的投标文件签订书面合同。因此，如果双方最终没有签订合同，则应当有一方对此承担法律责任。

在正常情况下，合同的内容都应当在招标文件和投标文件中体现出来。但是，在这一过程中，招标人处于主动地位，投标人只是按照招标文件的要求编制投标文件。如果投标文件不符合招标文件的要求，则应当视为废标。因此，一旦出现招标文件和投标文件都没有约定合同内容的情况，应当属于招标文件的缺陷。此时的处理原则可以使用《合同法》第 61 条和第 62 条的规定：第一，双方协议补充；第二，按照合同有关条款或者交易习惯确定；第三，适用《合同法》第 62 条的规定。就本案而言，一般情况下，承包人（B 建筑公司）应当自己完成发包的全部工作内容，承包的内容进行分包则为特殊情况；况且，我国立法并不鼓励发包人（A 房产公司）指定分包。因此，一般情况下不进行分包是交易习惯。如果 A 房产公司拒绝签订合同应当承担法律责任。

（四）提交招投标报告

强制招标的项目，招标人应自确定中标人之日起 15 日内，向有关行政监督部门提交招标投标报告。这是国家招标投标活动所进行的监督活动之一。招标投标活动是个复杂的过程，要消耗较长的时间，相关行政监督部门不可能到每个项目招标的过程中去监督。为了了解招投标的情况，只能借助于招标人主动汇报的方式进行监管。

（五）履行合同及中标人的法定义务

中标人应当按照承包合同约定履行义务，完成中标项目。中标人不得向他人转让中标项目，也不得将中标项目肢解后分别向他人转让。

中标人按照合同约定或者经招标人同意，可以将中标项目的部分非主体、非关键性工作分包给他人完成。接受分包的单位应当具备相应的资质条件，并不得再次分包。中标人应当就分包项目向招标人负责，接受分包的单位就分包项目向招标人承担连带责任。

任务 7　建设工程招标的管理机构及其职责

一、招投标活动的管理部门

有关行政主管部门根据《招标投标法》和国家有关法规、政策，可联合或分别制定具体实施办法，分别对不同专业类型的招投标工作进行管理，具体职责如下：

（1）各类房屋建筑及其附属设施的建造和与其配套的线路；管道、设备的安装项目和市政工程项目的招标投标活动的监督执法，由建设行政主管部门负责。

（2）工业（含内贸）、水利、交通、铁道、民航、信息产业等行业和产业项目的招投标活动的监督执法，分别由经贸、水利、交通、铁道、民航、信息产业等行政主管部门负责。

（3）进口机电设备采购项目的招投标活动的监督执法，由外经贸行政主管部门负责。

二、建设行政主管部门的职责

建设部负责全国建设工程招标投标的管理工作，其主要职责如下：

（1）贯彻执行国家建设工程投标的法律、法规和方针、政策，制定招标投标的规定和办法；

（2）指导、检查各地区、各部门的招标投标工作；

（3）总结交通招标投标工作的经验，提供相应服务；

（4）维护国家利益，监督重大工程的招标投标活动；

（5）审批全国范围内建设工程招投标的代理机构。

各省、自治区、直辖市的建设行政主管部门负责管理本行政区域内的建设工程招标投标工作，其主要职责如下：

（1）贯彻国家有关建设工程招标投标的法规和方针、政策，制定建设工程招标投标实施办法；

（2）监督、检查本行政区域内的有关招标投标活动，总结交流工作经验；

（3）审批咨询、监理等单位代理建设工程招标投标的业务资格；

（4）调节招投标纠纷；

（5）否决违反招标投标规定的定标结果。

省、自治区、直辖市的建设行政主管部门可以根据需要，报请同级人民政府批准，确定相应的招标投标办事机构的设置及经费来源，在同级人民政府建设行政主管部门的授权范围内，具体负责本行政区域内有关招标投标的管理工作，主要包括：审查招标单位的资质、招标申请书、招标文件与标底；监督开标、评标、定标、签约活动；调解招标投标活动中的纠纷；否决违反规定的定标结果。

国务院工业、交通等部门要会同地方建设行政主管部门，做好本部门直接投资和相关投资公司投资的重大建设项目的招投标管理工作。

课后习题

一、单选题

1. 根据《工程建设项目招标范围和规模标准规定》的规定，属于工程建设项目招标范围的工程建设项目，施工单项目合同估算价在(　　)万元以上的，必须进行招标。

A. 50　　B. 100　　C. 150　　D. 200

2. 在依法必须进行招标的工程范围内，对于重要设备、材料等货物的采购，其单项合同估算价在(　　)万元以上的，必须进行招标。

A. 50　　B. 100　　C. 150　　D. 200

3. 按照招投标公开程度的不同，工程施工招标分为（　　）。

A. 指定招标和公开招标　　B. 全部招标和部分招标

C. 公开招标、邀请招标和议标　　D. 公开招标和邀请招标

4. 根据《招标投标法》及有关规定，下列项目不属于必须招标的工程建设项目范围的是（　　）。

A. 某城市的地铁工程　　B. 国家博物馆的维修工程

C. 某省的体育馆建设项目　　D. 张某给自己建的别墅

5. 在招标活动的基本原则中，招标人不得以任何方式限制或者排斥本地区、本系统以外的法人或者其他组织以加投标，体现了（　　）。

A. 公开原则　　B. 公平原则　　C. 公正原则　　D. 诚实信用原则

6. 下列选项中，（　　）不符合《招标投标法》关于联合体各方资格的规定。

A. 联合体各方均应具备承担招标项目的相应能力

B. 招标文件对投标人资格条件规定的，联合体各方均应当具备规定的相应资格条件

C. 由同一专业的单位组成的联合体，按照资质等级较高的单位确定资质等级

D. 由同一专业的单位组成的联合体，按照资质等级较低的单位确定资质等级

7. 如果甲、乙组成的联合体中标，且在施工过程中由于乙公司所用施工技术不当出现了质量问题而遭到业主 30 万元索赔，则以下不符合法律规定的说法是（　　）。

A. 虽质量事故是乙的技术所致，但联合承包体双方对承包合同的履行承担连带责任，甲或乙无权拒绝业主单独向其提出的索赔要求

B. 共同投标协议约定甲、乙各承担 50% 的责任，业主只能分别向甲、乙各索赔 15 万元

C. 业主既可要求甲承担赔偿责任，也可要求乙承担赔偿责任

D. 若乙先行赔付业主 30 万元，乙可以向甲追偿 15 万元

8. 甲、乙两家为同一专业的工程承包公司，其资质等级依次为一级、二级。两家组成联合体，共同投标一项工程，该联合体资质等级应（　　）。

A. 以甲公司的资质为准　　B. 以乙公司的资质为准

C. 由主管部门重新评定资质　　D. 以该工程所要求的资质为准

9. 下列选项中，不属于投标人实施的不正当行为的是（　　）。

A. 投标人以低于成本的报价竞标

B. 招标者预先内定中标者，在确定中标者时以此决定取舍

C. 投标人以高于成本 10% 以上的报价竞标

D. 投标者之间进行内部竞价，内定中标人，然后再参加投标

10. 根据《招标投标法》规定，下列说法符合开标程序的是（　　）。

A. 开标地点由招标人在开标前通知

B. 开标应当在招标文件确定的提交投标文件截止时间的同一时间公开进行

C. 开标由建设行政主管部门主持，邀请中标人参加

D. 标由建设行政主管部门主持，邀请所有投标人参加

11. 下列选项中，（　　）不是投标人以非法手段骗取中标的表现。

A. 以行贿方式谋取中标

B. 投标时递交虚假业绩证明、资格文件

C. 借用其他企业的资质证书参加投标

D. 投标文件中故意在商务上和技术上采用模糊的语言骗取中标，中标后提供劣质货物、工程或服务

12. 评标委员会由招标人的代表和有关技术、经济方面的专家组成，成员为5人以上，其中经济、技术等方面的专家不得少于成员总数的(　　)。

A. 2/3　　B. 1/2　　C. 1/3　　D. 3/4

13. 在不违反我国《招标投标法》有关规定的条件下，评标委员会的总成员数是9人，则该评标委员会中技术、经济等方面的专家应不少于(　　)人。

A. 3　　B. 4　　C. 5　　D. 6

14. 某招标人于2007年4月1日向中标人发出了中标通知书。根据相关法律规定，招标人和中标人应在(　　)前订立书面合同。

A. 2007年4月15日　　B. 2007年5月1日

C. 2007年5月15日　　D. 2007年4月16日

15. 招标程序有：①成立招标组织；②发布招标公告或发出招标邀请书；③编制招标文件和标底；④组织投标单位踏勘现场，并对招标文件答疑；⑤对投标单位进行资质审查，并将审查结果通知各申请投标者；⑥发售投标文件。则下列招标程序排序正确的是(　　)。

A. ①②③⑤④⑥　　B. ①③②⑥⑤④　　C. ①③②⑤⑥④　　D. ①⑤⑥②③④

16. 关于建筑工程的发包、承包方式，以下说法正确的是(　　)。

A. 建筑工程实行直接发包的，应当发包给报价最低的承包单位

B. 建筑企业集团公司可以允许所属法人公司以其名义承揽工程

C. 发包单位有权将项目的勘察、设计、施工、设备采购一并发包给一个总承包单位

D. 发包单位有权将地基基础、主体结构、屋面工程分别发包给具有相应资质的承包单位

17. 某酒店项目经公开招标，由某施工单位承建，包工包料。施工过程中，建设单位提出，为确保外墙涂层质量，将施工单位已订购的某小厂生产的涂料更换为另一种物美价廉的著名进口涂料。根据《建筑法》及其他有关规定，(　　)。

A. 建设单位通过设计单位修改设计文件后，可以更换

B. 建设单位通过监理工程师签字认可后，可以更换

C. 施工单位有权拒绝更换

D. 如施工单位同意更换，更换后的外墙涂料由建设单位负责检验

18. 甲施工单位与乙施工单位联合承包某市政工程，双方约定甲承担基础施工，乙承担路面施工，并要求各方对自己施工的工程质量承担全部责任。现甲的工作任务已通过验收并已退场，在后续施工过程中，乙公司发生质量事故给建设单位造成50万元损失，建设单位要求甲公司承担全部损失。本案中，以下表述正确的是(　　)。

A. 由于基础工程已通过验收，甲有权拒绝建设单位的无理要求

B. 建设单位应首先要求乙赔偿，不足部分才可以要求甲承担连带赔偿责任

C. 甲有权申请事故鉴定，然后按责任比例对建设单位承担损失

D. 甲应向建设单位先行赔付全部损失

19. 根据《建设工程质量管理条例》的规定，下列行为不属于违法分包的是(　　)。

A. 分包商不具备相应资质条件但建设单位认可

B. 分包商具备相应资质条件但建设单位不认可

C. 经建设单位同意，总承包单位将主体结构中的钢筋绑扎任务分包给某公司

D. 经总承包单位同意，分包单位将部分工程再分包给另一公司

20. 我国对工程总承包不设立专门的资质，但承接施工总承包业务的企业必须取得(　　)资质。

A. 勘察　　B. 设计　　C. 施工　　D. 项目管理

二、多项选择题

1. 甲施工企业总承包了一个高档酒店工程，经建设单位同意，将其中的大堂装修工程分包给符合资质条件的乙装饰公司，分包合同写明："大堂装修工程质量完全由乙方负责"。以下说法正确的是(　　)。

A. 该分包合同约定无效

B. 该分包合同约定有效

C. 该分包合同约定不得对抗建设单位

D. 分包工程出现质量问题，建设单位可以要求总承包单位赔偿全部损失

E. 总承包单位向建设单位赔偿损失后，可以依据分包合同约定向分包单位追偿

2. 甲施工单位(总包单位)将部分非主体工程分包给具有相应资质条件的乙施工单位，且已征得建设单位同意。下面关于该分包行为的说法正确的是(　　)。

A. 甲必须向上级主管部门批准备案

B. 甲就分包工程质量和安全对建设单位承担连带责任

C. 乙应按照分包合同的约定对甲负责

D. 建设单位必须与乙重新签订分包合同

E. 建设单位必须重新为分包工程办理施工许可证

3. 按照2003年建设部发布的《关于培育发展工程总承包和工程项目管理企业的指导意见》，工程总承包的主要方式有(　　)。

A. 采购—施工总承包(P—C)　　B. 设计—施工总承包(D—B)

C. 设计—试运行(E—B)　　D. 设计—采购总承包(E—P)

E. 设计采购施工(EPC)/交钥匙总承包

4. 下列关于招标代理的说法中正确的是(　　)。

A. 招标代理机构是建设行政主管部门所属的专门负责招标投标代理工作的机构

B. 招标代理机构是社会中介组织

C. 招标代理机构必须有相应专业力量

D. 建设行政主管部门有权指定招标代理机构

E. 所有的招标都必须委托招标代理机构进行

5. 下列关于评标的说法中，符合我国招标投标法关于评标有关规定的有(　　)。

A. 招标人应当采取必要的措施，保证评标在严格保密的情况下进行

B. 评标委员会完成评标后，应当向招标人提出书面评标报告并决定合格的中标候选人

C. 招标人可以授权评标委员会直接确定中标人

D. 经评标委员会评审，认为所有投标都不符合招标文件要求的，可以否决所有投标

E. 任何单位和个人不得非法干预、影响评标的过程和结果

项目四　建设工程合同和劳动合同法律制度

知识目标

◇ 了解建筑工程合同的概念、分类及订立的基本原则

◇ 了解违约责任的概念及规则原则

◇ 劳动合同的履行和变更

◇ 熟悉建筑工程合同的主要条款、建筑工程合同担保的形式

◇ 熟悉劳动合同的订立

◇ 掌握建筑工程合同的订立程序、合同生效的要件及无效合同的认定与处理

◇ 掌握建筑工程合同的变更、转让与权利义务终止，违约责任承担方式

◇ 掌握劳动合同的解除和终止

技能目标

◇ 能够运用所学的基本知识正确订立建筑工程合同，并能正确履行合同、进行合同担保

◇ 能够运用招投标知识分析、判断建筑工程合同的违约责任

◇ 具备依法进行索赔的能力

◇ 具有通过执业资格考试的能力

第一部分　情景案例导入与分析

案例 1　合同被确认无效或撤销的法律后果

案情简介　丙、丁两公司于 2012 年 9 月 1 日签订一份合同，约定由丙公司向丁公司提供建筑工地所用水泥 10 t，交货后丁公司支付货款。在订立合同的过程中，丙公司对水泥的质量提供了虚假证明。9 月 15 日，丙公司交付了 5 t 水泥，丁公司收货以后发现质量有问题而拒绝付款，并拒绝接受剩余的水泥。因没能及时买进水泥，丁公司由于停止施工造成损失 1 万元，该合同没有对国家和社会利益造成影响。9 月 30 日，丁公司向法院起诉，要求废止该合同，法院于 11 月 5 日经审理废止了该合同。

问题：

1. 该合同效力如何？

2. 如果该合同不具有法律效力，那么从何时开始不具有法律效力？

3. 该合同所引起的财产后果应该如何处理？

案例分析：

1. 该合同属于可撤销合同。

根据《合同法》规定，一方以欺诈、胁迫的手段或乘人之危，使对方在违背真实意思的情况下订立的合同，属于可撤销合同，所以，该合同属于可撤销合同。

2. 从9月1日起不具有法律效力。

根据《合同法》规定，合同被确认无效或被撤销后，确认或撤销的效力将溯及既往，合同自成立之日起无效，而不是从确认之日或撤销之日起无效。

3. 返还财产，赔偿损失。

丁公司已经收到的5 t水泥返还，不能返还的可以折价补偿；丙公司应该赔偿丁公司的损失1万元。

案例2　合同成立的要件

案情简介　甲建筑公司（以下简称甲公司）拟向乙建材公司（以下简称乙公司）购买一批钢材。双方经过口头协商，约定购买钢材100 t，单价每吨3 500元人民币，并拟定了准备签字盖章的买卖合同文本。乙公司签字盖章后，交给了甲公司准备签字盖章。由于施工进度紧张，在甲公司催促下，乙公司在未收到甲公司签字盖章的合同文本情形下，将100 t钢材送到甲公司工地现场。甲公司接受了并投入工程使用。后因拖欠货款，双方产生了纠纷。

问题：甲、乙公司的买卖合同是否成立？

案例分析：

根据《合同法》规定，当事人采用合同书形式订立合同的，自双方当事人签字或盖章时合同成立。还规定，采用合同形式订立合同，在签字或盖章之前，当事人一方已经履行了主要义务，且对方接受的，该合同成立。

双方当事人在合同签字盖章十分重要。如果没有双方当事人的签字盖章，就不能最终确定当事人对合同的内容协商一致，也难以证明合同的成立有效。但是，双方当事人的签字盖章仅是形式问题，如果一个以书面形式订立的合同已经履行，仅仅是没有签字盖章，就认定合同不成立，则违背了当事人的真实意思。当事人既然已经履行，合同当然依法成立。

第二部分　相关工作任务

任务1　建筑工程合同概述

一、合同的法律特征

（1）合同是一种法律行为。

（2）合同的当事人法律地位一律平等，双方自愿协商，任何一方不得将自己的观点、主张强加给另一方。

(3) 合同的目的性在于设立、变更、终止民事权利义务关系。

(4) 合同的成立必须有两个以上当事人;两个以上当事人不仅做出意思表示,而且意思表示是一致的。

二、合同的订立原则

合同的订立,应当遵循平等原则、自愿原则、公平原则、诚实信用原则、合法原则等。

(一) 平等原则

《合同法》规定,合同当事人的法律地位平等,一方不得将自己的意志强加给另一方。

(二) 自愿原则

《合同法》规定,当事人依法享有自愿订立合同的权利,任何单位和个人不得非法干预。自愿原则体现了民事活动的基本特征,是民事法律关系区别于行政法律关系、刑事法律关系的特有原则。

(三) 公平原则

《合同法》规定,当事人应当遵循公平原则确定各方的权利和义务。公平原则作为合同当事人的行为准则,可以防止当事人滥用权利,保护当事人的合法权益,维护和平衡当事人之间的利益。

公平原则主要包括:①订立合同时,要根据公平原则确定双方的权利和义务,不得欺诈,不得假借订立合同恶意进行磋商;②根据公平原则确定风险的合理分配;③根据公平原则确定违约责任。

(四) 诚实信用原则

《合同法》规定,当事人行使权利、履行义务应当遵循诚实信用原则。

诚实信用原则主要包括:①订立合同时,不得有欺诈或其他违背诚实信用的行为;②履行合同义务时,当事人应当根据合同的性质、目的和交易习惯,履行及时通知、协助、提供必要条件、防止损失扩大、保密等义务;③合同终止后,当事人应当根据交易习惯,履行通知、协助、保密等义务,也称为后契约义务。

(五) 合法原则

《合同法》规定,当事人订立、履行合同,应当遵守法律、行政法规,尊重社会公德,不得扰乱社会经济秩序,损害社会公共利益。

三、合同的分类

合同的分类是指按照一定的标准、将合同划分成不同的类型。合同的分类,有利于当事人找到能达到交易目的的合同类型,订立符合自己愿望的合同条款,便于合同的履行,也有助于司法机关在处理合同纠纷时准确地适用法律,正确处理合同纠纷。

案例 4-1　兰天模具厂拟将原有厂房重新改造、扩建,为了节省投资向原来参加建设的施工企业求助。该模具厂主要领导找到原来的施工企业,要求他们承担扩建工程的勘察、设计和施工。施工企业因为模具厂出价太低极不情愿,但因为原来建厂房的工程款还有部分拖欠未还,而偿还的前提是:将改造扩建部分完成并投产,剩余款全部结清。施工企业只好无奈地应承下来。为了防止工程款再次被拖欠,施工企业要求与模具厂签订一份价款不变且按月支付的合同，模具厂同意该请求。由于施工企业没有设计和钢结构施工的资质，在征得模具厂同意的情况下，施工企业委托甲公司勘察、乙公司设计，丙公司承担钢结构安装。

问题：

1. 有承包关系的单位之间其工程合同属于哪种类型的合同？
2. 合同签订是否符合合同法的基本原则？

（一）有名合同和无名合同

根据法律是否明文规定了一定合同的名称，可以将合同分为有名合同与无名合同。

有名合同（又称典型合同），是指法律上已确定了一定的名称及具体规则的合同。《合同法》中所规定的15类合同，都属于有名合同，如建设工程合同等。

无名合同（又称非典型合同），是指法律上尚未确定一定的名称与规划的合同。合同当事人可以自由决定合同的内容，即使当时人订立的合同不属于有名合同的范围，只要不违背法律的禁止性规定和社会公共利益，仍然是有效的。

有名合同与无名合同的区分意义，主要在于两者适用的法律规则不同。对于有名合同，应当直接适用《合同法》的相关规定，如建设工程合同直接适用《合同法》第十六章的规定。对于无名合同，《合同法》规定，本法则或者其他法律没有明文规定的合同，适用本法总则的规定，并可以参照本法则或者其他法律最相类似的规定。因此，无名合同首先应当使用《合同法》的一般规则，然后可比照相类似的有名合同的规则，确定合同效力、当事人权利义务等。

（二）双务合同与单务合同

根据合同当事人是否互相负有给付义务，可以将合同分为双务合同和单务合同。

双务合同，是指当事人双方互负对待给付义务的合同，即双方当事人互享债权、互负债务，一方的合同权利正好是双方的合同义务，彼此形成对价关系。

单务合同，是指合同当事人中仅有一方负担义务，而另一方只享有合同权利的合同。例如，在赠与合同中，受赠人享有接受赠予物的权利，但不负担任务义务。无偿委托合同、无偿保管合同均属于单务合同。

（三）诺成合同与实践合同

根据合同的成立是否需要交付标的物，可以将合同分为诺成合同和实践合同。

诺成合同（又称不要物合同），是指当事人双方意思表示一致就可以成立的合同。大多数的合同都属于诺成合同，如建设工程合同、买卖合同、租赁合同等。

实践合同（又称要物合同），是指除当事人双方意思表示一致以外，尚须交付标的物才能成立的合同，如保管合同。

（四）要式合同与不要式合同

根据法律对合同的形式是否有特定要求，可以将合同分为要式合同与不要式合同。

要式合同，是指根据法律规定必须采用特定形式的合同。如《合同法》规定，建设工程合同应当采用书面形式。

不要式合同，是指当事人订立的合同依法并不需要采取特定的形式，当事人可以采取口头方式，也可以采取书面形式或其他形式。

（五）有偿合同与无偿合同

根据合同当事人之间的权利义务是否存在对价关系，可以将合同分为有偿合同与无偿合同。

有偿合同，是指一方通过履行合同义务而给对方某种利益，对方要得到该利益必须支付相应代价的合同，如建设工程合同等。

无偿合同，是指一方给付对方某种利益，对方取得该利益时并不支付任务代价的合同，如赠与合同等。

（六）主合同与从合同

根据合同相互间的主从关系，可以将合同分为主合同与从合同。

主合同是指能够独立存在的合同；依附于主合同方能存在的合同为从合同。例如，发包人与承包人签订的建设工程施工合同为主合同，为确保该主合同的履行，发包人与承包人签订的履约保证合同为从合同。

案例 4-1 分析：

1. 有承包关系的单位之间其工程合同属于有名合同、双务合同、诺成合同、要式合同、有偿合同、主合同。

2. 本案中模具厂与施工企业签订合同似乎没有障碍，但透过表象却是模具厂压低承包价，施工企业为了将原来承建项目拖欠的工程款索回，才无奈同意签订的合同，因此不符合平等自愿的原则。

四、建设工程合同

《合同法》规定，建设工程合同时承包人进行工程建设，发包人支付价款的合同。

建设工程合同实质上是一种特殊的承揽合同。《合同法》第十六章“建设工程合同”中规定：“本章没有规定的，适用承揽合同的有关规定。”建设工程合同可分为建设工程勘察合同、建设工程设计合同、建设工程施工合同。

建设工程施工合同时建设工程合同中的重要部分，是指施工人根据发包人的委托，完成建设工程项目的施工工作，发包人接受工作成果并支付报酬的合同。施工合同的内容包括工程范围、建设工期、中间交工工程的开工和竣工时间、工程质量、工程造价、技术资料交付时间、材料和设备供应责任、拨款和结算、竣工验收、质量保修范围和质量保证期、双方相互协作等条款。

任务 2　建筑工程合同的订立

一、合同订立与合同成立

合同订立，是指缔约人进行意思表示并达成一致意见的状态，包括缔约各方自接触、协商、达成协议前讨价还价的整个动态过程和静态过程。合同订立时交易行为的法律运作。

合同成立，是指当事人就合同主要条款达成了合意。合同成立需具备下列条件：①存在二方以上的订约当事人；②订约当事人对合同主要条款达成一致意见。

合同的成立一般要经过要约和承诺两个阶段。《合同法》规定，当事人订立合同，采取要约、承诺方式。

二、要约

案例 4-2 某建筑设备厂向某建筑公司发出了一份本厂所生产的各种型号建筑设备的广告，你认为该广告是要约还是要约邀请？

要约是希望和他人订立合同的意思表示。在要约中，提出要约的一方为要约人，要约发向的一方为受要约人。要约是订立合同的必经阶段，不经过要约，合同时不可能成立的。

（一）要约的构成要件

根据《合同法》的规定，要约应符合下列规定：

1. 内容具体确定

所谓具体，是指要约的内容须具有足以使合同成立的主要条款，受要约人难以做出承诺，即使做出了承诺，也会因为双方的这种合意不具备合同的主要条款而使合同不能成立。所谓确定，是指要约的内容须明确，不能含糊不清，否则无法承诺。

2. 表明经受要约人承诺，要约人即受该意思表示约束

要约须具有订立合同的意图，表明一经受要约人承诺，要约人即受该意思表示的约束。要约作为表达希望与他人订立合同的一种意思表达，其内容包含了可以得到履行的合同成立所需要具备的基本条件。

如果当事人一方所做的是希望他人向自己发出要约的意思表示，则为要约邀请，或称为要约引诱，而不是要约。比如寄送的商品价目表、拍卖公告、招标公告、招股说明书以及商业广告等。但商业广告的内容符合要约规定的，视为要约。

（二）要约邀请

《合同法》规定，要约邀请是希望他人向自己发出要约的意思表示。比如寄送的商品价目表、拍卖公告、招标公告、招股说明书以及商业广告等。

邀约邀请可以是向特定人发出，也可以是向不特定的人发出。邀约邀请只是邀请他人向自己发出要约，如果自己承诺才成立合同。因此，要约邀请处于合同的准备阶段，没有法律约束力。

在建设工程招标投标活动中，招标文件是要约邀请，对招标人不具有法律约束力；投标文件是要约，应受自己做出的与他人订立合同的意思表示的约束。

案例 4-2 分析：

根据具体情况确定。如果该广告上仅仅写明了各种型号建筑设备的价格而没有其他内容，则其属于要约邀请；而如果该广告的内容除了各种建筑设备的性能和价格外，同时还包括了合同的一般条款，即只要建筑公司同意，双方就可以按照广告上的内容完成设备的采购，则此广告就要视为要约。

（三）要约的法律效力

案例 4-3 甲安装公司于 2005 年 5 月 6 日向乙公司发出购买安装设备的要约，称对方如果同意该要约条件，请在 10 日内予以答复，否则将另找其他公司签约。第 3 天正当乙公司准备回函同意要约时，甲安装公司又发一函，称前述要约作废，已与别家公司签订合同，乙公司认为 10 日尚未届满，要约仍然有效，自己同意要约条件，要求对方遵守要约。双方发生争议，起诉至法院。

问题：

1. 甲安装公司的要约是否生效？

2. 要约能否撤回或撤销？

《合同法》规定，要约到达受要约人时生效。如投标人向招标人发出的投标文件，自到达招标人时生效。

要约的有效期间由要约人在要约中规定。要约人如果在要约中有存续期间，受要约人必须在此期间内承诺。要约可以撤回，但撤回要约的通知应当在要约到达受要约人之前或者与要约同时到达受要约人。要约可以撤销，但撤销要约的通知应当在受要约人发出承诺通知之前到达受要约人。

有下列情形之一的，要约不得撤销：①要约人确定了承诺期限或者以其他形式明示要约不可撤销；②受要约人有理由认为要约是不可撤销的，并已经为履行合同作了准备工作。

案例 4-3 分析：

1. 甲安装公司的要约已经生效。

因为根据《合同法》的规定，要约到达要约人时生效，甲安装公司发出的要约已经达到受要约人，所以该要约已经生效。

2. 甲安装公司的要约不能撤回也不能撤销。

根据《合同法》的规定，在要约生效前，要约可以撤回，甲安装公司发出的要约已经生效，因此不能撤回。要约人在要约生效后、受要约人承诺前，可以撤销要约，但是《合同法》规定，要约中规定了承诺期限或者以其他形式表明要约是不可撤销的，则要约不能撤销。本案中，甲安装公司的要约称对方如果同意要约条件，请在 10 日内予以答复，属于要约中明确规定了承诺期限的，所以不得撤销。

三、承诺

案例 4-4 甲建筑公司将所承揽的施工项目分包给乙建筑公司，双方仅仅口头上约定了合同中的事项而没有签订书面合同。2010 年 1 月 8 日，乙建筑公司完成了甲方要求完成的施工项目后向甲建筑公司要求支付工程款。甲建筑公司以没有签订书面合同不符合法律规定为由拒绝承担支付工程款的义务。

问题：你认为甲建筑公司的观点正确吗？

《合同法》的规定，承诺是受要约人同意要约的意思表示。如招标人向投标人发出的中标通知书，是承诺。

（一）承诺的方式

承诺应当以通知的方式做出，但根据交易习惯或要约表明可以通过行为做出承诺的除外。这里的行为通常是履行行为，如预付价款、工地上开始工作等。

（二）承诺的生效

承诺通知到达要约人时生效。承诺不需要通知的，根据交易习惯或者要约的要求做出承诺的行为时生效。

在建设工程合同订立的过程中，发包方向承包方发出的中标通知书即是一种承诺。一般情况下，都是承诺到达要约人时生效，合同也随之成立，这即是一般合同中承诺生效的“到达主义”。但《招标投标法》中对承诺的生效采用了“投邮主义”，即做出承诺(也即发生中标通知书)时即生效。因此，在建设工程合同的订立过程中，承诺(中标通知书)是无法撤回的。《招标投标法》第46条规定：“招标人和中标人应当自中标通知书发出之日起30日内，按照招标文件和中标人的投标文件订立书面合同。”因此，在中标通知书发出后，发包方和承包方各自均有权利要求对方签订建设工程合同，也有义务与对方签订建设工程合同，否则要承担相应的法律责任。

(三) 承诺的内容

承诺的内容应当与要约的内容一致。受要约人对要约的内容做出实质性变更的，为新要约。有关合同标的、数量、质量、价款或者报酬、履行期限、履行地点和方式、违约责任和解决争议方法等的变更，是对要约内容的实质性变更。

受要约人对要约内容做出实质性变更，是指对将来成立的合同的性质和合同条款的内容做出扩大、限制或者改变的意思表示。如果受要约人对要约内容做出实质性变更，则受要约人的意思表示不再是对原要约的承诺，而是受要约人向要约人发出的新要约。

《合同法》第31条规定：“承诺对要约的内容做出非实质性变更的，除要约人及时表示反对或者要约表明承诺不得对要约的内容做出任何变更的以外，该承诺有效，合同的内容以承诺的内容为准。”

受要约人对要约内容做出非实质性变更，是指受要约人在有关合同的标的、数量、质量、价款或者报酬、履行期限、履行地点和方式、违约责任和解决争议方法等方面以外，对原要约内容做出某些补充、限制和修改。如承诺中增加建议性条款、说明性条款等。

承诺必须在规定的期限内做出。要约以信件或者电报做出的，承诺期限自信件载明的日期或者电报交发之日开始计算。信件未载明日期的，自投寄该信件的邮戳日期开始计算。要约以电话、传真等快速通讯方式做出的，承诺期限自要约到达受要约人时开始计算。

案例4-4分析：

不正确。虽然《合同法》中规定：“建筑工程合同应当采用书面形式”，但《合同法》中也规定了例外的情况，即“法律、行政法规规定或者当事人约定采用书面形式订立合同，当事人未采用书面形式但一方已经履行主要义务，对方接受的，该合同成立。”因此虽然乙建筑公司没有按照与甲建筑公司签订书面形式的建筑工程合同，但其已经履行了主要义务，故该合同仍然成立，甲建筑公司应当支付工程款。

(四) 承诺的生效及撤回

《合同法》规定，承诺应当在要约确定的期限内到达要约人，承诺通知到达要约人时生效。承诺不需要通知的，根据交易习惯或者要约的要求做出承诺的行为时生效。

要约没有确定承诺期限的，承诺应当依照下列规定到达：

(1) 要约以对话方式做出的，应当即时做出承诺，但当事人另有约定的除外。

(2) 要约以非对方方式做出，承诺应当在合理期限内到达。

在建设工程合同订立的过程中，发包人向承包人发出的中标通知书即是一种承诺。《合同法》规定：“承诺生效时合同成立。”

承诺撤回，是指要约人在发出承诺通知以后，在承诺正式生效之前撤回其承诺。

承诺可以撤回。撤回承诺的通知应当在承诺通知到达要约人之前或者与承诺通知同时到达要约人。

任务3 无效合同和效力待定合同的规定

一、无效合同

案例4-5 张某准备将自己闲置的一套住房以50万元价格出售给孙某，双方在签订合同的时候，张某提出：为了规避过户时候要缴纳的税费，应该签订一份30万元的合同，对外声称价格为30万元，实际价格为50万元，这样双方均可以节约一笔可观费用。孙某于是同意。

问题：请分析双方签订的房屋买卖合同是否具有法律效力？

无效合同是指合同内容或者形式违法了法律、行政法规的强制性规定和社会公共利益，因而不能产生法律的约束力，不受到法律保护的合同。

无效合同的特征是：①具有违法性；②具有不可履行性；③自订立之时就不具有法律效力。

(一) 无效合同的类型

根据《合同法》的规定，有下列情况之一的，合同无效：

1. 一方以欺诈、胁迫的手段订立合同，损害国家利益

所谓欺诈，是指故意隐瞒真实情况或者故意告知对方虚假的情况，欺诈对方，诱使对方做出错误的意思表示而与之订立合同。所谓胁迫，是指行为人以将发生的损害或者以直接实施损害相威胁，使对方当事人产生恐惧而与之订立合同。

2. 恶意串通，损害国家、集体或者第三人利益

所谓恶意串通，是指合同双方当事人非法勾结，为牟取私利而共同订立的损害国家、集体或者第三人利益的合同。在实践中，常见的还有代理人与第三人勾结，订立合同，损害被代理人利益的行为。

3. 以合法形式掩盖非法目的

又称伪装合同，即行为人为达到非法目的以迂回的方法避开法律或行政法规的强制性规定。

4. 损害社会公共利益

损害社会公共利益的合同，实质上违反了社会主义的公共道德，破坏了社会经济秩序和生活秩序。例如，与他人签订合同出租房屋作为赌博场所。

5. 违反法律、行政法规的强制性规定。

强制性规定排除了合同当事人的意思自由，即当事人在合同中不得协议排除法律、行政法规的强制性规定，否则将构成无效合同。

案例4-5分析：

该合同属于无效合同。根据《合同法》的规定，当事人恶意串通，损害国家、集体或者第三人利益的合同无效，所以该合同无效。

(二) 无效的免责条款

此外，《合同法》还规定了部分免责条款无效。如造成对方人身伤害的免责条款和因故意或者重大过失造成对方财产损失的免责条款等。

(三) 建设工程无效施工合同的主要情形

案例 4-6 A建筑公司挂靠于一资质较高的B建筑公司，以B建筑公司名义承揽了一项工程，并与建设单位C公司签订了施工合同。但在施工过程中，由于A建筑公司的实际施工技术力量和管理能力都较差，造成了工程进度的延误和一些工程质量缺陷。C公司以此为由，不予支付余下的工程款。A建筑公司以B建筑公司名义将C公司告上了法庭。

问题：A建筑公司以B建筑公司名义与C公司签订的施工合同是否有效？

根据《合同法》第52条第五项的规定，建设工程施工合同具有下列情形之一的，认定无效：

(1) 承包人未取得建筑施工企业资质或者超越资质等级的；

(2) 没有资质的实际施工人借用有资质的建筑施工企业名义的；

(3) 建设工程必须进行招标而未招标或者中标无效的。

承包人非法转包、违法分包建设工程或者没有资质的实际施工人借用有资质的建筑施工企业名义与他人签订建设工程施工合同的行为无效。

(四) 无效合同的法律后果

根据《合同法》规定，无效的合同或者被撤销的合同自始没有法律的约束力。合同部分无效，不影响其他部分效力的，其他部分仍然有效。

合同无效、被撤销或者终止的，不影响合同中独立存在的有关解决争议方法的条款的效力。

合同无效或者被撤销后，因该合同取得的财产，应当予以返还；不能返还或没有必要返还的，应当折价补偿。有过错的一方应当赔偿对方因此所受到的损失，双方都有过错的，应当各自承担相应的责任。

案例 4-6 分析：

《最高人民法院关于审理建设工程施工合同纠纷案件适用法律问题的解释》第4条规定："承包人非法转包、违法分包建筑工程或者没有资质的实际施工人借用有资质的建筑施工企业名义与他人签订建设工程施工合同的行为无效。"A建筑公司以B建筑公司名义与C公司签订的施工合同，是没有资质的实际施工人借用有资质的建筑施工企业名义签订的合同，属无效合同，不具有法律效力。

二、效力待定合同

效力待定合同是指行为人未经权利人同意而订立的合同，因其不完全符合合同生效的要件，合同有效与否，需要由权利人确定。

案例 4-7 某施工单位从租赁公司租赁了一批工程模板。施工完毕，施工单位以自己的名义将该批模板卖给其他公司。后租赁公司同意将该批模板卖给施工单位。

问题：施工单位出卖模板的合同是否有效？

民法通则及已废止的原三个合同法对欠缺生效条件的后果只规定了无效和可撤销，显得过于简单化。《合同法》新增加的效力待定合同，缩小了原来过于扩张的无效合同范围，具有显著的积极作用，因为它避免了大量效力待定合同被一律确认为无效而给合同双方均带来不应有的损失。

根据《合同法》的规定，效力待定合同有下列几种情形：

(一) 限制行为能力人订立的合同

限制民事行为能力人订立的合同，经法定代理人追认后，该合同有效，但纯获利益的合同或者与其年龄、智力、精神健康状况相适应而订立的合同，不必经法定代理人追认。

(二) 无权代理的合同

行为人没有代理权、超越代理权或者代理权终止后以被代理人名义订立的合同，未经被代理人追认，对被代理人不发生效力，由行为人承担责任。但是，相对人有理由相信行为人有代理权的，该代理行为有效。

此外，《合同法》第50条规定："法人或者其他组织的法定代表人、负责人超越权限订立的合同，除相对人知道或者应当知道其超越权限的以外，该代表行为有效。"

(三) 无处分权人处分他人财产的合同。

无处分权的人处分他人的财产，经权利人追认或者无处分权的人订立合同后取得处分权的，该合同有效。

案例4-7分析：

施工单位以自己的名义将该批模板卖给其他公司，属于效力待定合同类型里的无处分权的人处分他人的财产这种情形，但后租赁公司同意将该批模板卖给施工单位，所以该合同有效。

任务4 合同的履行、变更、转让、撤销和终止

一、合同的履行

合同的履行是指合同生效后，当事人各方按照合同约定的标的、数量、质量、价款、履行期限、履行地点和履行方式等，完成各自应承担的全部义务的法律行为。如果当事人只完成了合同规定的部分义务，称为合同的部分履行或不完全履行；如果合同规定的义务全部没有完成，称为合同未履行或不履行合同。当事人按诚实信用的原则全面履行合同，是当事人订立合同所追求的根本目的。因此，有关合同履行的规定，是《合同法》的核心内容之一。

二、合同的变更

合同的变更是指合同依法成立后，在尚未履行或尚未完全履行时，当事人双方依法对合同的内容进行修订或调整所达成的协议。按《合同法》的规定，只要当事人协商一致，就可以变更合同。例如，对合同标的数量、质量标准、履行期限、履行地点和履行方式等进行变更。合同变更一般不涉及已履行的部分，而只对未履行的部分进行变更。因此，它不能在合同履行后进行，只能在完全履行合同之前。

案例4-8 某建筑公司在施工中发现所使用的水泥混凝土配合比无法满足现场强度要求，于是将该情况报告给了建设单位，请求修改配合比。建设单位经过与施工单位负责人协

商后认为可以将水泥混凝土的配合比进行调整。于是双方就改变水泥混凝土配合比重新签订了一份协议，作为原合同的补充部分。

问题：你认为该新协议有效吗？

(一) 合同的变更须经当事人双方协商一致

如果双方当事人就变更事项达成一致意见，则变更后的内容取代原合同的内容，当事人应当按照变更后的内容履行合同。如果一方当事人未经过对方同意就改变合同的内容，不仅变更的内容对另一方没有约束力，其做法还是一种违约行为，应当承担违约责任。

(二) 合同变更须遵循法定的程序

法律、行政法规规定变更合同事项应当办理批准、等级手续的，应当依法办理相应手续。如果没有履行法定程序，即使当事人已协议变更了合同，其变更内容也不发生法律效力。

(三) 对合同变更内容约定不明确的推定

合同变更的内容必须明确约定。如果当事人对于合同变更的内容约定不明确，则将被推定为未变更。任何一方不得要求对方履行约定不明确的变更内容。

案例 4-8 分析：

此协议无效。尽管该新协议是建设单位与施工单位协商一致达成的，但是没有设计单位的参与，违反了国务院颁布的《建设工程勘察设计管理条例》第 28 条规定而无效。所以，对于设计文件的修改，仅仅建设单位与施工单位参与而达成的协议是无效的。

三、合同的转让

合同转让是指合同当事人将其合同规定享有的权利与承担的义务转让或转移给第三人，由第三人接受权利和承担义务的法律行为。《合同法》规定了合同权利转让、合同义务转让、合同权利和合同义务一并转让的三种情况。

案例 4-9 某开发公司是一住宅小区的建设单位，某建筑公司是该项目的施工单位，某采石场是为建筑公司提供建筑石料的材料供应商。2010 年 9 月 18 日，住宅小区竣工。按照施工合同约定，开发公司应该于 2010 年 9 月 30 日向建筑公司支付工程款。而按照材料采购供应合同约定，建筑公司应该于同一天向采石场支付材料款。2010 年 9 月 28 日，建筑公司负责人与采石场负责人协议并达成一致意见，由开发公司代替建筑公司向采石场支付材料款。建筑公司将该协议的内容通知了开发公司。2010 年 9 月 30 日，采石场请求开发公司支付材料款，但是开发公司却以未经同意而拒绝支付。

问题：你认为开发公司的拒绝应予予以支持吗？

(一) 合同权利转让

1. 合同权利的转让范围

《合同法》规定，债权人可以将合同的权利全部或部分转让给第三人，但有下列情形之一的除外：

(1) 根据合同性质不得转让

只要是指合同基于特定当事人的身份关系订立的，如果合同权利转让给第三人，会使合同的内容发生变化，违反当事人订立合同的目的，使当事人的合法利益得不到应有的保护。

（2）按照当事人约定不得转让

当事人订立合同可以对权利的转让做出特别约定，禁止债权人将权利转让给第三人。这种约定只要是当事人真实意思的表示，同时不违反法律禁止性规定，即对当事人产生法律的效力。债权人如果将权利转让给他人，其行为将构成违约。

（3）依照法律规定不得转让。

我国一些法律中对某些权利的转让做出了禁止性规定。如《担保法》第 61 条规定，"最高额抵押的主合同债权不得转让。"对于这些规定，当事人应当严格遵守，不得擅自转让法律进行转让的权利。

2. 合同权利的转让应通知债务人

《合同法》规定，债权人转让权利的，应当通知债务人。未经通知，该转让对债务人不发生效力。债权人转让权利的通知不得撤销，但经受让人同意的除外。

需要说明的是，债权人转让权利应当通知债务人，未经通知的转让行为对债务人不发生效力。这一方面是尊重债权人对其权利的行使，另一方面也防止债权人滥用权利损害债务人的利益。当债务人接到权利转让的通知后，权利转让即生效，原债权人被新的债权人替代，或者新债权人的加入使原债权人不再完全享有原债权。

3. 债务人对让与人的抗辩

债务人接到债权转让通知后，债务人对让与人的抗辩，可以向受让人主张。抗辩权是指债权人行使债权时，债务人根据法定事由对抗债权人行使请求权的权利。债务人的抗辩权是其固有的一项权利，并不随权利的转让而消灭。在权利转让的情况下，债务人可以向新债权人行使该权利。受让人不得以任何理由拒绝债务人权利的行使。

4. 从权利随同主权利转让

《合同法》规定，债权人转让权利的，受让人取得与债权有关的从权利，但该从权利专属于债权人自身的除外。

（二）合同义务转让

《合同法》规定，债务人将合同的义务全部或者部分转移给第三人的，应当经债权人同意。

合同义务转移分为两种情况：一种情况是合同义务的全部转移，在这种情况下，新的债务人完全取代了旧的债务人，新的债务人负责全面履行合同义务；另一种情况是合同义务的部分转移，即新的债务人加入到原债务中，与原债务人一起向债权人履行义务。无论是转移全部义务还是部分义务，债务人都需要征得债权人同意。未经债权人同意，债务人转移合同义务的行为对债权人不发生效力。

（三）合同权利义务一并转让

《合同法》规定，当事人一方经对方同意，可以将自己在合同中的权利和义务一并转让给第三人。

权利和义务一并转让，是指合同一方当事人将其权利和义务一并转移给第三人，由第三人全部承受这些权利和义务。权利和义务一并转让的后果，导致原合同关系的消灭，第三人取代了转让方的地位，产生出一种新的合同关系。只有经对方当事人同意，才能将合同的权利和义务一并转让。如果未经对方同意，一方当事人擅自一并转让权利和义务的，其转让行为无效，对方有权就转让行为对自己造成的损害，追究转让方的违约责任。

案例 4-9 分析：

不应该。《合同法》中规定："债权人转让权利的，应当通知债务人。未经通知，该转让对债务人不发生效力。债权人转让权利的通知不得撤销，但经受人同意的除外。"可见，债权转让的时候无须征得债务人的同意，只要通知债务人即可。该案例中，建筑公司已经将债权转让事宜通知了债务人开发公司，所以，该转让行为是有效的。建设单位必须支付材料款。

四、可撤销合同

所谓可撤销合同，指因疑似表示不真实，通过有撤销权的机构行使撤销权，使已经生效的意思表示归于无效的合同。

案例 4-10 2011 年 6 月，某建筑施工企业从机械厂购买 3 台搅拌机，从现场使用后，认为性能与施工企业原先购买的 2 台同厂家型号的搅拌机不同，有较大差异。施工企业质问购买搅拌机的采购员小方。小方称其购买时是根据原先施工企业购买的搅拌机铭牌上表明的型号，且后购买的 3 台搅拌机上的铭牌内容与原先购买的一致。施工单位与机械厂进行协商，机械厂认定其所有产品均为合格产品，无质量问题。于是施工企业于 2011 年 9 月向法院提起上诉。经法院调查，施工企业购买的搅拌机均为合格产品；原先购买的 2 台系铭牌上标明的型号弄错，属于机械厂的重大失误，而后购买的 3 台无任何问题。

问题：法院会如何判此事件？

（一）可撤销合同的种类

《合同法》规定，下列情形下的合同当事人一方有权请求人民法院或者仲裁机构变更或者撤销：

1. 因重大误解订立的合同

所谓重大误解，是指误解者做出意思表示时，对涉及合同法律效果的重要事项存在着认识上的显著缺陷，其后果是使误解者的利益受较大的损失，或者达不到误解者订立合同的目的。这种情况的出现，并不是由于行为人收到对方的欺诈、胁迫或者对方乘人之危而被迫订立的合同，而是由于行为人自己的大意、缺乏经验或者信息不通而造成的。

2. 在订立合同时显失公平的合同

所谓显失公平的合同，就是一方当事人在紧迫或者缺乏经验的情况下订立的使当事人之间享有的权利和承担的义务严重不对等的合同。如标的物的价值与价款过于悬殊，承担责任或风险显然不合理的合同，都可称为显失公平的合同。

3. 以欺诈、胁迫的手段或者乘人之危订立的合同

一方以欺诈、胁迫的手段订立合同，如果损害国家利益的，按照《合同法》的规定属无效合同。如果未损害国家利益，则受欺诈、胁迫的一方可以自主决定该合同有效或者请求撤销。

（二）合同撤销权的行使

《合同法》规定，有下列情形之一的，撤销权消灭：

（1）具有撤销权的当事人自知道或者应当知道撤销事由之日起一年内没有行使撤销权；

(2) 具有撤销权的当事人知道撤销事由后明确表示或者以自己的行为放弃撤销权。

行使撤销权应当在知道或者应当知道撤销事由之日起一年内行使，并应当向人民法院或者仲裁机构申请。

案例 4-10 分析：

支持变更标的物的主张。

由于机械厂的原因，使得施工企业购买搅拌机型号的意向出现重大误解，因此，施工企业第二次购买合同享有撤销权或者变更权，其主张变更标的物的主张很可能获得支持。

(三) 被撤销合同的法律后果

《合同法》规定，无效的合同或者被撤销的合同自始没有法律的约束力。合同部分无效，不影响其他部分效力的，其他部分仍然有效。合同无效、被撤销或者终止的，不影响合同中独立存在的有关解决争议方法的条款的效力。

五、合同的终止

合同的终止，是指依法生效的合同，因具备法定的或当事人约定的情形，合同的债权、债务归于消灭，债权人不再享有合同的权利，债务人也不必再履行合同的义务。

案例 4-11　作为建设单位的某开发公司与某施工企业签订了一小区的施工承包合同。在施工过程中，有群众举报该建设项目存在严重的偷工减料行为，未经权威部门鉴定确认该工程已完成的部分(约占整个项目的 1/3)的“豆腐渣”工程。开发公司以此为由单方面与该施工企业解除了合同。施工企业认为解除合同需要当事人双方协商一致方可解除，同时开发公司应支付已完成部分的工程款。

问题：你认为建筑公司的观点正确吗？

《合同法》规定，有下列情形之一的，合同的权利义务终止：

(1) 债务已经按照约定履行，即合同当事人经全面履行自己的权利义务后，合同自然终止。

(2) 合同解除，即按照法律规定或当事人约定，合同在尚未履行或尚未完全履行时，提前终止合同效力。

(3) 债务相互抵消，即当事人互负到期债务，经双方协商或依法规定，任何一方可以将自己的债务与对方的债务抵消，从而终止双方的相关债权债务。

(4) 债务人依法将标的物提存，即债务人在某种特定情况下难以履行债务时，债务人可以依法对合同标的物提存，标的物提存后，合同权利义务终止。

(5) 债权人免除债务，即债权人通过免除债务人部分或者全部债务，从而部分或者全部终止合同的权利义务。

(6) 债权债务同归于一人，即在不涉及第三人利益的情况下，若债权和债务同归于一人的，合同的权利义务即告终止。

(7) 法律规定或者当事人约定终止的其他情形。

(一) 合同解除的特征

合同的解除是指合同有效成立后，当具备法律规定的合同解除条件时，因当事人一方或双方的意思表示而使合同关系归于消灭的行为。

合同解除具有如下特征：

(1) 合同的解除适用于合法有效的合同,而无效合同、可撤销合同不发生合同解除。

(2) 合同解除须具备法律规定的条件。非依照法律规定,当事人不得随意解除合同。我国法律规定的合同解除条件主要有约定解除和法定解除。

(3) 合同解除须有解除的行为。无论哪一方当事人享有解除合同的权利,其必须向对方提出解除合同的意思表示,才能达到合同解除的法律后果。

(4) 合同解除使合同关系自始消灭或向将来消灭,可视为当事人之间未发生合同关系,或者合同尚存的权利义务不再履行。

案例 4-11 分析:

不正确。首先合同的解除分为约定解除和法定解除。施工企业的偷工减料行为属于违约行为而致使实现合同目的,根据《合同法》的相关规定此种情况的合同解除属于法定解除,无须与双方协商。其次,施工企业的行为也导致了建筑质量的不合格,因此也无权要求开发公司支付相应的工程款。

(二) 合同解除的种类

案例 4-12 李小姐于 2010 年 3 月和甲开发商签订了购房合同,购买位于某小区二期的商品房一套,并先期付款 20 万元,合同约定交房时间为 2011 年 5 月 1 日。后来由于开发商经营不善,工程无后续资金投入而停止。到了 2011 年 5 月 10 日的时候,开发商经李小姐等购房者催促仍不能交房,并无继续开工的意思(无后续开发资金)。于是李小姐认为开发商违约,不能交房实现合同目的。

问题:请分析本案应该如何解决?

1. 约定解除

即当事人协商一致,可以解除合同。当事人可以约定一方解除合同的条件,解除合同的条件成就时,解除权人可以解除合同。

2. 法定解除

即当具备了法律规定的可以解除合同的条件时,有解除权的合同当事人依法解除合同。《合同法》规定了五种法定解除合同的情形:

(1) 因不可抗力致使不能实现合同目的;

(2) 在履行期限届满之前,当事人一方明确表示或者以自己的行为表明不履行主要债务;

(3) 当事人一方迟延履行主要债务,经催告后在合理期限内仍未履行;

(4) 当事人一方迟延履行债务或者有其他违约行为致使不能实现合同目的;

(5) 法律规定的其他情形。

对于合同解除后的法律后果,《合同法》规定,合同解除后,尚未履行的,终止履行;已经履行的,根据履行情况和合同性质,当事人可以请求恢复原状、采取其他补救措施,并有权要求赔偿损失。

法定解除使法律直接规定解除合同的条件,当条件具备时,解除权人可直接行使解除权;约定解除则是双方的法律行为,单方行为不能导致合同的解除。

(三) 解除合同的程序

《合同法》规定,当事人一方依照本法第 93 条第二款、第 94 条的规定主张解除合同的,应当通知对方。合同自通知到达对方时解除。对方有异议的，可以请求人民法院或者仲裁机构确认解除合同的效力。法律、行政法规规定解除合同应当办理批准、登记等手续的，依照其规定。

案例 4-12 分析：

李小姐可以依法通知开发商解除合同，并要求开发商返还先期付款 20 万元，并且可以同时要求赔偿损失。

我国《合同法》规定，当事人一方迟延履行债务或者有其他违约行为致使不能实现合同目的，对方可以通知解除合同；合同解除后，尚未履行的，终止履行；已经履行的，根据履行情况和合同性质，当事人可以要求恢复原状或采取其他补救措施，并有权要求赔偿损失。

(四) 施工合同的解除

案例 4-13　作为建设公司的某开发公司与某施工企业签订了一小区的施工承包公司。在施工过程中，有群众举报该建设项目存在严重的偷工减料行为，后经权威部门鉴定确认该工程已完成的部分(约占整个项目的 1/3)为"豆腐渣"工程。开发公司以此为由单方面与该施工企业解除了合同。施工企业认为解除合同需要当事人双方协商一致方可解除，同时开发公司应支付已完成部分的工程款。

问题：你认为建筑公司的观点正确吗？

1. 发包人解除施工合同

《最高人民法院关于审理建设工程合同纠纷案件适用法律问题的解释》规定，承包人具有下列情形之一，发包人请求解除建设工程施工合同的应予支持：

(1) 明确表示或者以行为表明不履行合同主要义务的；

(2) 合同约定的期限内没有完工，且在发包人催告的合理期限内仍未完工的；

(3) 已经完成的建设工程质量不合格，并拒绝修复的；

(4) 将承包的建设工程非法转包、违法分包的。

2. 承包人解除施工合同

《最高人民法院关于审理建设工程合同纠纷案件适用法律问题的解释》规定，发包人具有下列情形之一，承包人无法施工，且在催告的合理期限内仍未履行相应义务，承包人请求解除建设工程施工合同的，应予支持：

(1) 未按约定支付工程价款的；

(2) 提供的主要建筑材料、建筑构配件和设备不符合强制性标准的；

(3) 不履行合同约定的协助义务的。

3. 施工合同解除的法律后果

《最高人民法院关于审理建设工程合同纠纷案件适用法律问题的解释》规定，建设工程施工合同解除后，已经完成的建设工程质量合格的，发包人应当按照约定支付相应的工程价款；已经完成的建设工程质量不合格的，参照本解释第 3 条规定处理。因一方违约导致合同解除的，违约方应当赔偿因此而给对方造成的损失。

该"解释"第 3 条规定，建设工程施工合同无效，且建设工程已经竣工验收不合格的，按照以下情形分别处理：

(1) 修复后的建设工程竣工验收合格，发包人请求承包人承担修复费用的，应予支持；

(2) 修复后的建设工程竣工验收不合格，承包人请求支付工程价款的，不予支持。

案例 4-13 分析：

不正确。首先合同的解除分为约定解除和法定解除。施工企业的偷工减料的行为属于违约行为而致使实现合同目的，根据《合同法》的相关规定此种情况的合同解除属于法定解除，无须与对方协商。其次，施工企业的行为也导致了建筑质量的不合格，因此也无权要求开发公司支付相应的工程款。

任务 5　建设工程施工合同的法定形式和内容

建设工程施工合同是建设工程合同中的重要部分，是指施工人(承包人)根据发包人的委托，完成建设工程项目的施工工作，发包人接受工作成果并支付报酬的合同。

一、建设工程施工合同的法定形式

《合同法》规定，当事人订立合同，有书面形式、口头形式和其他形式。法律、行政法规规定采用书面形式的，应当采用书面形式。当事人约定采用书面形式的，应当采用书面形式。

书面形式合同的内容明确，有据可查，对于防止和解决争议有积极意义。口头形式合同具有直接、简便、快速的特点，但缺乏凭证，一旦发生争议，难以取证，且不易分清责任。其他形式合同，可以根据当事人的行为或者特定情形推定合同的成立，也可以称之为默示合同。

《合同法》明确规定，建设工程合同应当采用书面形式。

二、合同的内容

合同的内容，即合同当事人的权利、义务，除法律规定的以外，主要由合同的条款确定。合同的内容由当事人约定，一般包括以下条款：

(1) 当事人的名称或者姓名和住所；

(2) 标底，如有形财产、无形财产、劳务、工作成果等；

(3) 数量，应选择适用共同接受的计量单位、计量方法和计量工具；

(4) 质量，国家有强制性标准的，必须按照强制性标准执行，并可约定质量检验方法、质量责任期限与条件、对质量提出异议的条件与期限等；

(5) 价款或者报酬，应规定清楚计算价款或者报酬的方法；

(6) 履行期限、地点和方式；

(7) 违约责任，可在合同中约定定金、违约金、赔偿金额以及赔偿金的计算方法等；

(8) 解决争议的方法。

当事人在合同特别约定的条款，也作为合同的主要条款。

三、建设工程施工合同的内容

《合同法》规定，施工合同的内容包括工程范围、建设工期、中间交工工程的开工日期和竣工时间、工程质量、工程造价、技术资料交付时间、材料和设备供应责任、拨款和结算、竣工验收、质量保修范围和质量保证期、双方互相协作等条款。

（一）工程范围

工程范围是指施工的界区，是指承包人进行施工的工作范围。

（二）建设工期

建设工期是指承包人完成施工任务的期限。在实践中，有的发包人常常要求缩短工期，承包人为了赶进度，往往导致严重的工程质量问题。为了保证工程质量，双方当事人应当在施工合同中确定合理的建设工期。

（三）中间交工工程的开工和竣工时间

中间交工工程是指施工过程中的阶段性工程。为了保证工程各阶段的交接，顺利完成工程建设，当事人应当明确中间交工工程的开工和竣工时间。

（四）工程质量

工程质量条款是明确承包人施工要求，确定承包人责任的依据。承包人必须按照工程设计图纸和施工技术标准施工，不得擅自修改工程设计，不得偷工减料。发包人也不得明示或暗示承包人违反工程建设强制性标准，减低建设工程质量。

（五）工程造价

工程造价是指进行工程建设所需的全部费用，包括人工费、材料费、施工机械使用费、措施费等。在实践中，有的发包人为了获得更多的利益，往往压低工程造价，而承包人为了盈利或不亏本，不得不偷工减料、以次充好，结果导致工程质量不合格，甚至造成严重的工程质量事故，因此，为了保证工程质量，双方当事人应当合理确定工程造价。

（六）技术资料交付时间

技术资料主要是指勘察、设计文件以及其他承包人据以施工所必需的基础资料。当事人应当在施工合同中明确技术资料的交付时间。

（七）材料和设备供应责任

材料和设备供应责任，是指由哪一方当事人提供工程所需材料设备及其承担的责任。材料和设备可以由发包人负责提供，也可以由承包人负责采购。如果按照合同约定由发包人负责采购建筑材料、构配件和设备的，发包人应当保证建筑材料、构配件和设备符合设计文件和合同要求。承包人则须按照工程设计要求、施工技术标准和合同约定，对建筑材料、构配件和设备进行检验。

（八）拨款和结算

拨款是指工程款的拨付。结算是指施工人按照合同约定和已完工程量向发包人办理工程款的清算。拨款和结算条款是承包人请求发包人支付工程款和报酬的依据。

（九）竣工验收

竣工验收条款一般应当包括验收范围与内容、验收标准与依据、验收人员组成、验收方式和日期等内容。

（十）质量保修范围和质量保证期

建设工程质量保修范围和质量保证期，应当按照《建设工程质量管理条款》的规定执行。

（十一）双方相互协作条款

双方互相协作条款一般包括双方当事人在施工前的准备工作，承包人及时向发包人提出开工通知书、施工进度报告书、对发包人的监督检查提供必要协助等。

四、建设工程施工合同发承包双方的主要义务

（一）发包人的主要义务

1. 不得违法发包

《合同法》规定，发包人不得将应当由一个承包人完成的建设工程肢解成若干部分发包给几个承包人。

2. 提供必要施工条件

发包人未按照约定的时间和要求提供原材料、设备、场地、资金、技术资料的，承包人可以顺延工程日期，并有权要求赔偿停工、窝工等损失。

3. 及时检查隐蔽工程

隐蔽工程在隐蔽以前，承包人应当通知发包人检查。发包人没有及时检查的，承包人可以顺延工程日期，并有权要求赔偿停工、窝工等损失。

4. 及时验收工程

建设工程竣工后，发包人应当根据施工图纸及说明书、国家颁发的施工验收规范和质量检验标准及时进行验收。

5. 支付工程价款

发包人应当按照和合同约定的时间、地点和方式等，向承包人支付工程价款。

（二）承包人的主要义务

1. 不得转包和违法分包工程

承包人不得将其承包的全部建设工程转包给第三人；不得将其承包的全部建设工程肢解以后以分包的名义分别转包给第三人。禁止承包人将工程分包给不具备相应资质条件的单位。禁止分包单位将其承包的工程再分包。

2. 自行完成建设工程主体结构施工

建设工程主体结构的施工必须由承包人自行完成。承包人将建设工程主体结构的施工分包给第三人的，该分包合同无效。

3. 接受发包人有关检查

发包人在不妨碍承包人正常作业的情况下，可以随时对作业进度、质量进行检查。隐蔽工程在隐蔽以前，承包人应当通知发包人检查。

4. 交付竣工验收合格的建设工程

建设工程竣工验收合格后，方可交付使用；未经验收合格或验收不合格的，不得交付使用。

5. 建设工程质量不符合约定的无偿修理

因施工人的原因致使建设工程质量不符合约定的，发包人有权要求施工人在合理期限内无偿修理或者返工、改建。经过修理或者返工、改建后，造成逾期交付的，施工人应当承担违约责任。

任务6 合同的履行

合同的履行是指合同生效后，当事人各方按照合同约定的标的、数量、质量、价款、履行期限、履行地点和履行方式等，完成各自应承担的全部义务的法律行为。如果当事人只完成

了合同规定的部分义务，称为合同的部分履行或不完全履行；如果合同规定的义务全部没有完成，称为合同未履行或不履行合同。当事人按诚实信用的原则全面履行合同，是当事人订立合同所追求的根本目的。因此，有关合同履行的规定，是《合同法》的核心内容之一。

一、合同履行的基本规则

（一）合同某些条款不明确时的履行规则

合同生效后，当事人就质量、价款或者报酬、履行地点等内容没有约定或者约定不明确的，可以协议补充；不能达成补充协议的，按照合同有关条款或者交易习惯确定；仍不能确定的，按下述规则履行：

（1）质量要求不明确的，按照国家标准、行业标准履行；没有国家标准、行业标准的，按照通常标准或者符合合同目的的特定标准履行。

（2）价款或者报酬不明确的，按照订立合同时履行地的市场价格履行；依法应当执行政府定价或者政府指导价的，按照规定履行。

（3）履行地点不明确，给付货币的，在接受货币一方所在地履行；交付不动产的，在不动产所在地履行；其他标的，在履行义务一方所在地履行。

（4）履行期限不明确的，债务人可以随时履行，债权人也可以随时要求履行，但应当给对方必要的准备时间。

（5）履行方式不明确的，按照有利于实现合同目的的方式履行。

（6）履行费用的负担不明确的，由履行义务一方负担。

（二）合同的价格发生变化时的履行规则

对于执行政府定价或者政府指导价的，在合同约定的交付期限内政府价格调整时，按照交付时的价格计价。逾期交付标的物的，遇价格上涨时，按照原价格执行；价格下降时，按照新价格执行。逾期提取标的物或者逾期付款的，遇价格上涨时，按照新价格执行；价格下降时，按照原价格执行。

二、合同履行中的抗辩权

抗辩权，是指当事人一方依法对抗对方要求和权利主张的权利。分为同时履行抗辩权和异时履行抗辩权。

案例 4-14 承包商与业主签订的施工合同中约定由承包商先修建工程，然后按照工程量结算工程款。如果承包商没有达到合同中约定的质量标准，则（　　）。

A. 业主可以行使同时履行抗辩权

B. 业主可以行使不安履行抗辩权

C. 业主可以行使后履行一方的抗辩权，但不能追究承包商的违约责任

D. 业主可以行使后履行一方的抗辩权，也可以同时追究承包商的违约责任

（一）同时履行抗辩权

《合同法》第 66 条规定，当事人互负债务，没有先后履行顺序的，应当同时履行。一方在对方履行之前有权拒绝其履行要求。一方在对方履行债务不符合约定时，有权拒绝其相应的履行要求。

因此，同时履行抗辩权系指同时履行的合同当事人，在对方未为对待给付之前，有权对

抗对方的履行要求，拒绝自己的履行。

（二）异时履行抗辩权

《合同法》第 67 条规定，当事人互负债务，有先后履行顺序，先履行一方未履行的，后履行一方有权拒绝其履行要求。先履行一方履行债务不符合约定的，后履行一方有权拒绝其相应的履行要求。

异时履行抗辩权具体可分为后履行一方的抗辩权和先履行一方的抗辩权两种。

1. 后履行一方的抗辩权

指在约定有先后履行顺序的合同中，后履行合同的一方有权要求应当先履行的一方履行其义务，如果应当先履行的一方未履行或履行不符合约定，后履行的一方可以行使抗辩权，拒绝先履行一方的履行请求。

案例 4-14 分析：

答案：D

理由：承包商与业主签订的施工合同中约定由承包商先修建工程，然后按照工程量结算工程款。这种情形属于抗辩权中的后履行一方的抗辩权。如果承包商没有达到合同中约定的质量标准属于没有按照合同的要求履行合同，按照违约处理，所以应该承担违约责任。

2. 先履行一方的抗辩权——不安抗辩权

指在约定有先后履行顺序的合同中，本应先履行合同的一方，在有确切证据证明对方有丧失或可能丧失履行债务能力的情况下，有拒绝履行的权利。先履行一方的这种抗辩权也称为不安抗辩权。

案例 4-15 甲、乙签订了一份买卖合同，双方约定甲应在 3 月 10 日前先向乙支付 10 万元的预付货款，乙于 6 月 10 日交货，验收合格后 5 天付余款。3 月 9 日，甲从报纸上得知，乙因意外火灾，厂房设备均被烧毁。于是通知乙，在乙提供担保前中止履行支付预付货款。

问题：试分析甲能否暂停支付预付货款？为什么？

可行使不安抗辩权的情形，《合同法》第 68 条有明确的规定："应当先履行债务的当事人，有确切证据证明对方有下列情形之一的，可以中止履行：(一)经营状况严重恶化；(二)转移财产、抽逃资金，以逃避债务；(三)丧失商业信誉；(四)有丧失或者可能丧失履行债务能力的其他情形。当事人没有确切证据中止履行的，应当承担违约责任。"

案例 4-15 分析：

在乙提供担保之前，甲可以拒付预付货款，甲具备行使不安抗辩权的条件。

此外，《合同法》对于当事人行使不安抗辩权的限制条件也作了明确规定，即当事人依照本法第 68 条的规定中止履行的，应当及时通知对方。对方提供适当担保时，应当恢复履行。中止履行后，对方在合理期限内未恢复履行能力并且未提供适当担保的，中止履行的一方可以解除合同。

三、合同履行中债权人的代位权与撤销权

案例 4-16 2007 年元旦，张某（该公司职员）与某建筑公司签订内部承包协议，约定张某承包该公司第一项目部并作为项目经理，向公司上交项目经理，向公司上交管理费，其所

联系的工程以公司名义签订合同但由张某组织实施。2007年7月17日，某工程施工招标，张某代表建筑公司投标并中标，中标价168.2万元，暂估建筑面积5 100 m^2。次日，张某以建筑公司委托代理人身份与该工程业主签订施工合同，工期为330天，价款168.2万元，单价每平方米270元，建筑面积6 800 m^2，最后以实际竣工面积为5 900 m^2 无异议，但就结算总价款出现争议。2010年上半年双方就结算事宜达成和解，但业主方并未支付结算款。2010年6月张某以建筑公司怠于行使对上诉工程业主到期债权而损害其应得款项为由，以工程业主方为被告，代位建筑公司请求法院判令工程业主方支付剩余工程款79万元，提起代位权诉讼。

问题：如果张某提起代位权诉讼并具备哪些条件？是否能获得法院支持？

(一) 代位权

债权人的代位权，是指债权人为了保障其债权不受损害，而以自己的名义代替债务人行使债权的权利。

《合同法》第73条规定："因债务人怠于行使其到期债权，对债权人造成损害的，债权人可以向人民法院请求以自己的名义代位行使债务人的债权，但该债权专属于债务人自身的除外。代位权的行使范围以债权人的债权为限。债权人行使代位权的必要费用，由债务人负担。"

案例4-16分析：

张某提起代位权并可能获得法院支持应当符合下列条件：①张某对建筑公司的债权合法；②建筑公司怠于行使对工程业主方的到期债权，对张某造成损害；③张某对建筑公司的债权已到期；④建筑公司对工程业主方的债权不属于建筑公司自身的债权。

法院审理认为：张某代位权诉讼的第1项条件成立，即张某基于内部合同对建筑公司的债权合法成立；第3项条件成立，即根据工程承包合同，建筑公司尚有对张某未付款项；第4项条件成立，即建筑公司对工程业主方合同的债权不是具有人身性质的专属权利；但第2项条件不具备，根据建筑公司与工程业主方合同所约定的单价结合合同履行情况—建筑公司实际完成工程量、工程业主方向建筑公司实际付款金额，发现工程业主方已经超付工程款，即建筑公司对工程业主方不享有到期债权，因此，张某代位权诉讼请求驳回。

(二) 撤销权

债权人的撤销权，是指债权人对于债务人危害其债权实现的不当行使，有请求人民法院予以撤销的权利。

《合同法》第74条规定："因债务人放弃其到期债权或者无偿转让财产，对债权人造成损害的，债权人可以请求人民法院撤销债务人的行为。债务人以明显不合理的低价转让财产，对债权人造成损害，并且受让人知道该情形的，债权人也可以请求人民法院撤销债务人的行为。撤销权的行使范围以债权人的债权为限。债权人行使撤销权的必要费用，由债务人负担。"

四、建设工程合同履行的担保

案例4-17 A房地产开发公司与B公司共同出资设立了注册资本为80万元人民币的C有限责任公司。A的协议出资额为70万元，但未到位；B的出资额为10万元，已经到位。

C公司成立后与D银行订立了一个借款合同，借款额为50万元，期限为1年，利息5万元。该借款合同由E公司作为担保人，E公司将其一处评估价为80万元的土地使用权抵押给了D银行。C公司在经营中亏损，借款到期后无力还款。

问题：

1. D银行能否要求A公司承担还款责任，为什么？
2. D银行能否要求B公司承担还款责任，为什么？
3. D银行能否要求C公司承担还款责任，为什么？
4. D银行能否要求D公司承担还款责任，为什么？

合同履行的担保是保证合同履行的一项法律制度，是合同当事人全面履行合同及避免因对方违约遭受损失而设定的保证措施。合同履行的担保是通过签订担保合同或是在合同中设立担保条款来实现的。担保合同是从合同，被担保合同是主合同。担保合同是随着被担保合同的履行而消失。而被担保人不履行其义务且不承担相应责任时，担保人则应承担其担保责任。

常见的建设工程合同担保形式有保证、抵押、定金、留置四种。

(一) 保证

案例4-18 A企业与B企业签订了一份购销合同，由A企业向B企业供货，货物价值10万元，B企业收货后1个月内付款，并约定由甲公司为B企业作一般保证。A企业依约履行后，B企业在1个月内未支付货款。A企业便向甲公司主张债权，被甲公司拒绝。

问题：试分析甲公司拒绝承担保证责任是否合法？

保证是指保证人与债权人约定，当债权人（被保证人）不履行债务时，由保证人按照约定代为履行或代为承担责任的担保方式。在建设工程活动中，保证是最为常见的一种担保方式。具有代为清偿债务能力的法人、其他组织或者公民，可以作为保证人。但在建设工程活动中，由于担保的标的额较大，保证人往往是银行，也有信用较高的其他担保人，如担保公司。银行出具的保证通常称为保函，其他保证人出具的书面保证一般称为保证书。

保证的方式有两种：①一般保证；②连带责任保证。

当事人在保证合同中约定，债务人不能履行合同时，由保证人承担保证责任的，为一般保证。当事人在保证合同中约定保证人与债务人对债务承担连带责任的，为连带责任保证。连带责任保证的债务人在主合同规定的债务履行期届满没有履行债务的，债权人可以要求债务人履行债务，也可以要求保证人在其保证范围内承担担保责任。

当事人对保证方式没有约定或者约定不明确的，按照连带责任保证承担责任。

具有代为清偿债务能力的法人、其他组织或者公民，可以作为保证人。但是以下组织不能作为保证人：

(1) 国家机关不得为保证人，但经国务院批准为使用外国政府或者国际经济组织贷款进行转贷的除外。

(2) 学校、幼儿园、医院等以公益为目的的事业单位、社会团体不得为保证人。

(3) 企业法人的分支机构、职能部门不得为保证人。企业法人的分支机构有法人书面授权的，可以在授权范围内提供保证。

任何单和个人不得强令银行等金融机构或者企业为他人提供保证；银行等金融机构或

者企业对强令其为他人提供保证的保证行为，有权拒绝。

保证期间，债权人依法将主债权转让给第三人的，保证人在原保证担保的范围内继续承担保证责任。保证另有合同约定的，按照约定。保证期间，债权人许可债务人转让债务的，应当取得保证人书面同意，保证人对未经其同意转让的债务，不再承担保证责任。债权人与债务人协议变更主合同的，应当取得保证人书面同意，未经保证人书面同意的，保证人不再承担保证责任。保证合同另有约定的，按照约定。

一般保证的保证人未约定保证期间的，保证期间为主债务履行期限届满之日起6个月。连带责任保证的保证人与债权人未约定保证期间的，债权人有权自主债务履行期届满之日起6个月内要求保证人承担保证责任。

案例4-18分析：

合法。甲公司承担的是一般保证，具有先诉抗辩权，A企业应先向B企业追偿货款。

（二）抵押

案例4-19　债务人甲将其所有的一套红木家具抵押给债权人乙。后来，甲无力清偿到期债，乙要求实现抵押权。在此之前，甲已将红木家具转让给了丙，但未告知丙该红木家具已经抵押的情况，也没有通知乙。

问题：试分析乙能否形式抵押权？为什么？

按照《担保法》《物权法》的规定，抵押是指债务人或第三人不转移对财产的占有，将该财产作为债权的担保。债务人不履行债务时，债权人有权按照法律规定以该财产折价或者以拍卖、变卖该财产的价款优先受偿。其中，债务人或者第三人称为抵押人，债权人称为抵押权人。

债务人或者第三人提供担保的财产为抵押物。由于抵押物是不转移其占有的，因此能够为抵押物的财产必须具备一定的条件。这类财产轻易不会灭失，其所有权的转移应当经过一定的程序。

下列财产可以作为抵押物：

（1）抵押人所有的房屋和其他地上定着物；

（2）抵押人所有的机器、交通运输工具和其他财物；

（3）抵押人依法有权处置的国有土地使用权、房屋和其他地上定着物；

（4）抵押人依法有权处置的国有机器、交通运输工具和其他财产；

（5）抵押人依法承包并经发包方同意抵押的荒山、荒沟、荒丘、荒滩等荒地的土地使用权；

（6）依法可以抵押的其他财产。

下列财产不得抵押：

（1）土地所有权；

（2）耕地、宅基地、自留山等集体所有的土地使用权；

（3）学校、幼儿园、医院以公益为目的的事业单位、社会团体的教育设施、医疗卫生设施和其他社会公益设施；

（4）所有权、使用权不明或者有争议的财产；

（5）依法被查封、扣押、监管的财产；

（6）依法不得抵押的其他财产。

债务履行期届满抵押权人未受清偿的，可以与抵押人协议以抵押物折价或者以拍卖、变卖该抵押物所得的价款受偿;协议不成的,抵押权人可以向人民法院提起诉讼。抵押物折价或者拍卖、变卖后,其价款超过债权数额的部分归抵押人所有,不足部分由债务人清偿。

案例4-19分析:

如果该抵押合同未进行登记,则乙的抵押权不得对抗丙,乙的损失由甲承担。如果该抵押合同已经登记,由于甲转让已经办理登记的抵押物没有告知丙,也未通知乙,该转让无效,乙可以行使抵押权。

(三) 质押

按照《担保法》《物权法》的规定,质押是指债务人或者第三人将其动产或权力移交债权人占有,将该动产作为债权的担保。债务人不履行债务时,债权人有权以该动产折价或者以拍卖、变卖该动产的价款优先受偿的担保方式。

案例4-20 下列( )可以作为权力质押。

A. 王某的小汽车　　B. 张某持有国库券若干

C. 李某的存款单　　D. 赵某的记名支票

债权人就是质权人。将动产或权利用于质押担保的债务人或者第三人就是出质人。移交的动产或权力就是质物。

质押分为动产质押和权力质押。权力质押一般是将权利凭证交付质押人的担保。可以质押的权利包括:

(1) 汇票、支票、本票、债券、存款单、仓单、提单;

(2) 依法可以转让的股份、股票;

(3) 依法可以转让的商标专利权、专利权、著作权中的财产权;

(4) 依法可以质押的其他权力。

案例4-20答案: BCD。

(四) 留置

案例4-21 下列( )合同中,债权人无权行使留置权。

A. 保管合同　　B. 运输合同　　C. 加工承揽合同　　D. 购销合同

按照《担保法》《物权法》的规定,留置是指债权人按照合同约定占有债务人的动产,债务人不按照合同约定的期限履行债务的,债权人有权以该财产折价或者以变卖、拍卖该财产的价款优先受偿的担保方式。

债权人就是留置权人。动产被留置的债务人就是留置人。被留置的财产就是留置物。

由于留置是一种比较强烈的担保方式,必须依法行使。《担保法》规定,因保管合同、运输合同、加工承揽合同发生的债权,债务人不履行债务的,债权人有留置权。

留置权人负有妥善保管留置物的义务。因保管不善致使留置物灭失或者毁损的,留置劝人应当承担民事责任。

案例4-21答案:D

(五) 定金

《担保法》规定,当事人可以约定一方向对方给付定金作为债权的担保。债务人履行债务后,定金应当作为价款或者收回。

给付定金的一方不履行约定的债务的,无权要求返还定金;收受定金的一方不履行约定的债务的,应当双倍返还定金。

案例 4-17 分析:

1. 可以要求 A 公司承担还款责任。因为,A 公司的注册资金没有到位,应当在认缴出资额的范围内对 C 公司的债务承担连带责任。按照《公司法》第 3 条规定,"有限责任公司的股东以其认缴的出资额为限对公司承担责任。"A 公司是 C 公司的股东,认缴的出资额为 70 万元,但没有到位,D 银行有权要求 A 公司在 70 万元限额内承担还款责任。

2. 不能要求 B 公司承担还款责任。因为,按照《公司法》第 3 条规定,"有限责任公司的股东以其认缴的出资额为限对公司承担责任。"B 公司认缴的出资已经到位,B 公司以其认缴的出资额为限对 C 公司的债务承担责任。

3. 可以要求 C 公司承担还款责任。因为,D 银行与 C 公司存在合同关系,C 公司是债务人。《民法通则》第 84 条规定:"债权人有权要求债务人按照合同的约定或者依照法律的规定履行义务。"

4. 不能要求 E 公司承担还款责任。E 公司作为抵押人而不是债务人,D 银行只能要求处分抵押物,无权要求 E 公司承担连带责任。《担保法》第 33 条规定,"债务人不履行债务时,债权人有权依照本法规定以该财产折价或者以拍卖、变卖该财产的价款优先受偿。"第 53 条规定,"抵押物折价或者拍卖、变卖后,其价款超过债权数额的部分归抵押人所有,不足部分由债务人清偿。"因此,当抵押物价款低于担保的数额时,债权人只能向债务人主张债权。

任务 7　建设工程工期和支付价款的规定

一、建设工程工期

2013 年 4 月住房和城乡建设部、国家工商行政管理总局经修改后发布的《建设工程施工合同(示范文本)》规定,工期是指合同协议书约定的承包人完成工程所需的期限,包括按照合同约定所做的期限变更。

案例 4-22　某电器公司与某建筑公司签订了《建筑工程施工合同》,对工程内容、工程价款、支付时间、工程质量、工期、违约责任等作了具体约定。在施工过程中,电器公司对施工图纸先后做了 8 次修改,但未能按期交付图纸,致使工期有所拖延。竣工验收时,电器公司对部门工程质量提出了异议。经双方协商无果,电器公司向法院提出了诉讼,要求建筑公司因工期延误承担违约责任。

问题:

1. 建筑公司是否应当对工期的延误承担违约责任?
2. 建筑公司今后在施工合同中应当注意哪些问题?

(一) 开工日期

开工日期是指发包人、承包人在协议书中约定,承包人开始施工的绝对或相对的日期。

开工日期,包括计划开工日期和实际开工日期。计划开工日期是指合同协议书约定的开工日期。实际开工日期是指监理人按照约定发出的符合法律规定的开工通知中载明的开工日期。

经发包人同意后,监理人发出的开工通知应符合法律规定。监理人应在计划开工日期7天前向承包人发出开工通知,工期自开工通知中载明的开工日期起算。

(二) 暂停施工

暂停施工包括发包人或承包人原因引起的暂停施工、指示暂停施工和紧急情况下的暂停施工。

因发包人原因引起暂停施工的,监理人经发包人同意后,应及时下达暂停施工指示。情况紧急且监理人未及时下达暂停施工指示的,按照紧急情况下的暂停施工执行。因发包人原因引起的暂停施工,发包人应承担由此增加的费用和(或)延误的工期,并支付承包人合理的利润。

因承包人原因引起的暂停施工,承包人应承担由此增加的费用和(或)延误的工期,且承包人在收到监理人复工指示后84天内仍未复工的,视为"承包人明确表示或者以其行为表明不履行合同主要义务的"承包人违约的情形。

指示暂停施工。监理人认为有必要时,并经发包人批准后,可向承包人做出暂停施工的指示,承包人应按监理人指示暂停施工。

因紧急情况需暂停施工,且监理人未及时下达暂停施工指示的,承包人可先暂停施工,并及时通知监理人。监理人应在接到通知后24小时内发出指示,逾期未发出指示,视为同意承包人暂停施工。监理人不同意承包人暂停施工的,应说明理由,承包人对监理人的答复有异议,按照争议解决的约定处理。

(三) 工期顺延

因发包人原因未按计划开工日期开工的,发包人应该按实际开工日期顺延竣工日期,确保实际工期不低于合同约定的工期总日历天数。因发包人原因导致工期延误需要修订施工进度计划的,按照施工进度计划修订的约定执行。

因承包人原因造成工期延误的,可以在专用合同条款中约定逾期竣工违约金的计算方法和逾期竣工违约金的上限。承包人支付逾期竣工违约金后,不免除承包人继续完成工程即修补缺陷的义务。

(四) 竣工日期

竣工日期,包括计划竣工日期和实际竣工日期。

计划竣工日期是指合同协议书约定的竣工日期。实际竣工日期,是指工程经竣工验收合格的,以承包人提交竣工验收申请报告之日为实际竣工日期,并在工程接收证书中载明;因发包人原因,未在监理人收到承包人提交的竣工验收申请报告42日内完成竣工验收,或完成竣工验收不予签发工程接收证书的,以提交竣工验收申请报告的日期为实际竣工日期;工程未经竣工验收,发包人擅自使用的,以转移占用工程之日为实际竣工日期。

2004年10月发布的《最高人民法院关于审理建设工程合同纠纷案件适用法律问题的解释》规定,当事人对建设工程实际竣工日期有争议的,按照以下情形分别处理:

(1) 建设工程经竣工验收合格的,竣工验收合格之日为竣工日期;

(2) 承包人已经提交竣工验收报告,发包人拖延验收的,以承包人提交验收报告之日为竣工日期；

(3) 建设工程未经竣工验收，发包人擅自使用的，以转移占有建设工程之日为竣工日期。

案例4-22分析：

1. 对于工期的延误，该建筑公司不应当承担违约责任，但需要举证。因为，该建筑公司不应当为此而承担违约责任。但是，建筑公司应当向法院将电器公司修改的图纸的时间等相关证据予以举证，即证明工期延误非本建筑公司的作为所致。

2. 该建筑公司在今后的施工合同签订与履行过程中，应当对可能出现的工期延误情况做出专门的预期性约定，或者在合同履行中对由于对方原因而导致合同延期的情况做出书面认定，以备将来一旦发生诉讼时有据可查。

二、工程价款的支付

按照合同约定的时间、金额和支付条件支付工程价款，是发包人的主要合同义务，也是承包人的主要合同权利。

《合同法》规定，合同生效后，当事人就质量、价款或者报酬、履行地点等内容没有约定或者约定不明确的，可以协议补充；不能达成补充协议的，按照合同有关条款或者交易习惯确定。

如果按照合同有关条款或者交易习惯仍不能确定的，《合同法》规定价款或者交易不能确定的，《合同法》规定，价款或者报酬不明确的，按照订立合同履行地的市场价格履行；依法应当执行政府定价或者政府指导价的，按照规定履行；履行期限不明确的，债务人可以随时履行，债权人也可以随时要求履行，但应当给对方必要的准备时间。

案例4-23 某开发商在与某建筑公司商谈建筑工程施工合同时，要求该建筑公司必须先行垫资施工。该建筑公司为了获得签约，答应了开发商的要求，但对垫资作何处理没有做出特别约定。当工程按期如约完工后，该建筑公司要求开发商除支付工程款外，还应将先前的工程垫资款按照借款处理，并支付相应的利息。

问题：该建筑公司要求开发商将工程垫资按借款处理并支付相应的利息是否可以得到法律的支持？

(一) 支付工程竣工结算价款的前提条件和支付程序

《合同法》规定，验收合同的，发包人应当按照约定支付工程价款，并接受该建设工程。据此，工程经竣工验收合同时承包人取得工程价款的前提条件。

工程预付款、进度款的支付程序按照合同约定进行。工程竣工结算价款的支付程序一般为：

(1) 承包人向发包人递交竣工结算报告及完整的结算资料；

(2) 发包人对承包人的竣工结算报告及结算资料进行审核；

(3) 发包人确认竣工结算报告后通知经办银行向承包人支付工程竣工结算价款；

(4) 发包人、承包人对工程竣工结算价款发生争议时，按照合同约定的争议解决条款处理。

(二) 合同价款的确定

招标工程的合同价款由发包人、承包人依据中标通知书中的中标价格在协议书内约定。

非招标工程的合同价款由发包人、承包人依据工程预算书在协议书内约定。合同价款在协议书内约定后，任何一方不得擅自改变。

合同价款的确定方式有固定价格合同、可调价格合同、成本加酬金合同，双方可在专用条款内约定采用其中一种。

住房和城乡建设部 2013 年 12 月发布的《建筑工程施工发包和承包计价管理办法》规定，招标人与中标人应当根据中标价订立合同。不实行招标投标的工程由发承包双方协商订立合同。合同价款的有关事宜由发承包双方约定，一般包括合同价款约定方式，预付工程款、工程进度款、工程竣工价款的支付和结算方式，以及合同价款的调整情形等。

发承包双方在确定合同价款时，应当考虑市场环境和生产要素价格变化对合同价款的影响。实行工程量清单计价的建筑工程，鼓励发承包双方可以采用总价方式确定合同价款。紧急抢救、救灾以及施工技术特别复杂的建筑工程，发承包双方可以采用成本加酬金方式确定合同价款。

对于“黑白合同”的纠纷，《最高人民法院关于审理建设工程施工合同纠纷案件适用法律问题的解释》第 21 条规定：“当事人就同一建设工程另行订立的建设工程施工合同与经过备案的中标合同实质性内容不一致的，应当以备案的中标合同作为结算工程借款的根据。”

（三）工程价款的支付和竣工结算

《合同法》规定，验收合格的，发包人应当按照约定支付价款，并接收该建设工程。

《建筑工程施工发包和承包计价管理办法》进一步规定，预付工程款按照合同价款或者年度工程计划额度的一定比例确定和支付，并在工程进度款中予以抵扣。承包方应当按照合同约定向发包方提交已完成工程量报告。发包方收到工程量报告后，应当按照合同约定及时核对并确认。发承包双方应当按照合同约定，定期或者按照进度分段进行工程款结算和支付。

工程完工后，应当按照下列规定进行竣工结算：①承包方应当在工程完工后的约定期限内提交竣工结算文件。②国有资金投资在建筑工程的发包方，应当委托具有相应资质的工程造价咨询企业对竣工结算文件进行审核，并在收到竣工结算文件后的约定期限内向承包方提出由工程造价咨询企业出具的竣工结算文件审核意见；逾期未答复的，按照合同约定处理，合同没有约定的，竣工结算文件视为已被认可；发包方对竣工结算文件有异议的，应当在答复期内向承包方提出，并可以在提出异议之日起的约定期限内与承包方协商；发包方在协商期内未与承包方协商或者经协商未能与承包方达成协议的，应当委托工程造价咨询企业进行竣工结算审核，并协商期满后的约定期限内向承包方提出由工程造价咨询企业出具的竣工结算文件审核意见。③承包方对发包方提出的工程造价咨询企业竣工结算审核意见有异议的，在接到该审核意见后 1 个月内，可以向有关工程造价管理机构或者有关行业组织申请调解，调解不成的，可以依法申请仲裁或者向人民法院提起诉讼。发承包双方在合同中对本条第(1)项、第(2)项的期限没有明确约定的，应当按照国家有关规定执行；国家没有规定的，可认为其约定期限均为 28 日。

工程竣工结算文件经发承包双方签字确认的，应当作为工程决算的依据，未经对方同意，另一方不得就以生效的竣工结算文件委托工程造价咨询企业重复审核。发包方应当按照竣工结算文件及时支付竣工结算款。

（四）合同价款的调整

《建筑工程施工发包与承包计价管理办法》中规定，发承包双方应当在合同中约定，发生下列情形时合同价款的调整方法：①法律、法规、规章或者国家有关政策变化影响合同价款的；②工程造价管理机构发布价格调整信息的；③经批准变更设计的；④发包方更改审定批准的施工组织设计造成费用增加的；⑤双方约定的其他因素。

（五）解决工程价款结算争议的规定

1. 视为发包人认可承包人的单方结算价

《最高人民法院关于审理建设工程施工合同纠纷案件适用法律问题的解释》规定，当事人约定，发包人收到竣工结算文件后，在约定期限内不予答复，视为认可竣工结算文件的，按照约定处理。承包人请求按照竣工结算文件工程价款的，应予支持。

2. 对工程量有争议的工程款计算

《最高人民法院关于审理建设工程施工合同纠纷案件适用法律问题的解释》规定，当事人对工程量有争议的，按照施工过程中形成的签证等书面文件确认。承包人能够证明发包人同意其施工，但未能提供签证文件证明工程量发生的，可以按照当事人提供的其他证据确认实际发生的工程量。

3. 欠付工程款的利息支付

发包人拖欠承包人工程款，不仅应当支付工程款本金，还应当支付工程款利息。

《最高人民法院关于审理建设工程施工合同纠纷案件适用法律问题的解释》规定，当事人对拖欠工程价款利息计付标准有约定的，按照约定处理；没有约定的，按照中国人民银行发布的同期同类贷款利率计算。

利息从应付工程价款之日计付。当事人对付款时间没有约定或者约定不明的，下列时间视为应付款时间：

（1）建设工程已实际交付的，为交付之日；

（2）建设工程没有交付的，为提交竣工结算文件之日；

（3）建设工程未交付，工程价款也未结算的，为当事人起诉之日。

4. 工程垫资的处理

《最高人民法院关于审理建设工程施工合同纠纷案件适用法律问题的解释》规定，当事人对垫资和垫资利息有约定，承包人请求按照约定返还垫资及利息的，应予支持，但是约定的利息计算标准高于中国人民银行发布的同期同类贷款利率的部分除外。

当事人对垫资没有约定的，按照工程欠款处理。当事人对垫资利息没有约定，承包人请求支付利息的，不予支持。

案例 4-23 分析：

《最高人民法院关于审理建设工程施工合同纠纷案件适用法律问题的解释》规定：“当事人对垫资和垫资利息有约定，承包人请求按照约定返还垫资及利息的，应予支持，但是约定的利息计算标准高于中国人民银行发布的同期同类贷款利率的部分除外。当事人对垫资没有约定的，按照工程欠款处理。当事人对垫资利息没有约定，承包人请求支付利息的，不予支持。”依据上述规定，该建筑公司要求开发商支付工程垫资款的要求可以得到法律支持，但是对其按借款并支付相应利息的要求不符合司法解释的规定，不能得到法律的支持。

5. 承包人工程价款的优先受偿权

案例 4-24 某建筑公司承包了某房地产开发公司开发的商品房建设工程，并签订了施工合同，就工程价款、竣工日期等作了详细约定。该工程如期完成并经验收合格，但房地产开发公司尚欠建筑公司工程款 1 250 万元。经建筑公司多次催要无果，便将房地产公司起诉至法院。在诉讼中，房地产开发公司以还欠另一家公司的债务为由，拒绝支付其尚欠的工程价款。

问题：

1. 房地产开发公司不向建筑公司支付工程价款的理由是否成立？
2. 建筑公司应当在什么时限内向法院提起诉讼？

《合同法》第 286 条规定，发包人未按照约定支付价款的，承包人可以催告发包人在合理期限内支付价款。发包人逾期不支付的，除按照建设工程的性质不宜折价、拍卖的以外，承包人可以与发包人协议将该工程折价，也可以申请人民法院将该工程依法拍卖。建设工程的价款就该工程折价或者拍卖的价款优先受偿。

2002 年 6 月发布的《最高人民法院关于审理建设工程施工合同纠纷案件适用法律问题的解释》规定：

(1) 人民法院在审理房地产纠纷案件和办理执行案件中，应当按照《合同法》第 286 条的规定，认定建筑工程的承包人的优先受偿权优于抵押权和其他债权。

(2) 消费者交付购买商品房的全部或者大部分款项后，承包人就该商品房享有的工程价款优先受偿不得对抗买受人。

(3) 建筑工程价款包括承包人为建设工程应当支付的工作人员报酬、材料款等实际支出的费用，不包括承包人因发包人违约所造成的损失。

(4) 建设工程承包人行使优先权的期限为 6 个月，自建设工程竣工之日或者建设工程合同的竣工之日起计算。

案例 4-24 分析：

1. 房地产开发公司不向建筑公司支付工程价款的理由不能成立。我国《合同法》第 286 条规定："发包人未按照约定支付价款的，承包人可以催告发包人在合理期限内支付价款。发包人逾期不支付的，除按照建设工程的性质不宜折价、拍卖的以外，承包人可以与发包人协议将该工程折价，也可以申请人民法院将该工程依法拍卖。建设工程的价款就该工程折价或者拍卖的价款优先受偿。"《最高人民法院关于建设工程价款优先受偿权问题的批复》第 1 条规定："人民法院在审理房地产纠纷案件和办理执行案件中，应当依据《中华人民共和国合同法》第 286 条的规定，认为建筑工程的承包人的优先受偿优于抵押权和其他债权。"依据上述规定，房地产开发公司以欠另一公司债务而不向建筑公司支付工程价款的理由不能成立，本案中建筑公司的工程款应当优先于第三方的债权。

2. 《最高人民法院关于建设工程价款优先受偿权问题的批复》第 4 条规定："建设工程承包人行使优先权的期限为 6 个月，自建设工程竣工之日或建设工程合同约定的竣工之日起计算。"据此，建筑公司应当在建筑工程竣工之日或者建筑工程合同约定的竣工之日起 6 个月之内向人民法院提起诉讼。如果过了这个时限，该建筑公司将失去建筑工程价款的优先受偿权。

任务 8　违约责任及违约责任的免除

一、违约责任的概念和特征

违约责任，是指合同当事人因违反合同义务所承担的责任。《合同法》第 107 条规定："当事人一方不履行合同义务或者履行合同义务不符合约定的，应当承担继续履行、采取补救措施或者赔偿损失等违约责任。"

违约责任具有如下特征：

(1) 违约责任的产生是以合同当事人不履行合同义务为条件的；

(2) 违约责任具有相对性；

(3) 违约责任主要具有补偿性，即旨在弥补或补偿因违约行为造成的损害后果；

(4) 违约责任可以由合同当事人约定，但约定不符合法律要求的，将会被宣告无效或被撤销；

(5) 违约责任是民事责任的一种形式。

二、当事人承担违约责任应具备的条件

《合同法》规定，当事人一方明确表示或者以自己的行为表明不履行合同义务的，对方可以在履行期限届满之前要求其承担违约责任。

承担违约责任的条件如下：

(1) 合同当事人发生了违约行为，即有违反合同义务的行为；

(2) 非违约方只需证明违约方的行为不符合合同约定，便可以要求其承担违约责任，而不需要证明其主观上是否具有过错；

(3) 违约方若想免于承担违约责任，必须举证证明其存在法定的或约定的免责事由，而法定免责由主要限于不可抗力，约定的免责事由主要是合同中的免责条款。

三、承担违约责任的方式

关于承担违约责任的方式，《合同法》规定了下列四种：

(一) 继续履行合同

继续履行是指由于当事人一方的过错造成违约事实发生以后，合同不经解除，仍然有法律效力，违约责任人不能以支付违约金或赔偿损失为由拒绝履行。

《合同法》第 110 条规定："当事人一方不履行非金钱债务或者履行非金钱债务不符合约定的，对方可以请求履行，但有下列情形之一的除外：①法律上或者事实上不能履行；②债务的标的不适于强制履行或者履行费用过高；③债权人在合理期限内未要求履行。"继续履行可以与违约金、定金、赔偿损失并用，但不能与解除合同的方式并用。

(二) 采取补救措施

采取补救措施是违约人在违约事实发生以后，为了减少对方的损失而采取的一些措施。此违约责任方式，主要发生在当事人一方履行合同，质量不符合约定的情况下，此时，当事人另一方为防止损失发生或扩大，而依照法律规定或合同约定采取修理、更换、退货等措施。

《合同法》第 111 条规定:“质量不符合约定的,应当按照当事人的约定承担违约责任。对违约责任没有约定或者约定不明确,依照本法第 61 条的规定仍不能确定的,受损害方根据标的性质以及损失的大小,可以合理选择要求对方承担修理、更换、重作、退货、减少价款或者报酬等违约责任。”

(三) 赔偿损失

根据《合同法》规定,当事人一方不履行合同义务或者履行合同义务不符合约定的,在履行义务或者采取补救措施后,对方还有其他损失的,应当赔偿损失。

此外,当事人一方不履行合同义务或者履行合同义务不符合约定,给对方造成损失的,损失赔偿额应当相当于因违约所造成的损失,包括合同履行后可以获得的利益,但不得超过违反合同一方订立合同时预见到或者应当预见到的因违反合同可能造成的损失。

经营者对消费者提供商品或者服务有欺诈行为的,依照《中华人民共和国消费者权益保护法》的规定承担损害赔偿责任。

(四) 支付违约金或适用定金罚则

案例 4-25 甲公司与乙公司签订了一份买卖合同,合同货物价款为 40 万元。合同约定:乙公司支付定金 4 万元;任何一方不履行合同,应该支付违约金 6 万元。现甲公司违约,乙公司向法院起诉,要求甲公司双倍返还定金,并支付违约金。

问题:法院能否支持其诉求?

《合同法》规定,当事人违约后,可通过向对方支付约定的违约金来承担相应的违约责任。

如《合同法》第 114 条规定,当事人可以约定一方违约时应当根据违约情况向对方支付一定数额的违约金,也可以约定因违约产生的损失赔偿额的计算方法。

约定的违约金低于造成的损失的,当事人可以请求人民法院或者仲裁机构予以增加;约定的违约金过分高于造成的损失的,当事人可以请求人民法院或者仲裁机构予以适当减少。当事人就迟延履行约定违约金的,违约方支付违约金后,还应当履行债务。

根据上述规定可看出,《合同法》规定的支付违约金本质上应为补偿性违约金,体现为对损失的补偿为主,因而不是以制裁性为立法用意。

此外,《合同法》还规定,当事人可以依照《中华人民共和国担保法》约定一方向对方给付定金作为债权的担保。债务人履行债务后,定金应当抵作价款或者收回。给付定金的一方不履行约定的债务的,无权要求返还定金;收受定金的一方不履行约定的债务的,应当双倍返还定金。此即适用定金罚则的违约责任方式。

如果当事人既约定违约金,又约定了定金的,根据《合同法》规定,一方违约时,对方可以选择适用违约金或者定金条款。这也再次体现了《合同法》在违约责任中的非制裁性立法主旨。

案例 4-25 分析:

乙公司只能要求双倍返还定金或者支付违约金。

根据《合同法》的规定,当事人既约定违约金,又约定定金的,一方违约时,对方只能选择适用违约金或者定金条款。所以,乙公司要求甲公司既双倍返还定金又支付违约金,法院是不会予以支持的。

四、合同违约责任的免责

合同不履行或者履行合同义务不符合规定等违约事实的发生，如果不是当事人一方的过错引起，而是由于不可抗力原因造成的，违约者可向对方请求部分或全部免除责任，但法律另有规定的除外。当事人迟延履行后发生不可抗力的，不能免除责任。

当事人一方因不可抗力不能履行合同的，应及时通知另一方，以减轻可能给对方造成的损失，并在合理的期限内提供证明。

案例 4-26　李小姐于 2004 年 3 月和某楼盘的开发商签订了购房合同，购买位于该小区二期的商品房一套，合同约定交房时间为 2005 年 5 月 1 日。到期后，开发商未能如期交房。于是李小姐起诉开发商违约，要求其承担违约责任。开发商辩称有下列不可抗力情形影响了工程进度，应该免责：首先，工程在建过程中，发现了勘察时没有发现的地质软层；其次，长期阴雨天气；最后，公司采购的原材料在运输过程中遇到火灾。

问题：分析本案应该如何处理？

此外，发生下列情况之一的，当事人有权请求免除责任：

(1) 因国家指令性计划有重大修改，对合同不履行或不完全履行做出了免责规定的；

(2) 法律规定或当事人约定在某种情况下不履行可以免除责任的；

(3) 当事人一方过错造成合同不能履行，对方可以免除责任。

案例 4-26 分析：

开发商应该承担违约责任。根据《合同法》规定，能够免除违约责任的不可抗力是指不能预见、不能避免并不能克服的客观情况。而本案中开发商的辩称理由是应当预见的风险因素，不属于不能预见、不能避免并不能克服的客观情况，故不能免除违约责任。

任务 9　劳动合同订立的规定

劳动合同是市场经济体制下，用人单位与劳动者进行双向选择、确定劳动关系、明确双方权利与义务的协议，是保护劳动者合法权益的基本依据。

案例 4-27　小李“托亲戚找朋友”好不容易进了一家公司工作，当时没有签订合同，进去后干的活很杂，工作岗位不固定，每个月领的工资也不一样。一年后，他多次与公司协商签订劳动合同，想把工作岗位、内容和工资等各方面固定下来，可公司总是以“我们需要一个能干杂活的人”“公司效益不固定，工资也不能固定”“如果不想干就另谋高就”等理由予以推托。结果，他干了一年多，合同也没签成。后来公司换了个老板，一上任就把他辞退了。

问题：该公司的做法是否正确？

劳动关系是指劳动者与用人单位在实现劳动过程中建立的社会经济关系。由于存在着劳动关系，劳动者和用人单位都要受劳动法律的约束与规范。

用人单位自用工之日起即与劳动者建立劳动关系。用人单位与劳动者在用工前订立劳动合同的，劳动关系自用工之日起建立。

用人单位应当建立职工名册备查。职工名册应当包括劳动者姓名、性别、公民身份证号码、户籍地址及现住址、联系方式、用工形式、用工起始时间、劳动合同期限等内容。

案例 4-27 分析：

《中华人民共和国劳动合同法》第 82 条规定："用人单位自用工之日起超过一个月不满一年未与劳动者订立书面劳动合同的，应当向劳动者每月支付两倍的工资。"《中华人民共和国劳动合同法》第 14 条第三款规定："用人单位自用工之日其满一年不与劳动者订立书面劳动合同的，视为用人单位与劳动者订立无固定期限劳动合同。"因此，《中华人民共和国劳动合同法》的规定，小李的要求是合法合理的，而公司辞退他是违法的，因为公司实际上与他已经订立了无固定期限的劳动合同。

一、订立劳动合同应遵守的原则

案例 4-28 王某到某公司应聘填写录用人员情况登记表时，隐瞒了自己曾先后两次受行政、刑事处分的事实，与公司签订了 3 年期限的劳动合同。事隔 3 日，该公司收到当地检察院对王某不起诉决定书。经公司进一步调查得知，王某曾因在原单位盗窃电缆而受到过严重警告处分，之后又盗窃原单位据布被查获，因王某认罪态度较好，故不起诉。该公司调查之后，以王某隐瞒受过处分，不符合本单位录用条件为由，在试用期内解除了与王某的劳动关系。

问题：王某的做法是否正确？

2012 年 12 月经修改后颁布的《劳动合同法》规定，订立劳动合同，应当遵循合法 、公平、平等自愿、协商一致、诚实信用原则。

用人单位招用劳动者，不得要求劳动者提供担保或者以其他名义向劳动者收取财物，不得扣押劳动者的居民身份证或者其他证件。

案例 4-28 分析：

《中华人民共和国劳动合同法》第 3 条规定：订立劳动合同，应当遵循合法、公平、平等自愿、协商一致、诚实信用的原则。平等自愿的原则是指劳动者和用人单位在法律上处于平等的地位，且劳动合同订立的过程是完全出于当事人自己的意愿，而且是内心的真实意思表示。诚实信用原则是指在劳动合同订立的过程中，劳动者和用人单位必须诚实、善意地行使权利，不诈不欺，诚实守信。

本案中，王某在填写录用人员情况等级表时，隐瞒了自己曾先后两次受行政、刑事处分的事实，是一种不诚实，不善意的行为，违背了诚实信用原则。虽然签订合同时双方自愿的，但这种自愿是建立在虚假材料的基础上的，本质上违背了平等自愿的原则。

二、劳动合同的种类

《劳动合同法》规定，劳动合同分为固定期限劳动合同、无固定期限劳动合同和已完成一定工作任务为期限的劳动合同。

（一）劳动合同期限

劳动的合同期限是指劳动合同的有效时间，是劳动关系当事人双方享有权利和履行义务的时间。它一般始于劳动合同的生效之日，终于劳动合同的终止之时。

劳动合同期限由用人单位和劳动者协商确定，是劳动合同的一项重要内容。无论劳动者与用人单位和劳动单位协商确定，是劳动合同的一项重要内容。无论劳动者与用人单位建立何种期限的劳动关系，都需要双方将该期限用合同的方式确认下来，否则将不能保证劳动合同内容的实现，劳动关系将会处于一个不确定状态。劳动合同期限是劳动存在的前提条件。

（二）固定期限劳动合同

固定期限劳动合同，是指用人单位与劳动者约定合同终止时间的劳动合同。即劳动合同双方当事人在劳动合同中明确规定了合同效力的起始和终止的时间。劳动合同期限届满，劳动关系即告终止。固定期限劳动合同可以是 1 年、2 年，也可以是 5 年、10 年，甚至更长时间。

（三）无固定期限劳动合同

案例 4-29　2008 年 5 月，某公司有 3 名员工已在该企业工作满 10 年，需要续签新的劳动合同。但改公司不打算再与其续签劳动合同。该公司人力资源部的经理依据原先的各地关于无固定期限劳动合同的做法与规定，向 3 位员工下发了到期不再续签劳动合同的书面通知。但 3 位员工不服，认为在该公司工作了这么多年，公司不应该这样做，于是他们向有关人员进行咨询。

问题：

1. 该 3 位员工坚决要求签订劳动合同，并且要求签订无固定期限劳动合同，依据《劳动合同法》的规定，是否应当签订无固定期限劳动合同？

2. 在公司不同意的情况下，是否可以签订无固定期限劳动合同？

无固定期限劳动合同，是指用人单位与劳动者约定无确定终止时间的劳动合同。无确定终止时间的劳动合同并不是没有终止时间，一旦出现了法定的解除情形或者双方协商一致解除的，无固定期限劳动合同同样可以解除。

用人单位与劳动者协商一致，可以订立无固定期限劳动合同。有下列情形之一，劳动者提出或者同意续订、订立劳动合同的，除劳动者提出订立固定期限劳动合同外，应当订立无固定期限劳动合同：

（1）劳动者在该用人单位连续工作满 10 年的；

（2）用人单位初次实行劳动合同制度或者国有企业改制重新订立劳动合同时，劳动者在该用人单位连续工作满 10 年且距法定退休年龄不足 10 年的；

（3）连续订立两次固定期限劳动合同，且劳动者没有本法第 39 条（即用人单位可以解除劳动合同的条件）和第 40 条第 1 项、第 2 项规定（即劳动者患病或者非因工负伤，在规定的医疗期满后不能从事原工作，也不能从事由用人单位另行安排的工作的；劳动者不能胜任工作，经过培训或者调整工作岗位，仍不能胜任工作的）的情形，续订劳动合同的。

若劳动者依据此处的规定提出订立无固定期限劳动合同的，用人单位应当与其订立无固定期限劳动合同。对劳动合同的内容，双方应当按照合法、公平、平等自愿、协商一致、诚实信用的原则协商确定。

对于这里的“10 年”的计算，《中华人民共和国劳动合同法实施条例》做出了详细的规定：

连续工作满 10 年的起始时间，应当自用人单位用工之日起计算，包括劳动合同法施行前的工作年限。

劳动者非因本人原因从原用人单位被安排到新用人单位工作的，劳动者在原用人单位的工作年限合并计算为新用人单位的工作年限。原用人单位已经向劳动者支付经济补偿的，新用人单位在依法解除、终止劳动合同计算支付经济补偿的工作年限时，不再计算劳动者在原用人单位的工作年限。

案例 4-29 分析：

1. 依据《劳动合同法》第 14 条第二款的规定，“劳动者在该用人单位连续工作满 10 年的，劳动者提出或同一续订、订立劳动合同的，应当订立无固定期限劳动合同。”本案中，3 位员工已经在该公司工作了 10 年，依据《劳动合同法》的规定，该公司必须与 3 位员工签订无固定期限劳动合同。

2. 3 位员工要求签订无固定期限劳动合同，尽管公司单方面不同意，依据上述规定，公司也必须与其续签无固定期限劳动合同，否则将构成违法。

(四) 以完成一定工作任务为期限的劳动合同

以完成一定工作任务为期限的劳动合同，是指用人单位与劳动者约定以某项工作的完成为合同期限的劳动合同。用人单位与劳动者协商一致，可以订立以完成一定工作任务为期限的劳动合同。

三、劳动合同的基本条款

劳动合同应当具备以下条款：

(1) 用人单位的名称、住所和法定代表人或者主要负责人；

(2) 劳动者的姓名、住址和居民身份证或者其他有效身份证件号码；

(3) 劳动合同期限；

(4) 工作内容和工作地点；

(5) 工作时间和休息休假；

(6) 劳动报酬；

(7) 社会保险；

(8) 劳动保护、劳动条件和职业危害防护；

(9) 法律、法规规定应当纳入劳动合同的其他事项。

劳动合同除前款规定的必备条款外，用人单位与劳动者可以约定试用期、培训、保守秘密、补充保险和福利待遇等其他事项。

劳动合同对劳动报酬和劳动条件等标准约定不明确，引发争议的，用人单位与劳动者可以重新协商；协商不成的，适用集体合同规定；没有集体合同或者集体合同未规定劳动报酬的，实行同工同酬；没有集体合同或者集体合同未规定劳动条件等标准的，适用国家有关规定。

四、订立劳动合同应当注意的事项

案例 4-30 某建筑公司的一位老会计因故离职，该建筑公司聘请徐女士于 2012 年 9 月 15 日接替了原会计的工作，并自该日起，徐女士开始接受财务工作。9 月 30 日，徐女士与该建筑公司签订了劳动合同。由于徐女士的会计职称级别与原会计相同，双方在协商劳动合同时对工资数额发生分歧，便在劳动合同中约定徐女士工资暂定每月3 000元，待年底视公司效益情况，再酌情给予一定的奖励。2012年年底，徐女士提出要求公司按照约定向其发放奖金，但公司说效益不好，不能发放徐女士的奖金。后徐女士提出，劳动合同中对其工资的约定不明确，应当按照同样工作岗位的员工工资补齐差额部分，并应补发其劳动合同签订前自9月15日至9月29日的工资。

问题：

1. 徐女士的要求是否合法？
2. 该建筑公司今后应当注意或者改进哪些做法？

（一）建立劳动关系即应订立劳动合同

用人单位自用之日起即与劳动者建立劳动关系。《劳动合同法》规定，建立劳动关系，应当订立书面劳动合同。已建立劳动关系，未同时订立书面劳动合同的，应当自用工之日起1个月内订立书面劳动合同。用人单位未在用工的同时订立书面劳动合同，与劳动者约定的劳动报酬不明确的，新招用的劳动者的劳动报酬应当按照企业的或者同行业的集体合同规定的标准执行；没有集体合同的，用人单位应当对劳动者实行同工同酬。用人单位与劳动者在用工前订立劳动合同的，劳动关系自用工之日起建立。

合同有书面形式、口头形式和其他形式。按照《劳动合同法》的规定，除了非全日制用工（即以小时计酬为主，劳动者在同一用人单位一般平均每日工作时间不超过4小时，每周工作时间累积不超过24小时的用工形式）可以订立口头协议外，建立劳动关系应当订立书面劳动合同。如果没有订立书面合同，不订立书面合同的一方将要承担相应的法律后果。劳动合同文本由用人单位和劳动者各执一份。

案例4-30分析：

1. 徐女士的要求是合法的。《劳动合同法》第7条规定："用人单位自用工之日起即与劳动者建立劳动关系。"徐女士在9月15日虽然还没有和公司签订书面劳动合同，但从这一天起，徐女士就已经同该公司建立了劳动关系，用人单位应当以建立劳动关系的时间为工资发放的起始时间，即向徐女士补发劳动合同签订前自9月15日至9月29日的工资。

《劳动合同法》第11条还规定："用人未在用工的同时订立书面劳动合同，与劳动者约定的劳动报酬不明确的，新招用的劳动者的劳动报酬按照集体合同规定的标准执行；没有集体合同或者集体合同未规定的，实行同工同酬。"据此，由于徐女士与该公司在劳动合同中关于工资待遇的规定不明确，作为会计职称级别的徐女士，应当享受原会计或者该公司同岗位人员的工资报酬待遇。

2. 该建筑公司应当认真学习和严格执行《劳动合同法》的相关规定，在聘用员工后应立即订立书面劳动合同，并在劳动合同中将各项条款规定明确具体；在劳动合同履行过程中，不得少付甚至克扣劳动者的任何工资和福利待遇，否则将可能招致劳动争议或纠纷，甚至成为被告。

（二）劳动报酬和试用期

1. 试用期的时间长度限制

劳动合同期限3个月以上不满1年的，试用期不得超过1个月；劳动合同期限1年以上不满3年的，试用期不得超过2个月；3年以上固定期限和无固定期限的劳动合同，试用期不得超过6个月。

2. 试用期的次数限制

同一用人单位与同一劳动者只能约定一次试用期。

以完成一定工作任务为期限的劳动合同或者劳动合同期限不满3个月的,不得约定试用期。

试用期包含在劳动合同期限内。劳动合同仅约定试用期的,试用期不成立,该期限为劳动合同期限。

3. 试用期内的最低工资

《劳动合同法》规定,劳动者在试用期的工资不得低于本单位相同岗位最低档工资或者劳动合同约定工资的80%,并不得低于用人单位所在地的最低工资标准。

2008年9月3日公布实施的《中华人民共和国劳动合同法实施条例》对此进一步解释道:劳动者在试用期的工资不得低于本单位相同岗位最低档工资的80%或者不得低于劳动合同约定工资的80%,并不得低于用人单位所在地的最低工资标准。

(三) 劳动合同的生效与无效

劳动合同由用人单位与劳动者协商一致,并经用人单位与劳动者在劳动合同文本上签字或者盖章生效。双方当事人签字或者盖章时间不一致的,以最后一方签字或者盖章的时间为准;如果一方没有写签字时间,则另一方写明的签字时间就是合同生效时间。

《劳动合同法》第26条规定,下列劳动合同无效或者部分无效:

(1) 以欺诈、胁迫的手段或者乘人之危,使对方在违背真实意思的情况下订立或者变更劳动合同的;

(2) 用人单位免除自己的法定责任、排除劳动者权利的;

(3) 违反法律、行政法规强制性规定的。

对于部分无效的劳动合同,只要不影响其他部分效力的,其他部分仍然有效。劳动合同被确认无效,劳动者已付出劳动的,用人单位应当向劳动者支付劳动报酬。劳动报酬的数额,参照本单位相同或者相近岗位劳动者的劳动报酬确定。

对劳动合同的无效或者部分无效有争议的,由劳动争议仲裁机构或者人民法院确认。

五、集体合同

企业职工一方与工人单位通过平等协商,可以就劳动报酬、工作时间、休息休假、劳动安全卫生、保险福利等事项订立集体合同。集体合同草案应当提交职工代表大会或者全体职工讨论通过。集体合同由工会代表企业职工一方与用人单位订立;尚未建立工会的用人单位,由上级工会指导劳动者推举的代表与用人单位订立。企业职工一方与用人单位还可订立劳动安全卫生、女职工权益保护、工资调整机制等专项集体合同。集体合同中劳动报酬和劳动条件等标准不得低于当地人民政府规定的最低标准;用人单位与劳动者订立的劳动合同中劳动报酬和劳动条件等标准不得低于集体合同规定的标准。

集体合同订立后,应当报送劳动行政部门;劳动行政部门自收到集体合同文本之日起15日内未提出异议的,集体合同即行生效。依法订立的集体合同对用人单位和劳动者具有约束力。

用人单位违反集体合同，侵犯职工劳动权益的，工会可以依法要求用人单位承担责任；因履行集体合同发生争议，经协商解决不成的，工会可以依法申请冲裁、提起诉讼。

任务 10 劳动合同的履行、变更、解除和终止

一、劳动合同的履行

劳动合同一经依法订立便具有法律效力。用人单位与劳动者应当按照劳动合同的约定，全面履行各自的义务。当事人双方既不能只履行部分义务，也不能擅自变更合同，更不能任意不履行合同或者解除合同，否则将承担相应的法律责任。

（一）用人单位应当履行向劳动者支付劳动报酬的义务

案例 4-31 某中外合资公司与王某签订了为期 3 年的劳动合同。合同中约定，在合同的履行期间，如果本合同订立时所依据的客观情况发生变化，致使合同无法履行，经双方协商不能就本合同达成协议的，公司可以提前 30 天以书面形式通知王某解除劳动合同。两年后，该公司由一家中外合资企业变更为外商独资企业，公司的法定代表人也作了变更。该公司由于重组进行大规模的裁员，王某也在被裁人员名单中。随后，公司以企业名称、性质和法定代表人变更，属于合同订立时所依据的客观情况发生重大变化为由，书面通知王某解除劳动合同。王某不同意，认为自己的劳动合同没有到期，不能以企业法定代表人变更等为由随意解除劳动合同。

问题：

1. 该公司上述理由是否可以作为解除与王某劳动合同的依据？
2. 该公司与王某的合同是否继续有效？

用人单位应当按照劳动合同约定和国家规定，向劳动者及时足额支付劳动报酬。劳动报酬是指劳动者为用人单位提供劳动而获得的各种报酬，通常包括三个部分：

（1）货币工资，包括各种工资、奖金、津贴、补贴等；

（2）实物报酬，即用人单位以免费或低于成本价提供给劳动者的各种物品和服务等；

（3）社会保险，即用人单位为劳动者支付的医疗、失业、养老、工伤等保险金。

用人单位和劳动者可以在法律允许的范围内对劳动报酬的金额、支付时间、支付方式等进行平等协商。劳动报酬的支付要遵守国家的有关规定：

（1）用人单位支付劳动者的工资不得低于当地的最低工资标准；

（2）工资应当以货币形式按月支付劳动者本人，即不得以实物有价证券等形式代替货币支付；

（3）用人单位应当依法向劳动者支付加班费；

（4）劳动者在法定节假日、婚丧假期间、探亲假期间、产假期间和依法参加社会活动期间以及非因劳动原因停工期间，用人单位应当依法支付工资。

用人单位拖欠或者未足额支付劳动报酬的，劳动者可以依法向当地人民法院申请支付令，人民法院应当依法发出支付令。

（二）依法限制用人单位安排劳动者的加班

用人单位应当严格执行劳动定额标准，不得强迫或者变相强迫劳动者加班。用人单位

安排加班的，应当按照国家有关规定向劳动者支付加班费。

(三) 劳动者有权拒绝违章指挥、冒险作业

劳动者拒绝用人单位管理人员违章指挥、强令冒险作业的，不视为违反劳动合同。

劳动者对危害生命安全和身体健康的劳动条件，有权对用人单位提出批评、检举和控告。

(四) 用人单位发生变动不影响劳动合同的履行

用人单位如果变更名称、法定代表人、主要负责人或者投资人等事项，不影响劳动合同的履行。

用人单位发生合并或者分立等情况，原劳动合同继续有效，劳动合同由原继承其权利和义务的用人单位继续履行。

案例 4-31 分析：

1. 《劳动合同法》第 33 条规定，"用人单位变更名称、法定代表人、主要负责人或者投资人等事项，不影响劳动合同的履行。"本案中，该公司虽然企业的名称、性质和法定代表人发生了变更，但并非属于法律上认定的"客观情况发生重大变化"，企业的正常经营并未因此而受到影响。因此，该公司以上述理由解除与王某的劳动合同是没有法律依据的。

2. 王某与该公司的劳动合同还没有到期，该合同依然有效。所以，双方应该继续履行劳动合同。

(五) 劳动合同的变更

用人单位变更名称、法定代表人、主要负责人或者投资人等事项，不影响劳动合同的履行。

用人单位发生合并或者分立等情况，原劳动合同继续有效，劳动合同由承继其权利和义务的用人单位继续履行。

用人单位与劳动者协商一致，可以变更劳动合同约定的内容。变更劳动合同，应当采用书面形式。变更后的劳动合同文本由用人单位和劳动者各执一份。

二、劳动合同的解除

用人单位与劳动者协商一致，可以解除劳动合同。用人单位向劳动者提出解除劳动合同并与劳动者协商一致解除劳动合同的，用人单位应当向劳动者给予经济补偿。

案例 4-32 2008 年 5 月，小张大学毕业后，通过人才市场被一家设备公司聘用。小张所从事的工作技术含量较高，经过一段时间的实践仍不能胜任所从事的工作，于是公司决定解除与小张的劳动合同。但是，小张不同意解除合同。公司便不再分派小张任何工作，也停发了小张的工资，单方解除了与小张的劳动合同。

问题：

1. 该设备公司是否违反了《劳动合同法》的有关规定？
2. 该设备公司应当承担哪些责任？

(一) 劳动者可以单方解除劳动合同的规定

劳动者提前 30 日以书面形式通知用人单位，可以解除劳动合同。劳动者在试用期内提前 3 日通知用人单位，可以解除劳动合同。

《劳动合同法》规定，用人单位有下列情形之一的，劳动者可以解除劳动合同，用人单位应当向劳动者支付经济补偿：

（1）未按照劳动合同约定提供劳动保护或者劳动条件的；

（2）未及时足额支付劳动报酬的；

（3）未依法为劳动者缴纳社会保险费的；

（4）用人单位的规章制度违反法律、法规的规定，损害劳动者权益的；

（5）因本法第26条第一款（即：以欺诈、胁迫的手段或者乘人之危，使对方在违背真实意思的情况下订立或者变更劳动合同的）规定的情形致使劳动合同无效的；

（6）法律、行政法规规定劳动者可以解除劳动合同的其他情形。

用人单位以暴力、威胁或者非法限制人身自由的手段强迫劳动者劳动的，或者用人单位违章指挥、强令冒险作业危及劳动者人身安全的，劳动者可以立即解除劳动合同，不需事先告知用人单位。

在此基础上，《劳动合同法实施条例》进一步规定，具备下列情形之一的，劳动者可以与用人单位解除固定期限劳动合同、无固定期限劳动合同或者以完成一定工作任务为期限的劳动合同：

（1）劳动者与用人单位协商一致的；

（2）劳动者提前30日以书面形式通知用人单位的；

（3）劳动者在试用期内提前3日通知用人单位的；

（4）用人单位在劳动合同中免除自己的法定责任、排除劳动者权利的；

（5）用人单位违反法律、行政法规强制性规定的。

（二）用人单位可以解除劳动合同的情形

用人单位单方解除劳动合同，应当事先将理由通知工会。用人单位违反法律、行政法规规定或者劳动合同约定的，工会有权要求用人单位纠正。用人单位应当研究工会的意见，并将处理结果书面通知工会。

除用人单位与劳动者协商一致，用人单位可以与劳动者解除合同外，下列情形，用人单位也可以与劳动者解除合同。

1. 随时解除

劳动者有下列情形之一的，用人单位可以解除劳动合同：

（1）在试用期间被证明不符合录用条件的；

（2）严重违反用人单位的规章制度的；

（3）严重失职，营私舞弊，给用人单位造成重大损害的；

（4）劳动者同时与其他用人单位建立劳动关系，对完成本单位的工作任务造成严重影响，或者经用人单位提出，拒不改正的；

（5）因本法第26条第一款第一项（即：以欺诈、胁迫的手段或者乘人之危，使对方在违背真实意思的情况下订立或者变更劳动合同的）规定的情形致使劳动合同无效的；

（6）被依法追究刑事责任的。

2. 预告解除

有下列情形之一的，用人单位提前30日以书面形式通知劳动者本人或者额外支付劳动者1个月工资后，可以解除劳动合同，用人单位应当向劳动者支付经济补偿：

（1）劳动者患病或者非因工负伤，在规定的医疗期满后不能从事原工作，也不能从事由用人单位另行安排的工作的；

(2) 劳动者不能胜任工作，经过培训或者调整工作岗位，仍不能胜任工作的；

(3) 劳动合同订立时所依据的客观情况发生重大变化，致使劳动合同无法履行，经用人单位与劳动者协商，未能就变更劳动合同内容达成协议的。

用人单位依照此规定，选择额外支付劳动者1个月工资解除劳动合同的，其额外支付的工资应当按照该劳动者上1个月的工资标准确定。

案例4-32分析：

1. 该设备公司违反了《劳动合同法》的规定。《劳动合同法》第40条规定："下列情形之一的，用人单位提前30日以书面形式通知劳动者本人或者额外支付劳动者1个月工资后，可以解除劳动合同，用人单位应当向劳动者支付经济补偿：①劳动者患病或者非因工负伤，在规定的医疗期满后不能从事原工作，也不能从事由用人单位另行安排的工作的；②劳动者不能胜任工作，经过培训或者调整工作岗位，仍不能胜任工作的；③劳动合同订立时所依据的客观情况发生重大变化，致使劳动合同无法履行，经用人单位与劳动者协商，未能就变更劳动合同内容达成协议的。"据此，该公司认为小张不能胜任本职工作，应当对他进行培训或者调整工作岗位，如还不能胜任工作的，方可在提前30日内以书面形式通知小张本人或者额外支付劳动者1个月工资后，才能解除劳动合同。此外，该公司单方解除劳动合同，还应该按照《劳动合同法》第43条的规定，事先将理由通知工会。

2. 该设备公司应当承担向小张支付经济补偿的责任。《劳动合同法》第46条规定，用人单位按照《劳动合同法》第40条的规定解除劳动合同的，用人单位应当向劳动者支付经济补偿。第47条规定，经济补偿按劳动者在本单位工作的年限，每满1年支付1个月工资的标准向劳动者支付。6个月以上不满1年的，按1年计算；不满6个月的，向劳动者支付半个月工资的经济补偿。

（三）经济性裁员

经济性裁员是指用人单位由于经营不善等经济原因，一次性辞退部分劳动者的情形。经济性裁员仍属用人单位单方解除劳动合同。

有下列情形之一，需要裁减人员20人以上或者裁减不足20人但占企业职工总数10%以上的，用人单位提前30日向工会或者全体职工说明情况，听取工会或者职工的意见后，裁减人员方案经向劳动行政部门报告，可以裁减人员，用人单位应当向劳动者支付经济补偿：

(1) 依照企业破产法规定进行重整的；

(2) 生产经营发生严重困难的；

(3) 企业转产、重大技术革新或者经营方式调整，经变更劳动合同后，仍需裁减人员的；

(4) 其他因劳动合同订立时所依据的客观经济情况发生重大变化，致使劳动合同无法履行的。

裁减人员时，应当优先留用下列人员：

(1) 与本单位订立较长期限的固定期限劳动合同的；

(2) 与本单位订立无固定期限劳动合同的；

(3) 家庭无其他就业人员，有需要扶养的老人或者未成年人的。

用人单位依照本条第一款规定裁减人员，在6个月内重新招聘人员的，应当通知被裁减的人员，并在同等条件下优先招用被裁减的人员。

（四）用人单位不得解除劳动合同的情形

劳动者有下列情形之一的，用人单位不得依照《劳动合同法》第40条、第41条的规定解除劳动合同：

（1）从事接触职业病危害作业的劳动者未进行离岗前职业健康检查，或者疑似职业病病人在诊断或者医学观察期间的；

（2）在本单位患职业病或者因工负伤并被确认丧失或者部分丧失劳动能力的；

（3）患病或者非因工负伤，在规定的医疗期内的；

（4）女职工在孕期、产期、哺乳期的；

（5）在本单位连续工作满15年，且距法定退休年龄不足5年的；

（6）法律、行政法规规定的其他情形。

用人单位违反《劳动合同法》规定解除或者终止劳动合同，劳动者要求继续履行劳动合同的，用人单位应当继续履行；劳动者不要求继续履行劳动合同或者劳动合同已经不能继续履行的，用人单位应当依法向劳动者支付赔偿金。赔偿金标准为经济补偿标准的2倍。

（五）劳动合同终止

《劳动合同法》规定，有下列情形之一的，劳动合同终止。用人单位与劳动者不得在《劳动合同法》规定的劳动合同终止情形之外约定其他的劳动合同终止条件：

（1）劳动者达到法定退休年龄的，劳动合同终止；

（2）劳动合同期满的。除用人单位维持或者提高劳动合同约定条件续订劳动合同，劳动者不同意续订的情形外，依照本项规定终止固定期限劳动合同的，用人单位应当向劳动者支付经济补偿；

（3）劳动者开始依法享受基本养老保险待遇的；

（4）劳动者死亡，或者被人民法院宣告死亡或者宣告失踪的；

（5）用人单位被依法宣告破产的；依照本项规定终止劳动合同的，用人单位应当向劳动者支付经济补偿；

（6）用人单位被吊销营业执照、责令关闭、撤销或者用人单位决定提前解散的；依照本项规定终止劳动合同的，用人单位应当向劳动者支付经济补偿；

（7）法律、行政法规规定的其他情形。

劳动合同期满，有本法第42条（即用人单位不得解除劳动合同的规定）规定情形之一的，劳动合同应当续延至相应的情形消失时终止。但是，本法第42条第2项规定丧失或者部分丧失劳动能力劳动者的劳动合同的终止，按照国家有关工伤保险的规定执行。

（六）终止合同的经济补偿

1. 经济补偿的情形

（1）以完成一定工作任务为期限的劳动合同终止的补偿。

以完成一定工作任务为期限的劳动合同因任务完成而终止的，用人单位应当依照劳动合同法第47条（即下文的补偿标准）的规定向劳动者支付经济补偿。

（2）工伤职工的劳动合同终止的补偿。

用人单位依法终止工伤职工的劳动合同的，除依照劳动合同法第47条（即下文的补偿标准）的规定支付经济补偿外，还应当依照国家有关工伤保险的规定支付一次性工伤医疗补助金和伤残就业补助金。

(3) 违反劳动合同法的规定解除或者终止劳动合同的补偿。

用人单位违反劳动合同法的规定解除或者终止劳动合同,依照本法第 47 条规定的经济补偿标准的 2 倍向劳动者支付赔偿金的,不再支付经济补偿。赔偿金的计算年限自用工之日起计算。

2. 补偿标准

《劳动合同法》第 47 条规定了终止劳动合同的补偿标准,具体标准为:

经济补偿按劳动者在本单位工作的年限,每满 1 年支付 1 个月工资的标准向劳动者支付。6 个月以上不满 1 年的,按 1 年计算;不满 6 个月的,向劳动者支付半个月工资的经济补偿。

劳动者月工资高于用人单位所在直辖市、设区的市级人民政府公布的本地区上年度职工月平均工资 3 倍的,向其支付经济补偿的标准按职工月平均工资 3 倍的数额支付,向其支付经济补偿的年限最高不超过 12 年。

本条所称月工资是指劳动者在劳动合同解除或者终止前 12 个月的平均工资。按照劳动者应得工资计算,包括计时工资或者计件工资以及奖金、津贴和补贴等货币性收入。劳动者在劳动合同解除或者终止前 12 个月的平均工资低于当地最低工资标准的,按照当地最低工资标准计算。劳动者工作不满 12 个月的,按照实际工作的月数计算平均工资。

(七) 违约与赔偿

用人单位违反本法规定解除或者终止劳动合同,劳动者要求继续履行劳动合同的,用人单位应当继续履行;劳动者不要求继续履行劳动合同或者劳动合同已经不能继续履行的,用人单位应当依照本法第 87 条[用人单位违反本法规定解除或者终止劳动合同的,应当依照本法第 47 条(即经济补偿额的计算)],规定的经济补偿标准的 2 倍向劳动者支付赔偿金。

任务 11 劳动保护的规定

2009 年 8 月经修改后颁布的《中华人民共和国劳动法》(以下简称《劳动法》)对劳动者的工作时间、休息休假、工资、劳动安全卫生、女职工和未成年工特殊保护、社会保险和福利作了法律规定。

案例 4-33 2011 年 1 月小马应聘到 A 公司就职,但工作 8 个月后就与 A 公司解除了劳动合同,于 2011 年 9 月又被 B 公司聘用。2012 年 3 月小马在 B 公司工作了 6 个月后,因家中有事,向 B 公司提出要求休带薪年假,但 B 公司说现在公司工作很忙,人手很缺,没有批准小马的休假申请,并回答说小马到 B 公司工作还没有满一年,不能享受带薪年假。

问题:

1. 小马在 B 公司是否可以享受带薪年假?
2. B 公司是否可以不批准小马的休假申请?
3. 如果小马全年未能享受带薪年假,B 公司将按照何标准向小马支付工资?

一、劳动者的工作时间和休息休假

工作时间(又称劳动时间),是指法律规定的劳动者在一昼夜和一周内从事生产、劳动或工作的时间。休息休假(又称休息时间),是指劳动者在国家规定的法定工作时间外,不从事生产、劳动或工作而由自己自行支配的时间,包括劳动者每天休息的时数、每周休息的天数、节假日、年休假、探亲假等。

案例 4-34 张某和王某进入某公司担任搬运工。年底,该公司应工作量增大,要求员工加班。张某和王某上班时间从早上 8 点到晚上 12 点,除去 1 小时吃饭时间,每天工作时间平均为 14 个小时,其中加班时间为 6 个小时。此外,公司还要求张、王等员工在元旦和周六、周日加班,但公司未向加班员工支付加班费。1 个月下来,员工们精疲力竭,要求公司解决问题。但该公司负责人说,年底工作量大,加班也是没有办法的事情,对员工的要求置之不理。于是,张某、王某向当地劳动监察部门做了举报,要求纠正该公司的违法行为,保护其合法权益。

问题:

1. 该公司的行为违反了《劳动合同法》的哪些规定?
2. 若该公司不向张某和王某支付加班费应受到何种处罚?

(一) 工作时间

《劳动法》第 36 条、第 38 条规定,国家实行劳动者每日工作时间不超过 8 小时、平均每周工作时间不超过 44 小时的工时制度。用人单位应当保证劳动者每周至少休息 1 日。《劳动法》还规定,企业因生产特点不能实行本法第 36 条、第 38 条规定的,经劳动行政部门批准,可以实行其他工作和休息办法。

1. 缩短工作日

1995 年 3 月经修改后颁布的《国务院关于职工工作时间的规定》中规定,在特殊条件下从事劳动和有特殊情况,需要适当缩短工作时间的,按照国家有关规定执行。目前,我国实行缩短工作时间的主要是:从事矿山、高山、有毒、有害、特别繁重和过度紧张的体力劳动职工,以及防治、化工、建筑冶炼、地质勘探、森林采伐、装卸搬运等行业或岗位的职工;从事夜班工作的劳动者;在哺乳期工作的女职工;16 岁至 18 岁的未成年劳动者等。

2. 不定时工作日

原劳动部《关于企业实行不定时工作制和综合计算工时工作制的审批办法》中规定,企业对符合下列条件职业的职工,可以实行不定时工作日制:

(1) 企业中的高级管理人员,外勤人员、部分值班人员和其他因工作无法按标准工作时间衡量的职工;

(2) 企业中的长途运输人员、出租汽车司机和铁路、港口、仓库的部分装卸人员以及因工作性质特殊,需机动作业的职工;

(3) 其他因生产特点、工作特殊需要或职责范围的关系,适合实行不定时工时制的职工。

3. 综合计算工作日

即分别以周、月、季、年等为周期综合计算工作时间,但其平均日工作时间和平均周工作时间应于法定标准工作时间基本相同。按规定,企业对交通、铁路等行业因工作性质特殊需连续作业的职工,地质及资源勘探、建筑等受季节和自然条件限制的行业的部分职工等,可实行综合计算工作日。

4. 计件工资时间

对实行计件工作的劳动者，用人单位应当根据《劳动法》第 36 条规定的工时制度合理确定其劳动定额和计件报酬标准。

(二) 休息休假

《劳动法》规定，用人单位在下列节日期间应当依法安排劳动者休假：①元旦；②春节；③国际劳动节；④国庆节；⑤法律、法规规定的其他休假节日有：全体公民放假的节日是清明节、端午节和中秋节；部分公民放假的节日及纪念日是妇女节、青年节、儿童节、中国人民解放军建军纪念节。

劳动者连续工作 1 年以上的，享受带薪年休假。此外，劳动者按有关规定还可以享受探亲假、婚丧假、生育(产)假、节育手术假等。

用人单位由于生产经营需要，经与工会和劳动者协商可以延长工作时间，一般每日不得超过 1 小时；因特殊原因需要延长工作时间的，在保障劳动者身体健康的条件下工作时间每日不得超过 3 小时，但是每月不得超过 36 小时。在发生自燃灾害、事故等需要紧急处理，或者生产设备、交通运输线路、公共设施发生故障必须及时抢修等法律、行政法规规定的特殊情况的，延长工作时间不受上述限制。

用人单位应当按照下列标准支付高于劳动者正常工作时间工资的工资报酬；安排劳动者延长工作时间的，支付不低于工资的 150%的工资报酬；休息日安排劳动者工作又不能安排补休的，支付不低于工资的 200%的工资报酬；法定休假日安排劳动者工作的，支付不低于 300%的工资报酬。

案例 4-33 分析：

1. 小马在 B 公司虽然只工作了 6 个月，但仍可享受带薪年假待遇。国务院《职工带薪年休假条例》第 2 条规定："机关、团体、企业、事业单位、民办非企业单位、有雇工的个体工商户等单位的职工连续工作 1 年以上的，享受带薪年休假(以下简称年休假)。单位应当保证职工享受年休假。职工在年休假期间享受与正常工作期间相同的工资收入。"本案中的小马虽然在 B 公司工作 6 个月，但是在 A 公司还工作了 8 个月，其连续工作已超过一年，应当享受带薪年休假。

2.《职工带薪年休假条例》第 5 条规定："单位根据生产、工作的具体情况，并考虑职工本人意愿，统筹安排职工年休假。年休假在 1 个年度内可以集中安排，也可以分段安排，一般不跨年度安排。单位因生产、工作特点确有必要跨年度安排职工年休假的，可以跨 1 个年度安排。单位确因工作需要不能安排职工休年休假的，经职工本人同意，可以不安排职工休年休假。对职工应休未休的年休假天数，单位应当按照该职工日工资收入的 300%支付年休假工资报酬。"据此，虽然享受带薪年休假是劳动者的法定权利，但如何安排年休假却是用人单位的权利。在一般情况下，公司安排员工年休假应当统筹兼顾工作需要和员工个人意愿，但如果员工未经公司同意擅自休假家，严重的可能会导致劳动合同的解除。

3.《职工带薪年休假条例》第 5 条第三款规定："单位确因工作需要不能安排职工休年休假的，经职工本人同意，可以不安排职工休年休假。对职工应休未休的年休假天数，单位应当按照该职工日工资收入的 300%支付年休假工资报酬。"需要注意的是，这里的"日工资收入的 300%"，已经包含了用人单位支付职工正常工作期间的工资收入。就是说，除正常工作期间的工资外，应休未休的带薪年休假折算工资＝应休未休的天数×日工资×2 倍。

案例 4-34 分析：

1. 该公司违反了《劳动合同法》第 17 条、第 31 条的规定。《劳动合同法》第 17 条中将工作时间和休息时间明确作为劳动合同的必备条款。《劳动合同法》第 31 条规定，“用人单位应当严格执行劳动定额标准，不得强迫或变相强迫劳动者加班。用人单位安排加班的，应当按照国家有关规定向劳动者支付加班费。”

2. 本案中，该公司的行为违反了上述法律规定。依据《劳动合同法》第 85 条的规定，应由所在地劳动行政部门责令该公司限期支付加班费；该公司逾期不支付的，责令该公司按照应支付金额的 50%以上 100%以下的标准向他们加付赔偿金。

二、劳动者的工资

工资，是指用人单位依据国家有关规定和劳动关系双方的约定，以货币形式支付给劳动者的劳动报酬，如计价工资、计件工资、奖金、津贴和补贴等。

（一）工资基本规定

《劳动法》规定，工资分配方式和工资水平。

工资应当以货币形式按月支付给劳动者本人。不得克扣或者无故拖欠劳动者的工资。劳动者在法定休假日和婚丧假期间以及依法参加社会活动期间，用人单位应当依法支付工资。

在我国，企业、机关（包括社会团体）、事业单位实行不同的基本公司制度。企业基本工资制度主要有等级工资制度、岗位技能工资制、岗位工资制、结构工资制、经营者年薪制等。

（二）最低工资保障制度

最低工资标准，是指劳动者在法定工作时间或者依法签订的劳动合同约定的工作时间内提供了正常劳动的前提下，用人单位依法应支付的最低劳动报酬。所谓正常劳动，是指劳动者依法签订的劳动合同约定，在法定工作时间或劳动合同约定的工作时间内从事的劳动。劳动者依法享受带薪年休假、探亲假、婚丧假、生育（产）假、节育手术假等国家规定的假期间，以及法定工作时间内依法参加社会活动期间，视为提供了正常劳动。

《劳动法》规定，国家实行最低工资保障制度。最低工资的具体标准由省、自治区、直辖市人民政府规定，报国务院备案。用人单位支付劳动者的工资不得低于当地最低工资标准。

（三）全面规范企业工资支付行为

2016 年 1 月颁布的《国务院办公厅关于全面治理拖欠农民工工资问题的意见》中规定，明确工资支付各方主体责任。在工程建设领域，施工总承包企业（包括直接承包建设单位发包工程的专业承包企业，下同）对所承包工程项目的农民工工资支付负总责，分包企业（包括承包施工总承包企业发包工程的专业企业，下同）对所招用农民工的工资支付负直接责任，不得以工程款未到位等为由克扣或拖欠农民工工资，不得将合同应收工程款等经营风险转嫁给农民工。

推动各类企业委托银行代发农民工工资。在工程建设领域，鼓励实行分包企业农民工工资委托施工总承包企业直接代发的办法。分包企业负责为招用的农民工申办银行个人工资账户并办理实名制工资支付银行卡，按月考核农民工工作量并编制工资支付表，经农民工本人签字确认后，交施工总承包企业委托银行通过其设立的农民工工资（劳务费）专用账户直接将工资划入农民工个人工资账户。

完善工资保证金制度。在建设市政、交通、水利等工程建设领域全面实行工资保证金制度,逐步将实施范围扩大到其他易发生拖欠工资的行业。建立工资保证金差异化缴存办法,对一定时期内未发生工资拖欠的企业实行减免措施、发生工资拖欠的企业适当提高缴存比例。严格规范工资保证金动用的退还办法。探索推行业主担保、银行保函等第三方担保制度,积极引入商业保险机制,保障农民工工资支付。

建立健全农民工工资(劳务费)专用账户管理制度。在工程建设领域,实行人工费用与其他工程款分账管理制度,推动农民工工资和工程材料款等相分离。施工总承包企业应分解工程价款中的人工费用,在工程项目所在地银行开设农民工工资(劳务费)专用账户,专项用于支付农民工工资。建设单位应按照工程承包合同约定的比例或施工总承包企业提供的人工费用数额,将应付工程款中的人工费单独拨付到施工总承包企业开设的农民工工资(劳务费)专用账户应向人力资源社会保障部门和交通、水利等工程建设项目主管部门备案,并委托开户银行负责日常监管,确保专款专用。

落实清偿欠薪责任。招用农民工的企业承担直接清偿拖欠农民工工资的主体责任。在工程建设领域,建设单位或施工总承包企业未按合同约定及时划拨工程款,致使分包企业拖欠农民工工资的,由建设单位或施工总承包企业未结清的工程款为限现行垫付农民工工资。建设单位或施工总承包企业将工程违法发包、转包或违法分包致使拖欠农民工工资的,由建设单位或施工总承包企业依法承担清偿责任。

三、劳动保护的规定

劳动安全卫生,又称劳动保护,是指直接保护劳动者在劳动中的安全和健康的法律保障。根据《劳动法》的有关规定,用人单位和劳动者应当遵守如下有关劳动安全卫生的法律规定:

(1) 用人单位必须建立、健全劳动安全卫生制度,严格执行国家劳动安全卫生规程和标准,对劳动者进行劳动安全卫生教育,防止劳动过程中的事故,减少职业危害。

(2) 劳动安全卫生设施必须符合国家规定的标准。新建、改建、扩建工程的劳动安全卫生设施必须与主体工程同时设计、同时施工、同时投入生产和使用。

(3) 用人单位必须为劳动者提供符合国家规定的劳动安全卫生条件和必要的劳动防护用品,对从事有职业危害作业的劳动者应当定期进行健康检查。

(4) 从事特种作业的劳动者必须经过专门培训并取得特种作业资格。

(5) 劳动者在劳动过程中必须严格遵守安全操作规程。劳动者对用人单位管理人员违章指挥、强令冒险作业,有权拒绝执行;对危害生命安全和身体健康的行为,有权提出批评、检举和控告。

(一) 女职工和未成年工特殊保护

1. 女职工的特殊保护

根据我国《劳动法》的有关规定,对女职工的特殊保护规定主要包括:

(1) 禁止安排女职工从事矿山井下、国家规定的第四级体力劳动强度的劳动和其他禁忌从事的劳动。

(2) 不得安排女职工在经期从事高处、低温、冷水作业和国家规定的第三级体力劳动强度的劳动。

(3) 不得安排女职工在怀孕期间从事国家规定的第三级体力劳动强度的劳动和孕期禁

忌从事的劳动。对怀孕7个月以上的女职工，不得安排其延长工作时间和夜班劳动。

(4) 女职工生育享受不少于90天的产假。

(5) 不得安排女职工在哺乳未满一周岁的婴儿期间从事国家规定的第三级体力劳动强度的劳动和哺乳期禁忌从事的其他劳动，不得安排其延长工作时间和夜班劳动。

国务院《女职工劳动保护规定》还规定，凡适合妇女从事劳动的单位，不得拒绝招收女职工。不得在女职工怀孕期、产期、哺乳期降低其基本工资，或者解除劳动合同。女职工劳动保护的权益受到侵害时，有权向所在单位的主管部门提出申诉。受理申诉的部门应当自收到申诉书之日起30日内做出处理决定；女职工对处理决定不服的，可以在收到处理决定书之日起15日内向人民法院起诉。

(二) 未成年工特殊保护

所谓未成年工，是指年满16周岁未满18周岁的劳动者。根据我国《劳动法》的有关规定，禁止用人单位招用未满16周岁的未成年人。对未成年工的特殊保护规定主要包括：

(1) 不得安排未成年工从事矿山井下、有毒有害、国家规定的第四级体力劳动强度的劳动和其他禁忌从事的劳动。

(2) 用人单位应当对未成年工定期进行健康检查。

四、劳动者的社会保险与福利

《社会保险法》规定，国家建立基本养老保险、基本医疗保险、工伤保险、失业保险、生育保险等社会保险制度，保障公民在年老、疾病、工伤、失业、生育等情况下依法从国家和社会获得物质帮助的权利。

(一) 基本养老保险

职工应当参加基本养老保险，由用人单位和职工共同缴纳基本养老保险费。用人单位应当按照国家规定的本单位职工工资总额的比例缴纳基本养老保险费，记入基本养老保险统筹基金。职工应当按照国家规定的工人工资的比例缴纳基本养老保险费，记入个人账户。

1. 基本养老金的组成

基本养老金由统筹养老金和个人账户养老金组成。基本养老金根据个人累计缴费年限、缴费工资、当地职工平均工资、个人账户金额、城镇人口平均逾期寿命等因素确定。

2. 基本养老金的领取

参加基本养老金保险的个人，达到法定退休年龄时累计缴费满15年的，按月领取基本养老金。参加基本养老保险的个人，达到法定退休年龄时累计缴纳不足15年的，可以缴费至满15年，按月领取基本养老金；也可以转入新型农村社会养老保险或城镇居民社会养老保险，按照国务院规定享受相应的养老保险待遇。

参加基本养老保险的个人，因病或者因非工死亡的，其遗属可以领取丧葬补助金和抚恤金；在未达到法定退休年龄时因病或者非因工致残完全丧失劳动能力的，可以领取病残津贴。所需资金从基本养老保险基金中支付。

个人跨统筹地区就业的，其基本养老保险关系随个人转移，缴费年限累计计算。个人达到法定退休年龄时，基本养老金分段计算、统一支付。

(二) 基本医疗保险

职工应当参加职工基本养老保险，由用人单位和职工按照国家规定共同缴纳基本医疗保险费。医疗机构应当为参保人员提供合理、必要的医疗服务。

参加职工基本医疗保险的个人,达到法定退休年龄时累计缴费达到国家规定年限的,退休后不再缴纳基本医疗保险费,按照国家规定享受基本医疗保险待遇;未达到国家规定年限的,可以缴费至国家规定年限。

符合基本医疗保险药品目录、诊疗项目、医疗服务设施标准以及急诊、抢救的医疗费用,按照国家规定从基本医疗保险基金中支付。下列医疗费用不纳入基本医疗保险基金支付范围:①应当从工伤保险基金中支付的;②应当由第三人负担的;③应当由公共卫生负担的;④在境外就医的。医疗费用依法应当由第三人负担,第三人不支付或者无法确定第三人的,由基本医疗保险基金先行支付。基本医疗保险基金先行支付后,有权向第三人追偿。

个人跨统筹地区就业的,其基本医疗保险关系随本人转移,缴费年限累计计算。

(三) 工伤保险

职工应当参加工伤保险,由用人单位缴纳工伤保险费,职工不缴纳工伤保险费。此外,《建筑法》还规定,“鼓励建筑施工企业必须为从事危险作业的职工办理意外伤害保险,支付保险费”。

因工伤发生的下列费用,按照估价规定从工伤保险基金中支付:

(1) 治疗工伤的医疗费用和康复费用;

(2) 住院伙食补助费;

(3) 到统筹地区以外就医的交通食宿费;

(4) 安装配置伤残辅助器具所需费用;

(5) 生活不能自理的,经劳动能力鉴定委员会确定的生活护理费;

(6) 一次性伤残补助金和 1 至 4 级伤残职工按月领取的伤残津贴;

(7) 终止或者解除劳动、聘用合同时,应当享受的一次性工伤医疗补助金;

(8) 因工伤死亡的,其近亲属领取的丧葬补助金、供养亲属抚恤金和一次性伤亡补助金;

(9) 劳动能力鉴定费。

(四) 失业保险

《社会保险法》规定,职工应当参加失业保险,由用人单位和职工按照国家规定共同缴纳失业保险费。职工跨统筹地区就业的,其失业保险关系随本人转移,缴费年限累计计算。

事业人员符合下列条件的,从事业保险基金中领取失业保险金:

(1) 失业前用人单位和本人已经缴纳失业保险费满 1 年的;

(2) 非因本人意愿中断就业的;

(3) 已经进行失业登记,并有求职要求的。

失业人员失业前用人单位和本人累计缴费满 1 年不足 5 年的,领取失业保险金的期限最长为 12 个月;累计缴费满 5 年不足 10 年的,领取失业保险金的期限最长为 18 个月;累计缴费 10 年以上的,领取失业保险金的期限最长为 24 个月。

(五) 生育保险

《社会保险法》规定,职工应当参加生育保险,由用人单位按照国家规定缴纳生育保险费,职工不缴纳生育保险费。用人单位已经缴纳生育保险费的,其职工享受生育保险待遇;职工未就业配偶按照国家规定享受生育医疗费用待遇。所需资金从生育保险基金中支付。

生育保险待遇包括生育医疗费用和生育津贴。生育医疗费用包括将下列各项:

（1）生育的医疗费用；

（2）计划生育的医疗费用；

（3）法律、法规规定的其他项目费用。

职工有下列情形之一的，可以按照国家规定享受生育津贴：

（1）女职工生育享受产假；

（2）享受计划生育手续休假；

（3）法律、法规规定的其他情形。

生育津贴按照职工所在用人单位上年度职工月平均工资计发。

五、劳动争议处理

劳动争议又称劳动纠纷，是指劳动关系当事人之间关于劳动权利和义务的争议。我国《劳动法》第77条明确规定："用人单位与劳动者发生劳动争议，当事人可以依法申请调解、仲裁、提起诉讼，也可以协商解决。"2008年5月1日开始施行的《中华人民共和国劳动争议调解仲裁法》（以下简称《劳动争议调解仲裁法》）第5条进一步规定，"发生劳动争议，当事人不愿协商、协商不成或者达成和解协议后不履行的，可以向调解组织申请调解；不愿调解、调解不成或者达成调解协议后不履行的，可以向劳动争议仲裁委员会申请仲裁；对仲裁裁决不服的，除本法另有规定的外，可以向人民法院提起诉讼。"本部分将重点介绍前三种劳动争议解决方法。

案例4-35　王某2009年1月进入某IT公司工作，并与该IT公司签订了劳动合同。由于王某自行开发了一个新的软件，并保留了该软件的源代码且没有上交公司。按照公司的规章制度要求，任何员工开发的软件其知识产权均属公司所有，不得被个人保留。但王某以此为条件，要求公司为其上涨工资否则不交出软件源代码。公司没有答应王某的要求，告知王某的行为已违法了公司的规章制度，将与他解除劳动合同，并要求王某赔偿由其行为给公司造成的经济损失。双方僵持不下，王某向该IT公司所在地的劳动争议仲裁委员会提出了仲裁申请，要求公司因接触劳动合同对其支付经济补偿和赔偿金。该公司任务对王某的行为公司有权接触劳动合同，并对王某给公司造成的损失提出了反请求。

问题：

1. 王某的行为是否属于劳动争议的范围？
2. 该公司是否可以解除与王某的劳动合同？
3. 该公司对王某给公司造成的损失该如何处理？

（一）协商解决劳动争议

协商，是指当事人各方在自愿、互谅的基础上，按照法律、政策的规定，通过摆事实讲道理解决纠纷的一种方法。协商的方法是一种简便易行、最有效、最经济的方法，能及时解决争议，消除分歧，提高办事效率，节省费用，也有利于双方的团结和相互的协作关系。

根据《劳动争议调解仲裁法》第4条的规定，"发生劳动争议，劳动者可以与用人单位协商，也可以请工会或者第三方共同与用人单位协商，达成和解协议。"

（二）申请调解解决劳动争议

1. 调解组织

发生劳动争议，当事人可以到下列调解组织申请调解：

(1) 企业劳动争议调解委员会；

(2) 依法设立的基层人民调解组织；

(3) 在乡镇、街道设立的具有劳动争议调解职能的组织。

企业劳动争议调解委员会由职工代表和企业代表组成。职工代表由工会成员担任或者由全体职工推举产生，企业代表由企业负责人指定。企业劳动争议调解委员会主任由工会成员或者双方推举的人员担任。

当事人申请劳动争议调解可以书面申请，也可以口头申请。口头申请的，调解组织应当当场记录申请人基本情况、申请调解的争议事项、理由和时间。

2. 调解协议书

经调解达成协议的，应当制作调解协议书。

调解协议书由双方当事人签名或者盖章，经调解员签名并加盖调解组织印章后生效，对双方当事人具有约束力，当事人应当履行。

自劳动争议调解组织收到调解申请之日起 15 日内未达成调解协议的，当事人可以依法申请仲裁。

3. 调解协议的履行

达成调解协议后，一方当事人在协议约定期限内不履行调解协议的，另一方当事人可以依法申请仲裁。

因支付拖欠劳动报酬工伤医疗费、经济补偿或者赔偿金事项达成调解协议，用人单位在协议约定期限内不履行的，劳动者可以持调解协议书依法向人民法院申请支付令。人民法院应当依法发出支付令。

(三) 通过劳动争议仲裁委员会进行裁决

对于调解不成，当事人一方要求仲裁的，可以向劳动争议仲裁委员会申请仲裁。当事人一方也可以直接向劳动争议仲裁委员会申请仲裁。

劳动争议仲裁委员会由劳动行政部门代表、同级工会代表、用人单位方面的代表组成。劳动争议仲裁委员会主任由劳动行政部门代表担任。

按照《劳动争议调解仲裁法》的规定，劳动争议申请仲裁的时效期间为 1 年。仲裁时效期间从当事人知道或者应当知道其权利被侵害之日起计算。前款规定的仲裁时效，因当事人一方面对方当事人主张权利，或者向有关部门请求权利救济，或者对方当事人同意履行义务而中断。从中断时起，仲裁时效期间重新计算。因不可抗力或者有其他正当理由，当事人不能在本条第一款规定的仲裁时效期间申请仲裁的，仲裁时效中止。从中止时效的原因消除之日起，仲裁时效期间继续计算。劳动关系存续期间因拖欠劳动报酬发生争议的，劳动者申请仲裁不受本条第一款规定的仲裁时效期间的限制；但是，劳动关系终止的，应当自劳动关系终止之日起 1 年内提出。

2016 年 1 月颁发的《国务院办公厅关于全面治理拖欠农民工工资问题的意见》中规定，充分发挥基层劳动争议调解等组织的作用，引导农民工就地就近解决工资争议。劳动人事争议仲裁机构对农民工因拖欠工资申请仲裁的争议案件优先受理、优先开庭、及时裁决、快速结案。对集体欠薪争议或涉及金额较大的欠薪争议案件要挂牌督办。加强裁审衔接与工作协调，提高欠薪争议案件裁决效率。畅通申请渠道，依法及时为农民工讨薪提供法律服务和法律援助。

（四）通过人民法院处理劳动争议

人民法院受理劳动争议案件的条件：其一是争议案件已经过劳动争议仲裁委员会仲裁；其二是争议案件的当事人在接到仲裁决定书之日起15日内向法院提起。人民法院处理劳动争议适用《民事诉讼法》规定的程序，由各级人民法院民庭受理，实行两审终审。参见民事诉讼法有关规定。

案例4-35分析：

1. 王某的上述请求属于劳动仲裁的范围。根据《劳动争议调解仲裁法》和《最高人民法院关于审理劳动争议案件适用法律若干问题的解释》的规定，因订立、履行、变更、解除和终止劳动合同发生的争议属于劳动争议的范围。因此，劳动争议仲裁委员会受理王某的劳动仲裁申请。

2. 该IT公司可以解除与王某的劳动合同。《劳动合同法》第39条规定：劳动者有下列情形之一的，用人单位可以解除劳动合同：

(1) 在试用期间被证明不符合录用条件的；

(2) 严重违反用人单位的规章制度的；

(3) 严重失职，营私舞弊，给用人单位造成重大损害的；

(4) 劳动者同时与其他用人单位建立劳动关系，对完成本单位的工作任务造成严重影响，或者经用人单位提出，拒不改正的；

(5) 因本法第26条第一款第一项（即：以欺诈、胁迫的手段或者乘人之危，使对方在违背真实意思的情况下订立或者变更劳动合同的）规定的情形致使劳动合同无效的；

(6) 被依法追究刑事责任的。

王某不上交源代码的行为违反了公司的规章制度，依据上述《劳动合同法》的规定，该IT公司可以解除与王某的劳动合同。

3. 该IT公司对王某给公司造成的损失可以向法院提起民事诉讼，要求王某赔偿因其行为给公司造成的经济损失。

课后习题

一、单项选择题

1. 招标人与2006年4月1日发布招标公告，2006年4月20日发布资格项目预审公告，2006年5月10发售招标文件，投标人于投标截止日2006年6月10日及时递交了投标文件，2006年7月20日招标人发出中标通知书，则要约生效时间是（　　）。

A. 2006年4月1日　　B. 2006年5月10日

C. 2006年6月10日　　D. 2006年7月20日

2. 某施工单位以电子邮件的方式向某设备供应商发出要约，该供应商发出3封电子邮件，并且没有特别指定，则此要约的生效时间是（　　）。

A. 该要约进入任一电子邮件的首次时间

B. 该要约进入3封电子邮件的最后时间

C. 该供应商获悉该要约收到的时间

D. 该供应商理解该要约生效的时间

3. 承包商为了追赶工期，向水泥厂紧急发函要求按市场价格订购 200 t 42.5 硅酸盐水泥，并要求三日内运抵施工现场。承包商的订购行为(　　)。

A. 属于要约邀请，随时可以撤销

B. 属于要约，在水泥运抵施工现场前可以撤回

C. 属于要约，在水泥运抵施工现场可以撤回

D. 属于要约，而且不可撤销

4. 某施工单位向一建筑机械厂发出要约，欲购买一台挖掘机，则下列情形中，会导致要约失效的是(　　)。

A. 建筑机械厂及时回函，对要约提出非实质性变更

B. 承诺期限届满，建筑机械厂做出承诺

C. 建筑机械厂发出承诺后，收到撤销该要约的通知

D. 建筑机械厂发出承诺前，收到撤回该要约的通知

5. 甲施工单位与乙水泥公司签订一份水泥采购合同，甲签字、盖章后邮寄给乙签字、盖章。则该合同成立的时间为(　　)。

A. 甲、乙达成合意时　　B. 甲签字、盖章时

C. 乙收到合同书时　　D. 乙签字、盖章时

6. 水泥厂在承诺期有效期内，对施工单位订购水泥的要约做出了完全同意的答复，则该水泥买卖合同成立的时间为(　　)。

A. 水泥厂的答复文件到达施工单位时

B. 施工单位发出订购水泥的要约时

C. 水泥厂发出答复文件时

D. 施工单位订购水泥的要约到达水泥厂时

7. 施工单位向电梯生产公司订购两部 A 型电梯，并要求 5 日内交货。电梯生产公司回函表示如果延长 1 周可如约供货。根据《合同法》，电梯生产公司的回函属于(　　)。

A. 要约邀请　　B. 承诺

C. 部分承诺　　D. 新要约

8. 小张今年 17 周岁，到城里打工一年挣得工资 2 万元。现小张回到家乡承包一小型砖厂，则关于该承包协议效力的说法，正确的是(　　)。

A. 因小张是限制民事行为能力人，该协议效力待定

B. 因小张不具备相应的民事行为能力，该协议无效

C. 因小张具备相应的民事行为能力，该协议有效

D. 因小张不具备相应的民事行为能力，该协议可撤销

9. 因欺诈、胁迫而订立的施工合同可能是无效合同，也可能是可撤销合同。认定其为无效合同的必要条件是(　　)。

A. 违背当事人的意志　　B. 乘人之危

C. 显失公平　　D. 损害国家利益

10. 甲患重病住院急需要用钱又借贷无门，乙表示愿意借给甲 2 000 元，但半年后须加

倍偿还，否则以甲的房子代偿，甲表示同意。根据《合同法规定》，甲、乙之间的借款合同因(　　)。

A. 显示公平而无效　　B. 欺诈而可撤销

C. 乘人之危而无效　　D. 乘人之危可撤销

11. 承包商与业主签订的施工合同中约定由承包商先修建工程，然后按照工程量结算工程款。如果承包商没有达到合同中约定的质量标准，则(　　)。

A. 业主可以行使同时履行抗辩权

B. 业主可以行使不安履行抗辩权

C. 业主可以行使先履行抗辩权，但不能追究承包商的违约责任

D. 业主可以行使先履行抗辩权，也可以同时追究承包商的违约责任

12. 某工程在9月10日发生了地震灾害迫使承包人停止施工。9月15日发包人与承包人共同检查工程的损害程度，并一致认为损害程度严重，需要拆除重建。9月17日发包人将依法单方解除合同的通知送达承包人，9月18日发包人接到承包人同意解除合同的回复。依据《合同法》的规定，该施工合同解除的时间应为(　　)。

A. 9月10日　　B. 9月15日　　C. 9月17日　　D. 9月18日

13. 某施工单位从租赁公司租赁了一批工程模板。施工完毕，施工单位以自己的名义将该批模板卖给其他公司。后租赁公司同意将该批模板卖给施工单位。此时施工单位出卖模板的合同为(　　)。

A. 可变更、可撤销合同　　B. 有效

C. 无效　　D. 效力待定

14. 王某的日工资为80元。政府规定2010年10月1日至7日放假7天，其中3天属于法定休假日，4天属于前后两周的周末休息日。公司安排王某在这7天加班不能安排补休。公司应当向王某支付加班费合计(　　)元。

A. 560　　B. 1 360　　C. 800　　D. 1 120

15. 王某应聘到某施工单位，双方于4月15日签订为期三年的劳动合同，其中约定试用期3个月，次日合同开始履行。7月18日，王某拟解除劳动合同，则(　　)。

A. 必须取得用人单位同意

B. 口头通知用人单位即可

C. 应提前30日以书面形式通知用人单位

D. 应报请劳动行政主管部门同意后以书面形式通知用人单位

16. 某施工项目材料采购合同约定违约金4万元，采购方并依约支付了6万元定金，供货方不履行交货方义务时，采购方有权主张的最高给付额为(　　)万元。

A. 16　　B. 10　　C. 12　　D. 4

17. 某施工单位与采石场签订了石料供应合同，在合同中约定了违约责任。为确保合同履行，施工单位交付了3万元定金。由于采石场未能按时交货，根据合同约定支付违约金4万元。则本案中采石场最多应支付给施工单位(　　)万元。

A. 10　　B. 7　　C. 6　　D. 4

18. 下列劳动合同条款，属于必备条款的是(　　)。

A. 福利待遇　　B. 试用期　　C. 劳动条件　　D. 补充保险

19. 用人单位自(　　)起即与劳动者建立劳动关系。

A. 用工之日　　B. 签订合同之日

C. 上级批准设立之日　　D. 劳动者领取工资之日

20. 某施工单位与王先生签订了为期两年的劳动合同,按照劳动合同法的规定,王先生的试用期不得超过(　　)个月。

A. 1　　B. 2　　C. 3　　D. 6

二、多项选择题

1. 建设单位与施工单位订立书面的施工合同,该书面合同可以采用(　　)方式。

A. 合同书　　B. 传真

C. 电子邮件　　D. 互联网音频传输

E. 邮寄信函

2. 下列选项中,属于无效合同的是(　　)。

A. 供应商欺诈施工单位签订的采购合同

B. 村委会负责人为获得回扣与施工单位高价签订的买卖合同

C. 施工单位将工程转包给他人签订的转包合同

D. 分包商擅自将发包人供应的钢筋变卖签订的买卖合同

E. 施工单位与房地产开发商签订的垫资施工合同

3. 施工单位由于重大误解,在订立买卖合同时将想购买的A型钢材误写为购买B型钢材,则施工单位(　　)。

A. 只能按购买A型钢材履行合同　　B. 应按效力待定处理该合同

C. 可以要求变更为按购买　　D. 型钢材履行合同

E. 可以要求撤销该合同　　F. 可以要求确认该合同无效

4. 施工合同可撤销的情形有(　　)。

A. 在订立施工合同时显示公平

B. 施工单位以欺诈手段订立,且损害了国家利益

C. 违反了《建筑法》的强制性规定

D. 订立合同时,建设单位存在重大误解

E. 损害社会公共利益

5. 甲公司向乙公司发出要约,出售一批建筑材料。要约发出后,甲公司因进货渠道发生困难而拟撤回要约。甲公司撤回要约的通知应当(　　)到达乙公司。

A. 在要约到达乙公司之前　　B. 与要约同时

C. 在乙公司发出承诺之前　　D. 在乙公司发出承诺的同时

E. 在乙公司发出承诺后

6. 施工单位甲与材料供应商乙签订一显失公平的钢材供应合同,甲因此而享有合同的撤销权。其撤销权消灭的情形有(　　)。

A. 甲自知道撤销事由之日起1年内没有行使撤销权

B. 甲知道撤销事由后明确表示放弃撤销权

C. 甲自知道撤销事由之日起半年内没有行使撤销权

D. 甲自订立合同之日起1年内没有行使撤销权

E. 甲知道撤销事由后以自己的行为放弃撤销权

7. 根据《合同法》的相关规定，下列施工合同履行过程中发生的情形，当事人可以解除合同的有(　　)。

A. 发生泥石流将拟建工厂选址覆盖

B. 由于报价失误，施工单位在订立合同后表示无力履行

C. 建设单位延期支付工程款，经催告后同意提供担保

D. 施工单位施工组织不力，导致工程工期延误，则该项目已无投产价值

E. 施工单位未经建设单位同意，擅自更换了现场技术人员

8. 致使承包人单方面行使建设工程施工合同解除权的情形包括(　　)。

A. 发包人严重拖欠工程款

B. 发包人提供的建筑材料不符合国家强制性标准

C. 发包人坚决要求工程设计变更

D. 项目经理与总监理工程师积怨太深

E. 发包人要求承担的保修责任期限过长

9. 下列属于民事违约责任承担方式的有(　　)。

A. 赔偿损失　　B. 继续履行　　C. 支付违约金　　D. 定金罚则

E. 赔礼道歉

10. 关于劳动合同试用期的说法，正确的是(　　)。

A. 试用期次数最多为 2 次

B. 试用期包含在劳动合同期限内

C. 所有劳动合同中，试用期最长为 6 个月

D. 试用期内，用人单位可无理由解除劳动合同

E. 以完成一定工作任务为期限的劳动合同不得约定使用期

项目五　建设工程安全生产管理法规

知识目标

◇ 了解建筑工程安全生产管理的基本制度
◇ 熟悉建筑工程安全生产的监督管理体制
◇ 熟悉建筑工程安全生产劳动保护制度
◇ 掌握安全生产许可证的取得条件
◇ 掌握建筑工程安全生产管理基本制度的内容
◇ 掌握建筑活动主体的安全生产责任
◇ 掌握建筑工程事故处理制度的法律规定

技能目标

◇ 能够运用所学的基本知识正确处理工程安全生产当事人之间的关系
◇ 能够运用建筑安全生产相关知识处理实际工作中遇到的问题和纠纷
◇ 具有通过执业资格考试的能力

第一部分　情景案例导入与分析

案例　19·13武汉施工电梯坠落事故

案情简介　2012年9月13日13时26分，湖北省武汉市“东湖景园”在建住宅发生载人电梯从30层坠落事故。据武汉市委宣传部最新消息，共有19人遇难。事发今日下午1时许，武汉长江二七大桥与欢乐大道交界处“东湖景园”小区工地上，一部满载粉刷工人的电梯，在上升过程中突然失控，直冲到34层顶层后，电梯钢绳突然断裂，厢体呈自由落体直接坠到地面。东湖风景区“东湖景园”还建楼C区7-1号楼建筑工地上的一台施工升降机在升至100米处时发生坠落，造成梯笼内的作业人员随笼坠落。

据悉，该小区为在建还建房小区。据工人介绍，事故发生的原因或有两个方面：一是升降机搭建架不牢，据说有螺丝松动；二是事故升降机严重超载。此外，记者在现场看到，出事电梯已经散架，但电梯的登记使用牌依然完整，上面的有效期限为2011年6月23日至2012年6月23日，电梯至今已经超期运行多日。登记牌上标注了该电梯核定人数是12人，而事故电梯实际超载7人。

湖北省住建厅公布了导致19人死亡的工地升降机坠落事故相关责任单位，称此事件为重大安全事故，事故性质恶劣，伤亡惨重。

问题：

1. 试分析导致发生该事故的原因有哪些？

2. 参与单位的安全责任主要包括哪些？

案例分析：

1. 重大建筑施工事故发生的直接原因是：事故发生时，事故施工升降机导轨架第66和67节标准节连接处的4个连接螺栓只有左侧两个螺栓有效连接，而右侧（受力边）两个螺栓的螺母脱落，无法受力。在此工况下，事故升降机左侧吊笼超过备案额定承载人数（12人），承载19人和约245千克物件，上升到第66节标准节上部（33楼顶部）接近平台位置时，产生的倾翻力矩大于对重体、导轨架等固有的平衡力矩，造成事故施工升降机左侧吊笼顷刻倾翻，并连同第67—70节标准节坠落地面。

2. 多家参与单位的安全责任主要包括：

(1) 安全生产主体责任不落实，未与分公司、监理部签订安全生产责任书，安全生产管理制度不健全，落实不到位；

(2) 公司内部管理混乱，对分公司管理、指导不到位，未督促分公司建立健全安全生产管理制度；

(3) 相关人员证书资质不符合要求（有证的不干活，干活的没有证）；

(4) 进场施工手续不完备，未履行相关手续；

(5) 未对项目施工和施工升降机安装使用安全生产检查和隐患排查流于形式，未能及时发现和督促整改事故施工升降机存在的重大安全隐患（升降机属于特种设备，超期3个月未申报检测，安装有问题，未进行日常有效检查和保养）；

(6) 特种设备未有有资质的操作人员操作。

第二部分　相关工作任务

建筑生产多为露天、高空作业，施工条件差，人员流动性强，不安全因素较多，同时，建筑安全生产直接关系到工程建设相关从业人员及社会公众的生命健康与财产安全。因此，必须牢固树立以人为本、安全发展的理念，坚持“安全第一、预防为主、综合治理”方针，坚持速度、质量、效益与安全的有机统一，强化和落实企业主体责任，防范和遏制重特大事故，防止和减少违章指挥、违规作业、违反劳动纪律行为，促进建设工程安全生产形势持续稳定好转。同时，还应当逐步实现施工现场的机械化、智能化、信息化和建筑技术操作工人的职业教育化，最大限度地改善施工现场的作业环境，减少劳动用工，降低劳动强度，提高劳动者的综合素质。

任务1　施工安全生产许可证制度

我国《行政许可法》规定：“直接涉及国家安全、公共安全、经济宏观调控、生态环境保护以及直接关系人身健康、生命财产安全等特定活动，需要按照法定条件予以批准的事项”，可以设定行政许可。

2014 年 7 月经修改后发布的《安全生产许可证条例》中规定，国家对矿山企业、建筑施工企业和危险化学品、烟花爆竹、民用爆破器材生产企业（以下统称企业）实行安全生产许可制度。企业未取得安全生产许可证的，不得从事生产活动。省、自治区、直辖市人民政府建设主管部门负责建筑施工企业安全生产许可证的颁发和管理，并接受国务院建设主管部门的指导和监督。

2015 年 1 月住房和城乡建设部经修改后重新发布的《建筑施工企业安全生产许可证管理规定》中规定："本规定所称建筑施工企业，是指从事土木工程、建筑工程、线路管道和设备安装工程及装修工程的新建、扩建、改建和拆除等有关活动的企业。"

案例 5-1 某建筑安装公司承担一住宅工程施工。该公司原依法取得安全生产许可证，但在开工 5 个月后有效期满。因但是正值施工高峰期，该公司忙于组织施工，未能按规定办理延期手续。当地政府监管机构发现后，立即责令其停止施工，限期补办延期手续。但该公司为了赶工期，既没有停止施工，到期后也未办理延期手续。

问题：

1. 本案中的建筑安装公司有哪些违法行为？
2. 违法者应当承担哪些法律责任？

一、申请领取安全生产许可证的条件

《安全生产许可证条例》规定，企业取得安全生产许可证，应当具备 13 项安全生产条件，据此，建设部结合建筑施工企业的特点，于 2004 年 7 月发布施行了《建筑施工企业安全生产许可证管理规定》。该规定所称建筑施工企业，是指从事土木工程、建筑工程、线路管道和设备安装工程及装修工程的新建、扩建、改建和拆除等有关活动的企业。

《建筑施工企业安全生产许可证管理规定》中将建筑施工企业取得安全生产许可证应当具备的安全生产条件规定如下：

（1）建立、健全安全生产责任制，制定完备的安全生产规章制度和操作规程；

（2）保证本单位安全生产条件所需资金的投入；

（3）设置安全生产管理机构，按照国家有关规定配备专职安全生产管理人员；

（4）主要负责人、项目负责人、专职安全生产管理人员经建设主管部门或者其他有关部门考核合格；

（5）特种作业人员经有关业务主管部门考核合格，取得特种作业操作资格证书；

（6）管理人员和作业人员每年至少进行 1 次安全生产教育培训并考核合格；

（7）依法参加工伤保险，依法为施工现场从事危险作业的人员办理意外伤害保险，为从业人员交纳保险费；

（8）施工现场的办公、生活区及作业场所和安全防护用具、机械设备、施工机具及配件符合有关安全生产法律、法规、标准和规程的要求；

（9）有职业危害防治措施，并为从业人员配备符合国家标准或者行业标准的劳动防护用具和安全防护服装；

（10）有对危险性较大的分部分项工程及施工现场易发生重大事故的部位、环节的预防、监控措施的应急预案；

(11) 有生产安全事故应急救援预案、应急救援组织或应急救援人员,配备必须要的应急救援器材、设备;

(12) 法律、法规规定的其他条件。

建筑施工企业未取得安全生产许可证的,不得从事建筑施工活动。

二、安全生产许可证的有效期和政府监管的规定

(一) 安全生产许可证的申请

《安全生产许可证条例》规定,省、自治区、直辖市人民政府建设主管部门负责建筑施工企业安全生产许可证的颁发和管理,并接受国务院建设主管部门的指导和监督。

《建筑施工企业安全生产许可证管理规定》进一步明确,建筑施工企业申请安全生产许可证时,应当向建设主管部门提供下列材料:

(1) 建筑施工企业安全生产许可证申请表;

(2) 企业法人营业执照;

(3) 与申请安全生产许可证应当具备的安全生产条件相关的文件、材料、建筑施工企业申请安全生产许可证,应当对申请材料实质内容的真实性负责,不得隐瞒有关情况或者提供虚假材料。

(二) 安全生产许可证的有效期

按照《安全生产许可证条例》的规定:安全生产许可证的有效期为3年。安全生产许可证有效期满需要延期的,企业应当于期满前3个月向原安全生产许可证颁发管理机关办理延期手续。企业在安全生产许可证有效期内,严格遵守有关安全生产的法律法规,未发生死亡事故的,安全生产许可证有效期届满时,经原安全生产许可证颁发管理机关同意,不再审查,安全生产许可证有效期延期3年。

建筑施工企业变更名称、地址、法定代表人等,应当在变更后10日内,到原安全生产许可证颁发管理机关办理安全生产许可证变更手续。建筑施工企业破产、倒闭、撤销的,应当将安全生产许可证交回原安全生产许可证颁发管理机关予以注销。建筑施工企业遗失安全生产许可证,应当立即向原安全生产许可证颁发管理机关报告,并在公众媒体上声明作废后,方可申请补办。

案例5-1分析:

1. 本案中的建筑安装公司有两项违法行为:一是安全生产许可证有效期满,未依法办理延期手续并继续从事施工活动;二是在政府监管机构责令停止施工、限期补办延期手续后,仍逾期不补办延期手续,并继续从事施工活动。《安全生产许可证条例》第9条规定:"安全生产许可证的有效期为3年。安全生产许可证有效期满需要延期的,企业应当于期满前3个月向原安全生产许可证颁发管理机关办理延期手续。"

2. 对于该建筑安装公司的违法行为,应当依法做出相应处罚。《安全生产许可证条例》第20条规定:"违反本条例规定,安全生产许可证有效期满未办理延期手续,继续进行生产的,责令停止生产,限期补办延期手续,没收违法所得,并处5万元以上10万元以下的罚款;逾期仍不办理延期手续,继续进行生产的,依照本条例第19条的规定处罚。"第19条规定:"违反本条例规定,未取得安全生产许可证擅自进行生产的,责令停止生产,没收违法所得,并处10万元以上50万元以下的罚款;造成重大事故或者其他严重后果的,构成犯罪的,依

法追究刑事责任。”

(三) 政府监管

建设主管部门在审核发放施工许可证时，应当对已经确定的建筑施工企业是否有安全生产许可证进行审查，对没有取得安全生产许可证的，不得颁发施工许可证。企业取得安全生产许可证后，不得降低安全生产条件，并应当加强日常安全生产管理，接受安全生产许可证颁发管理机关的监督检查。安全生产许可证颁发管理机关发现企业不再具备安全生产条件的，应当暂扣或者吊销安全生产许可证。企业不得转让、冒用或者使用伪造的安全生产许可证。企业取得安全生产许可证后，不得降低安全生产条件，并应当加强日常安全生产管理，接受安全生产许可证颁发管理机关的监督检查。安全生产许可证颁发管理发现企业不再具备安全生产条件的，应当暂扣或者吊销安全生产许可证。

安全生产许可证颁发管理机构或者其上级行政机关发现有下列情形之一的，可以撤销已经颁发的安全生产许可证：

(1) 安全生产许可证颁发管理机关工作人员滥用职权、玩忽职守的颁发安全生产许可证的；

(2) 超越法定职权颁发安全生产许可证的；

(3) 违法法定程序颁发安全生产许可证的；

(4) 对不具备安全生产条件的建筑施工企业颁发安全生产许可证的；

(5) 依法可以撤销已经颁发的安全生产许可证的其他情形。

三、违法行为应承担的法律责任

案例 5-2 2011 年 9 月，某建筑安装公司(简称“建安公司”)与某设备租赁公司(简称“租赁公司”)签订一份租赁合同，由租赁公司向建安公司提供 QTZ80A 塔式起重机(简称塔吊)一台，并约定了租赁期限、租金标准及支付办法。此外，在合同中还约定：设备在运输、装拆过程中因违章作业所造成的事故由建安公司负责，期间发生机械损伤由建安公司赔偿；设备在使用过程中，建安公司不得违章指挥，不得强令司机违章作业，并对上述行为产生的后果负全责；租赁公司应派随机司机 2 名，工资由建安公司负责；设备的运输、安装均由建安公司负责，建安公司必须具备或委托具备塔吊装拆专项资质的单位进行装拆活动，人员必须持证上岗；双方对各自派出的人员负责，各自对违章作业引发的后果或损失负责。

签约后，租赁公司派出了刘某和穆某两名塔吊司机。建安公司将该设备实际用于某承建的某市住宅工程工地。2011 年 12 月 20 日，刘某因其他工作离开工地，并推荐同行业另一名塔吊司机顾某接替其工作，但未通知租赁公司。

2012 年 7 月 3 日，监理公司在安全检查时发现该塔吊的垂直偏差已超出规范的允许范围，即发出“整改通知单”，要求立即停止使用该塔吊。建安公司准备次日上午派人到工地对该塔吊进行纠偏。2012 年 7 月 3 日上午 9 时许，在纠偏人员尚未到达工地的情况下，顾某与工地另一名塔吊司机唐某擅自违规对该塔吊进行垂直纠偏，导致该塔吊整体倾覆在工地的 10 号楼房顶上，造成 1 名工人死亡、3 名工人轻伤以及塔吊报废的事故。

问题：

1. 在这起事故中应当如何认定责任？
2. 事故责任者应当承担哪些法律责任？

安全生产许可证违法行为应承担的主要法律责任如下：

（一）《安全生产许可证条例》及《建筑施工企业安全生产许可证管理规定》

《安全生产许可证条例》规定，未取得安全生产许可证擅自进行生产的，责令停止生产，没收违法所得，并处10万元以上50万元以下的罚款；造成重大事故或者其他严重后果，构成犯罪的，依法追究刑事责任。

《建筑施工企业安全生产许可证管理规定》进一步规定，建筑施工企业未取得安全生产许可证擅自从事建筑施工活动的，责令其在建项目停止施工，没收违法所得，并处10万元以上50万元以下的罚款；造成重大安全事故或者其他严重后果，构成犯罪的，依法追究刑事责任。

（二）安全生产许可证有效期满未办理延期手续继续从事施工活动应承担的法律责任

《安全生产许可证条例》规定，安全生产许可证有效期满未办理延期手续，继续进行生产的，责令停止生产，限期补办延期手续，没收违法所得，并处5万元以上10万元以下的罚款；逾期仍不办理延期手续，继续进行生产的，依照未取得安全生产许可证擅自进行生产的规定处罚。

《建筑施工企业安全生产许可证管理规定》进一步规定，安全生产许可证有效期满未办理延期手续，继续从事建筑施工活动的，责令其在建项目停止施工，限期补办延期手续，没收违法所得，并处5万元以上10万元以下的罚款；逾期仍不办理延期手续，继续从事建筑施工活动的，依照未取得安全生产许可证擅自从事建筑施工活动的规定处罚。

（三）转让安全生产许可证等应承担的法律责任

《安全生产许可证条例》规定，转让安全生产许可证的，没收违法所得，处10万元以上50万元以下的罚款，并吊销其安全生产许可证；构成犯罪的，依法追究刑事责任；接受转让的，依照未取得安全生产许可证擅自进行生产的规定处罚。冒用安全生产许可证或者使用伪造的安全生产许可证的，依照未取得安全生产许可证擅自进行生产的规定处罚。

《建筑施工企业安全生产许可证管理规定》进一步规定，建筑施工企业转让安全生产许可证的，没收违法所得，处10万元以上50万元以下的罚款，并吊销安全生产许可证，构成犯罪的，依法追究刑事责任；接受转让的，依照未取得安全生产许可证擅自从事建筑施工活动的规定处罚。冒用安全生产许可证或者使用伪造的安全生产许可证的，依照未取得安全许可证擅自从事建筑施工活动的规定处罚。

（四）以不正当手段取得安全生产许可证应承担的法律责任

《建筑施工企业安全生产许可证管理规定》中规定，建筑施工企业隐瞒有关情况或者提供虚假材料申请安全生产许可证的，不予受理或者不予颁发安全生产许可证，并给予警告，1年内不得申请安全生产许可证。

建筑施工企业以欺骗、贿赂等不正当手段取得安全生产许可证的，撤销安全生产许可证，3年内不得再次申请安全生产许可证；构成犯罪的，依法追究刑事责任。

（五）暂扣安全生产许可证并限期整改的规定

《建筑施工企业安全生产许可证管理规定》中规定，取得安全生产许可证的建筑施工企业，发生重大安全事故的，暂扣安全生产许可证限期整改。

建筑施工企业不再具备安全生产条件的，暂扣安全生产许可证限期整改；情节严重的，吊销安全生产许可证。

（六）颁证机关工作人员违法行为应承担的法律责任

《安全生产许可证条例》规定，安全生产许可证颁发管理机关工作人员有下列行为之一的，给予降低或撤职的行政处分；构成犯罪的，依法追究刑事责任：

（1）向不符合本条例规定的安全生产条件的企业颁发生产许可证的；

（2）发现企业未依法取得安全生产许可证擅自从事生产活动，不依法处理的；

（3）发现取得安全生产许可证企业不再具备本条例规定的安全生产条件，不依法处理的；

（4）接到对违反本条例规定行为的举报后，不及时处理的；

（5）在安全生产许可证颁发、管理和监督检查工作中，索取或者接受企业的财务，或者谋取其他利益的。

案例 5-2 分析：

1. 经有关部门调查核实，该建筑公司没有建筑施工"安全生产许可证"，而是从 2011 年开始就与某机械施工公司达成协议，由该公司提供建筑施工"安全生产许可证"。据此，市建设工程安全质量监督总站在 2012 年 6 月事故通报中确认，该塔吊由建安公司自行完成安装，建安公司对随机作业人员安全教育不力、管理不严，建安公司对事故负主要责任；机械施工公司因转让"安全生产许可证"也对事故承担责任。

2. 根据《安全生产许可证条例》第 19 条规定："未取得安全生产许可证擅自进行生产的，责令停止生产，没收违法所得，并处 10 万元以上 50 万元以下的罚款；造成重大事故或者其他严重后果，构成犯罪的，依法追究刑事责任。"第 21 条规定："转让安全生产许可证的，没收违法所得，处 10 万元以上 50 万元以下的罚款，并吊销其安全生产许可证；构成犯罪的，依法追究刑事责任。"市政府主管部门分别对建安公司、机械施工公司做出了相应的处罚。

任务 2　施工安全生产责任和安全生产教育培训制度

《建筑法》规定，建筑工程安全生产管理必须坚持安全第一、预防为主、综合治理的方针，建立健全安全生产的责任制度和群防群治制度。建筑施工企业应当建立健全劳动安全生产教育培训制度，加强对职工安全生产的教育培训；未经安全生产教育培训的人员，不得上岗作业。

《建设工程安全生产管理条例》进一步规定，施工单位应当建立健全安全生产责任制度和安全生产教育培训制度，制定安全生产规章制度和操作规程，保证本单位安全生产条件所需资金的投入，对所承担的建设工程进行定期和专项安全检查，并做好安全检查记录。

施工安全生产责任制和安全生产教育培训制度，是建设工程施工活动应贯彻始终的法定基本制度。

一、施工单位的安全生产责任

（一）施工安全生产管理的基本方针

《安全生产法》明确规定，安全生产工作应当以人为本，坚持安全发展，坚持安全第一、预防为主、综合治理的方针。

安全第一，就是要在建设工程施工过程中把安全放在第一重要的位置，贯彻以人为本的科学发展观，切实保护劳动者的生命安全和身体健康。预防为主，是要把建设工程施工安全生产工作的关口前移，建立预教、预警、预防的施工事故隐患预防体系，改善施工安全生产状况，预防施工安全事故。综合治理，则是要自觉遵循施工安全生产规律，把握施工安全生产工作中的主要矛盾和关键环节，综合运用经济、法律、行政等手段，人管、法治、技防多管齐下，并充分发挥社会、职工、舆论的监督作用，有效解决建设工程施工安全生产的问题。

“安全第一、预防为主、综合治理”方针是一个有机整体。如果没有安全第一的指导思想，预防为主就失去了思想支撑，综合治理将失去整治依据；预防为主是实现安全第一的根本途径，只有把施工安全生产的重点放在建立和落实事故隐患预防体系上，才能有效减少施工伤亡事故的发生；综合治理则是落实安全第一、预防为主的手段和方法。

（二）施工单位的安全生产责任制

《建筑法》规定，建筑施工企业必须依法加强对建筑安全生产的管理，执行安全生产责任制度，采取有效措施，防止伤亡和其他安全生产事故的发生。

《安全生产法》规定，生产经营单位的安全生产责任制应当明确各岗位的责任人员、责任范围和考核标准等内容。生产经营单位应当建立相应的机制，加强对安全生产责任制落实情况的监督考核，保证安全生产责任制的落实。《建筑法》还规定，建筑施工企业必须依法加强对建筑安全生产的管理，执行安全生产责任制，采取有效措施，防止伤亡和其他安全生产事故的发生。

1. 施工单位主要负责人对安全生产工作全面负责

《建筑法》规定，建筑施工企业的法定代表人对本企业的安全生产负责。《建设工程安全生产管理条例》也规定，施工单位主要负责人对本单位的安全生产工作全面负责。

2015年4月国务院办公厅颁发的《关于加强安全生产监管执法的通知》中进一步规定，国有大中型企业和规模以上企业要建立安全生产委员会，主任由董事长或总经理担任，董事长、党委书记、总经理对安全生产工作均负有领导责任，企业领导班子成员和管理人员实行安全生产“一岗双责”。所有企业都要建立生产安全风险警示和预防应急公告制度，完善风险排查、评估、预警和防控机制，加强风险预控管理，按规定将本单位重大危险源及相关安全措施、应急措施报有关地方人民政府安全生产监督管理部门和有关部门备案。

不少施工安全事故都表明，如果施工单位主要负责人忽视安全生产，缺乏保证生产安全的有效措施，就会给企业职工的生命安全和身体健康带来威胁，给国家和人民的财产带来损失，企业的经济效益也得不到保障。因此，施工单位主要负责人要摆正安全与生产的关系，做到不安全不生产，生产必须安全，把安全与生产真正统一起来，切实克服生产、安全“两张皮”，重生产，轻安全的现象。

对于主要负责人的理解，应当依据施工单位的性质，以及不同施工单位的实际情况确定。总的原则是，对施工单位全面负责，有生产经营决策权的人，即为主要负责人。具体说，可以是施工企业的董事长，也可以是总经理或总裁等。

2. 施工单位安全生产管理机构和专职安全生产管理人员的职责

《安全生产法》规定，矿山、金属冶炼、建筑施工、道路运输单位和危险物品的生产、经营、储存单位，应当设置安全生产管理机构或者配备专职安全生产管理人员。

生产经营单位的安全生产管理机构以及安全生产管理人员履行下列职责：

（1）组织或者参与拟订本单位安全生产规章制度、操作规程和生产安全事故应急救援预案；

（2）组织或者参与本单位安全生产教育和培训，如实记录安全生产教育和培训情况；

(3) 督促落实本单位重大危险源的安全管理措施；

(4) 组织或者参与本单位应急救援演练；

(5) 检查本单位的安全生产状况，及时排查生产安全事故隐患，提出改进安全生产管理的建议；

(6) 制止和纠正违章指挥、强令冒险作业、违反操作规程的行为；

(7) 督促落实本单位安全生产整改措施。

生产经营单位的安全生产管理机构以及安全生产管理人员应当恪尽职守，依法履行职责。生产经营单位做出涉及安全生产的经营决策，应当听取安全生产管理机构以及安全生产管理人员的意见。生产经营单位不得应安全生产管理人员依法履行职责而降低其工资、福利等待遇或者解除与其订立的劳动合同。

生产经营单位的安全生产管理人员应当根据本单位的生产经营特点，对安全生产状况进行经常性检查；对检查中发现的安全问题，应当立即处理；不能处理的，应当及时报告本单位有关负责人，有关负责人应当及时处理。检查及处理情况应当如实记录在案。生产经营单位的安全生产管理人员在检查中发现重大事故隐患，依照前款规定向本单位有关负责人报告，有关负责人不及时处理的，安全生产管理人员可以向主管的负有安全生产监督管理职责的部门报告，接到报告的部门应当依法及时处理。

《建设工程安全生产管理条例》规定，施工单位应当设立安全管理机构，配备专职安全生产管理人员。专职安全生产管理人员负责对安全生产进行现场监督检查。发现安全事故隐患，应当及时向项目负责人和安全生产管理机构报告；对违章指挥、违章操作的，应当立即制止。

案例 5-3 某建筑工程公司效益不好，公司领导决定进行改革，减负增效。经研究后决策将公司安全部撤销，安全管理人员 8 人中，4 人下岗，4 人转岗，原安全部承担的工作转由工会中的两人负责。由于公司领导撤销安全部门，整个公司的安全工作仅仅由两名负责工会工作的人兼任，致使该公司上下对安全生产工作普遍不重视，安全生产管理混乱，经常发生人员伤亡事故。

问题：该公司领导的做法是否正确？

2008 年 5 月住房城乡建设部经修改后发布的《建筑施工企业安全生产管理机构设置及专职安全生产管理人员配备办法》规定，建筑施工企业应当依法设置安全生产管理机构，在企业主要负责人的领导下开展本企业的安全生产管理工作。建筑施工企业安全生产管理机构具有以下职责：

(1) 宣传和贯彻国家有关安全生产法律法规和标准；

(2) 编制并适时更新安全生产管理制度并监督实施；

(3) 组织或参与企业生产安全事故应急救援预案的编制及演练；

(4) 组织开展安全教育培训与交流；

(5) 协调配备项目专职安全生产管理人员；

(6) 制订企业安全生产检查计划并组织实施；

(7) 监督在建项目安全生产费用的使用；

(8) 参与危险性较大工程专项施工方案专家论证会；

(9) 通报在建项目违规违章查处情况；
(10) 组织开展安全生产专项施工方案优先表彰工作；
(11) 建立企业在建项目安全生产管理档案；
(12) 考核评价分包企业安全生产业绩及项目安全生产管理情况；
(13) 参加生产安全事故的调查和处理工作；
(14) 企业明确的其他安全生产管理职责。

专职安全生产管理人员在施工现场检查过程中具有以下职责：
(1) 查阅在建项目安全生产有关资料、核实有关情况；
(2) 检查危险性较大工程安全专项施工方案落实情况；
(3) 监督项目专职安全生产管理人员履责情况；
(4) 监督作业人员安全防护用品的配备及适用情况；
(5) 对发现的安全生产违章违规行为或安全隐患，有权当场予以纠正或做出处理决定；
(6) 对不符合安全生产条件的设施、设备、器材、有权当场做出查封的处理决定；
(7) 对施工现场存在的重大安全隐患有权越级报告或直接向建设主管部门报告；
(8) 企业明确的其他安全生产管理职责。

建筑施工企业应当实行建设工程项目专职安全生产管理人员委派制度。建设工程项目的专职安全生产管理人员应定期将项目安全生产管理情况报告企业安全生产管理机构。

项目专职安全生产管理人员具有以下职责：
(1) 负责施工现场安全生产日常检查并做好检查记录；
(2) 现场监督危险性较大工程安全专项施工方案实施情况；
(3) 对作业人员违规违章行为有权予以纠正或查处；
(4) 对施工现场存在的安全隐患有权责令立即整改；
(5) 对于发现的重大安全隐患，有权向企业安全生产管理机构把关；
(6) 依法报告生产安全事故情况。

3. 建设工程项目安全生产领导小组的职责

建筑施工企业应当在建设工程项目组建安全生产领导小组。建设工程实行施工总承包的，安全生产领导小组由总承包、专业承包企业和劳务分包企业项目经理、技术负责人和专职生产管理人员组成。

安全生产领导小组的主要职责：
(1) 贯彻落实国家有关安全生产法律法规和标准；
(2) 组织制定项目安全生产管理制度并监督实施；
(3) 编制项目生产安全事故应急救援预案并组织演练；
(4) 保证项目生产费用的有效使用；
(5) 组织编制危险性较大工程安全专项施工方案；
(6) 开展项目安全教育培训；
(7) 组织实施项目安全检查和隐患排查；
(8) 建立项目安全生产管理档案；

（9）及时、如实报告安全生产事故。

4. 专职安全生产管理人员的配备要求

建筑施工企业安全生产管理机构专职安全生产管理人员的配备应满足下列要求，并应根据经营规模、设备管理和生产需要予以增加：

（1）建筑施工总承包资质序列企业：特级资质不少于 6 人；一级资质不少于 4 人；二级和二级以下资质企业不少于 3 人。

（2）建筑施工专业承包资质序列企业：一级资质不少于 3 人；二级和二级以下资质企业不少于 2 人。

（3）建筑施工劳务分包资质序列企业：不少于 2 人。

（4）建筑施工企业的分公司、区域公司等较大的分支机构应依据实际生产情况配备不少于 2 人的专职安全生产管理人员。

总承包单位配备项目专职安全生产管理人员应当满足下列要求：

（1）建筑工程、装修工程按照建筑面积配备：①1 万 m^2 以下的工程不少于 1 人；②1 万～5 万 m^2 的工程不少于 2 人；③5 万 m^2 及以上的工程不少于 3 人，且按专业配备专职安全生产管理人员。

（2）土木工程、线路管道、设备安装工程按照工程合同价配备：①5 000 万元以下的工程不少于 1 人；②5 000 万～1 亿元的工程不少于 2 人；③1 亿元及以上的工程不少于 3 人，且按专业配备专职安全生产管理人员。

分包单位配备项目专职安全生产管理人员应当满足下列要求：

（1）专业承包单位应当配置至少 1 人，并根据所承担的分部分项工程的工程量和施工危险程度增加。

（2）劳务分包单位施工人员在 50 人以下的，应当配备 1 名专职安全生产管理人员；50～200 人的，应当配备 2 名专职安全生产管理人员；200 人及以上的，应当配备 3 名及以上专职安全生产管理人员，并根据所承担的分部分项工程施工危险实际情况增加，不得少于工程施工人员总人数的 5‰。

采用新技术、新工艺、新材料或致害因素多、施工作业难度大的工程项目，项目专职安全生产管理人员的数量应当根据施工实际情况，在以上规定的配备标准上增加。

施工作业班组可以设置兼职安全巡查员，对本班组的作业场所进行安全监督检查。建筑施工作业应当定期对兼职安全巡查员进行安全教育培训。

案例 5-3 分析：

案例中建筑公司出现的情况是很常见的，建筑施工单位本来就是事故多发，危险性较大，生产安全问题比较突出的领域，更应当将安全生产放在首要位置来抓，否则难免出现安全问题甚至发生事故。《中华人民共和国安全生产法》第 19 条第一款明确规定，矿山、建筑施工单位和危险物品的生产、经营、储存单位，应当设置安全生产管理机构或者配备专职安全生产管理人员。这样规定，对于提高生产经营单位对安全生产的重视程度，健全生产经营单位安全生产管理机构和管理人员，具有重要意义。在案例中，建筑公司领导撤销安全生产管理机构，违反《中华人民共和国安全成产法》的上述规定，应当承担相应的法律责任。

（三）施工单位负责人施工现场带班制度

2010年7月颁发的《国务院关于进一步加强企业安全生产工作的通知》规定，强化生产过程管理的领导责任。企业主要负责人和领导班子成员要轮流现场带班。

2011年7月住房城乡部发布的《建筑施工企业负责人及项目负责人施工现场带班暂行办法》进一步规定，企业负责人带班检查是指由建筑施工企业负责人带队实施对工程项目质量安全生产状况及项目负责人带班生产情况的检查。建筑施工负责人，是指企业的法定代表人、总经理、主管质量安全和生产工作的副总经理、总工程师和副总工程师。

建筑施工企业负责人要定期带班检查，每月检查时间不少于其工作日的25%。建筑施工企业负责人带班检查时，应认真做好检查记录，并分别在企业和工程项目存档备查。工程项目进行超过一定规模的危险性较大的分部分项工程施工时，建筑施工企业负责人应到施工现场进行带班检查。工程项目出现险情或发现重大隐患时，建筑施工企业负责人应到施工现场带班检查，督促工程项目进行整改，及时消除险情和隐患。

对于有分公司（非独立法人）的企业集团，集团负责人因故不能到现场的，可书面委托工程所在地的分公司负责人对施工现场进行带班检查。

（四）重大隐患治理挂牌督办制度

在施工活动中那些可能导致事故发生的物的不安全状态、人的不安全行为和管理上的缺陷，都是事故隐患。《国务院关于进一步加强企业安全生产工作的通知》规定，对重大安全隐患治理实行逐级挂牌督办、公告制度。

《安全生产法》规定，生产经营单位应当建立健全生产安全事故隐患排查治理制度，采取技术、管理措施，及时发现并消除事故隐患。事故隐患排查治理情况应当如实记录，并向从业人员通报。县级以下地方各级人民政府负有安全生产监督管理职责的部门应当建立健全重大事故隐患治理督办制度，督促生产经营单位消除重大事故隐患。

生产经营单位的安全生产管理人员应当根据本单位的生产经营特点，对安全生产状况进行经常性检查；对检查中发现的安全问题，应当立即处理；不能处理的，应当及时报告本单位有关负责人，有关负责人应当及时处理。检查及处理情况应当如实记录在案。

生产经营单位的安全生产管理人员在检查中发现重大事故隐患，依照前款规定向本单位有关负责人报告，有关负责人不及时处理的，安全生产管理人员可以向主管的负有安全生产监管职责的部门报告，接到报告的部门应当依法及时处理。

2011年10月住房和城乡建设部发布的《房屋市政工程生产安全重大隐患排查治理挂牌督办暂行办法》进一步规定，重大隐患是指在房屋建筑和市政工程施工过程中，存在的危害程度较大、可能导致群死群伤或造成重大经济损失的生产安全隐患。

建筑施工企业是房屋市政工程生产安全重大隐患排查治理的责任主体，应当建立健全重大隐患排查治理工作制度，并落实到每一个工程项目。企业及工程项目的主要负责人对重大隐患排查治理工作全面负责。建筑施工企业应当定期组织安全生产管理人员、工程技术人员和其他相关人员排查每一个工程项目的重大隐患，特别是对深基坑、高支模、地铁隧道等技术难度大、风险大的重要工程应重点定期检查。对排查的重要隐患，应及时实施治理消除，并将相关情况进行登记存档。

建筑施工企业应及时将工程项目重大隐患排查治理的有关情况向建设单位报告。建设单位应积极协调勘察、设计、施工、监理、检测等单位，并在资金、人员等方面积极配合做好重大隐患排查治理工作。

(五) 建立健全群防群治制度

群防群治制度,是《建筑法》中所规定的建筑工程安全生产管理的一项重要法律制度。它是施工企业进行民主管理的重要内容,也是群众路线在安全生产管理工作中的具体体现。广大职工群众在施工生产活动中既要遵守有关法律、法规和规章制度,不得违章作业,还拥有对于危及生命安全和身体健康的行为提出批评、检举和控告的权利。

二、施工项目负责人的安全生产责任

案例 5-4 2012 年 6 月 5 日,在上海某发展总公司下属市政公司 A(无建筑施工资质)以及某区建筑公司 B(资质二级)承接的某仓储厂房工程工地上,施工人员根据项目部的安排,在外脚手架上进行模板工程的拆除作业。下午 5 点 15 分,几名工人在外脚手架上拆除 3 号房仓库圈梁和天沟模板支撑时,由于圈梁及天沟混凝土浇捣时间间隔过短,混凝土强度未达到施工规范规定,导致长 60.48 m,高 0.6 m,宽 0.25 m 的混凝土圈梁及天沟突然向外侧倾倒,从 4.75 m 高的外墙上坍塌落下,将部分脚手架和其中的数名作业人员压在梁下。事故发生后,虽经现场负责人、职工以及医院多方极力抢救,但仍然造成了 2 死 2 伤的重大伤亡事故。

问题:试分析该事故建筑主体单位存在哪些违法行为。

施工项目负责人是指建设工程项目的项目经理。施工单位不同于一般的生产经营单位,通常会同时承建若干建设工程项目,且异地承建施工的现场很普遍。为了加强对施工现场的管理,施工单位都要对每个建设工程项目委派一名项目负责人即项目经理,由他对该项目的施工管理全面负责。

《建设工程安全生产管理条例》规定,施工单位的项目负责人应当取得相应职业资格的人员担任,对建设工程项目的安全施工负责,落实安全生产责任制度、安全生产规章制度和操作规程,确保安全生产费用的有效使用,并根据工程的特点组织制度安全施工措施,消除安全事故隐患,及时、如实报告生产安全事故。

(一) 施工项目负责人的职业资格和安全生产责任

施工项目负责人经施工单位法定代表人的授权,要选配技术、生产、材料、成本等管理人员组成项目管理班子,代表施工单位在本建设工程项目上履行管理职责。由于施工项目负责人对该项目的施工组织管理起关键作用,原人事部、建设部《建造师职业资格制度暂行规定》中规定,建造师经注册后,有权以建造师名义担任建设工程项目施工的项目经理及从事其他施工活动的管理。

施工项目负责人的安全生产责任是:

(1) 对建设工程项目的安全施工负责;

(2) 落实安全生产责任制度、安全生产规章制度和操作规程;

(3) 确保安全生产费用的有效使用;

(4) 根据工程的特点组织制定安全施工措施,消除安全事故隐患;

(5) 及时、如实报告生产安全事故情况。

(二) 施工单位项目负责人施工现场带班制度

《建筑施工企业负责人及项目负责人施工现场带班暂行办法》规定,项目负责人是工程项目质量安全管理的第一责任人，应对工程项目落实带班制度负责。项目负责人带班生产是指项目负责人在施工现场组织协调工程项目的质量安全生产活动。

项目负责人在同一时期只能承担一个工程项目的管理工作。项目负责人带班生产时，要全面掌握工程项目质量安全生产状况，加强对重点部位、关键环节的控制，及时消除隐患。要认真做好带班生产记录并签字存档备查。项目负责人每月带班生产时间不得少于本月施工时间的80%。因其他事务需离开是施工现场时，应向工程项目的建设单位请假，经批准后方可离开。离开期间应委托项目相关负责人负责其外出时的日常工作。

案例5-4分析：

1. 直接原因分析

(1) 技术方面

① 未能及时接高电梯导轨架。事故发生时建筑物最高层作业面为72.5 m，而施工升降机导轨架安装高度为75 m，此高度已不能满足运行安全距离的要求，如不及时接高导轨架，当施工最上层时吊笼容易发生冒顶事故。

② 未按规定正确安装安全装置。按《吊笼有垂直导向的人货两用施工升降机》规定，升降机“应安装上、下极限开关”，当吊笼向上运行超过越层的安全距离时，极限开关动作切断提升电源，使吊笼停止运行……“吊笼应设置安全钩”，防止在出事故时吊笼脱离轨架。

(2) 管理方面

① 分包单位南通市某建筑公司管理混乱。施工升降机安装后不进行验收。对施工升降机的安装、使用，国家及行业早已颁发标准，而南通市某建筑公司在电梯安装前不制订方案，电梯安装后不经验收确认，在安装不及格及安全装置无效的情况下冒险使用。

② 对作业人员缺乏严格管理。该公司对电梯司机没有严格的管理制度，致使工作时间内司机擅自离岗且不锁好配电箱，导致他人随意动用。公司对其他工种人员缺乏安全培训教育和严格的约束制度，致使无证人员擅自操作电梯。由于存在诸多安全隐患的施工电梯由无证人员随意操作，当吊笼发生意外时，安全装置又失去作用导致发生事故。

③ 总包单位和监理单位工作失职。《建设工程生产管理条例》明确规定，建设工程项目实行总承包的，由总承包单位对施工现场的安全生产负责。工程监理应按照规范，监督安全技术措施的实施。该工程电梯安装前没有编制实施方案，安装后也不保险，自5月8日安装至6月28日发生事故前得50天中无人检查无人过问，致使电梯未安装上极限位挡板，当吊笼越程运行时无安全限位保证时无安全限位保障；电梯安全钩安装不正确，吊笼发生脱轨时保险装置失效。以上重大隐患，未能在总包管理、监理监督下得以发现和提早解决，导致电梯原有的安装装置因失效，未能起到避免意外事故和减少事故损失的作用。

④ 市场管理混乱。郑州市存在有两套管理机构，一个是郑州市建设行政主管部门，另一个是郑州市政府有关部门，从而导致管理矛盾和漏洞，影响了执行《建筑法》的严肃性，给市场管理造成混乱。

2. 主要责任

南通市某建筑公司的项目负责人对施工升降机的安装、使用、管理违反规定，严重失职，应负违章指挥责任。该施工公司主要负责人对基层如此混乱和管理失控，应负全面管理责任。

三、施工总承包单位和分包单位的安全生产责任

《建筑法》规定，施工现场安全由建筑施工企业负责。实行施工总承包的，由总承包单位负责。分包单位向总承包单位负责，服从总承包单位对施工现场的安全生产管理。

《安全生产法》也规定，两个以上生产经营单位在同一作业区域内进行生产经营活动，可能危及对方生产安全的，应当签订安全生产管理协议，明确各自的安全生产管理职责和应当采取的安全措施，并指定专职安全生产管理人员进行安全检查与协调。

（一）分包合同应当明确总分包双方的安全生产责任

《建设工程安全生产管理条例》规定，总承包单位依法将建设工程分包给其他单位的，分包合同中应明确各自的安全生产方面的权利、义务。

施工总承包单位与分包单位的安全生产责任，可分为法定责任和约定责任。所谓法定责任，即法律法规中明确规定的总承包单位、分包单位各自的安全生产责任。所谓约定责任，即总承包单位与分包单位通过协商，在分包合同中约定各自应当承担的安全生产责任。但是，安全生产的约定责任不能与法定责任相抵触。

（二）统一组织编制建设工程生产安全应急救援预案

《建设工程安全生产管理条例》规定，施工单位应当根据建设工程施工的特点、范围，对施工现场易发生重大事故的部位、环节进行监控，制定施工现场生产安全事故应急救援预案。实行施工总承包的，由总承包单位统一组织编制建设工程生产事故应急救援预案，工程总承包单位和分包单位按照应急救援预案，各自建立应急救援组织或者配备应急救援预案，配备救援器材、设备、并定期组织演练。

建设工程的施工属于高风险工作，极易发生安全事故。为了加强对施工安全突发事故的处理，提高应急救援快速反应能力，必须重视并编制施工安全事故应急救援预案。由于实行施工总承包的，是由总承包单位对施工现场的安全生产负总责，所以总承包单位要统一组织编制建设工程生产安全事故应急救援预案。

案例 5-5 某高层办公楼，总建筑面积 137 500 m^2，地下 3 层，地上 25 层。业主与施工总承包单位签订了施工总承包合同，并委托了工程监理单位。

建设单位将深基坑的支护和土方开挖委托给了专业设计单位，施工总承包完成桩基工程后，自行决定将基坑的支护和土方开挖工程分包给了一家专业分包单位施工，专业设计单位根据业主提供的勘察报告完成了基坑支护设计后，即将设计文件直接给了专业分包单位，专业分包单位在收到设计文件后编制了基坑支护工程和降水工程专项施工组织方案，施工组织方案施工总承包单位项目经理签字后即由专业分包单位组织了施工，专业分包单位在开工前进行了三级安全教育。

专业分包单位在施工过程中，由负责质量管理工作的施工人员兼任现场安全生产监督工作。土方开挖到接近基坑设计标高（自然地坪下 8.5 m）时，总监理工程师发现基坑四周地表出现裂缝，即向施工总承包单位发出书面通知，要求停止施工，并要求立即撤离现场施工人员，查明原因后再恢复施工，但总承包单位认为地表裂缝现场施工人员，查明原因后再恢复施工，但总承包单位认为地表裂缝属正常现场没有予以理睬。不久基坑发生严重坍塌，并造成 4 名施工人员被掩埋，经抢救 3 人死亡，1 人重伤。

事故发生后，专业分包单位立即向有关安全生产监督管理部门上报了事故情况，经事故

调查组调查，造成坍塌事故的主要原因是由于地质勘查资料中未标明地下存在古河道，基坑支护设计中未能考虑这一因素而造成的。事故中直接经济损失 80 万元，于是专业分包单位要求设计单位赔偿事故损失 80 万元。

问题：

1. 请指出上述整个事件中有哪些做法不妥，并写出正确的做法。
2. 三级安全教育是指哪三级？
3. 这起事故的主要责任人是谁？请说明理由。

（三）负责上报施工生产安全事故

《建设工程安全生产管理条例》规定，实行施工总承包的建设工程，由总承包单位负责上报事故。

据此，一旦发生施工生产安全事故，施工总承包单位应当依法向有关主管部门报告事故的基本情况。

（四）自行完成建设工程主体结构的施工

《建设工程安全生产管理条例》规定，总承包单位应当自行完成建设工程主体结构的施工。

这是为了落实施工总承包单位的安全生产责任，防止因转包和违法分包等行为导致施工生产事故的发生。

案例 5-6 施工总承包单位将地下连续墙工程分包给具有相应资质的专业公司，未报建设单位审批；依合同约定将装饰装修工程分别发包给具有相应资质的 3 家装饰装修公司。上述分包合同均由施工总承包单位与分包单位签订，且均在安全管理协议中约定分包单位工程安全事故责任全部由分包单位承担。

问题：本案中分包合同中约定责任的承担是否符合规定？

（五）承担连带责任

《建设工程安全生产管理条例》规定，总承包单位和分包单位对分包工程的安全生产承担连带责任。

该项规定既强化了总承包单位和分包单位双方的安全生产责任意识，也有利于保护受损害者的合法权益。

案例 5-6 分析：

总包单位与分包单位签订分包合同中约定安全事故责任全部由分包单位承担是不正确的。因为根据《建设工程安全生产管理条例》的规定，总承包单位与分包单位应对分包工程的安全生产承担连带责任。

（六）分包单位应当承担的法定安全生产责任

《建筑法》规定，分包单位向总承包单位负责，服从总承包单位对施工现场的安全生产管理。《建设工程安全生产管理条例》进一步规定，分包单位应当服从总承包单位的安全生产管理，分包单位不服从管理导致生产事故的，由分包单位承担主要责任。

总承包单位依法对施工现场的安全生产负责，这就要求分包单位必须服从总承包单位的安全生产管理。在许多工地上，往往有若干分包单位同时在施工，如果缺乏统一的组织管理，很容易发生安全事故。因此，分包单位服从总承包单位对施工现场的安全生产规章制度、岗位操作要求等安全生产管理。否则，一旦发生施工安全生产事故，分包单位要承担主要责任。

案例 5-5 分析：

1. 整个事件中存在如下不妥之处：

(1) 施工总承包单位自行决定将基坑支护和土方开挖工程分包给了一家专业分包单位施工时不妥的，工程分包应报监理单位经建设单位同意后方可进行。

(2) 专业设计单位完成基坑支护设计后，直接将设计文件给了专业分包单位的做法是不妥的，设计文件的交接应经建设单位交付给施工单位。

(3) 专业分包单位编制的基坑工程和降水工程专项施工组织方案，经施工总承包单位项目经理签字后即组织施工的做法是不妥的，专业分包单位编制了基坑支护工程和降水工程专项施工组织方案后，应经总监理工程师审批后方可实施。

(4) 事故发生后专业分包单位直接向有关安全生产监督管理部门上报事故的做法是不妥的，应经过总承包单位。

(5) 专业分包单位要求设计单位赔偿事故损失时不妥的，专业分包单位和设计单位之间不存在合同关系，不能直接向设计单位索赔，专业分包单位可通过总包单位向建设单位索赔，建设单位再向设计单位索赔。

2. 本起事故的主要责任应由施工总承包单位承担。在总监理工程师发出书面通知要求停止施工的情况下，施工总承包单位继续施工，直接导致事故的发生，所以本期事故的主要责任应由施工总承包单位承担。

四、施工作业人员安全生产的权利和义务

《安全生产法》规定，生产经营单位的从业人员有依法获得安全生产保障的权利，并应当依法履行安全生产方面的义务。生产经营单位与从业人员订立的劳动合同，应当载明有关保障从业人员劳动安全、防止职业危害的事项，以及依法为从业人员办理工伤保险的事项，生产经营单位不得以任何形式与从业人员订立协议，免除或者减轻其对从业人员应生产安全事故伤亡依法应承担的责任。

《建筑法》规定，建筑施工企业和作业人员在施工过程中，应当遵守有关安全生产的法律、法规和建筑行业安全规章、规程，不得违背指挥或者违章作业。作业人员有权对影响人身健康的作业程序和作业条件提出改进意见，有权获得安全生产所需的防护用品。作业人员对危及生命安全和人身健康的行为有权提出批评、检举和控告。

案例 5-7 某单位建一幢两层办公用房，因工程规模较小，故找到当地一家小施工队建设。两层屋面即将封顶的时候，一名工人肩扛钢筋进入该两层屋面，不慎触到临近高压线从两楼坠楼。承包商将伤者送到医院救治 3 天，便不再支付医疗费用。伤者感到委屈，要求建设单位解决医疗费遭到拒绝，承包商也坚决不允许工人到建设单位闹事，工人因此上告。

问题：建设单位和承包方是否要承担责任？

(一) 施工作业人员应当享有的安全生产权利

按照《建筑法》《安全生产法》《建设工程安全生产管理条例》等法律、行政法规的规定，施

工作业人员主要享有如下的安全生产权利：

1. 施工安全生产的知情权和建议权

施工作业人员是施工单位运行和施工生产活动的主体。充分发挥施工作业人员在企业中的主人翁作用，是搞好施工安全生产的重要保障。因此，施工作业人员对施工安全生产拥有知情权，并享有改进安全生产工作的建议权。

2002 年 6 月颁布的《安全生产法》规定，生产经营单位的从业人员有权了解作业场所和工作岗位存在的危险因素、防范措施及事故应急措施，有权对本单位的安全生产工作提出建议。《建筑法》还规定，作业人员有权对影响人身健康的作业程序和作业条件提出改进意见。《建设工程安全生产管理条例》则进一步规定，施工单位应当向作业人员提供安全防护用具和安全防护服装，并书面告知危险岗位的操作规程和违章操作的危害。

2. 施工安全防护用品的获得权

施工安全防护用品，一般包括安全帽、安全带、安全网、安全绳及其他个人防护用品等。它是保护施工作业人员安全健康所必需的防御性装备，可有效地预防或减少伤亡事故的发生。

《建筑法》规定，作业人员有权获得安全生产所需的防护用品。《安全生产法》还规定，生产经营单位必须为从业人员提供符合国家标准或者行业标准的劳动防护用品，并监督、教育从业人员按照使用规则佩戴、使用。《建设工程安全生产管理条例》进一步规定，施工单位应向作业人员提供安全防护用具和安全防护服装。

3. 批评、检举、控告权及拒绝违章指挥权

《建筑法》规定，作业人员对危及生产安全和人身健康的行为有权提出批评、检举和控告。《安全生产法》还规定，从业人员有权对本单位生产工作中的问题提出批评、检举、控告；有权拒绝违章指挥和强令冒险作业。生产经营单位不得因而降低其工资、福利等待遇或者解除与其订立的劳动合同。《建设工程安全生产管理条例》进一步规定，作业人员有权对施工现场的作业条件、作业程序和作业方式中存在的安全问题提出批评、检举和控告，有权拒绝违章指挥和强令冒险作业。

4. 紧急避险权

为了保证施工作业人员的安全，在施工中遇有直接危及人身安全的紧急情况时，施工作业人员享有停止作业和紧急撤离的权利。

《安全生产法》规定，从业人员发现直接危及人身安全的紧急情况时，有权停止作业或者在采取可能的应急撤离作业场所。生产经营单位不得因从业人员在前款紧急情况下停止作业或者采取紧急撤离措施而降低其工资、福利等待遇或者解除与其订立的劳动合同。《建设工程安全生产管理条例》也规定，在施工中发生危及人身安全的紧急情况时，作业人员有权立即停止作业或者在采取必要的应急措施后撤离危险区域。

5. 获得工伤保险和意外伤害保险赔偿的权利

2011 年 4 月经修订后颁布的《建筑法》规定，建筑施工企业应当依法为职工参加工伤保险缴纳工伤保险费。鼓励企业为从事危险作业的职工办理意外伤害保险，支付保险费。

据此，施工作业人员除依法享有工伤保险的各项权利外，从事危险作业的施工人员还可以依法享有意外伤害保险的各项权利。

6. 请求民事赔偿权

《安全生产法》规定，因生产安全事故受到损害的从业人员，除依法享有工伤社会保险外，依照有关民事法律尚有获得赔偿的权利的，有权向本单位提出赔偿要求。

案例 5-7 分析：

1. 建设单位新建楼房临近高压线，应通知承包商注意并加强管理，必要时还应采取一定的强制措施。而建设单位没有打过招呼，所以有不可推卸的责任，工人要求解决医疗费完全合理。

2. 作业工人因不知情而发生事故，承包商也有连带责任。承包商给受伤工人一定的赔付也属正当要求。

3. 受伤工人找到当地建设主管部门投诉，请求解决问题是合法的维权行为。

（二）施工作业人员应当履行的安全生产义务

按照《建筑法》《安全生产法》《建设工程安全生产管理条例》等法律、行政法规的规定，施工作业人员主要应当履行如下安全生产义务：

案例 5-8 在某高层建筑的外墙装饰施工工地，某施工单位为赶在雨季来临前完成施工，又从其他工地调来一批工人，但未经安全培训教育就安排到有关岗位开始作业。2 名工人被安排上高处作业吊篮到 6 层处从事外墙装饰作业。他们在作业完成后图省事，直接从高处作业吊篮的悬吊平台向 6 层窗口爬出，结果失足从 10 多米高处坠落在地，造成 1 死 1 重伤。

问题：本案中，施工单位有何违法行为？

1. 守法遵章和正确使用安全防护用具等的义务

施工单位要依法保障施工单位作业人员的安全，施工作业人员也必须遵守有关的规章制度，做到不违章作业。

《建筑法》规定，建筑施工企业和作业人员和施工过程中，应当遵守有关安全生产的法律、法规和建筑行业安全规章、规程，不得违章指挥或者违章作业。《安全生产法》规定，从业人员在作业过程中，应当遵守本单位的安全生产规章制度和操作规程，服从管理，正确佩戴和使用劳动防护用品。《建设工程安全生产管理条例》进一步规定，作业人员应当遵守安全施工的强行性标准、规章制度和操作规程，正确使用安全防护用具、机械设备等。

2. 接受安全生产教育培训的义务

施工单位加强安全教育培训，使作业人员具备必要的施工安全生产知识，熟悉有关的规章制度和安全操作规程，掌握本岗位安全操作技能，是控制和减少施工安全事故的重要措施。

《安全生产法》规定，从业人员应当接受安全生产教育和培训，掌握本职工作所需的安全生产知识，提高安全生产技能，增强事故预防和应急处理能力。《建设工程安全生产管理条例》也规定，作业人员进入新的岗位或者新的施工现场前，应当接受安全生产教育培训。未经教育培训或者教育培训考核不合格的人员，不得上岗作业。2012 年 11 月颁布的《国务院安委会关于进一步加强安全培训工作的决定》进一步规定，严格落实“三项岗位”人员持证上岗和从业人员先培训后上岗制度，健全安全培训档案。劳务派遣单位要加强劳务派遣工基本安全知识培训，劳务使用单位要确保劳务派遣工与本企业职工接受同等安全培训。

3. 施工安全事故隐患报告的义务

施工安全事故通常都是由事故隐患或者其他不安全因素所酿成。因此，施工作业人员一旦发现事故隐患或者其他不安全因素，应当立即报告，以便及时采取措施，防患于未然。

《安全生产法》规定，从业人员发现事故隐患或者其他不安全因素，应当立即向现场安全生产管理人员后者本单位负责人报告;接到报告的人员应当及时予以处理。

案例 5-8 分析:

《安全生产法》第 21 条规定:"生产经营单位应当对从业人员进行安全生产教育和培训,保证从业人员具备必要的安全生产知识,熟悉有关的安全生产规章制度和安全操作规程,掌握本岗位的安全操作技能。未经安全生产教育和培训合格的从业人员,不得上岗作业。"

《建设工程安全生产管理条例》第 37 条进一步规定:"作业人员进入新的岗位或者新的施工现场前,应当接受安全生产教育培训。未经教育培训或者教育培训考核不合格的人员,不得上岗作业。"本案中,施工单位违法未对新进场的工人进行有针对性的安全教育培训,使 2 名作业人员违反了"操作人员必须从地面进行悬吊平台。在未采取安全保护措施的情况下,禁止从窗口、楼顶等其他位置进出悬吊平台"的安全操作规程,造成了伤亡事故的发生。

五、施工单位安全生产教育培训的规定

安全生产教育培训制度是对广大建筑企业和建设单位职工进行安全教育培训,提高安全意识,增加安全知识和技能的制度。安全生产,人人有责。只有通过对广大职工进行安全教育、培训,才能使广大职工真正认识到安全生产的重要性、必要性,才能使广大职工掌握更多更有效的安全生产的科学技术知识,牢固树立安全第一的思想,自觉遵守各项安全生产和规章制度。从众多建筑安全事故的分析中,不难发现一个重要的原因就是有关人员安全意识不强,安全技能不够,这些都是没有搞好安全教育培训工作的后果。

针对一些施工单位安全生产教育培训投入不足,许多新入场农民工未经培训即上岗作业,造成一线作业人员安全意识和操作技能普遍不足,往往违章作业、冒险蛮干的问题,《建筑法》明确规定,建筑施工企业应当建立健全劳动安全生产教育培训制度,加强对职工安全生产的教育培训;未经安全生产教育培训的人员,不得上岗作业。

《安全生产法》规定,生产经营单位应当教育和督促从业人员严格执行本单位的安全生产规章制度和安全操作规程;并向从业人员如实告知作业场所和工作岗位存在的危险因素、防范措施以及事故应急措施。生产经营单位应当安排用于配备劳动防护用品、进行安全生产培训的经费。

《国务院安委会关于进一步加强安全培训工作的决定》指出,建立以企业投入为主、社会资金积极资助的安全培训投入机制。企业要在职工培训经费和安全费用中足额列支安全培训经费,实施技术改造和项目引进时要专门安排培训资金。

(一)施工单位三类管理人员与"三项岗位"人员的培训考核

1. 三类管理人员的培训考核

《建设工程安全生产管理条例》规定,施工单位的主要负责人、项目负责人、专职安全生产管理人员应当经建设行政主管部门或者其他部门考核合格后方可任职。

施工单位的主要负责人要对本单位的安全生产工作全面负责,项目负责人对所负责的建设工程项目的安全生产工作全面负责,安全生产管理人员更是要具体承担本单位日常的安全生产管理工作。这三类人员的施工安全知识水平和管理能力直接关系到本单位、本项目的安全生产管理水平。如果这三类人员缺乏基本的施工安全生产知识,施工安全生产管理和组织能力不强,甚至违章指挥,将可能导致施工生产安全事故的发生。因此,他们必须

经安全生产知识和管理能力考核合格后方可任职。

2. “三项岗位”人员的培训考核

《国务院关于坚持科学发展安全发展促进安全生产形势持续稳定好转的意见》规定，企业主要负责人、安全管理人员、特种作业人员一律经严格考核、持证上岗。《国务院安委会关于进一步加强安全培训工作的决定》进一步指出，严格落实“三项岗位”人员持证上岗制度。企业新任用或者招录“三项岗位”人员，要组织其参加安全培训，经考试合格持证后上岗。对发生人员死亡事故负有责任的企业主要负责人、实际控制人和安全管理人员，要重新参加安全培训考试。

“三项岗位”人员中的企业主要负责人、安全管理人员已涵盖在三类管理人员之中。对于特种作业人员，因其从事直接对本人或他人及其周围设置安全有着重大危险因素的作业，必须经专门的安全作业培训，并取得特种作业操作资格证书后，方可上岗作业。

案例 5-9 某公司在某大厦工地施工，杂工陈某发现潜水泵开动后漏电开关动作，便要求电工把潜水泵电源线不经漏电开关接上电源，起初电工不肯，但在陈某的多次要求下照办。潜水泵再次启动后，陈某拿一条钢筋欲挑起潜水泵检查是否沉入泥里，当陈某挑起潜水泵时，即触电倒地，经抢救无效死亡。

问题：

1. 分析事故发生原因。
2. 应吸取哪些教训？

按照《建设工程安全生产管理条例》的规定，垂直运输机械作业人员、安装拆卸工、爆破作业人员、起重信号工、登高架设作业人员等特种作业人员，必须按照国家有关规定经过专门的安全作业培训，并取得特种作业操作资格证书后，方可上岗作业。住房和城乡建设部2008年4月发布的《建筑施工特种作业人员管理规定》进一步规定，建筑施工特种作业包括：①建筑电工；②建筑架子工；③建筑起重信号司索工；④建筑起重机械司机；⑤建筑起重机械安装拆卸工；⑥高处作业吊篮安装拆卸工；⑦经省级以上人民政府建设主管部门认定的其他特种作业。

案例 5-9 分析：

1. 事故原因分析：

(1) 操作工陈某由于不懂电气安全知识，在电工劝阻的情况下仍要求将潜水泵电源线直接接到电源，同时，在明知漏电的情况下用钢筋挑动潜水泵，违章作业，是造成事故的直接原因。

(2) 电工在陈某的多次要求下违章接线，明知故犯，留下严重的事故隐患，是事故发生的重要原因。

2. 事故主要教训：

(1) 必须让职工知道自己的工作过程以及工作的范围内有哪些危险、有害因素，危险程度以及安全防护措施。陈某知道漏电开关动作了，影响他的工作，但显然不知道漏电会危及他的人身安全，不知道在漏电的情况下用钢筋挑动潜水泵会导致其丧命。

(2) 必须明确规定并落实特种作业人员的安全生产责任制。特种作业危险因素多，危险程度大，不仅危及操作者本人的生命安全，还可能危及其他人员。本案电工有一定的安全知识，开始时不肯违章接线，但经不住同时的多次要求，明知故犯，违章作业，留下严重的事故隐患，没有负起应有的安全责任。

(3) 应该建立事故隐患的报告和处理制度。漏电开关动作，表明隐患存在，操作工报告电工处理是应该的，但他不应该要求电工将电源线不经漏电开工接到电源上。电工知道漏电，应该检查原因，消除隐患，决不能贪图方便。

(二) 施工单位全员的安全生产教育培训

《安全生产法》规定，生产经营单位应当对从业人员进行安全生产教育和培训，保证从业人员具备必要的安全生产知识，熟悉有关的安全生产规章制度和安全操作规程，掌握本岗位的安全操作技能，了解事故应急处理措施，知悉自身在安全生产方面的权利和义务。未经安全生产教育和培训合格的从业人员，不得上岗作业。

生产经营单位使用被派遣劳动者的，应当将被派遣劳动者纳入本单位从业人员统一管理，对派遣劳动者进行岗位安全操作和安全操作技能的教育和培训。劳务派遣单位应当对被派遣劳动者进行必要的安全生产教育和培训。

生产经营单位应当建立安全生产教育和培训档案，如实记录安全生产教育和培训的时间、内容、参加人员以及考核结果等情况。

《建设工程安全生产管理条例》规定，施工单位应当对管理人员和作业人员每年至少进行一次安全生产教育培训，其教育培训情况记入个人工作档案。安全生产教育培训考核不合格的人员，不得上岗。《国务院关于坚持科学发展安全发展促进安全生产形势持续稳定好转的意见》规定，企业用工要严格依照劳动合同与职工签订劳动合同，职工必须全部经培训合格后上岗。

施工单位应当根据实际需要，对不同岗位、不同工种的人员进行因人施教。安全教育培训可采取多种形式，包括安全形势报告会、事故案例分析会、安全法制教育、安全技术交流、安全竞赛、师傅带徒弟等。

(三) 进入新岗位或者新施工现场前的安全生产教育培训

由于新岗位、新工地往往各有特殊性，施工单位须对新录用或转场的职工进行安全教育培训，包括施工安全生产法律法规、施工工地危险源识别、安全技术操作规程、机械设备电气及高处作业安全知识、防火防毒防尘防爆知识、紧急情况安全处理与安全疏散知识、安全防护用品知识以及发生事故时自救排险、抢救伤员、保护现场和及时报告等。

《建设工程安全生产管理条例》规定，作业人员进入新的岗位或者新的施工现场前，应当接受安全生产教育培训。未经教育或者教育培训考核不合格的人员，不得上岗作业。《国务院安委会关于进一步加强安全培训工作的决定》中指出，严格落实企业职工先培训后上岗制度。建筑企业要对新职工进行至少 32 学时的安全培训，每年进行至少 20 学时的再培训。

强化现场安全培训。高危企业要严格班前安全培训制度，有针对性地讲述岗位安全生产与应急救援知识、安全隐患和注意事项等，使班前安全培训成为安全生产第一道防线。要大力推广“手指口述”等安全确认法，帮助员工通过心想、眼看、手指、口述、确保按规程作业。要加强班组长培训，提高班组长现场安全管理水平和现场安全风险管控能力。

(四) 采用新技术、新工艺、新设备、新材料前得安全生产教育培训

《安全生产法》规定，生产经营单位采用新工艺、新技术、新材料或者使用新设备，必须了解、掌握其安全技术特性，采取有效的安全防护措施，并对从业人员进行专门的安全生产教育和培训。

《建设工程安全生产管理条例》规定，施工单位在采用新技术、新工艺、新设备、新材料时，应当对作业人员进行相应的安全生产教育培训。《国务院安委会关于进一步加强安全培训工作的决定》指出，企业调整职工岗位或者采用新技术、新工艺、新设备、新材料的，要进行专门的安全培训。

(五) 安全教育培训方式

《国务院安委会关于进一步加强安全培训工作的决定》指出，完善和落实师傅带徒弟制度。高危企业新职工安全培训合格后，要在经验丰富的工人师傅带领下，实习至少 2 个月后方可独立上岗。工人师傅一般应当具备中级以上技能等级，3 年以上相应工作经历，成绩突出，善于"传、帮、带"，没有发生过"三违"行为等条件。要组织签订师徒协议，建立师傅带徒弟激励约束机制。

支持大中型企业和欠发达地区建立安全培训机构，重点建设一批具有仿真、体感、实操特色的示范培训机构。加强远程安全培训。开发国家安全培训网和有关行业网络学习平台，实现优质资源共享。实行网络培训学时学分制，将学时和学分结果与继续教育、再培训挂钩。利用视频、电视、手机等拓展远程培训形式。

按照《安全生产法》第 82 条规定："生产经营单位有下列行为之一的，责令限期改正；逾期未改正的，责令停产停业整顿，可以并处 2 万元以下的罚款：……(3)未按照本法第 21 条、第 22 条的规定对从业人员进行安全生产教育和培训，或者未按照本法第 36 条的规定如实告知从业人员有关的安全生产事项的；……"《建设工程安全生产管理条例》第 62 条进一步规定："施工单位由下列行为之一的，责令限期改正；逾期未改正的，责令停业整顿，依照《中华人民共和国安全生产法》的有关规定处以罚款；造成重大安全事故，构成犯罪的，对直接责任人员，依照刑法有关规定追究刑事责任：……(2)施工单位的主要负责人、项目负责人、专职安全生产管理人员、作业人员或者特种作业人员，未经安全教育培训或者经考核不合格即从事相关工作的；……。"据此，该施工单位及其直接责任人员应当依法承担上述有关的法律责任。

案例 5-5(续)分析：

2. 三级安全教育是指公司、项目经理部、施工班组三个层次的安全教育。三级安全教育的内容、时间及考核结果要有记录。按照建设部《建筑企业职工安全培训教育暂行规定》的规定如下：

(1) 公司教育的内容是：国家和地方有关安全有关的方针、政策、法规、标准、规范、规程和企业的安全规章制度。

(2) 项目经理部教育内容是：工地安全制度、施工现场环境，工程施工特点及可能存在的不安全因素等。

(3) 施工班组教育内容是：本工种的安全操作规程，事故案例剖析，劳动纪律和岗位讲评等。

任务 3 施工现场安全防护制度

保障建设工程施工安全生产，除了要建立健全施工安全生产责任和安全生产教育培训制度外，还应当针对建设工程施工的特点，加强安全技术管理工作。

案例5-10　某商务中心高层建筑，总建筑面积约15万m^2，地下2层，地上22层。业主与施工单位签订了施工总承包合同，并委托监理单位进行工程监理。开工前，施工单位进行了三级安全教育。在地下桩基施工中，由于是深基坑工程，项目经理部按照设计文件和施工技术标准编制了基坑支护及降水工程专项施工方案，经项目经理签字后组织施工。同时，项目经理安排负责质量检查的人员兼任安全工作。当土方开挖至坑底设计标高时，监理工程师发现基坑四周地表出现大量裂纹，坑边部分土石有滑落现象，即向现场作业人员发出口头通知，要求停止施工，撤离相关作业人员。但施工作业人员担心拖延施工进度，对监理通知不予理睬，继续施工。随后，基坑发生大面积垮塌，基坑下6名作业人员被埋，造成3人死亡、2人重伤、1人轻伤。事故发生后，经查施工单位未办理工伤保险。

问题：本案中，施工单位有哪些违法行为？

一、编制安全技术措施、专项施工方案和安全技术交底的规定

《建筑法》规定，建筑施工企业在编制施工组织设计时，应当根据建筑工程的特点制定相应的安全技术措施；对专业性较强的工程项目，应当编制专项施工组织设计，并采取安全技术措施。

（一）编制安全技术措施和施工现场临时用电方案

根据《建筑法》和《安全生产管理条例》的规定，施工单位在施工组织设计中，应当编制安全技术措施和施工现场临时用电方案以及专项施工方案。

施工组织设计是规划和指导施工全过程的综合性技术经济文件，是施工准备工作的重要组成部分。它要保证施工准备阶段各项工作的顺利进行，各分包单位、各工种的有序衔接，以及各类材料、构件、机具等供应时间和顺序，并对一些关键部位和需要控制的部位提出相应的安全技术措施。

临时用电方案不仅直接关系到用电人员的安全，也关系到施工进度和工程质量。《施工现场临时用电安全技术规范》规定，施工现场临时用电设备在5台及以上或设备总容量在50 kW及以上者，应编制用电组织设计。施工现场临时用电设备在5台以下或设备总容量在50 kW以下者，应制定安全用电和电气防火措施。

（二）编制安全专项施工方案

施工组织设计是组织工程施工的纲领性文件，是保护安全生产的基础。但是从近年来发生的重大安全事故的分析来看，多是工程项目在施工组织设计上存在着严重问题：一是未编制施工组织设计；二是未按照工程建设强制性标准进行施工组织设计；三是编制的施工组织设计中未制定安全技术措施或专项施工方案；四是制定的安全技术措施或方案缺乏针对性；五是在施工过程中未严格按照安全技术措施或方案组织实施。针对这些问题，法律法规专门就施工组织设计、安全技术措施和专项施工方案的编制、审批和实施做出了明确规定。

《建设工程安全生产管理条例》规定，对下列达到一定规模的危险性较大的分部分项工程编制专项施工方案，并附具安全验收结果，经施工单位技术负责人、总监理工程师签字后实施，由专职安全生产管理人员进行现场监督：①基坑支护与降水工程；②土方开挖工程；③模板工程；④起重吊装工程；⑤脚手架工程；⑥拆除、爆破工程；⑦国务院建设行政主管部门或者其他有关部门规定的其他危险性较大的工程。对以上所列工程中涉及深基坑、地下暗挖工程、高大模板工程的专项施工方案，施工单位还应当组织专家进行论证、审查。

所谓危险性较大的分部分项工程，是指建筑工程在施工过程中存在的、可能导致作业人员群死群伤或造成重大不良社会影响的分部分项工程。危险性较大的分部分项工程安全专项施工方案，是指施工单位在编制施工组织（总）设计的基础上，针对危险性较大的分部分项工程单独编制的安全技术措施文件。

1. 安全专项施工方案的编制

2009年5月住房和城乡建设部发布的《危险性较大的分部分项工程安全管理办法》中规定，施工单位应当在危险性较大的分部分项工程施工前编制专项方案；对于超过一定规模的危险性较大的分部分项工程，施工单位应当组织专家对专项方案进行论证。

建筑工程实行施工总承包的，专项方案应当由施工总承包单位组织编制。其中，起重机械安装拆卸工程、深基坑工程、附着式升降脚手架等专业工程实行分包的，其专项方案可由专业承包单位组织编制。

专项方案编制应当包括以下内容：

(1) 工程概况：危险性较大的分部分项工程概况、施工平面布置、施工要求和技术保证条件。

(2) 编制依据：相关法律、法规、规范性文件、标准、规范及图纸（国标图集）、施工组织设计等。

(3) 施工计划：包括施工进度计划、材料与设备计划。

(4) 施工工艺技术：技术参数、工艺流程、施工方法、检查验收等。

(5) 施工安全保证措施：组织保障、技术措施、应急措施、检测监控等。

(6) 劳动力计划：专职安全生产管理人员、特种作业人员等。

(7) 计算书及相关图纸。

2. 安全专项施工方案的审核

专项方案应当由施工单位技术部门组织本单位施工技术、安全、质量等部门的专业技术人员进行审核。经审核合格的，由施工单位技术负责人签字。实行施工总承包的，专项方案应当由总承包单位技术负责人及相关专业承包单位技术负责人签字。不需专家论证的专项方案，经施工单位审核合格后报监理单位，由项目总监理工程师审核签字。

超过一定规模的危险性较大的分部分项工程专项方案应当由施工单位组织召开专家论证会。实行施工总承包的，由施工总承包单位组织召开专家论证会。

施工单位应当根据论证报告修改完善专项方案，并经施工单位技术负责人、项目总监理工程师、建设单位项目负责人签字后，方可组织实施。实行施工总承包的，应当由施工总承包单位、相关专业承包单位技术负责人签字。

专项方案论证后需做重大修改的，施工单位应当按照论证报告修改，并重新组织专家论证。

3. 安全专项施工方案的实施

施工单位应当严格按照专项方案组织施工，不得擅自修改、调整专项方案。如因设计、结构、外部环境等因素发生变化确需修改的，修改后的专项方案应当按规定重新审核。对于超过一定规模的危险性较大工程的专项方案，施工单位应当重新组织专家进行论证。

施工单位应当指定专人对专项方案实施情况进行现场监督和按规定进行监测。发现不按照专项方案施工的，应当要求其立即整改；发现有危及人身安全紧急情况的，应当立即组织作业人员撤离危险区域。施工单位技术负责人应当定期巡查专项方案实施情况。

对于按规定需要验收的危险性较大的分部分项工程，施工单位、监理单位应当组织有关人员进行验收。验收合格的，经施工单位项目技术负责人及项目总监理工程师签字后，方可进入下一道工序。

案例 5-10 分析：

本案中，施工单位存在如下违法问题：

(1) 专项施工方案审批程序错误。《建设工程安全生产管理条例》第 26 条规定："施工单位对达到一定规模的危险性较大的分部分项工程编制专项施工方案后，须经施工单位技术负责人、总监理工程师签字后实施。"而本案中的基坑支护和降水工程专项施工方案仅由项目经理签字后即组织施工，是违法的。

(2) 安全生产管理环节严重缺失。《建设工程安全生产管理条例》第 23 条规定："施工单位应当设立安全生产管理机构，配备专职安全生产管理人员"。第 26 条还规定，对分部分项工程专项施工方案的实施，"由专职安全生产管理人员进行现场监督。"本案中，项目经理部安排质量检查人员兼任安全管理人员，明显违反了上述规定。

(3) 施工作业人员安全生产自我保护意识不强。《建设工程安全生产管理条例》第 32 条规定："作业人员有权对施工现场的作业条件、作业程序和作业方式中存在的安全问题提出批评、检举和控告，有权拒绝违章指挥和强令冒险作业。在施工中发生危及人身安全的紧急情况时，作业人员有权立即停止作业或者采取必要的应急措施后撤离危险区域。"本案中，施工作业人员迫于施工进度压力冒险作业，也是造成安全事故的重要原因。

(4) 施工单位未办理工伤保险。《建筑法》规定，建筑施工企业应当依法为职工参加工伤保险缴纳工伤保险费。鼓励企业为从事危险作业的职工办理意外伤害保险，支付保险费。据此，工伤保险是强制性保险，必须依法办理。

(三) 安全施工技术交底

《安全生产管理条例》第 27 条规定："建设工程施工前，施工单位负责项目管理的技术人员应当对有关安全施工的技术要求向施工作业班组、作业人员做出详细说明，并由双方签字确认。"

施工现场高空与交叉作业及手工操作多、劳动强度大、作业环境复杂，作业人员的素质又普遍偏低，施工单位有必要对工程项目的概况、危险部位和施工技术要求、作业安全注意事项等向作业人员做出详细说明，以保证施工质量和安全生产。

案例 5-11 2012 年 7 月 20 日，北京理工大学珠海分校在建工地，一座正在安装中的塔吊突然坍塌，3 名工人从近 20 m 的高的塔臂上摔下，其中 1 人重伤，2 人不治身亡。经调查发现，安装部位应当使用 28 mm 的高强螺栓，而实际使用的却是 22 mm 的非标螺丝，平衡臂无法承受安装荷载导致弯曲变形，3 名正在作业的工人老不及躲避便从 20 m 高处坠落。

问题： 对于高空作业人员，项目部应该有哪些必要的安全防护措施？

1. 安全技术交底的基本要求

安全技术，即确保安全所需要的技术、包括研究建筑施工中各种特定工程项目各个环节中的不安全因素和安全保证要求，相应采取消除隐患以及警示、险控、保险、防护、救助等的技术措施。安全技术交底，是指将上述预防和控制安全事故发生及减少其危害的技术以及工程项目、分部分项工程概况，向作业人员做出说明，即工程项目在进行分部分项工程作业前和每天作业前，工程项目的技术人员和各施工班组长将工程项目和分部分项工程概况、施工方法、安全技术措施及要求向全体施工人员进行说明。

安全技术交底的基本要求如下：

(1) 逐级交底，由总承包单位向分包单位、分包单位工程项目的技术人员向施工班组长、施工班组长向作业人员分别进行交底；

(2) 交底必须具体、明确、针对性强；

(3) 技术交底的内容应针对分部分项工程施工给作业人员带来的潜在危险因素和存在的问题；

(4) 应优先采用新的安全技术措施；

(5) 各工种的安全技术交底一般与分部分项安全技术交底同步进行。对施工工艺复杂、施工难度较大或作业条件危险的，应当单独进行各工种的安全技术交底；

(6) 交底应当采用书面形式，即将每天参加交底的人员名单和交底内容记录在班组活动记录中。

案例5-11分析：

对高空而且特殊工种的作业人员，项目部应该在上岗前进行安全教育，且由安全员和技术员做安全和技术交底。操作过程中，要有质检员和监理工程师等检查施工质量和安全措施落实情况，同时还必须有必要的安全防护措施。

2. 安全技术交底的主要内容

安全技术交底的主要内容包括：①工程项目和分部分项工程的概况；②工程项目和分部分项工程的危险部分；③针对危险部位采取的具体预防措施；④作业中应注意的安全事项；⑤作业人员应遵守的安全操作规程和规范；⑥作业人员发现事故隐患应采取的措施和发生事故后应及时采取的躲避和急救措施。

二、施工现场安全防护、安全费用和特种设备安全管理的规定

案例5-12 赣州市某商住楼位于市滨江大道东段，建筑面积14 700 m^2，8层框混结构，基础采用人工挖孔桩工106根。该工程的土方开挖、安放孔桩钢筋笼即浇筑混凝土工程，由某建筑公司以包工不包料形式转包给何某个人之后，何某又转包给民工温某施工。

在该工地的上部距地面7 m左右处，有一条10 kV架空线路经东西方向穿过。2011年5月17日开始土方回填，至5月底完成土方回填时，架空线路距离地面净空只剩5.6 m，期间施工单位曾多次要求建设单位尽快迁移，但始终未得以解决，而施工单位就一直违章在高压架空线下方不采取任何措施冒险作业。当2011年8月3日承包人温某正违章指挥12名民工，将6 m长的钢筋笼放入桩孔时，由于顶部钢筋距高压线过近而产生电弧，11名民工被击倒在地，造成3人死亡，3人受伤的重大事故。

问题：试分析该事故的主要原因、事故的性质及主要责任。

(一) 施工现场安全防护

《建筑法》第39条规定："建筑施工企业应当在施工现场采取维护安全、防范危险、预防火灾等措施；有条件，应当对施工现场实行封闭管理。""施工现场对毗邻的建筑物、构筑物和特殊作业环境可能造成损害的，建筑施工企业应当采取安全防护措施。"

案例 5-12 分析：

1. 事故原因分析

(1) 技术方面

由于高压线路的周围空间存在强电场，导致附近的导体成为带电体，因此电气规定禁止在高压架空线下方作业，在一侧作业时应保持一定安全距离，防止发生触电事故。

该施工现场桩孔钢筋笼长 6 m，上面高压线路距地面仅剩 5.6 m，在无任何防护措施下又不能保证安全距离，因此必然发生触电事故。

(2) 管理方面

① 建筑市场管理失控，私自转包，无资质承包，从而造成管理混乱，违章指挥导致发生事故。

② 建设单位不重视施工环境的安全条件，高压架空线下方不允许施工，然而建设单位未尽到职责办理线路迁移，从而发生触电事故也是重要原因。

2. 事故结论与教训

(1) 事故主要原因

本次事故是由于违法分包给无资质个人施工，致使现场管理混乱，违章指挥，在不具备安全条件下冒险施工导致的触电事故。

(2) 事故性质

本次事故属责任事故。从建设单位违法发包、无资质个人承包、现场高压架空线不迁移就施工、违章指挥冒险作业等都是严重的不负责任，最终发生事故。

(3) 主要责任

① 个人承包人是现场违章指挥造成事故的直接责任者。

② 建设单位和某建筑公司违反《建筑法》规定，不按程序发包和将工程发包给无资质的个人，造成现场混乱。建筑公司不加管理，建设单位不认真解决事故隐患，他们都是这次事故的主要责任者，建设单位负责人和某建筑公司法人代表应负责任。

《安全生产法》规定，生产经营应当在较大危险因素的生产经营场所和有关设施、设备上，设置明显的安全警示标志。《安全生产管理条例》进一步规定："施工单位应当在施工现场入口处、施工起重机械、临时用电设施、脚手架、出入口通道口、楼梯口、电梯井口、空洞口、桥两口、隧道口、基坑边沿、爆破物及有害危险气体和液体存放处等危险部位，设置明显的安全警示标志。安全警示标志必须符合国家标准。

施工单位应当根据不同施工阶段和周围环境及季节、气候的变化，在施工现场采取相应的安全施工措施。施工现场暂时停止施工的，施工单位应当做好现场防护，所需费用由责任方承担，或者按照合同约定执行。"

《安全生产管理条例》第 30 条规定："施工单位对因建设工程施工可能造成损害的毗邻建筑物、构筑物和地下管线等，应当采取专项防护措施。在城市市区内的建设工程，施工单位应当对施工现场实行封闭围挡。"

案例 5-13　2009 年 8 月，某建筑公司按合同约定对其施工并已完成的路面进行维修，路面经铲挖后形成凹凸和小沟，路边堆有砂石料，但在施工路面和路两头均未设置任何提示过往行人及车辆注意安全的警示标志。2009 年 8 月 16 日，张某骑摩托车经过此路段时，因不明路况，摩托车碰到路面上的施工材料而翻倒，造成10级伤残。张某受伤后多次要求该建筑公司赔偿，但建设公司认为张某受伤与乙方无关。张某将建筑公司起诉至人民法院。

问题：

1. 本案中的建筑公司是否存在违法施工行为？
2. 该建筑公司是否应承担赔偿的民事法律责任？

1. 危险部位设置安全警示标志

《建设工程安全生产管理条例》规定，施工单位应当在施工现场入口处、施工起重机械、临时用电设施、脚手架、出入通道口、楼梯口、电梯井口、孔洞口、桥梁口、隧道口、基坑边沿、爆破物及有害危险气体和液体存放处等危险部位，设置明显的安全警示标志。安全警示标志必须符合国家标准。

所谓危险部位，是指存在着危险因素，容易造成施工作业人员或者其他人员伤亡的地点。尽管工地现场的情况千差万别，不同施工现场的危险源不尽相同，但施工现场入口处、施工起重机械、临时用电设施、脚手架、出入通道口、楼梯口、电梯井口、孔洞口、桥梁口、隧道口、基坑边沿、爆破物及有害危险气体和液体存放处等，通常都是容易出现生产安全事故的危险部位。

安全警示标志，则是提醒人们注意的各种标牌、文字、符号以及灯光等，一般由安全色、几何图形和图形符号构成。安全警示标志须符合国家标准《安全标志及其使用导则》的有关规定。

案例5-13分析：

1.《建设工程安全生产管理条例》第28条规定："施工单位应当在施工现场入口处、施工起重机械、临时用电设施、脚手架、出入通道口、楼梯口、电梯井口、孔洞口、桥梁口、隧道口、基坑边沿、爆破物及有害危险气体和液体存放处等危险部位，设置明显的安全警示标志。安全警示标志必须符合国家标准。"本案中的某建筑公司在施工时未设置任何提示过往行人及车辆注意安全的警示标志，明显违反了上述规定。

2. 法院经审理后认为，某建筑公司在进行路面维修时，致使路面凹凸不平，并未设置明显警示标志和采取安全措施，造成原告伤残。按照《民法通则》第125条规定："在公共场所、道旁或者通道上挖坑、修缮安装地下设施等，没有设置明显标志和采取安全措施造成他人损害的，施工人应当承担民事责任。"判决建筑公司作为施工方应当承担民事赔偿责任。

2. 不同施工阶段和暂停施工应采取的安全施工措施

《建设工程安全生产管理条例》规定，施工单位应当根据不同施工阶段和周围环境及季节、气候的变化，在施工现场采取相应的安全施工措施。施工现场暂时停止施工的，施工单位应当做好现场防护，所需费用由责任方承担，或者按照合同约定执行。

由于施工作业的风险性较大，在地下施工、高处施工等不同的施工阶段要采取相应安全措施，并应根据周围环境和季节、气候变化，加强季节性防护措施。例如，夏季要防暑降暑，在特殊高温的天气下要调整施工时间、改变施工方式等；冬季要防寒防冻，防止煤气中毒，还应专门制定保证施工安全的安全技术措施；夜间施工应有足够的照明，在深坑、陡坡等危险地段应增设红灯标志；雨季和冬季施工时，应对道路采取防护措施；傍山沿河地区应制定防滑坡、防泥石流、防汛措施；大风、大雨期间应暂停施工等。

3. 施工现场临时设施的安全卫生要求

《安全生产管理条例》第29条规定：施工单位应当将施工现场的办公、生活区与作业区分开设置，并保持安全距离；办公、生活区的选址应当符合安全性要求。职工的膳食、饮水、休息场所等应当符合卫生标准。施工单位不得在尚未竣工的建筑物内设置员工宿舍。施工现场临时搭建的建筑物应当符合安全使用要求。

（1）《建筑施工安全检查标准》(JGJ 59—99)中对施工现场的临时设施和员工的生活条件，均制定了相关的强制性条款。法规从建设工程安全管理的角度，为了确保员工的生命安全与身体健康，制定了相应的规定：

① 施工作业区与办公区和生活区应有明显的划分隔离，并设有防护措施，保持一定得安全距离。

所谓安全距离，是指即使发生事故，也不致损害员工的人身安全的最小距离。办公区和生活区应当处于在建建筑物的坠落半径之外。建筑物高度2～5 m，坠落半径为2 m；高度30 m，坠落半径为5 m(因条件限制，办公区和生活区设置在坠落半径区域内的，必须有防护措施)；根据《施工现场临时用电安全技术规范》(JGJ 46—88)的规定，1 kV以下，安全距离为4 m；330～550 kV，安全距离为15 m。办公区和生活区与作业区应当有隔离，以避免人员误入危险区。

② 办公区和生活区的选址应当符合安全性要求。

办公区和生活区首先应考虑与作业区相隔离，保持安全距离，其所处位置的周边环境，必须具有安全性。例如，办公区和生活区不得设置在高压线下，也不得设置在沟边、崖边、河流边、强封口处、高墙下等，以保证办公区和生活区的安全可靠。

③ 职工的膳食、饮水、休息场所应符合卫生标准。

职工的膳食、饮水、休息场所的卫生条件，直接影响职工的身心健康，因而必须符合国家规定的卫生标准。2015年4月经修订后公布的《中华人民共和国食品安全法》(以下简称《食品安全法》)规定，学校、托幼机构、养老机构、建筑工地等集中用餐单位的食堂应当严格遵守法律、法规和食品安全标准；从供餐单位订餐的，应当从取得食品生产经营许可的企业订购，并按照要求对订购的食品进行查验。此外，施工单位提供的饮水也必须达到国家规定的标准。

施工单位应尽可能地给员工创造一个良好的生活环境，这就保证安全生产也是十分重要的。基本要求是：一是食堂应远离厕所、垃圾站、有毒有害场所；必须取得卫生许可证，炊事人员必须有身体健康证；卫生条件必须符合国家卫生防疫部门规定的标准等。二是员工的饮水应当设置符合卫生标准的饮水器，饮水器具应定期消毒，并有专人负责。三是员工宿舍内不得睡通铺、迪普，每个人的居住面积不得小于2 m^2，室内应当限定人数，应设置外开门。寒冷季节应当有保暖和防煤气中毒措施；炎热季节应当由消暑和防蚊虫叮咬措施等。

④ 施工单位不得在尚未竣工的建筑物内设置员工集体宿舍。

尚未竣工的建筑物内设置员工宿舍会带来各种危险，如建筑物本身在没有验收合格前很难确定其是否存在质量和结构安全问题，而防护不到位容易发生坠物伤人、触电、高处坠落等事故。

（2）施工现场临时搭设的办公室、员工宿舍、厕所、娱乐室等临时设施，必须符合国家标准,并符合消防、卫生要求。施工现场使用的装配式活动房屋,生产厂家应按照国家规定的相关标准进行生产,房屋的结构、消防、环保、卫生、材料的选用等方面必须符合国家规定的设计规范标准,出厂时应附有产品合格证等相关资料。

4. 对施工现场周边的安全防护措施

案例 5-14 某建筑公司在城市市区承担一商厦工程施工,在施工现场周边设置了 2 m 高的围挡,但因施工日久失管,有几处已破损成洞。某日,有两个男孩淘气从洞处钻入工地现场玩耍,不小心被对堆放的钢筋等材料碰伤,引起了孩子家长与该建筑公司的赔偿纠纷。

问题:本案中的建筑公司是否存在违法行为?

《建设工程安全生产管理条例》规定,施工单位对因建设工程施工可能造成损害的毗邻建筑物、构筑物和地下管线等,应当采取专项防护措施。在城市市区内的建设工程,施工单位应当对现场实行封闭围挡。

施工单位对施工现场实行封闭围挡,包括两个方面的内容:一是对在建的建筑物、构筑物使用密目式安全网封闭,这样既能保护作业人员的安全,防止高处坠物伤人,消除施工过程中的不安全因素,防止将不安全因素扩散到场外,又能减少扬尘外泄;二是对施工现场实行封闭式管理,无关人员不能随意进入。采取这些措施,既解决了"扰民"和"民扰"两个问题,也起到保护环境、美化市容和文明施工的作用。因此,施工现场实行封闭式管理是很有必要的。

施工现场的作业条件差,不安全因素多,在作业过程中既容易伤害到作业人员,也容易伤害到施工现场以外的人员。施工现场围挡应沿工地四周连线设置,并根据地质、气候、围挡材料进行设计与计算,确保围挡的安全性,并做到坚固、稳定、整洁、美观。施工现场位于一般路段的围挡应高于 1.8 m,在市区主要路段的围挡应高于 2.5 m。

案例 5-14 分析:

《建设工程安全生产管理条例》第 30 条第三款规定:"在城市市区内的建设工程,施工单位应当对施工现场实行封闭围挡。"本案中的某建筑公司虽然对施工现场设置了围挡,但由于疏于管理和维护,使围挡出现多处孔洞而未能真正形成封闭,违反了上述规定。

5. 危险作业的施工现场安全管理

《安全生产法》规定,生产经营单位进行爆破、吊装以及国务院安全生产监督管理部门会同国务院有关部门规定的其他危险作业,应当安排专门人员进行现场安全管理,确保操作规程的遵守和安全措施的落实。

2013 年 12 月经修改后颁布的《危险化学品安全管理条例》还规定,进行可能危及危险化学品管道安全的施工作业,施工单位应当在开工的 7 日前书面通知管道所属单位,并与管道所属单位共同制定应急预案,采取相应的安全防护措施。管道所属单位应当指派专门人员到现场进行管道安全保护指导。

爆破、吊装等作业具有较大危险性,很容易发生事故;危险化学品,是指具有毒害、腐蚀、爆炸、燃烧、助燃等性质,对人体、设施、环境具有危害的剧毒化学品和其他化学品。因此,施工作业人员必须严格按照操作规程进行操作,施工单位也应当会同有关单位采取必要的防范措施,安排专门人员进行作业现场的安全管理。

6. 安全防护设备、机械设备等的安全管理

《建设工程安全生产管理条例》规定,施工单位采购、租赁的安全防护用具、机械设备、施工机具及配件，应当具有生产（制造）许可证、产品合格证，并在进入施工现场前进行查验。施工现场的安全防护用具、机械设备、施工机具及配件必须由专门管理，定期进行检查、维修和保养，建立相应的资料档案，并按照国家有关规定及时报废。

安全防护用具、机械设备、施工机具及配件质量的好坏，直接关系到施工作业人员的人身安全。因此，决不能让不合格的产品流入施工现场，并要加强日常的检查、维修和保养，保障这些设备和产品的正常使用和运转。

案例 5-15　某市中心办公写字楼工程，建筑面积 25 000 m^2，高 16 层，建筑高度 49 m，框架一剪力墙结构。现场垂直运输采用了人货两用的外用电梯。工程主体进行到 13 层，电梯司机下午接班后，见电梯暂时无人使用便擅自离岗回宿舍休息，但电梯没有拉闸上锁。此时有几名工人想乘电梯到作业面，因找不到司机，其中一名机械工便私自开动了电梯，当吊笼运行至 13 层后发生冒顶，出轨坠落，当场造成 5 人死亡，1 人重伤。事后经调查，该外用电梯安装前没有编制专项施工方案，安装后也没有进行报验。由于电梯在安装时，没有安装上限位的碰铁，造成吊笼越层运行无安全限位保障，电梯安全钩安装不正确，吊笼发生脱轨时保险装置失效。

问题：

1. 导致这起事故发生的主要原因是什么？
2. 《建设工程安全生产管理条例》对施工单位使用施工起重机械的验收是如何规定的？

7. 施工起重机械设备等的安全使用管理

《安全生产管理条例》第 35 条规定："施工单位在使用施工起重机械和整体提升脚手架、模板等自升式架设设施前，应当组织有关单位进行验收，也可以委托具有相应资质的检验检测机构进行验收；使用承租的机械设备和施工机具及配件的，由施工总承包单位、分包单位、出租单位和安装单位共同进行验收，验收合格的方可使用。《特种设备安全监察条例》规定的施工起重机械，在验收前应当经有相应资质的检验检测机构监督检验合格。施工单位应当自施工起重机械和整体提升脚手架、模板等自升式架设设施验收合格之日起 30 日内，向建设行政主管部门或者其他有关部门登记。登记标志应当置于或者附着于该设备的显著位置。"

本条法规明确了施工起重机械和整体提升脚手架、模板等自升式架设设施的检验、验收、登记备案制度。

（1）施工单位在使用起重机械和整体提升脚手架、模板等自升式架设设施前，应当组织有关单位进行验收。

① 施工起重机械和整体提升脚手架、模板等自升式架设设施在使用前，施工单位应当组织产权（生产、租赁）单位、安装单位的安全、设备管理人员和其他技术人员参加验收。参与验收的单位和人员应当按照国家、行业的安全技术标准、检验规则等规定的检验项目进行验收。验收过程中应做记录，验收记录应当真实、准确。验收完毕后各参加验收方签署验收结论意见。验收合格后，方可投入使用。

② 施工单位不具备检验检测条件的，可以委托经国家有关部门核准的具有相应资质的检验检测机构对施工起重机械和整体提升脚手架、模板等自升式架设设施进行验收。在验收前，施工单位应当同检验检测机构签订验收合同（协议），确定验收项目、验收质量以及双

方各自的责任和义务等，验收完毕后，检验检测机构应当将验收记录、验收结论、出具的验收报告等技术资料交给施工单位，并对验收结果负责。

(2) 使用承租的机械设备和机械机具及配件的，由施工总承包单位、分包单位、出租单位和安装单位共同进行验收，各自承担相关责任，共同对验收结果负责，以保证机械设备和施工机具的正常运转和安全使用。

(3)《特种设备安全监察条例》规定的施工起重机械，在验收前应当经有相应资质的检验检测机构监督检验合格。监督检验不合格的，施工单位不得进行验收。

案例 5-15 分析：

1. 导致这起事故发生的主要原因有：

(1) 电梯司机离岗时对梯笼没有拉闸上锁，非专业司机在不懂安全操作知识的前提下，擅自开动电梯。

(2) 电梯安装后没有进行验收、在安全装置不齐全备的情况下违规使用。

2.《建设工程安全生产管理条例》规定：

(1) 施工单位在使用施工起重机械前，应当组织有关单位进行验收，也可以委托具有相应资质的检验检测机构进行验收。使用承租的机械设备和施工机具及配件的，由总承包单位、分包单位、出租单位和安装单位共同进行验收，验收合格的方可使用。

(2)《特种设备安全监察条例》规定的施工起重机械，在验收前应当经有相应资质的检验检测机构监督检验合格。

(3) 施工单位应当自施工起重机械验收合格之日 30 日内，向建设行政主管部门或其他有关部门登记，登记标志应当置于或者附着于该设备的显著位置。

二、施工现场消防安全职责和应采取的消防安全措施

近年来，施工现场的火灾时有发生，甚至出现了特大恶性火灾事故。因此，施工单位必须建立健全消防安全责任制，加强消防安全教育培训，严格消防安全管理，确保施工现场消防安全。

《安全生产管理条例》第 31 条规定：施工单位应当在施工现场建立消防安全责任制度，确定消防安全责任人，制定用火、用电、使用易燃易爆材料等各项消防安全管理制度和操作规程，设置消防通道、消防水源、配备消防设施和灭火器材，并在施工现场入口处设置明显标志。

案例 5-16 某建筑工程，地下 1 层，地上 16 层。总建筑面积 28 000 m^2，首层建筑面积 2 400 m^2，建筑红线内占地面积 6 000 m^2。该工程位于闹市中心，现场场地狭小。

施工单位未了降低成本，现场只布置了一条 3 m 宽的施工道路兼作消防通道。现场平面呈长方形，在其斜对角布置了两个消火栓，二者之间相距 86 m，其中一个距拟建建筑物 3 m，另一个距边 3 m。

问题：

1. 该工程设置的消防通道是否合理？请说明理由。

2. 该工程设置的临时消火栓是否合理？请说明理由。

(一) 施工单位消防安全责任人和消防安全职责

施工单位的主要负责人是本单位的消防安全责任人；项目负责人则应是本项目施工现

场的消防安全责任人。同时，要在施工现场实行和落实逐级防火责任制、岗位防火责任制。各部门、各班组负责人以及每个岗位人员都应对自己管辖工作范围内的消防安全负责，切实做到“谁主管、谁负责；谁在岗，谁负责”。

重点工程的施工现场多定为消防安全重点单位，按照《消防法》的规定，除应当履行所有单位都应当履行的职责外，还应当履行下列消防安全责任：

(1) 确定消防安全管理人，组织实施本单位的消防安全管理工作；

(2) 建立消防档案，确定消防安全重点部位，设置防火标准，实行严格管理；

(3) 实行每日防火巡查，并建立巡查记录；

(4) 对职工进行岗前消防安全培训，定期组织消防安全培训和消防演习。

(二) 施工现场的消防安全要求

《国务院关于加强和改进消防工作的意见》规定，公共建筑在营业、使用期间不得进行外保温材料施工作业，居住建筑进行节能改造作业期间应撤离居住人员，并设消防安全巡逻人员，严格分离用火用焊作业与保温施工作业，严禁在施工建筑内安排人员住宿。新建、改建、扩建工程的外保温材料一律不得使用易燃材料，严格限制使用可燃材料。建筑室内装修材料必须符合国家、行业标准和消防安全要求。

公安部、住房城乡建设部 2009 年 3 月发布的《关于进一步加强建设工程施工现场消防安全工作的通知》中规定，施工单位应当在施工组织设计中编制消防安全技术措施和专项施工方案，并由专职安全管理人员进行现场监督。

施工现场要设置消防通道并确保畅通。消防通道，是指供消防人员和消防车辆等消防装备进入或穿越建筑物或在建筑物内能够通行的道路。建筑工地要满足消防车通行、停靠和作业要求。在建筑内应设置表明楼梯间和出入口的临时醒目标志，视实际情况安装楼梯间和出入口的临时照明，及时清理建筑垃圾和障碍物，规范材料堆放，保证发生火灾时，现场施工人员疏散和消防人员扑救快捷畅通。

施工现场要按有关规定设置消防水源。应当在建设工程平地阶段按照总平面设计设置室外消火栓系统，并保持充足的管网压力和流量。根据在建工程施工进度，同步安装室内消火栓系统或设置临时消火栓，配备水枪水带，消防干管设置水泵接合器，满足施工现场火灾扑救的消防供水要求。施工现场应当配备必要的消防设施和灭火器材。

动用明火必须实行严格的消防安全管理，禁止在具有火灾、爆炸危险的场所使用明火；需要进行明火作业的，动火部门和人员应当按照用火管理制度办理审批手续，落实现场监护人，在确认无火灾、爆炸危险后方可动火施工；动火施工人员应当遵守消防安全规定，并落实相应的消防安全措施；易燃易爆危险物品和场所应由具体防火防爆措施；电焊、气焊、电工等特殊工种人员必须持证上岗；将容易发生火灾、一旦发生火灾后果严重的部位确定为重点防火部位，实行严格管理。

(三) 施工单位的消防安全教育培训和消防演练

《国务院关于加强和改进消防工作的意见》指出，要加强对单位消防安全责任人、消防安全管理人、消防控制室操作人员和消防设计、施工、监理人员及保安、电(气)焊工、消防技术服务机构从业人员的消防安全培训。

公安部、住房和城乡建设部等 9 部委 2009 年 5 月发布的《社会消防安全教育培训规定》中规定，在建工程的施工单位应当开展下列消防安全教育工作：①建设工程施工前应当对施工人员进行消防安全教育;②在建设工地醒目位置、施工人员集中住宿场所设置安全宣传栏,悬挂消防安全挂图和消防安全警示标志;③对明火作业人员进行经常性的消防安全教育;④组织灭火和应急疏散演练。

《关于进一步加强建设工程施工现场消防安全工作的通知》规定,施工人员上岗前的安全培训应当包括以下消防内容:有关消防法规、消防安全制度和保证消防安全的操作规程,本岗位的火灾危险性和防火措施,有关消防设施的性能、灭火器材的使用方法,报火警、扑救初起火灾以及自救逃生的知识和技能等,保障施工现场人员具有相应的消防常识和逃生自救能力。

施工单位应当根据国家有关消防法规和建设工程安全生产法规的规定,建立施工现场消防组织,制定灭火和应急疏散预案,并至少每半年组织一次演练,提高施工人员及时报警、扑火初期火灾和自救逃生能力。

案例 5-16 分析:

1. 工程设置的消防通道不合理。现场应设置专门的消防通道,而不能与施工道路公用,且路面宽度应不小于 3.5 m。

2. 工程设置的临时消火栓不合理。室外临时消火栓应沿消防通道均匀布置,且数量依据消火栓给水系统用水量确定。距离拟建建筑物不宜小于 5 m,但不小于 25 m,距离路边不宜大于 2 m。在此范围内的市政消火栓可计入室外消火栓的数量。

三、工伤保险和意外伤害保险的规定

《建筑法》规定,建筑施工企业应当依法为职工参加工伤保险缴纳工伤保险费。鼓励企业为从事危险作业的职工办理意外伤害保险,支付保险费。

据此,工伤保险是强制性保险。意外保险则属于法定的鼓励性保险,其适用范围是施工现场从事危险作业的特殊职工群体,即在施工现场从事高处作业、深基坑作业、爆破作业等危险性较大的施工人员、尽管这部分人员可能已参加了工伤保险,但法律鼓励建筑施工企业再为其办理意外伤害保险,使他们能够比其他职工依法获得更多的权益保障。

(一) 工伤保险的规定

2010 年 12 月经修订后颁布的《工伤保险条例》规定,中华人民共和国境内的企业、事务所、会计师事务所所等组织的职工和个体工商户的雇工,均有依照本条例的规定享受工伤保险待遇的权利。

1. 工伤保险基金

工伤保险基金由用人单位缴纳的工伤保险费、工伤保险基金的利息和依法纳入工伤保险基金的其他资金构成。工伤保险费根据以支定收、收支平衡的原则,确定费率。国家根据不同行业的工伤风险确定行业的差别费率,并根据工伤保险费使用、工伤发生率等情况在每个行业内确定若干费率档次。

用人单位应当按时缴纳工伤保险费。职工个人不缴纳工伤保险费。用人单位缴纳工伤保险费的数额为本单位职工工资总额乘以单位缴费费率之积。跨地区、生产流动性较大的行业,可以采取相对集中的方式异地参加统筹地区的工伤保险

2. 工伤认定

职工有下列情形之一的,应当认定为工伤:

(1) 在工作时间和工作场所内，因工伤原因受到事故伤害的；

(2) 工作时间前后在工作场所内，从事与工作有关的预备性或者收尾性工作受到事故伤害的；

(3) 在工作时间和工作场所内，因履行工作职责受到暴力等意外伤害的；

(4) 患职业病的；

(5) 因工外出期间，由于工作原因受到伤害或者发生事故下落不明的；

(6) 在上下班途中，受到非本人主要责任的交通事故或者城市轨道交通、客运轮渡、火车事故伤害的；

(7) 法律、行政法规规定应当认定为工伤的其他情形。

职工有下列情形之一的，视同工伤：

(1) 在工作时间和工作岗位，突发疾病死亡或者在48小时之内抢救无效死亡的；

(2) 在抢险救灾等维护国家利益、公共利益活动中受到伤害的；

(3) 职工原在军队服役，因战、因公负伤致残，已取得革命伤残军人证，到用人单位后旧伤复发的。

职工有以上第(1)项、第(2)项情况的，按照《工伤保险条例》的有关规定享受工伤保险待遇；职工有以上第(3)项情形的，按照《工伤保险条例》的有关规定享受除一次性伤残补助金以外的工伤保险待遇。

职工符合以上的规定，但是有下列情形之一的，不得认定为工伤或者视同工伤：①故意犯罪的；②醉酒或者吸毒的；③自残或者自杀的。

3. 工伤保险待遇

职工因工作遭受事故伤害或者患职业病进行治疗，享受工伤医疗待遇。

职工治疗应当在签订服务协议的医疗机构就医，情况紧急时可以先到就近的医疗机构急救。治疗工伤所需要费用符合工伤保险治疗项目目录、工伤保险药品目录、工伤保险住院服务标准的，从工伤保险基金支付。职工住院治疗工伤的伙食补助费，以及经医疗机构出具证明，报经办机构同意，工伤职工到统筹地区以外就医所需的交通、食宿费用从工伤保险基金支付，基金支付的具体标准由统筹地区人民政府规定。工伤职工到签订服务协议的医疗机构进行工伤康复的费用，符合规定的，从工伤保险基金支付。

工伤职工因日常生活或者就业需要，经劳动能力鉴定委员会确认，可以安装假肢、矫形器、假眼、假牙和配置轮椅等辅助器具，所需费用按照国家规定的标准从工伤保险基金支付。

职工因工作遭受事故伤害或者患职业病需要暂停工作接受工伤医疗的，在停工留薪期内，原工资福利待遇不变，由所在单位按月支付。停工留薪一般不超过12个月。伤情严重或者情况特殊，经设区的市级劳动能力鉴定委员会确认，可以适当延长，但延长不得超过12个月。

工伤职工评定伤残等级后，停发原待遇，按照有关规定享受伤残待遇。工伤职工在停工留薪期满后仍需治疗的，继续享受工伤医疗待遇。

四、办理意外伤害保险的规定

《建筑法》规定，建筑施工企业必须为从事危险作业的职工办理意外伤害保险，支付保险费。

《建设工程安全生产管理条例》进一步规定，施工单位应当为施工现场从事危险作业的人员办理意外伤害保险。意外伤害保险费由施工单位支付。实行施工总承包的，由总承包单位支付意外伤害保险费。意外伤害保险期限自建设工程开工之日起至竣工验收合格止。

任务4 施工安全事故的应急救援与调查处理

施工现场一旦发生生产安全事故，应当立即实施抢险救援特别是抢救遇险人员，迅速控制事态，防止伤亡事故进一步扩大，并依法向有关部门报告事故。事故调查处理应当坚持实事求是、尊重科学的原则，及时准确地查清事故经过、事故原因和事故损失，查明事故性质，认定事故责任，总结事故教训，提出整改措施，并对事故责任者依法追究责任。

案例5-17 2010年10月25日，某建筑公司承建的某市电视台演播中心裙楼工地发生一起施工安全事故。演播厅舞台在浇筑顶部混凝土施工中，因模板支撑系统失稳导致屋盖坍塌，造成在现场施工的民工和电视台工作人员6人死亡，35人受伤（其中重伤11人），直接经济损失70余万元。

事故发生后，该建筑公司项目经理部向有关部门紧急报告事故情况。闻讯赶到的有关领导，指挥公安民警、武警战士和现场工人实施了紧急抢险工作，将伤者立即送往医院进行救治。

问题：

1. 本案中的施工安全事故应定为哪种等级的事故？
2. 事故发生后，施工单位应采取哪些措施？

一、生产安全事故的等级划分标准

（一）生产安全事故的等级划分

根据国务院最新颁布的《生产安全事故报告和调查处理条例》规定，生产安全事故（以下简称事故）依据造成的人员伤亡或者直接经济损失划分为以下四个等级。

（1）特别重大事故，是指造成30人以上死亡，或者100人以上重伤（包括急性工业中毒，下同），或者1亿元以上直接经济损失的事故。

（2）重大事故，是指造成10人以上30人以下死亡，或者50人以上100人以下重伤，或者5 000万元以上1亿元以下直接经济损失的事故。

（3）较大事故，是指造成3人以上10人以下死亡，或者10人以上50人以下重伤，或者1 000万元以上5 000万元以下直接经济损失的事故。

（4）一般事故，是指造成3人以下死亡，或者10以下重伤，或者1 000万元以下直接经济损失的事故。

所称的“以上”包括本数，所称的“以下”不包括本数。

《生产安全事故报告和调查处理条例》还规定，没有造成人员伤亡，但是社会影响恶劣的事故，国务院或者有关地方人民政府认为需要调查处理的，依照本条例的有关规定执行。

据此，生产安全事故等级的划分包括了人身、经济和社会三个因素：人身要素就是人员伤亡的数量；经济要素就是直接经济损失的数额；社会要素则是社会影响。这三个要素依法可以单独适用。

（二）生产安全事故等级划分的补充性规定

《生产安全事故报告和调查处理条例》规定，国务院安全生产监督管理部门可以会同国务院有关部门，制定事故等级划分的补充性规定。

由于不同行业和领域的生产安全事故各有特点，发生事故的原因和损失情况差异较大，在实践中是很难用统一标准来划分不同行业或领域生产安全事故等级的。因此，授权国务院安全生产监督管理部门可以会同国务院有关部门，针对某些特殊行业或者领域的实际情况来制定事故等级划分的补充性规定，是十分必要的。

二、施工生产安全事故应急救援预案的规定

施工生产安全事故多具有突发性、群体性等特点，如果施工单位事先根据本单位和施工现场的实际情况，针对可能发生事故的类别、性质、特点和范围等，事先制定当事故发生有关的组织、技术措施和其他应急措施，做好充分的应急救援准备工作，不但可以采用预防技术和管理手段，降低事故发生的可能性，而且一旦发生事故时，还可以在短时间内就组织有效抢救，防止事故扩大，减少人员伤亡和财产损失。

《安全生产法》规定，生产经营单位的主要负责人具有组织制定并实施本单位的生产安全事故应急救援预案的职责。《建设工程安全生产管理条例》进一步规定，施工单位应当制定本单位生产安全事故应急救援预案，建立应急救援组织或者配备应急救援人员，配备必要的应急救援器材、设备，并定期组织演练。

（一）施工单位安全事故应急预案的编制

《建设工程安全生产管理条例》规定，施工单位应当根据建设工程施工的特点、范围，对施工现场易发生重大事故的部位、环节进行监控，制定施工现场生产安全事故应急救援预案。《安全生产法》第 68 条和《安全生产管理条例》第 47 条均规定了县级以上地方各级人民政府有组织有关部门制定本行政区内特大生产安全事故应急救援预案和建立应急救援体系的义务。

应急救援预案是指事先制定的关于特大生产安全事故发生时进行紧急救援的组织、程序、措施、责任以及协调等方面的方案和计划。

国家安全生产监督管理局 2009 年 4 月发布的《生产安全事故应急预案管理办法》进一步规定，生产经营单位的预案按照针对情况的不同，分为综合应急预案、专项应急预案和现场处置方案。生产经营单位编制的综合应急预案、专项应急预案和现场处置方案之间应当相互衔接，并与所涉及的其他单位的应急预案相互衔接。

综合应急预案，应当包括本单位的应急组织机构及其职责、预案体系及相应程序、事故预防及应急保障、应急培训预案演练等主要内容；专项应急预案，应当包括危险性分析、可能发生的事故特征、应急组织机构与职责、预防措施、应急处置程序和应急保障等内容；现场处置方案，应当包括危险性分析、可能发生的事故特征、应急处置程序、应急处置要点和注意事项等内容。

（二）施工生产安全事故应急预案的培训和演练

《国务院关于坚持科学发展安全发展促进安全生产形势持续稳定好转的意见》规定，定期开展应急预案演练，切实提高事故救援实战能力。企业生产现场带班人员、班组长和调度

人员在遇到险情时，要按照预案规定，立即组织停产撤人。

《生产安全事故应急预案管理办法》进一步规定，生产经营单位应当采取多种形式开展应急预案的宣传教育，普及生产安全事故预防、避嫌、自救和互救知识，提高从业人员安全意识和应急处置技能。生产经营单位应当组织开展本单位的应急预案培训活动，让有关人员了解应急预案内容，熟悉应急职责、应急程序和岗位应急处置方案。应急预案的要点和程序应当张贴在应急地点和应急指挥场所，并设有明显的标志。

生产经营单位应当制定本单位的应急预案演练计划，根据本单位的事故预防重点，每年至少组织一次综合应急预案演练或者专项应急预案演练，每半年至少组织一次现场处置方案演练。应急预案演练结束后，应急预案演练组织单位应当对应急预案演练效果进行评估，撰写应急预案演练评估报告，分析存在的问题，并对应急预案提出修订意见。

(三) 施工生产安全事故应急预案的修订

《生产安全事故应急预案管理办法》进一步规定，生产经营单位制定的应急预案应当至少每 3 年修订一次，预案修订情况应有记录并归档。有下列情形之一的，应急预案应当及时修订：

(1) 生产经营单位因兼并、重组、转制等导致隶属关系、经营方式、法定代表人发生变化的；

(2) 生产经营单位生产工艺和技术发生变化的；

(3) 周围环境发生变化，形成新的重大危险源的；

(4) 应急组织指挥体系或者职责已经调整的；

(5) 依据的法律、法规、规章和标准发生变化的；

(6) 应急预案演练评估报告要求修订的；

(7) 应急预案管理部门要求修订的。

(四) 施工总分包单位的职责分工

《安全生产管理条例》第 49 条规定：“施工单位应当根据建设工程施工的特点、范围、对施工现场易发生重大事故的部位、环节进行监控，制订施工现场生产安全事故应急救援预案。实行施工总承包的，由总承包单位统一组织编制建设工程生产安全事故应急救援预案，工程总承包单位和分包单位按照应急救援预案，各自建立应急救援组织或者配备应急救援人员，配备救援器材、设备，并定期组织演练。”

案例 5-17 分析：

1. 应定为较大事故。《生产安全事故报告和调查处理条例》第 3 条规定：“较大事故，是指造成 3 人以上 10 人以下死亡，或者 10 人以上 50 人以下重伤，或者 1 000 万元以上5 000 万元以下直接经济损失的事故。”

2. 事故发生后，依据《生产安全事故报告和调查处理条例》第 9 条、第 14 条、第 16 条的规定，施工单位应采取下列措施：

(1) 报告事故。事故发生后，事故现场有关人员应当立即向本单位负责人报告；单位负责人接到报告后，应当于 1 小时内向事故发生地县级以上人民政府安全生产监督管理部门和负有安全生产监督管理职责的有关部门报告。情况紧急时，事故现场有关人员可以直接向事故发生地县级以上人民政府安全生产监督管理部门和负有安全生产监督管理职责的有关部门报告。

(2) 启动事故应急预案,组织抢救。事故发生单位负责人接到事故报告后,应当立即启动事故相应应急预案,或者采取有效措施,组织抢救,防止事故扩大,减少人员伤亡和财产损失。

(3) 事故现场保护。有关单位和人员应当妥善保护事故现场以及相关证据,任何单位和个人不得破坏事故现场、毁灭相关证据。因抢救人员、防止事故扩大以及疏通交通等原因,需要移动事故现场物件的,应当做出标志,绘制现场简图并作出书面记录,妥善保存现场重要痕迹、物证。

三、施工生产安全事故报告及采取相应措施的规定

《建筑法》第 51 条规定:"施工中发生事故时,建筑施工企业应当采取紧急措施减少人员伤亡和事故损失,并按照国家有关规定及时向有关部门报告。"

《安全生产法》第 70 条规定:"生产经营单位发生生产安全事故后,事故现场有关人员应当立即报告本单位负责人。单位负责人接到事故报告后,应当迅速采取有效措施,组织抢救,防止事故扩大,减少人员伤亡和财产损失,并按照国家有关规定立即如实报告当地负有安全生产监督管理职责的部门。"

《安全生产管理条例》第 50 条规定:"施工单位发生生产安全事故,应当按照国家有关伤亡事故报告和调查处理的规定,及时、如实地向负责安全生产监督管理的部门、建设行政主管部门或者其他有关部门报告;特种设备发生事故的,还应当同时向特种设备安全监督管理部门报告。接到报告的部门应当按照国家有关规定,如实上报。实行施工总承包的建设工程,由总承包单位负责上报事故。"

(一) 施工生产安全事故报告的基本要求

《安全生产法》规定,生产经营单位发生生产安全事故后,事故现场有关人员应当立即报告本单位负责人。单位负责人接到事故报告后,应当迅速采取有效措施,组织抢救,防止事故扩大,减少人员伤亡和财产损失,并按照国家有关规定立即如实报告当地负有安全生产监督管理职责的部门,不得隐瞒不报、谎报或者拖延不报,不得故意破坏事故现场、毁灭有关证据。

《特种设备安全监察条例》第 62 条规定:"特种设备发生事故,事故发生单位应当迅速采取有效措施,组织抢救,防止事故扩大,减少人员伤亡和财产损失,并按照国家有关规定,及时、如实地向负有安全生产监督管理职责的部门和特种设备安全监督管理部门等有关部门报告。不得隐瞒不报、谎报或者拖延不报。"因此,在特种设备发生事故时,应当同时向特种设备安全监督管理部门报告。这是因为特种设备的事故救援和调查处理专业性、技术性更强,由特种设备安全监督部门组织有关救援和调查处理更方便一些。

案例 5-18 某客运中心工程,屋面为球形节点网架结构,因施工总承包单位不具备网架施工能力,故建设单位另行将屋面网架工程分包给某网架厂,由施工总承包单位配合搭设高空组装网架的满堂脚手架,脚手架高度为 26 m。为了抢工程进度,网架厂在脚手架未进行验收和接受安全交底的情况下,即将运至现场的网架部件(重约 40 t)全部成捆吊上脚手架,施工作业人员在用撬棍解捆时,脚手架发生倒塌,造成 7 人死亡、1 人重伤。

问题:

1. 导致这起事故发生的直接原因是什么?
2. 企业在发生上述事故后,应如何进行报告?

1. 事故报告的时间要求

《生产安全事故报告和调查处理条例》规定，事故发生后，事故现场有关人员应当立即向本单位负责人报告；单位负责人接到报告后，应当于1小时内向事故发生地县级以上人民政府安全生产监督管理部门和负有安全生产监督管理职责的有关部门报告。情况紧急时，事故现场有关人员可以直接向事故发生地县级以上人民政府安全生产监督管理部门和负有安全生产监督管理职责的有关部门报告。

所谓事故现场，是指事故具体发生地点及事故能够影响和波及的区域，以及该区域内的物品、痕迹等所处的状态。所谓有关人员，主要是指事故发生单位在事故现场的有关工作人员，可以是事故的负伤者，或是在事故现场的其他工作人员；对于发生人员死亡或重伤无法报告，且事故现场又没有其他工作人员时，任何首先发现事故的人都负有立即报告事故的义务。所谓立即报告，是指在事故发生后的第一时间用最快捷的报告方式进行报告。所谓单位负责人，可以是事故发生单位的主要负责人，也可以是事故发生单位主要负责人管理职责的有关部门报告。

在一般情况下，事故现场有关人员应当先向本单位负责人报告事故。但是，事故是人命关天的大事，在情况紧急时允许事故现场有关人员直接向有关人员直接向安全生产监督管理部门和负有安全生产监督管理职责的有关部门报告。事故报告应当及时、准确、完整。任何单位和个人对事故不得迟报、漏报、谎报或者瞒报。

案例5-18分析：

1. 这起事故发生的直接原因是网架厂在没有进行脚手架验收和安全交底的情况下，没有考虑脚手架承载能力要求，在脚手架上大量集中堆放网架部件，致使脚手架严重超载，最终导致失稳倒塌。

2. 事故发生后，事故现场有关人员应当立即向本单位负责人报告；单位负责人接到报告后，应当于1小时内向事故发生地县级以上人民政府安全生产监督管理部门和负有安全监督管理职责的有关部门报告。

案例5-19 某办公楼工程，建筑面积50 000 m^2，韧性钢筋混凝土框架结构，地下3层，地上48层，建筑高度约203 m，基坑深度15 m，桩基为人工挖孔桩，桩长18 m，首层大堂高度为4.2 m，跨度为24 m，外墙为玻璃体墙，吊装施工垂直运输采用内爬式塔式起重机，最小构件吊装最大重量为12 t。

合同履行过程中，2012年7月1日施工总承包单位在建筑首层大堂顶混凝土时，发生了模板支撑系统坍塌事故，造成5人死亡，7人受伤，事故发生后，事故总承包单位现场有关负责人接到报告后1小时后向当地政府行政主管部门进行了报告。随即省级人民政府负责调查了此事，于2012年9月30日提交了调查报告。

问题：

1. 纠正事件中施工总承包报告事故的错误做法，报告事件应报告哪些内容？
2. 关于该起事故的调查是否存在错误？

2. 事故报告的内容要求

《生产安全事故报告和调查处理条例》规定，报告事故应当包括下列内容：

(1) 事故发生单位概况；

(2) 事故发生的时间、地点以及事故现场情况；

(3) 事故的简要经过；

(4) 事故已经造成或者可能造成的伤亡人数(包括下落不明的人数)和初步估计的直接经济损失；

(5) 已经采取的措施；

(6) 其他应当报告的情况。

事故报告后出现新情况的，应当及时补报。新情况是指：

(1) 自事故发生之日起30日内，事故造成的伤亡人数发生变化的；

(2) 道路交通事故、火灾事故自发生之日起7日内，事故造成的伤亡人数发生变化的。

(二) 发生施工生产安全事故后应采取的相应措施

《安全生产法》规定，生产经营单位发生安全事故时，单位的主要负责人应当立即组织抢救，并不得在事故调查处理期间擅离职守。《建设工程安全生产管理条例》规定，发生生产安全事故后，施工单位应当采取措施防止事故扩大，保护事故现场。需要移动现场物品时，应当做出标记和书面记录，妥善保管有关证物。

1. 组织应急抢救工作

《生产安全事故报告和调查处理条例》规定，事故发生单位负责人接到事故报告后，应当立即启动事故相应应急预案，或者采取有效措施，组织抢救，防止事故扩大，减少人员伤亡和财产损失。

例如，对危险化学品泄漏等可能对周边群众和环境产生危害的事故，施工单位应当在向地方政府及有关部门报告的同时，及时向可能受到影响的单位、职工、群众发生预警信息，表明危险区域，组织、协助应急救援队伍救助受害人员，疏散、撤离、安置受到威胁的人员，并采取必要措施防止发生次生、衍生事故。

2. 妥善保护事故现场

《生产安全事故报告和调查处理条例》规定，事故发生后，有关单位和人员应当妥善保护事故现场以及相关证据，任何单位和个人不得破坏事故现场、毁灭相关证据。因抢救人员、防止事故扩大以及疏通交通等原因，需要移动事故现场物件的，应当做出标志，绘制现场简图并做出书面记录，妥善保存现场重要痕迹、物证。

保护事故现场，就是根据事故现场的具体情况和周围环境，既不要减少任何痕迹、物品，也不能增加任何痕迹、物品。即使是保护现场的人员，也不要无故进入，更不能擅自进行勘察，或者随意触摸、移动事故现场的任何物品。任何单位和个人都不得破坏事故现场，毁灭相关证据。故意破坏事故现场、毁灭有关证据，为将来进行事故调查、确定事故责任制障碍者，要承担相应的责任。

(三) 施工生产事故的调查

《安全生产法》规定，事故调查处理应当按照事实就是、尊重科学的原则，及时、准确地查清事故原因，查明事故性质和责任，总结事故教训，提出整改措施，并对事故责任者提出处理意见。事故调查报告应当依法及时向社会公布。

1. 事故调查的管辖

《生产安全事故报告和调查处理条例》规定，特别重大事故由国务院或者国务院授权有关部门组织事故调查组进行调查。

特别重大事故由国务院或者国务院授权有关部门组织事故调查组进行调查。

重大事故、较大事故、一般事故分别由事故发生地省级人民政府、设区的市级人民政府、县级人民政府负责调查。省级人民政府、设区的市级人民政府、县级人民政府可以直接组织事故调查组进行调查，也可以授权或者委托有关部门组织事故调查组进行调查。

未造成人员伤亡的一般事故，县级人民政府也可以委托事故发生单位组织事故调查组进行调查。

上级人民政府认为必要时，可以调查由下级人民政府负责调查的事故。自事故发生之日起 30 日内(道路交通事故、火灾事故自发生之日起 7 日内)，因事故伤亡人数变化导致事故等级发生变化，依照规定应当由上级人民政府负责调查的，上级人民政府可以另行组织事故调查组进行调查。

特别重大事故以下等级的事故，事故发生地与事故发生单位不在同一个县级以上行政区域的，由事故发生地人民政府负责调查，事故发生单位所在地人民政府应当派人参加。

2. 事故调查组的组成与职责

事故调查组的成员应当遵循精简、高效的原则。根据事故的具体情况，事故调查组由有关人民政府、安全生产监督管理部门、负有安全生产监督管理职责的有关部门、监察机关、公安机关以及工会派人组成，并应当邀请人民检察院派人参加。事故调查组可以聘请有关专家参与调查。

事故调查组组长由负责事故调查的人民政府指定。事故调查组组长主持事故调查组的工作。事故调查组成员应当具有事故调查所需要的知识和专长，并与所调查的事故没有直接利害关系。

事故调查组履行下列职责：

(1) 查明事故发生的经过、原因、人员伤亡情况及直接经济损失；

(2) 认定事故的性质和事故责任；

(3) 提出对事故责任者的处理建议；

(4) 总结事故教训，提出防范和整改措施；

(5) 提交事故调查报告。

3. 事故调查组的职责

事故调查组有权向有关单位和个人了解与事故有关的情况，并要求其提供相关文件、资料，有关单位和个人不得拒绝。事故发生单位的负责人和有关人员在事故调查期间不得擅离职守，并应当随时接受事故调查组的询问，如实提供有关情况。事故调查组中发现涉嫌犯罪的，事故调查组应当及时将有关材料或者复印件移交司法机关处理。

事故调查中需要进行技术鉴定的，事故调查组应当委托具有国家规定资质的单位进行技术鉴定。必要时，事故调查组可以直接组织专家进行技术鉴定。技术鉴定所需时间不加入事故调查期限。

事故调查组成员在事故调查工作中应当诚信公正、恪尽职守，遵守事故调查组的纪律，保守事故调查的秘密。未经事故调查组组长允许，事故调查组成员不得擅自发布有关事故的信息。

4. 事故调查报告的期限与内容

事故调查组应当自事故发生之日起 60 日内提交事故调查报告；特殊情况下，经负责事故调查的人民政府批准，提交事故调查报告的期限可以适当延长，但延长的期限最长不超过60日。

事故调查报告应当包括下列内容：

(1) 事故发生单位概况；

(2) 事故发生经过和事故救援情况；

(3) 事故造成的人员伤亡和直接经济损失；

(4) 事故发生的原因和事故性质；

(5) 事故责任的认定以及对事故责任者的处理建议；

(6) 事故防范和整改措施。

事故调查报告应当附具有关证据材料，事故调查组成员应当在事故调查报告上签名。

案例 5-19 分析：

1. 施工总承包单位报告事故错误做法：事故发生后，事故总承包单位现场有关负责人员于2小时后向本单位负责人进行了报告，施工总承包单位负责人接到报告后1小时向当地政府行政主管部门进行了报告。

纠正：事故发生后，事故总承包单位现场有关负责人员应及时向本单位负责人报告，施工总承包单位负责人接到报告于1小时内向当地政府行政主管部门进行报告。

事故报告的内容：

(1) 事故发生单位概况；

(2) 事故发生的时间、地点以及事故现场情况；

(3) 事故的简要经过；

(4) 事故已经造成或者可能造成的伤亡人数（包括下落不明的人数）和初步估计的直接经济损失；

(5) 已经采取的措施；

(6) 其他应当报告的情况。

2. 关于事故的调查存在的错误：

(1) 本次事故属于较大事故，死亡人数3人以上10人以下，或者10人以上50人以下重伤，或者1 000万元以上5 000万元以下直接经济损失的事故属较大事故。较大事故应该是由设区的市级人民政府负责调查。

(2) 该起事故是2012年7月1日发生于2012年9月30日才提交调查报告时间不符合要求。事故调查组应当自事故发生之日起60日内提交事故调查报告；特殊情况下，经负责事故调查的人民政府批准，提交事故调查报告的期限可以适当延长，但延长的期限最长不超过60日。

(四) 施工生产安全事故的处理

1. 事故处理时限和落实批复

《生产安全事故报告的调查处理条例》规定，重大事故、较大事故、一般事故，负责事故调查的人民政府应当自收到事故调查报告之日起15日内做出批复；特别重大事故，30日内做出批复，特殊情况下，批复时间可以适当延长，但延长的时间最长不超过30日。

2. 事故发生单位的防范和整改措施

事故发生单位应当认真吸取事故教训，落实防范和整改措施，防止事故再次发生。防范和整改措施的落实情况应当接受工会和职工的监督。

安全生产监督管理部门和负有安全生产监督管理职责的有关部门应当对事故发生单位落实防范和整改措施的情况进行监督检查。

3. 处理结果的公布

事故处理的情况由负责事故调查的人民政府或者其授权的有关部门、机构向社会公布，依法应当保密的除外。

任务 5 建设单位和相关单位的建设工程安全责任制度

《建设工程安全生产管理条例》规定，建设单位、勘察单位、设计单位、施工单位、工程监理单位及其他与建设工程安全生产有关的单位，必须遵守安全生产法律、法规的规定，保证建设工程安全生产、依法承担建设工程安全生产责任。为了保障建筑生产的安全，参与建筑生产活动的各方均应承担相应的安全生产的责任和义务。

案例 5-20 某县招待所决定对二层砖混结构住宿楼进行局部拆除改建和重新装修，并将拆改和装修工程包给一无资质的劳务队。该工程未经有资质的单位设计，也没有办理相关手续，仅由劳务队队长口述了自己的施工方案，便开始组织施工。该劳务队队长在现场指挥 4 人在 2 楼干活，安排 2 人在 1 楼干活。当 1 名工人在修缮砖柱（剩余墙体）时，突然发生坍塌，导致屋面梁和整个屋面板全部倒塌，施工人员被埋压。

问题：

1. 本案中建设单位有何违法行为？
2. 建设单位应当承担哪些法律责任？

一、建设单位的安全责任和义务

《建筑法》和《安全生产管理条例》将建设单位列入安全责任主体之中，对建设单位在工程建设活动中应承担的安全责任和义务，以及违法行为应承担的法律责任都做出了明确规定，为工程建设的安全生产管理提供了强有力的法律保证。

（一）依法办理有关批准手续

《建筑法》规定，有下列情形之一的，建设单位应当按照国家有关规定办理申请批准手续：

（1）需要临时占用规划批准范围以外场地的；

（2）可能损坏道路、管线、电力、邮电通信等公共设施的；

（3）需要临时停水、停电、中断道路交通的；

（4）需要进行爆破作业的；

（5）法律、法规规定需要办理报批手续的其他情形。

这是因为，上述活动不仅涉及工程建设的顺利进行和施工现场作业人员的安全，也会影响到周边区域人们的安全或是正常的工作生活，还需要有关方面给予支持和配合。因此，为了保证因工程建设活动所涉及的有关重要设施的安全，避免因建设工程施工影响正常的社会生活秩序，建设单位应当向有关部门申请办理批准手续。

案例 5-21 北方某高校建 2 幢研究生公寓，在 10 月中旬进入验收备案阶段。属于土建承包商的工作基本完成，但业主还是要求他们帮忙开挖室外暖气沟，同时将室外采暖工程交给热力公司完成。土建承包商碍于情面不好拒绝，便调用一台挖掘机计划用于半天时间将沟挖好，不料挖土过程中遇到高压电缆，保护套管被挖断且绝缘皮划破漏电，挖掘司机当场晕厥，经抢救无效死亡。这起事故尚未平息，又有学生掉进热力管道阀门井内烫伤致双腿截肢。两起安全事故相隔不足 30 天，为此高校基建处管理人员万分忧虑。

问题：

1. 这两起事故的主要责任者是谁？
2. 类似事故是否可以避免？

（二）建设单位向建筑施工企业提供与施工现场相关的地下管线、气象水文、相邻建(构)筑物、地下工程等资料

《建筑法》第 40 条规定："建设单位应当向建筑施工企业提供与施工现场相关的地下管线资料，建筑施工企业应当采取措施加以保护。"

《安全生产管理条例》第 6 条规定："建设单位应当向施工单位提供施工现场及毗邻区域内供水、排水、供电、供气、供热、通信、广播电视等地下管线资料，气象和水文观测资料，相邻建筑物和构筑物、地下工程的有关资料，并保证资料的真实、准确、完整。"

(1) 建设工程在开始施工前，施工单位需要搞清楚施工现场及周边地区地下的详细情况。所谓施工现场及毗邻区域，是指施工单位从事工程建设活动时经批准占用的施工现场。虽然法规未具体规定毗邻区域的范围，但在实际工作中应当明确与施工现场相连的、有公用地下管线、有相邻建筑物和构筑物和地下工程的区域，都包含在这个范围之中。所谓地下管线，包括供水、排水、供电、供气、供热、通信、广播电视等管线，资料包括线路管道在地下的走向及其地下埋设深度等数据。同时，建设单位还应当提供气象和水文观测资料，这也是考虑到施工周期比较长，大部分时间又是露天作业，受气候条件的影响相当大，在不同的季节和天气下，对施工安全需要采取不同的措施，涉及的安全生产费用也是不同的；同样，水文观测资料对施工安全也是至关重要的，不同的水文条件下，所采取的措施和所需要的费用都是不同的。

(2) 建设单位必须保证资料的真实、准确、完整。所谓真实，就是指建设单位时通过合法途径取得的，不是伪造、篡改的。所谓真实，是指资料的科学性，能够反映实际情况，数据精度能够满足施工的需要。所谓完整，是指这些资料齐全，满足施工作业的需要。

案例 5-21 分析：

1. 事故的主要责任方是建设单位。建设过程中业主应该提供地下管线资料，开挖沟槽时就不会触及高压电缆。同时还要根据高校学生众多的特点，对供热管道施工现场进行围挡并做好警示标志，以阻止学生入内受到意外伤害。

2. 类似事故是完全可以避免的，基建处应该对校园区域内的各种管线做出示意图（如果是新建高校，地下管网线是学校必留的资料），并将该区域的地下管线提供给施工单位。热力管道由热力公司承包施工时可以的，他们作为施工方必须按操作规程施工，安全防护也是其内容之一，热力公司的安全防护措施显然没有做到位，应该承担部分责任。校方未将安全管理提到一个高度，疏于管理未尽到业主责任，是这两起事故的主要责任方。

(三) 建设单位不得对勘察、设计、施工、工程监理等单位提出不符合建设工程安全生产法律、法规和强制性标准规定的要求，不得压缩合同约定的工期

国家关于建设工程安全生产方面的法律、法规和工程强制性标准中的许多内容是关于工程建设中保证人民群众生命和财产安全、环境保护和公共利益的规定，参与工程建设的建设、勘察、设计、施工、工程监理等各方均必须严格执行。建设单位不得对勘察、设计、施工、工程监理等单位提出任何违反建设工程安全生产法律、法规和强制性标准规定的要求。否则，要承担相应的法律责任。

合同约定的工期是建设单位和施工单位共同签订的、具有法律效力的合同内容。在实际工作中，盲目赶工期，简化工序，不按规程操作，诱发了很多施工安全事故和工程结构安全隐患，不仅损害了承包单位的利益，也损害了建设单位的根本利益，具有很大的危害性。所以，建设单位不得压缩合同约定的工期。

(四) 建设单位应当提供建设工程安全生产作业环境及安全施工措施所需的费用

《安全生产法》第 18 条规定："生产经营单位应当具备的安全生产条件所必需的资金投入，由生产经营单位的决策机构、主要负责人或者个人经营的投资人予以保证，并对由于安全生产所必需的资金投入不足导致的后果承担责任。"

《安全生产管理条例》第 8 条规定，建设单位在编制工程概算时，应当确定建设工程安全作业环境及安全施工措施所需费用。

安全作业环境及安全施工措施所需费用是保证建设工程安全和质量的重要条件，该费用应是工程总造价的组成部分，应当由建设单位支付。实践中，由于建设单位压价，在工程预算中没有确定安全作业环境及安全施工措施费用，施工企业无法保证安全施工所需投入，诱发了不少安全生产事故的发生。因此，建设单位在编制建设工程概算时，应当充分考虑并确定工程建设过程中安全作业环境及安全施工作序的费用，并在工程建设过程中足额支付给施工单位，是合理的和必要的。

(五) 建设单位不得明示或者暗示施工单位购买、租赁、使用不符合安全施工要求的安全防护用具、机械设备、施工机具及配件、消防设施和器材

《安全生产管理条例》第 9 条规定，建设单位不得明示或者暗示施工单位购买、租赁、使用不符合安全施工要求的安全防护用具、机械设备、施工机具及配件、消防设施和器材。

建设单位不得滥用权力，干涉施工单位对施工设备、机具、消防器材、安全防护用具等的选择和采购，不得明示或暗示施工单位购买、租赁、使用不符合安全施工要求的安全防护用具、机械设备、施工机具及配件、消防设施和器材等，以保证工程质量和施工的安全。

(六) 建设单位在办理施工许可证或者开工报告时，必须报送安全施工措施

《安全生产管理条例》第 10 条规定："建设单位在申请领取施工许可证时，应当提供建设工程有关安全施工措施的资料。依法批准开工报告的建设工程，建设单位应当自开工报告批准之日 15 日内，将保证安全施工的措施报送建设工程所在地的县级以上地方人民政府建设行政主管部门或者其他有关部门备案。"

《安全生产管理条例》第 42 条还规定，建设行政主管部门在审核发放施工许可证时，应当对建设工程是否有安全施工措施进行审查，对没有安全施工措施的，不得颁发施工许可证。

(七) 装修工程和拆除工程的规定

《安全生产管理条例》第 11 条规定，建设单位应当将拆除工程发包给具有相应资质等级的施工单位。建设单位应当在拆除工程施工15日前，将下列资料报送建设工程所在地的县级以上地方人民政府建设行政主管部门或者其他有关部门备案：

(1) 施工单位资质等级证明；

(2) 拟拆除建筑物、构筑物及可能危及毗邻建筑的说明；

(3) 拆除施工组织方案；

(4) 堆放、清除废弃物的措施。

实施爆破作业的，应当遵守国家有关民用爆炸物品管理的规定。

案例5-20分析：

1. 本案中建设单位主要有3项违法行为：

(1) 未依法委托设计。《建筑法》第49条规定："涉及建筑主体和承重结构变动的装修工程，建设单位应当在施工前委托原设计单位或者具有相应资质条件的设计单位提出设计方案；没有设计方案的，不得施工。"

(2) 将拆除工程发包给无施工资质的劳务队。《建设工程安全生产管理条例》第11条第一款规定："建设单位应当拆除工程发包给具有相应资质等级的施工单位。"

(3) 未依法办理拆除工程施工前的备案手续。《建设工程安全生产管理条例》第11条第二款规定：建设单位应当在拆除工程施工15日前，将下列资料报送建设工程所在地的县级以上人民政府建设行政主管部门或者其他有关部门备案：

其一，施工单位资质等级证明；

其二，拟拆除建筑物、构筑物及可能危及毗邻建筑的说明；

其三，拆除施工组织方案；

其四，堆放、清除废弃物的措施。

2.《建筑法》第70条规定："涉及建筑主体或者承重结构变动的装修工程擅自施工的，责令改正，处以罚款；造成损失的，承担赔偿责任；构成犯罪的，依法追究刑事责任。"《建设工程安全生产管理条例》第54条第二款规定："建设单位未将保证安全施工的措施或者拆除工程的有关资料报送有关部门备案的，责令限期改正，给予警告"。第55条规定："建设单位有下列行为之一的，责令限期改正，处20万元以上50万元以下的罚款；造成重大安全事故，构成犯罪的，对直接责任人员，依照刑法有关规定追究刑事责任；造成损失的，依法承担赔偿责任：……

3. 将拆除工程发包给不具有相应资质等级的施工单位的。"据此，对建设单位应当责令改正，处以罚款，并依据事故等级和所造成损失，依法追究直接责任人员的刑事责任，依法承担赔偿责任。

案例5-22

湖南省凤凰县"8.13"大桥坍塌事故

2007年8月13日，湖南省凤凰县堤溪沱江大桥在施工过程中发生坍塌事故，造成64人死亡、4人重伤、18人轻伤，直接经济损失3 974.7万元。

沱江大桥在施工现场7支施工队、152名施工人员进行1—3号孔主拱圈支架拆除和桥面砌石、填平等作业。施工过程中，随着拱上荷载的不断增加，1号拱圈受力较大的多个断面逐渐接近和达到极限强度，出现开裂、掉渣，接着掉下石块。最先达到完全破坏状态的0

号桥台侧2号腹拱下方的主拱断面裂缝不断张大下沉，下沉量最大的断面右侧拱段(1号墩侧)带着2号横墙向0号台侧倾倒，通过2号腹拱挤压1号腹拱，因1号腹拱为三铰拱，承受挤压能力最低而迅速破坏下榻。受连拱效应影响，整个大桥迅速向0号台方向坍塌，坍塌过程持续了大约30 s。

问题：分析事故发生原因。

二、工程勘察单位的安全责任

根据《安全生产管理条例》第12条的规定，勘察单位的安全责任包括：

(1) 勘察单位应当按照法律、法规和工程建设强制性标准进行勘察，提供的勘察文件应当真实、准确，满足建设工程安全生产的需要。

(2) 勘察单位在勘察作业时，应当严格执行操作规程，采取措施保证各类管线、设施和周边建筑物、构筑物的安全。

勘察单位的勘察成果文件是工程设计和施工的基础性资料，勘察文件的质量直接关系到工程设计质量和施工安全，因此，勘察单位在勘察作业时，应当严格执行有关强制性标准及操作规程，保证勘察文件的准确性。编制勘察文件应当客观反映建设场地的地质、地理环境特征和岩土工程条件等，提出岩土工程评价，为后期的工程设计和施工提供依据。勘察单位必须对勘察成果的真实性和准确性负责，对由于勘察成果的不真实、不准确所造成的不利后果承担相应的法律责任。

三、工程设计单位的安全责任

案例5-23 某化工厂在同一厂区建设第二个大型厂房时，为了节省投资，决定不做勘查，便将4年前为第一个大型厂房做的勘查成果提供给设计院作为设计依据，让其设计新厂房。设计院不同意。但是，在该化工厂的一再坚持下最终设计院妥协，答应使用旧的勘查成果。厂房建成后使用一年多就发现其北墙墙体多处开裂，该化工厂一纸诉状将施工单位告上法院，请求判定施工单位承担工程质量责任。

问题：

1. 本案中的质量责任应当由谁承担？
2. 工程中设计方是否有过错？违反了什么规定？

根据《安全生产管理条例》第13条的规定，设计单位的安全责任包括：

(1) 设计单位应当按照法律、法规和工程建设强制性标准进行设计，防止因设计不合理导致生产安全事故的发生；

(2) 设计单位应当考虑施工安全操作和防护的需要，对涉及施工安全的重点部位和环节在设计文件中注明，并对防范生产安全事故提出指导意见；

(3) 采用新结构、新材料、新工艺的建设工程和特殊结构的建设工程，设计单位应当在设计中提出保障施工作业人员安全和预防生产安全事故的措施建议；

(4) 设计单位和注册建筑师等注册执业人员应当对其设计负责。

设计单位的设计文件是工程施工的直接依据，设计文件质量关系到建设工程的主体结构安全，以及施工安全操作、安全防护以及作业人员的安全等，因此，建设工程设计不仅专业性强，而且责任重大。设计单位在编制设计文件时，应严格按照法律、法规和工程建设各方面的强制性标准进行设计，从源头上保障工程建设的安全。

案例 5-23 分析：

1. 本案中的墙体开裂，经检测系设计对地基处理不当引起厂房不均匀沉陷所致。《建筑法》第 54 条规定："建设单位不得以任何理由要求建筑设计单位或者建筑施工企业在工程设计或者施工作业中，违反法律、行政法规和建筑工程质量、安全标准，降低工程质量。"该化工厂为节省投资，坚持不做勘查，只向设计单位提供旧的勘查成果，违法了法律规定，对该工程的质量应该承担主要责任。

2. 设计方也有过错。《建筑法》第 54 条还规定："建筑设计单位和建筑施工企业对建设单位违反规定提出的降低工程质量的要求，应当予以拒绝"。《建设单位质量管理条例》第 21 条规定："设计单位应当根据勘查成果文件进行建设工程设计。"因此，设计单位尽管开始不同意建设单位的做法，但后来没有坚持原则做了妥协，因此也应该对工程设计承担质量责任。

3. 法院经审理，认定该工程的质量责任由该化工厂承担主要责任，由设计方承担次要责任。

四、工程监理单位的安全责任

根据《安全生产管理条例》第 14 条的规定，监理单位的安全责任包括：

（一）对安全技术措施及专项施工方案进行审查

《安全生产管理条例》第 14 条第一款规定，工程监理单位应当审查施工组织设计中的安全技术措施或者专项施工方案是否符合工程建设强制性标准。

（二）及时报告安全生产事故隐患

《安全生产管理条例》第 14 条第二款规定，工程监理单位在实施监理过程中，发现存在安全事故隐患的，应当要求施工单位整改；情况严重的，应当要求施工单位暂时停止施工，并及时报告建设单位。施工单位拒不整改或者不停止施工的，工程监理单位应当及时向有关主管部门报告。

（三）依法实施监理，并对建设工程安全生产承担法定的监理责任

《安全生产管理条例》第 14 条第三款规定，工程监理单位和监理工程师应当按照法律、法规和工程建设强制性标准实施监理，并对建设工程安全生产承担监理责任。因此，工程监理单位在实施监理的过程中，不仅要对施工质量实行监理，还要对施工单位在安全生产法律、法规和强制性标准的执行情况进行监理。根据《建设工程监理规范》的规定，工程监理实行总监理工程师负责制，总监理工程师对工程项目的安全监理负责，项目监理机构的监理人员按职责分工，对各自承担的安全监理工作负责。

案例 5-22 事故原因分析：

1. 直接原因

堤溪沱江大桥主拱圈材料不满足规范和设计要求，拱桥上部构造施工工序不合理，主拱圈砌筑质量差，降低了拱圈砌体的整体性和强度，随着拱上施工荷载的不断增加，造成 1 号拱主拱圈靠近 0 号桥台一侧拱脚区段砌体强度达到破坏极限而崩塌，受连拱效应影响最终

导致整座桥坍塌。

2. 间接原因

(1) 建设单位严重违反建设工程管理的有关规定，项目管理混乱。一是对发现的施工质量不符合规范、施工材料不符合要求等问题，未认真督促整改。二是未经设计单位同意，擅自与施工单位变更原主拱圈设计施工方案，且盲目倒排工期赶进度、越权指挥施工。三是未能加强对工程施工、监理、安全等环节的监督检查，对检查中发现的施工人员未经培训、监理人员资格不合要求等问题未督促整改。四是企业主管部门和主要领导不能正确履行职责，疏于监督管理，未能及时发现和督促整改工程存在的重大质量和安全隐患。

(2) 施工单位严重违反有关桥梁建设的法律法规及技术标准，施工质量控制不力，现场管理混乱。一是项目经理部未经设计单位同意，擅自与业主商议变更原主拱圈施工方案，并且未严格按照设计要求的主拱圈方式进行施工。二是项目经理部未配备专职质量监督员和安全员，未认真落实整改监理单位多次指出的严重工程质量和安全生产隐患；主拱圈施工不符合设计和规范要求的质量问题突出，主拱圈施工各环在不同温度五度合龙，造成拱圈内产生附加的永存的温度应力，削弱了拱圈强度。三是项目经理部位抢工期，连续施工主拱圈、横墙、腹拱、侧墙，在主拱圈未达到设计强度的情况下就开始落架施工作业，降低了砌体的整体性和强度。四是项目经理部技术力量薄弱，现场管理混乱、五是项目经理部直属上级单位未按规定履行质量和安全管理职责。六是施工单位对工程施工安全质量工作监管不力。

(3) 监理单位违反了有关规定，未能依法履行工程监理责任。一是现场监理对施工单位擅自变更原主拱圈施工方案，未予以坚决制止。在主拱圈施工关键阶段，监理人员投入不足，有关监理人员对发现施工质量问题督促整改不力，不仅未向有关主管部门报告，还在主拱圈砌筑完成但拱圈强度资料尚未测出的情况下，即在验收其他质检表、检验申请批复单、施工过程质检记录表上签字验收合格。二是对现场监理管理不力。派驻现场的技术人员不足，半数监理人员不具备职业资格。对驻场监理人员频繁更换，不能保证大桥监理工作的连续性。

(4) 承担设计和勘察任务的设计院，工作不到位。一是违规将地质勘查项目分包给个人。二是前期地质勘查工作不细，设计深度不够。三是施工现场设计服务不到位，设计交底不够。

(5) 有关主管部门和监管部门对该工程的质量监管严重失职、指导不力。一是当地质量监督部门工作严重失职，未制订质量监督计划，未落实重点工程质量监督责任人。对施工方、监理方从业人员培训和上岗资格情况监督不力，对发现的重大质量和安全隐患，未依法责令停工整改，也未向有关主管部门报告。二是省质量监督部门对当地质量监督部门业务工作监督指导不力，对工程建设中存在的管理混乱、施工质量差、存在安全隐患等问题失察。

五、机械设备及配件供应单位的安全责任

案例 5-24 某建筑工程公司，施工队队长张某、提升机司机赵某、瓦工李某准备上六层去，他们不愿意从楼梯上去，而想违章乘坐提升机。这时提升机操作手王某正准备由四层往六层运木料，施工队队长张某走过去将提升机由四层落到一层，让王某送他们上六层，王某不同意，说“提升机不能乘人。”张某见王某不同意开提升架，就强行叫站在旁边的于某(不是提升架司机)开提升架。于某开机前，见上边站着张某、赵某、李某。于某将提升架升到一层

停了一下，架上的人摆手叫继续提升，到二层又停了一下，架上的人摆手还叫继续提升，当提升架快到六楼时，被一根施工加杆挡住，在提升机停机的同时，钢丝绳断裂，提升架突然坠落，造成3人死亡。

问题：

1. 对此事故进行原因分析。
2. 写出防止此类事故再发生的措施。

《安全生产管理条例》第15条规定，为建设工程提供机械设备和配件的单位，应当按照安全施工的要求配备齐全有效的保险、限位等安全设施和装置。

施工机械设备主要包括起重机械、挖掘机械、凿岩机械、基础及凿井机械、钢筋和混凝土机械、筑路机械等，工程机械设备和配件的生产制造单位应当严格按照国家标准进行生产，保证产品的质量和安全性能。施工机械设备的安全保护装置直接影响施工机械设备的安全运行，如塔吊的力矩限制器、重量限制器、高度限位、变幅限位，施工升降机的安全器、安全钩、极限开关、防松绳开关，物料提升机的安全停靠装置、断绳保护装置等生产单位应当将上述安全保护装置配备齐全，并符合国家和行业有关技术标准和规范的要求。

六、机械设备、施工机具及配件出租单位的安全责任

《安全生产管理条例》第16条规定，出租的机械设备和施工机具及配件，应当具有生产(制造)许可证、产品合格证。出租单位应当对出租的机械设备和施工机具及配件的安全性能进行检测，在签订租赁协议时，应当出具检测合格证明。禁止出租检测不合格的机械设备和施工机具及配件。

出租单位出租的机械设备和施工机具及配件，必须是合格的产品，并具备生产(制造)许可证、产品合格证书，这就要求出租单位在购买这些设备、机具和配件时，必须购买手续齐全的合格产品。出租单位在出租机械设备和施工机具及配件时，应当对其安全性能进行检测，以保证出租的产品安全性能符合规定要求。

七、起重机械和脚手架、模板等设施安装拆卸单位的安全责任

《安全生产管理条例》第17条规定，在施工现场安装、拆卸施工起重机械和整体提升脚手架、模板等自升式架设设施，必须由具有相应资质的单位承担。

安装、拆卸施工起重机械和整体提升脚手架、模板等自升式架设设施，应当编制拆装方案、制定安全施工措施，并由专业技术人员现场监督。

施工起重机械和整体提升脚手架、模板等自升式架设设施安装完毕后，安装单位应当自检，出具自检合格证明，并向施工单位进行安全使用说明，办理验收手续并签字。

《安全生产管理条例》第18条规定，施工起重机械和整体提升脚手架、模板等自升式架设设施的使用达到国家规定的检验检测期限的，必须经具有专业资质的检验检测机构检测。经检测不合格的，不得继续使用。

八、检验检测机构的安全责任

《安全生产管理条例》第19条规定，检验检测机构对检测合格的施工起重机械和整体提升脚手架、模板等自升式架设设施，应当出具安全合格证明文件，并对检测结果负责。

检验检测机构是经国家认可的第三方检测服务机构。检验检测机构应当认真履行职责，严格按照国家有关法律、法规、安全技术标准和规范，公正、客观、及时地出具检测结论。检测结论经检测人员签字后，由检验检测机构负责人签发。检测合格的施工起重机械和整体提升脚手架、模板等自升式架设设施，检验检测机构应当出具安全合格证明文件。检验检测机构对检验检测结果负责。

案例 5-24 分析：

1. 事故原因如下：

(1) 施工现场安全管理混乱，各级人员安全意识薄弱，安全管理制度不完善，并未得到贯彻执行。

(2) 没有对提升架和钢丝绳进行有效的维修和维护及保养，设备不完好。

(3) 队长张某违章指挥，强令工人违章操作；于某不是提升机操作手，违反"非司机不准开车"和"升降架不准乘人"的规定，违章操作。同时在提升前也没有观察上升通道是否有障碍物等措施，造成事故。

2. 整改措施如下：

(1) 在认真分析事故原因的基础上，开展安全法规和其他要求的教育；开展安全知识的培训，提高员工的安全意识和安全生产技能。

(2) 加强施工现场的安全管理，按规定对各种设备进行维护保养，使其处于完好状态，杜绝带"病"运行。

(3) 健全并完善各项安全规章制度，落实安全生产责任制，严格执行各项相关安全制度及操作规程。

九、政府主管部门安全监督管理的相关规定

案例 5-25 宁波清水湾小区共有八幢在建住宅楼，2009 年 4 月下旬，主体全部结顶。不料 5 月 2 日在清运钢管和模板过程中，两名工人从卸料平台处跌落，一名工人死亡，另一名工人受伤。建筑公司吴总安排在不同宾馆内密谈并提出了私了方案。死者是当地人，其家属开价 200 万元赔偿金，经协商后赔偿金为 70 万元，尸体于 5 月 3 日凌晨火化。重伤工人家在贵州，其家属哭哭啼啼没有主张，最后接受建筑公司的建议；手术等医疗费由公司全额报销，出院后送回家静养并一次补偿 10 万元。治疗 1 个月后，重伤工人和家属被公司安排返回贵州。3 个月后，由于医疗费超支，工人家属赶赴公司再讨费用时遭到拒绝。同时打工的工友讲起死亡工人赔偿金一事，愤愤不平，伤者家属于是告到当地建设局请求解决。建设局以不知晓此事，需要安排专人了解情况为由，推托很久没有说法。无奈之下，伤者家属状告到法院才得以解决。

问题：建设主管部门对瞒报事故的施工单位应如何处理？

(一) 建设工程安全生产的监督管理体制

《安全生产法》规定，国务院安全生产监督管理部门依照本法，对全国安全生产工作实施综合监督管理；县级以上地方各级人民政府安全生产监督管理部门依照本法，对本行政区域内安全生产工作实施综合监督管理。国务院有关部门依照本法和其他有关法律、行政法规的规定，在各自的职责范围内对有关行业、领域的安全生产工作实施监督管理；县级以上地

方各级人民政府有关部门依照本法和其他有关法律、法规的规定，在各自的职责范围内对有关行业、领域的安全生产工作实施监督管理。

安全生产监督管理部门和对有关行业、领域的安全生产工作实施监督管理的部门，统称负有生产监督管理职责的部门。

《建设工程安全生产管理条例》规定，国务院建设行政主管部门对全国的建设工程安全生产实施监督管理，并依法接受国家安全生产综合管理部门的指导和监督。国务院铁路、交通、水利等有关部门按照国务院规定的职责分工，负责有关专业建设工程安全生产的监督管理。

县级以上地方人民政府建设行政主管部门对本行政区域内的建设工程安全生产实施监督管理。县级以上地方人民政府交通、水利等有关部门在各自的职责范围内，负责本行政区域内的专业建设工程安全生产的监督管理。

（二）政府主管部门对安全施工措施的审查

建设行政主管部门或者其他有关部门对建设工程是否有安全施工措施进行审查时，不得收取费用。

（三）政府主管部门履行职责时有权采取的措施

县级以上人民政府负有建设工程安全生产监督管理职责的部门在各自的职责范围内履行安全监督检查职责时，有权采取下列措施：

（1）要求被检查单位提供有关建设工程安全生产的文件和资料；

（2）进入被检查单位施工现场进行检查；

（3）纠正施工中违反安全生产要求的行为；

（4）对检查中发现的安全事故隐患，责令立即排除，重大安全事故隐患排除前或者排除过程中无法保证安全的，责令从为危险区域撤出作业人员或者暂时停止施工。

（四）组织制定特大事故应急救援预案和重大生产安全事故抢救

《安全生产法》规定，县级以上地方各级人民政府应当组织有关部门制定本行政区域内大生产安全事故应急救援预案，建立应急救援体系。

有关地方人民政府和负有安全生产监督管理职责的部门负责人接到重大生产安全事故报告后，应当立即赶到事故现场，组织事故抢救。

（五）淘汰严重危及施工安全的工艺设备材料及受理检举、控告和投诉

《建设工程安全生产管理条例》规定，国家对严重危及施工安全的工艺、设备、材料实行淘汰制度。具体目录由国务院建设行政主管部门会同国务院其他有关部门制定并公布。

县级以上人民政府行政主管部门和其他有关部门应当及时受理对建设工程生产安全事故及安全事故隐患的检举、控告和投诉。

案例 5-25 分析：

对事故调查和处理是建设行政主管部门的责任。按照我国目前的法律法规，一般受到处分或处罚的单位常常是施工企业、监理企业、建设单位和质量安全监督管理部门的相关人员，从政府的角度来说，建设行政主管部门接受和处理众多的安全事故也是痛惜和不情愿的。所以建筑施工企业瞒报事故时，在通常情况下也不愿追究。如果伤者或者亡者家属有举报，政府必须按照事故处理程序，进行调查取证并作出处理意见，对此类瞒报不成的事故责任方还要追加责任。

课后习题

一、单项选择题

1. 施工单位依法对本企业的安全生产工作负全面责任的是(　　)。

A. 技术负责人　　B. 主要负责人

C. 安全管理部门负责人　　D. 项目负责人

2. 施工单位与建设单位签订施工合同后,将其中的部分工程分包给分包单位,则施工现场的安全生产由(　　)负总责。

A. 建设单位　　B. 施工单位　　C. 分包单位　　D. 工程监理单位

3. 某建设工程项目分包工程部分发生生产安全事故,负责向安全生产监督管理部门、建设行政主管部门或其他有关部门上报的是(　　)。

A. 现场施工人员　　B. 分包单位　　C. 建设单位　　D. 总承包单位

4. 甲公司是某项目的总承包单位,乙公司是该项目的建设单位制定的分包单位。在施工过程中,乙公司拒不服从甲公司的安全生产管理,最终造成安全生产事故,则(　　)。

A. 甲公司负连带责任　　B. 乙公司负主要责任

C. 乙公司负全部责　　D. 监理公司负主要责任

5. 建筑施工企业的管理人员和作业人员每(　　)年应至少进行一次安全生产教育培训并考核合格。

A. 半　　B. 1　　C. 2　　D. 3

6. 根据《建设工程安全生产管理条例》的规定,属于施工单位安全责任的是(　　)。

A. 提供相邻构筑物的有关资料　　B. 编制安全技术措施及专项施工方案

C. 办理施工许可证时报送安全施工措施　　D. 提供安全施工措施费用

7. 甲建筑公司是某施工项目的施工总承包单位,乙建筑公司是其分包单位。2008 年 5 月 5 日,乙建筑公司的施工项目发生了生产安全事故,应由(　　)向负有安全生产监督管理职责的部门报告。

A. 甲建筑公司或乙建筑公司　　B. 甲建筑公司

C. 乙建筑公司　　D. 甲建筑公司和乙建筑公司

8. 某施工单位为避免施工现场区域内原有地下管线,欲查明相关情况,应由(　　)负责向其提供施工现场区域内地下管线资料。

A. 城建档案管理部门　　B. 相关管线产权部门

C. 市政管理部门　　D. 建设单位

9. 根据《建设工程安全生产管理条例》的规定,设计单位应当参与建设工程(　　)分析,并提出相应的技术处理方案。

A. 工期延误　　B. 投资失控　　C. 质量事故　　D. 施工组织

10. 在施工承包合同中约定由施工单位采购建筑材料。施工期间,建设单位要求施工单位购买某采石场的石料,理由是该石场物美价廉。对此,下面说法正确的是(　　)。

A. 施工单位可以不接受

B. 建设单位的要求，施工单位才必须接受

C. 建设单位通过监理单位提出此要求，施工单位才必须接受

D. 建设单位以书面形式提出要求，施工单位就必须接受

11. 根据《建设工程安全生产管理条例》的规定，(　　)不属于建设单位安全责任范围。

A. 向建设行政主管部门提供安全施工措施资料

B. 向施工单位提供准确的地下管线资料

C. 对拆除施工进行备案

D. 向施工现场从事特种作业的施工人员提供安全保障

12. 施工企业的施工现场消防安全责任人应是(　　)。

A. 施工企业负责人　　B. 专职安全员

C. 专职消防安全员　　D. 项目负责人

13. 某工程事故造成3人死亡，10人重伤，直接经济损失达2 000万元，根据《生产安全事故报告和调查处罚条例》，该事故等级为(　　)。

A. 特别重大事故　B. 较大事故　C. 重大事故　D. 一般事故

13. 某工程施工过程中，监理工程师以施工质量不符合施工合同约定为由要求施工单位返工，但是施工单位认为施工合同是由建设单位与施工单位签订的，监理单位不是合同当事人，不属于监理的依据。对此，正确的说法是(　　)。

A. 监理工程应根据国家标准监理，而不能以施工合同为依据监理

B. 施工合同是监理工程实施监理的依据

C. 施工合同是否作为监理依据，要根据建设单位的授权

D. 施工合同是否作为监理依据，要根据上级行政主管部门的意见确定

14. 生产经营单位制定的应急预案应当至少每(　　)年修行一次。

A. 1　B. 2　C. 3　D. 4

15. 某施工现场发生安全事故，8名工人在这次事故中死亡，则该事故由(　　)负责调查。

A. 国务院　　B. 省级人民政府

C. 设区的市级人民政府　　D. 县级人民政府

二、多项选择题

1. 根据《安全生产许可证条例》，建筑施工企业取得安全生产许可证应当具备的安全生产条件有(　　)。

A. 管理人员和作业人员每年至少进行1次安全生产教育培训并考核合格

B. 依法为施工现场从事危险作业人员办理意外伤害保险，为从业人员缴纳保险费

C. 保证本单位安全生产条件所需资金的投入

D. 有职业危害防治措施，并为作业人员配备符合国家标准或行业标准的安全防护用具和安全防护服装

E. 依法办理了建筑工程一切险及第三者责任险

2. 根据我国《建筑施工企业安全生产许可证管理规定》的要求，建筑施工企业取得安全生产许可证应当具备的条件有(　　)。

A. 建立、健全安全生产责任制度

B. 保证本单位安全生产条件所需资金的有效使用

C. 设置安全生产管理机构，按规定配备专职安全生产管理人员

D. 建立应急救援组织，配备必要的应急救援器材、设备

E. 依法参加工伤保险，并为施工现场所有工人办理意外伤害保险

3. 某施工单位申领建筑施工企业安全生产许可证时，根据我国《建筑施工企业安全生产许可证管理规定》应具备建设行政主管部门考核合格的人员包括(　　)。

A. 应急救援人员　　B. 单位主要负责人

C. 从业人员　　D. 安全生产管理人员

E. 特种作业人员

4. 根据《建设工程安全生产管理条例》，施工项目经理的安全职责有(　　)。

A. 应当制定安全生产规则制度　　B. 落实安全生产责任制

C. 确保安全生产费用的有效使用　　D. 保证安全生产条件所需资金的投入

E. 及时、如实报告生产安全事故

5. 根据《建设工程安全生产管理条例》的规定，施工企业对作业人员进行安全生产教育培训，应在(　　)之前。

A. 作业人员进入新岗位　　B. 作业人员进入新的施工现场

C. 企业采用新技术　　D. 企业采用新工艺

E. 企业申请办理资质延续手续

6. 某建筑公司雇佣5名工人，具体情况如下表，依据《建设工程安全生产管理条例》，以下人员必须持证上岗的有(　　)。

A. 赵某　　B. 钱某　　C. 孙某　　D. 李某

E. 周某

姓名	性别	年龄	身体状况	工作性质
赵某	男	25	良好	爆破工
钱某	男	20	良好	钢筋工
孙某	男	21	良好	混凝土工
李某	女	27	良好	起重信号工
周某	男	28	良好	安装拆卸工

7. 根据《建设工程安全生产管理条例》的规定，下列生产安全事故中，属于较大生产安全事故的有(　　)。

A. 2人死亡事故　　B. 10人死亡事故

C. 3人死亡事故　　D. 20人死亡事故

E. 1 000万元直接经济损失事故

8. 根据《建设工程安全生产管理条例》，关于意外伤害保险的说法，正确的是(　　)。

A. 意外伤害保险为非强制保险　　B. 被保险人为从事危险作业人员

C. 受益人可以不是被保险人　　D. 保险费由分包单位支付

E. 保险期限由施工企业根据实际自行确定

9. 对于达到一定规模且危险性较大的基坑支护与降水工程施工，须严格按施工程序进行，那么下列做法中正确的是(　　)。

A. 施工单位在施工组织设计编制安全技术措施即可

B. 施工方案中应附具安全验算结果

C. 施工方案应经施工单位项目经理、总监理工程师签字后实施

D. 应由专职安全生产管理人员进行现场监督

E. 施工方案应经施工单位技术负责人、总监理工程师签字后实施

10. 下列义务中，属于监理单位安全生产管理主要义务的有(　　)。

A. 安全技术措施审查

B. 安全设备合格审查

C. 专项施工方案审查

D. 施工招标审查

E. 安全生产事故隐患报告

项目六　建设工程质量法律制度

知识目标

◇ 了解工程建设标准的分类

◇ 了解勘察、设计单位的质量责任和义务

◇ 熟悉工程建设强制性标准实施的规定

◇ 熟悉违法行为应承担的法律责任

◇ 掌握工程监理单位的质量责任和义务

◇ 掌握施工单位、建设单位的质量责任和义务

◇ 掌握竣工验收的主体和法定条件

◇ 掌握质量保修书和保修期限的规定

技能目标

◇ 能够运用所学的基本知识正确处理工程建设过程中的质量问题

◇ 能够培养工程质量意识，提高质量管理水平

◇ 具有通过执业资格考试的能力

第一部分　情景案例导入与分析

案例　因设计单位违反强制性标准导致的责任事故

案情简介　某公司 7 层办公楼于 2002 年 9 月 20 日倒塌，造成死 1 人、伤数十人，直接经济损失 1 000 多万元的较大事故。经调查、取证和鉴定发现；在技术上，设计单位将承台一律设计成 480 mm 厚，使绝大多数承台受冲切、受剪、受弯、承载力严重不足；大部分柱子下桩基的桩数不够，实际桩数与按规范计算的桩数比较相差 12%～13%；底层多数柱子达不到抗震设计规范规定，设计配筋小于按规范计算需要值，部分柱子配筋明显不足；大梁 L5 悬挑部分断面过小，配筋计算相差 50%。

问题：

设计单位在设计过程中有何过错，应如何处理？

案例分析：

设计单位对承台厚度、桩基桩数、柱子配筋等设计违反了工程建设强制性标准的要求，导致承载力不足、强度不够。《建筑法》第 72 条规定："建设设计单位不按照建筑工程质量、安全标准设计的，责令改正，处以罚款；造成工程质量事故的，责令停业整顿，降低资质等级

或者吊销资质证书，没收违法所得，并处罚款；造成损失的，承担赔偿责任；构成犯罪的，依法追究刑事责任。”《建设工程质量管理条例》第63条规定，“违法本条例规定，有下列行为之一的，责令改正，处10万元以上30万元以下罚款：……（4）设计单位未按照工程建设强制性标准进行设计的。有以上所列行为，造成工程质量事故的，责令停业整顿，降低资质等级；情节严重的，吊销资质证书；造成损失的，依法承担赔偿责任。据此，该设计单位应当对其不按照工程建设强制性标准进行设计所造成的事故，依法承担相应的法律责任；构成犯罪的，还要依法追究刑事责任。”

第二部分 相关工作任务

任务1 工程建设标准

《标准化法》规定：“对下列需要统一的技术要求，应当制定标准：……（4）建设工程的设计、施工方法和安全要求。（5）有关工业生产、工程建设和环境保护的技术术语、符号、代号和制图方法。”

工程建设标准通过行之有效的标准规范，特别是工程建设强制性标准，为建设工程实施安全防范措施、消除安全隐患提供统一的技术要求，以确保在现有的技术、管理条件下尽可能地保障建设工程质量安全，从而最大限度地保障建设工程的建造者、使用者和所有者的生命财产安全以及人身健康安全。

案例6-1 2007年5月15日，施工方某建筑工程有限责任公司（以下简称施工方）承包了某开发公司（以下简称建设方）的商务楼工程施工，同年5月21日双方签订了建设工程施工合同。2008年5月该工程封顶时，建设方发现该商务楼的顶层第17层和第15层、第16层的混凝土凝固较慢。于是，建设方认为施工方使用的混凝土强度不够，要求施工方采取措施，对该三层重新施工。施工方则认为，混凝土强度符合相关的技术规范，不同意重新施工或者采取其他措施。双方协商未果，建设方将施工方起诉至某区法院，要求施工方对混凝土强度不够的三层重新施工或采取其他措施，并赔偿建设方的相应损失。

根据双方的请求，受诉法院委托某建筑工程质量检查中心按照两种建设规范对该工程结构混凝土实体强度进行检测，检测结果如下：根据原告即建设方的要求，检测中心按照行业协会推荐性标准《钻芯法检测混凝土强度技术规范》（CDCS 03：2007）的检测结果是：第15层、第16层、第17层的结构混凝土实体强度达不到该技术规范的要求，其他各层的结构混凝土实体均达到该技术规范的要求。

根据被告即施工方的请求，检测中心按照地方推荐性标准《结构混凝土实体检测技术规程》（DB/T 29-148—2005）的检测结果是：第15层、第16层、第17层及其他各层结构混凝土实体强度均达到该规范的要求。

问题：

1. 本案中的检测中心按照两个推荐性标准分别进行了检测，法院应以哪个标准作为判断的依据？

2. 当事人若在合同中约定了推荐性标准，对国家强制性标准是否仍须执行？

一、工程建设标准的分类

根据《标准化法》的规定，我国的标准分为国家标准、行业标准、地方标准和企业标准。国家标准、行业标准又分为强制性标准和推荐性标准。

保障人身健康，人身、财产安全的标准和法律、行政法规规定强制性执行的标准是强制性标准，其他标准推荐性标准。强制标准一经颁布，必须贯彻执行，否则对造成恶劣后果和重大损失的单位和个人，要受到经济制裁或承担法律责任。

（一）工程建设国家标准

《标准化法》规定，对需要在全国范围内统一的技术要求，应当制定国家标准。

1. 工程建设国家标准的范围和类型

原建设部《工程建设国家标准管理办法》规定，对需要在全国范围内统一的下列技术要求，应当制定国家标准：

（1）工程建设勘察、规划、设计、施工（包括安装）及验收等通用的质量要求；

（2）工程建设通用的有关安全、卫生和环境保护的技术要求；

（3）工程建设通用的术语、符号、代号、量与单位、建筑模数和制图方法；

（4）工程建设通用的试验、检验和评定等方法；

（5）工程建设通用的信息技术要求；

（6）国家需要控制的其他工程建设通用的技术要求。

工程建设国家标准分为强制性标准和推荐性标准。下列标准属于强制性标准：

（1）工程建设勘查、规划、设计、施工（包括安装）及验收等通用的综合标准和重要的通用的质量标准；

（2）工程建设通用的有关安全、卫生和环境保护的标准；

（3）工程建设重要的通用的术语、符号、代号、量与单位、建筑模数和制图方法标准；

（4）工程建设重要的通用的试验、检验和评定方法等标准；

（5）工程建设重要的通用的信息技术标准；

（6）国家需要控制的其他工程建设通用的标准。

强制性标准以外的标准是推荐性标准。

2. 工程建设国家标准的审批发布和编号

工程建设国家标准由国务院工程建设行政主管部门审查批准，由国务院标准化行政主管部门统一编号，由国务院标准化行政主管部门和国务院工程建设行政主管部门联合发布。

工程建设国家标准的编号由国家标准代号、发布标准的数序号和发布标准的年号组成。强制性国家标准的代号为“GB”，推荐性国家标准的代号为“GB/T”。例如，《建筑工程施工质量验收统一标准》(GB 50300—2013)，其中 GB 表示为强制性标准，50300 表示标准发布顺序号，2013 表示是 2013 年批准发布；《工程建设施工企业质量管理规范》(GB/T 50430—2007)，其中 GB/T 表示为推荐性国家标准，50430 表示标准发布顺序号，2007 表示是 2007 年批准发布。

3. 国家标准的复审与修订

国家标准实施后，应当根据科学技术的发展和工程建设的需要，由该国家标准的管理部门适时组织有关单位进行复审。复审一般在国家标准实施后5年进行1次。复审可以采取函审或会议审查,一般由参加过该标准编制或审查的单位或个人参加。

国家标准复审后,标准管理单位应当提出其继续有效或者予以修订、废止的意见,经该国家标准的主管部门确认后报国务院工程建设行政主管部门批准。凡属下列情况之一的国家标准,应当进行局部修订:

(1) 国家标准的部分规定已制约了科学技术新成果的推广应用;

(2) 国家标准的部分规定经修订后可取得明显的经济效益、社会效益、环境效益;

(3) 国家标准的部分规定有明显缺陷或与相关的国家标准相抵触;

(4) 需要对现行的国家标准做局部补充规定。

(二) 工程建设行业标准

《标准化法》规定,对没有国家标准而又需要在全国某个行业范围内统一的技术要求,可以制定行业标准。在公布国家标准之后,该行业标准即行废止。

1. 工程建设行业标准的范围和类型

1992年12月建设部发布的《工程建设行业标准管理办法》规定,对没有国家标准而需要在全国某个行业范围内统一的下列技术要求,可以制定行业标准:

(1) 工程建设勘查、规划、设计、施工(包括安装)及验收等行业专用的质量要求;

(2) 工程建设行业专用的有关安全、卫生和环境保护的技术要求;

(3) 工程建设行业专用的术语、符号、代号、量与单位和制图方法;

(4) 工程建设行业专用的试验、检验和评定等方法;

(5) 工程建设行业专用的信息技术要求;

(6) 其他工程建设行业专用的技术要求。

工程建设行业标准也分为强制性标准和推荐性标准。下列标准属于强制性标准:

(1) 工程建设勘查、规划、设计、施工(包括安装)及验收等行业专用的综合性标准和重要的行业专用的质量标准;

(2) 工程建设行业专用的有关安全、卫生和环境保护的标准;

(3) 工程建设重要的行业专用的属于、符号、代号、量与单位和制图方法标准;

(4) 工程建设重要的行业专用的试验、检验和评定方法等标准;

(5) 工程建设重要的行业专用的信息技术标准;

(6) 行业需要控制的其他工程建设标准。

强制性标准以外的标准是推荐性标准。

行业标准不得与国家标准相抵触。行业标准的某些规定与国家标准不一致时,必须有充分的科学依据和理由,并经国家标准的审批部门批准。行业标准在相应的国家标准实施后,应当及时修订或废止。

2. 工程建设行业标准的制定、修订程序与复审

工程建设行业标准的制定、修订程序,也可以按准备、征求意见、送审和报批四个阶段进行。

工程建设行业标准实施后,根据科学技术的发展和工程建设的实际需要,该标准的批准部门应当适时进行复审,确认其继续有效或予以修订、废止。一般也是5年复审1次。

(三) 工程建设地方标准

《标准化法》规定,对没有国家标准和行业标准而又需要在省、自治区、直辖市范围内统一的工业产品的安全、卫生要求,可以制定地方标准。在公布国家标准或者行业标准之后,该项地方标准即行废止。

1. 工程建设地方标准制定的范围和权限

我国幅员辽阔,各地的自然环境差异较大,而工程建设在许多方面要受到自然环境的影响。例如,我国的黄土地区、冻土地区以及膨胀土地区,对建筑技术的要求有很大区别。因此,工程建设标准除国家标准、行业标准外,还需要有相应的地方标准。

2004 年 2 月建设部发布的《工程建设地方标准化工作管理规定》中规定,工程建设地方标准项目的确定,应当从本行政区域工程建设的需要出发,并应体现本行政区域的气候、地理、技术等特点。对没有国家标准、行业标准或国家标准、行业标准规定不具体,且需要在本行政区域内做出统一规定的工程建设技术要求,可制定相应的工程建设地方标准。

工程建设地方标准在省、自治区、直辖市范围内由省、自治区、直辖市建设行政主管部门统一计划、统一审批、统一发布、统一管理。

2. 工程建设地方标准的实施和复审

工程建设地方标准不得与国家标准和行业标准相抵触。对与国家标准或行业标准相抵触的工程建设地方标准的规定,应当自行废止。工程建设地方标准应报国务院建设行政主管部门备案。未经备案的工程地方标准,不得在建设活动中使用。

工程建设地方标准中,对直接涉及人民生命财产安全、人体健康、环境保护和公共利益的条文,经国务院建设行政主管部门确定后,可作为强制性条文。在不违反国家标准和行业标准的前提下,工程建设地方标准可以独立实施。

工程建设地方标准实施后,应根据科学技术的发展、本行政区域工程建设的需要以及工程建设国家标准、行业标准的制定、修订情况,适时进行复审,复审周期一般不超过 5 年。对复审后需要修订或局部修订的工程建设地方标准,应当及时修订或局部修订。

(四) 工程建设企业标准

《标准化法》规定,企业生产的产品没有国家标准和行业标准的,应当制定企业标准,作为组织生产的依据。已有国家标准或行业标准的,国家鼓励企业制定严于国家标准或者行业标准的企业标准,在企业内部适用。

1995 年 6 月建设部发布的《关于加强工程建设企业标准化工作的若干意见》指出,工程建设企业标准一般包括企业的技术标准、管理标准和工作标准。

需要说明的是,标准、规范、规程都是标准的表现方式,习惯上统称为标准。当针对产品、方法、符号、概念等基础标准时,一般采用"标准",如《公路工程技术标准》《建筑抗震鉴定标准》等;当针对工程勘查、规划、设计、施工等通用的技术事项作出规定时,一般采用"规范",如《混凝土结构设计规范》《住宅设计规范》《建筑设计防火规范》等;当针对操作、工艺、管理等专用技术要求时,一般采用"规程",如《建筑安装工艺及操作规程》《建筑机械使用安全技术规程》等。

此外,在实践中还有推荐性的工程建设协会标准。

案例 6-1 分析:

1. 本案中的协会标准、地方标准均为推荐性标准,且建设方、施工方未在合同中约定采用哪个标准。《标准化法》中规定,"推荐性标准,国家鼓励企业自愿采用。"在没有国家强制性标准的情况下,施工方有权自主选择采用地方标准。

2. 依据《标准化法》的规定，“强制性标准，必须执行。”因此，如果有国家强制性标准，即使双方当事人在合同中约定了采用某项推荐性标准，也必须执行国家强制性标准。

据此，受诉法院经过庭审做出如下判决：①驳回原告即建设方的诉讼请求；②案件受理费和检测费由原告建设方承担。

法院判决的主要理由是：目前尚无此方面的国家强制性标准，只有协会标准、地方标准，双方应当通过合同来约定施工过程中所要适用的技术规范。本案中的双方并没有在施工合同中具体的定适用哪个规范，因此施工方有权选择适用地方标准《结构混凝土实体检测技术规范》(DB/T 29-148—2005)。

二、工程建设强制性标准实施的规定

工程建设标准制定的目的在于实施。否则，再好的标准也是一致空文。我国工程建设领取所出现的各类工程质量事故，大都是没有贯彻或没有严格贯彻强制性标准的结果。因此，《标准化法》规定，强制性标准，必须执行。《建筑法》规定，建筑活动应当确保建筑工程质量和安全，符合国家的建设工程安全标准。

（一）工程建设各方主体实施强制性标准的法律规定

《建筑法》和2000年1月颁布的《建设工程质量管理条例》规定，建设单位不得以任何理由，要求建筑设计单位或者建筑施工企业在工程设计或施工企业作业中，违反法律、行政法规和建筑工程质量、安全标准，降低工程质量。建设单位不得明示或者暗示设计单位或者施工单位违反工程建设强制性标准，降低建设工程质量。建筑设计单位和建筑施工企业对建设单位违反规定提出的降低工程质量的要求，应当予以拒绝。

勘察、设计单位必须按照工程建设强制性标准进行勘察、设计、并对其勘察、设计的质量负责。建筑工程设计应当符合国家规定制定的建筑安全规程和技术规范，保证工程的安全性能。勘察、设计文件应当符合按照国家规定制定的建筑安全规程和技术规范，保证工程的安全性能。勘察、设计文件应当符合有关法律、行政法律的规定和建筑工程质量、安全标准、建筑工程勘察、设计技术规范以及合同的约定。设计文件选用的建筑材料、建筑构配件和设备，应当注明其规则、型号、性能等技术指标，其质量要求必须符合国家规定的标准。

施工单位必须按照工程设计图纸和施工技术标准施工，不得擅自修改工程设计，不得偷工减料。施工单位必须按照工程设计要求、施工技术标准和合同约定，对建筑材料、建筑构配件、设备和商品混凝土进行检验，检验应当有书面记录和专人签字；未经检验或者检验不合格的，不得使用。

建筑工程监理应当按照法律、行政法规及有关的技术标准、设计文件和建筑工程承包合同，对承包单位在施工质量、建设工期和建设资金使用等方面，代表建设单位实施监督。工程监理人员认为工程施工不符合工程设计要求、施工技术标准和合同约定的，有权要求建筑施工企业改正。工程监理人员发现工程设计不符合建筑工程质量标准或者合同约定的质量要求的，应当报告建设单位要求设计单位改正。

（二）工程建设标准强制性条文的实施

在工程建设标准的条文中，使用“必须”“严禁”“应”“不应”“不得”等属于强制性标准的用词，而使用“宜”“不宜”“可”等一般不是强制性标准的规定。但在工作实践中，强制性标准与推荐性标准的划分仍然存在一些困难。

2000年8月建设部发布的《实施工程建设强制性标准监督规定》中规定，在中华人民共和国境内从事新建、扩建、改建等工程建设活动，必须执行工程建设强制性标准。工程建设强制性标准是指直接涉及工程质量、安全、卫生及环境保护等方面的工程建设标准强制性条文。国家工程建设标准强制性条文由国务院建设行政主管部门会同国务院有关行政主管部门确定。

在工程建设中，如果拟采用的新技术、新工艺、新材料不符合现行强制性标准规定的，应当由拟采用单位提请建设单位组织专题技术论证，报批准标准的建设行政主管部门或者国务院有关主管部门审定。工程建设中采用国际标准或者国外标准，而我国现行强制性标准未作规定的，建设单位应当向国务院建设行政主管部门或者国务院有关行政主管部门备案。

在对工程建设强制性标准实施改革后，我国目前实行的强制性标准包含三部分：①批准发布时已明确为强制性标准的；②批准发布时虽未明确为强制性标准，但其编号中不带"/T"的，仍为强制性标准；③自2000年后批准发布的标准，批准时虽未明确为强制性标准，但其中有必须严格执行的强制性标准(黑体字)，编号也不带"/T"的，也应视为强制性标准。

(三) 对工程建设强制性标准的监督检查

1. 监督管理机构

《实施工程建设强制性标准监督规定》规定，国务院建设行政主管部门负责全国实施工程建设强制性标准的监督管理工作。国务院有关行政主管部门负责全国实施工程建设强制性标准的监督管理工作。县级以上地方人民政府建设行政主管部门负责本行政区域内实施工程建设强制性标准的监督管理工作。

建设项目规划审查机关应当对工程建设规划阶段执行强制性标准的情况实施监督；施工图设计文件审查单位应当对工程建设勘察、设计阶段执行强制性标准的情况实施监督；建筑安全监督管理机构应当对工程建设施工阶段执行施工安全强制性标准的情况实施监督；工程质量监督机构应当对工程建设施工、监理、验收等阶段执行强制性标准的情况实施监督。

2. 监督检查的方式和内容

工程建设标准批准部门应当定期对建设项目规划审查机关、施工图设计文件审查单位、建筑安全监督管理机构、工程质量监督机构实施强制性标准的监督进行检查，对监督不力的单位和个人，给予通报批评，建议有关部门处理。

工程建设标准批准部门应当对工程项目执行强制性标准情况进行监督检查。监督检查可以采取重点检查、抽查和专项检查的方式。

强制性标准检查的内容包括：

(1) 工程技术人员是否熟悉、掌握强制性标准；

(2) 工程项目的规划、勘察、设计、施工、验收等是否符合强制性标准的规定；

(3) 工程项目采用的材料、设备是否符合强制性标准的规定；

(4) 工程项目的安全、质量是否符合强制性标准的规定；

(5) 工程项目采用的导则、指南、手册、计算机软件的内容是否符合强制性准的规定。

建设行政主管部门或者有关行政主管部门在处理重大事故时，应当有工程建设标准方面的专家参加；工程事故报告应当包含是否符合工程建设强制性标准的意见。

任务2　施工单位的质量责任和义务

施工单位是工程建设的重要责任主体之一。施工阶段是建设工程实物质量形成的阶段，勘察、设计工作成果均要在这一阶段得以实现。由于施工阶段影响质量稳定的因素和涉及的责任主体均较多，协调管理的难度较大，施工阶段的质量责任制度尤为重要。

案例6-2　某城市建设开发集团在该市南三环建设拆迁居民安置区。甲建筑公司通过招投标获得了该工程项目，经建设单位同意，甲建筑公司将该工程中的A、B、C、D等4栋多层住宅楼分包给乙公司，并签订了分包合同。在工程交付使用后，发现A号楼因偷工减料存在严重质量问题，城市建设开发集团便要求甲建筑公司承担责任。甲建筑公司认为工程A号楼是由分包商乙公司完成的，应由乙公司承担相关责任，并以乙公司早已结账撤出而失去联系为由，不予配合问题的处理。

问题：甲建筑公司是否应该对A号楼的质量问题承担责任？为什么？

一、对施工质量负责和总分包单位的质量责任

（一）施工单位对施工质量负责

《建筑法》规定，建筑施工企业对工程的施工质量负责。《建设工程质量管理条例》进一步规定，施工单位对建设工程的施工质量负责。施工单位应当建立质量责任制，确定工程项目的项目经理、技术负责人和施工管理负责人。

对施工质量负责是施工单位法定的质量责任。施工单位是建设工程质量的重要责任主体，但不是唯一的责任主体。在工程建设的全过程中，由于参与主体多元化，所以建设工程质量的责任主体也势必多元化。建设工程各方主体依法各司其职、各负其责。每个参与主体仅就自己的工作内容对建设工程承担相应的质量责任。施工单位是建设工程质量的重要责任主体，但不是唯一的责任主体。对施工质量责任负责是施工单位法定的质量责任。

施工单位的质量责任制，是其质量保证体系的一个重要组成部门，也是施工质量目标得以实现的重要保证。建立质量责任制，主要保留制定质量目标计划，建立考核标准，并层层分解落实到具体的责任单位和责任人，特别是工程项目的项目经理、技术负责人和施工管理负责人。落实质量责任制，不仅是为了再出现质量问题时可以追究责任，更重要的是通过层层落实质量责任制，做到事事有人管、人人有职责，加强对施工过程的全面质量控制，保证建设工程的施工质量。

案例6-2分析：

应承担责任。《建筑法》第29条第二款规定："建筑工程实行总承包的，工程质量由工程总承包单位负责，总承包单位将建筑工程分包给其他单位的，应当对分包工程的质量与分包单位承担连带责任。分包单位应当接受总承包单位的质量管理。"本案中存在着总分包两个合同。在总包合同中，甲建筑公司应该向建设单位即城市建设开发集团负责；在分包合同中，分包商乙公司应该向总承包单位即甲建筑公司负责。同时，甲建筑公司与乙公司还要对分包工程的质量承担连带责任。因此，建设单位有权要求甲建筑公司或乙公司对A号楼的质量问题承担责任，任何一方都无权拒绝。在乙公司早已失去联系的情况下，建设单位要求

甲建筑公司承担质量责任是符合法律规定的。至于甲建筑公司如何再去追偿乙公司的质量责任,则完全是由甲建筑公司自行责任。

(二) 总分包单位的质量责任

《建筑法》规定,建筑工程实行总承包的,工程质量由工程总承包单位,总承包单位将建筑工程分包给其他单位的,应当对分包工程的质量与分包单位承担连带责任。分包单位应当接受总承包单位的质量管理。

案例 6-3 2000 年 10 月,承包商甲通过招投标获得了某单位家属楼工程,后经发包单位同意,承包商甲将该家属楼的附属工程分包给杨某负责的工程队,并签订了分包工程。1 年后,工程按期完成。但是,经工程质量监督机构检验发现,该家属楼附属工程存在严重的质量问题。发包单位便要求承包商甲承担责任。承包商甲却称该附属工程系经发包单位同意后分包给杨某负责的工程队,所以与已无关。发包单位又找到分包人杨某,杨某亦以种种理由拒绝承担工程的质量责任。

问题:

1. 承包商甲是否应该对该家属楼附属工程的质量负责?
2. 该质量问题应该如何解决?

《建设工程质量管理条例》进一步规定,建设工程实行总承包的,总承包单位应当对全部建设工程质量负责;建设工程勘查、设计、施工、设备采购的一项或者多项实行总承包的,总承包单位应当对其承包的建设工程或者采购的设备的质量负责。总承包单位依法将建设工程分包给其他单位的,分包单位应当按照分包合同的约定对其分包工程的质量向总承包单位负责,总承包单位与分包单位对分包工程的质量承担连带责任。

据此,无论是实行建设工程总承包还是对建设工程勘查、设计、施工、设备采购的一项或多项实行总承包,总承包单位都应当对其所承包的工程或工作承担总体的质量责任。这是因为,在总分包的情况下存在着总包、分包两个合同,所以就有两种合同法律关系:①总承包单位要按照总包合同向建设单位负总体质量责任,这种责任的承担不论是总承包单位造成的还是分包单位造成的;②在总承包单位承担责任后,可以依据分包合同的约定,追究分包单位的质量责任包括追偿经济损失。

同时,分包单位应当接受总承包单位的质量管理。总承包单位与分包单位对分包工程的质量还要依法承担连带责任。当分包工程发生质量问题时,建设单位或其他受害人既可以向分包单位请求赔偿,也可以向总承包单位请求赔偿;进行赔偿的一方,有权依据分包合同的约定,对不属于自己责任的那部分赔偿想对方追偿。

案例 6-3 分析:

1. 根据《建筑法》《建设工程质量管理条例》的规定,总承包单位应当对承包工程的质量负责,分包单位应当就分包工程的质量向总承包单位负责,总承包单位与分包单位对分包工程的质量承担连带责任。据此,承包商甲作为总承包单位,应当对该家属楼附属工程的质量负责,即使是分包人的质量问题,也要依法与其承担连带责任。

2. 分包人杨某分包的该家属楼附属工程完工后,经检验发现存在严重的质量问题,根据《合同法》《建设工程质量管理条例》的规定,应当负责返修。本案中的发包人有权要求杨某的工程队或承包商甲对该家属附属工程履行返修义务。如果是承包商甲进行返修,在返修后有权向杨某的工程队进行追偿。此外，如果因为返修而造成逾期交付的，依据《合同法》的规定，承包商甲与杨某的工程队还应当向发包人承担违约的连带责任。

对本案中杨某的工程队还应当查有无相应的资质证书；如无，应依据《建筑法》等定为违法分包，由政府主管部门依法做出处罚。

二、按照工程设计图纸和施工技术标准施工的规定

《建筑法》规定，建筑施工企业必须按照工程设计图纸和施工技术标准施工，不得偷工减料。工程设计的修改由原设计单位负责，建筑施工企业不得擅自修改工程设计。

《建设工程质量管理条例》进一步规定，施工单位必须按照工程设计图纸和施工技术标准施工，不得擅自修改工程设计，不得偷工减料。施工单位在施工过程中发现设计文件和图纸有差错的，应当及时提出意见和建议。

《建设工程消防监督管理规定》也要求，施工单位必须按照国家工程建设消防设计技术标准的经消防设计审核合格或者备案的消防设计文件组织施工，不得擅自改变消防设计进行施工，降低消防施工质量。

案例 6-4　甲市的乙建设工程股份公司首次进入丙直辖市施工，为了落实乙公司长期占有直辖市市场份额的理念，乙公司董事会明确了在丙直辖市施工工程的主导思想，即“干一个工程，竖一块丰碑，监理公司良好的社会信誉”。公司年轻的项目经理赵某根据自己的意愿，为了确保工程质量高于验收标准，并确保本工程获得丙直辖市的优质样板工程，决定暗自修改基础、主体工程混凝土的配合比，使得修改后的混凝土强度比施工图纸设计混凝土强度整体高一个等级，项目经理部自己承担所增加的费用。

问题：项目经理的决定是否妥当？

（一）按图施工，遵守标准

按工程设计图纸施工，是保证工程实现设计意图的前提，也是明确划分设计、施工单位质量责任的前提。如果施工单位不按图施工或不经原设计单位同意就擅自修改工程设计，其直接后果往往是违反了原设计的意图，严重的将给工程结构安全留下隐患；间接后果是在原设计有缺陷或出现工程质量事故的情况下，由于施工单位擅自修改了设计，将会混淆设计、施工单位各自的质量责任。所以，按图施工、不擅自修改设计，是施工单位保证工程质量的最基本要求。

施工技术标准是工程建设过程中规范施工行为的技术依据。如前所述，工程建设国家标准、行业标准均分为强制性标准和推荐性标准。施工单位只有按照施工技术标准，特别是强制性标准的要求施工，才能保证工程的施工质量。偷工减料属于一种非法牟利的行为。如果在工程的一般部分，施工工序不严格按照标准要求，减少工料投入，简化操作程序，将会产生一般性的质量通病，影响工程外观质量或一般使用功能；但在关键部位，如结构中使用劣质钢筋、水泥等，将给工程留下严重的结构隐患。

从法律的角度来看，工程设计图纸和施工技术标准都属于合同文件的组成部分，如果施工单位不按照工程设计图纸和施工技术标准施工，则属于违约行为，应该对建设单位承担违约责任。

案例 6-4 分析：

项目经理的决定非常不可取。施工单位有按图施工的责任。项目经理的决定将改变设

计图纸，应该得到设计人的同意。根据《建设工程质量管理条例》第28条规定，施工单位必须按照工程设计图纸和施工技术标准施工，不得擅自修改工程设计，不得偷工减料。

项目经理的决定是单方面的好意，表面上看是提高了建筑工程的混凝土强度，对建筑工程施工是有积极意义，殊不知建筑工程是一个整体，单方面提高混凝土强度不一定会提高建筑工程整体强度。反而会造成社会资源的巨大浪费。

(二) 防止设计文件和图纸出现差错

工程项目的设计涉及多个专业，设计文件和图纸也有可能会出现差错。这些差错通常会在图纸会审或施工过程中被逐渐发现。施工人员特别是施工管理负责人、技术负责人以及项目经理等，均为有丰富实践经验的专业人员，对设计文件和图纸中存在的差错是有能力发现的。如果施工单位在施工过程中发现设计文件和图纸中确实存在差错，是有义务及时向设计单位提出的，以免造成不必要的损失和质量问题。这是施工单位应具备的职业道德，也是履行合同应尽的基本义务。

三、对建筑材料、设备等进行检验检测的规定

《建筑法》规定，建筑施工企业必须按照工程设计要求、施工技术标准和合同的约定，对建筑材料、建筑构配件和设备进行检验，不合格的不得使用。

《建设工程质量管理条例》进一步规定，施工单位必须按照工程设计要求、施工技术标准和合同约定，对建筑材料、建筑构配件、设备和商品混凝土进行检验，检验应当有书面记录和专人签字；未经检验或者检验不合格的，不得使用。

由于建设工程属于特殊产品，其质量隐蔽性强、终检局限性大，在施工全过程质量控制中，必须严格执行法定的检验、检测制度。否则，将给建设工程造成难以逆转的先天性质量隐患，甚至导致质量安全事故。依法对建筑材料、设备等进行检验检测，是施工单位的一项重要法定义务。

案例6-5 某综合楼为现浇框架结构，地下1层，地上8层。主体结构施工到第6层时，发现2层竖向结构混凝土试块强度达不到设计要求，委托省级有资质的检测单位，对2层竖向实体结构进行检测鉴定，认定2层竖向实体结构强度能够达到设计要求。

问题：2层竖向结构的质量应如何验收？

(一) 建筑材料、建筑构配件、设备和商品混凝土的检验制度

施工单位对进入施工现场的建筑材料、建筑构配件、设备和商品混凝土实行检验制度，是施工单位质量保证体系的重要组成部分，也是保证施工质量的重要前提。施工单位应当严把两道关：一是谨慎选择生产供应厂商；二是实行进场二次检验。

施工单位的检验要依据工程设计要求、施工技术要求、施工技术标准和合同约定。检验对象是将在工程施工中使用的建筑材料、建筑构配件、设备和商品混凝土。合同若有其他约定的，检验工作还应满足合同相应条款的要求。检验结果要按规定的格式形式形成书面记录，并由相关的专业人员签字。这是为了促使检验工作严谨认真，以及未来必要时有据可查，方便管理，明确责任。

对于未经检验或检验不合格的，不得在施工中用于工程上。否则，将是一种违法行为，要追究擅自使用或批准使用人的责任。

案例 6-5 分析：

2 层竖向结构的质量可以正常验收。混凝土试块强度不足是检验中发现的质量问题，经过有资质的检测机构后，混凝土实体强度符合设计要求，可以认定混凝土强度符合设计要求。质量验收时，应附实体检测报告。

（二）施工检测的见证取样和送检制度

《建设工程质量管理条例》规定，施工人员对涉及结构安全的试块、试件以及有关材料，应当在建设单位或者工程监理单位监督下现场取样，并送具有相应资质等级的质量检测单位进行检测。

案例 6-6　某施工承包单位承接了某市重点工程，该工程为现浇框架结构，地下 2 层，地上 11 层，在该工程地下室顶板施工过程中，钢筋已经送检。施工单位为了在雨季到来之前完成混凝土施工，在钢筋送检没有得到检测结果是，未经监理工程师许可，擅自进行混凝土施工。待地下室顶板混凝土浇筑完毕后，钢筋检测结构出来后，发现此批钢筋有一个重要指标不符合规范要求，造成地下室顶板工程返工。

问题：本案中的责任是否应该由施工单位来承担？

在施工过程中，为了控制工程总体或相应部位的施工质量，通常要依据有关的技术标准，用规定方法对用于工程的材料或构件抽取一定数量的样品进行检测检验，并根据其结果来判断所代表部位的质量。这是控制和判断施工质量水平所采取的重要技术措施。试件、试块及有关材料的真实性和代表性，是保证这一措施有效的前提条件。因此，施工检测应当实行见证取样和送检制度，并由具有相应资质等级的质量检测单位进行检测。

1. 见证取样和送检

见证取样和送检，指在建设单位或工程监理单位人员的见证下，由施工单位的现场试验人员对工程涉及结构安全的试块、试件和材料在现场取样，并送至具有法定资格的质量检测单位进行检测的活动。

原建设部发布的《房屋建筑工程和市政基础设施工程实行见证取样和送检的规定》中规定，涉及结构安全的试块、试件和材料见证取样和送检的比例不得低于有关技术标准中规定应取样数量的 30%。

下列试块、试件和材料必须实施见证取样和送检：

（1）用于承重结构的混凝土试块；

（2）用于承重墙体的砌筑砂浆试块；

（3）用于承重结构的钢筋及连接接头试块；

（4）用于承重墙的砖和混凝土小型砌块；

（5）用于拌制混凝土和砌筑砂浆的水泥；

（6）用于承重结构的混凝土中使用的掺合剂；

（7）地下、屋面、厕浴间使用的防水材料；

（8）国家规定必须实行见证取样和送检的其他试块、试件和材料。

见证人员应由建设单位或该工程的监理单位中具备施工试验知识的专业技术人员担任，并由建设单位或该工程的监理单位书面通知施工单位、检测单位和负责该项工程的质量监督机构。

在施工过程中，见证人员应按照见证取样和送检计划，对施工现场的取样和送检进行见证。取样人员应在试样或其包装上做出标识、封志。标识和封志应标明工程名称、取样部位、取样日期、取样名称和样品数量，并由见证人员和取样人员签字。见证人员和取样人员应对试样的代表性和真实性负责。

案例 6-6 分析：

责任当然由施工单位承担，首先，地下室顶板未进行隐蔽验收，不能进行下一道工序：材料进场后，施工单位应向监理机构提交"工程材料报审表"，附钢筋出厂合格证、技术说明书及按规定要求进行送检的检验报告，经监理工程师审查并确认合格后，方可使用。

2. 工程质量检测单位的资质和检测规定

2015 年 5 月住房和城乡建设部经修改后发布的《建设工程质量检测管理办法》规定，工程质量检测机构是具有独立法人资格的中介机构。按照其承担的检测业务内容分为专项检测机构资质和见证取样检测机构资质。检测机构未取得相应的资质证书，不得承担本办法规定的质量检测业务。

质量检测业务由工程项目建设单位委托具有相应资质的检测机构进行检测。委托方与被委托方应当签订书面合同。

检测机构完成检测业务后，应当及时出具检测报告。检测报告经检测人员签字、检测机构法定代表人或者其授权的签字人签署，并加盖检测机构公章或者检测专用章后方可生效。检测报告经建设单位或者工程监理单位确认后，由施工单位归档。任何单位和个人不得明示或者暗示检测机构出具虚假检测报告，不得篡改或者伪造检测报告。如果检测结果利害关系人对检测结果发生争议的，由双方共同认可的检测机构复检，复检结果由提出复检方报当地建设主管部门备案。

检测机构应当将检测过程中发现的建设单位、监理单位、施工单位违反有关法律、法规和工程建设强制性标准的情况，以及设计结构安全检测结构的不合格情况，及时报告工程所在地建设主管部门。检测机构应当建立档案管理制度，并应当单独建立检测结果不合格项目台账。

检测人员不得同时受聘于两个或者两个以上的检测机构。检测机构和检测人员不得推荐或者监制建筑材料、构配件和设备。检测机构不得与行政机关，法律、法规授权的具有管理公共事务职能的组织以及所检测工程项目相关的设计单位、施工单位、监理单位由隶属关系或者其他利害关系。

检测机构不得转包检测业务。检测机构应当对其检测数据和检测报告的真实性和准确性负责。检测机构违反法律、法规和工程建设强制性标准，给他人造成损失的，应当依法承担相应的赔偿责任。

案例 6-7 某施工单位承接了一栋办公楼的施工任务。在进行二层楼面板施工时，施工单位在楼面钢筋、楼板分项工程完工并自检后，准备报请监理方进行钢筋隐蔽工程验收。由于其楼面板钢筋中有一种用量较少(100 千克)的钢筋复检结果尚未出来，监理方的隐蔽验收未通过。因为建设单位要求赶工期，在建设单位和监理方同意的情况下，施工单位浇筑了混凝土，进行了钢筋隐蔽。事后，建设工程质量监督机构要求施工单位破除楼面，进行钢筋隐蔽验收。监理单位也提出同样的要求。与此同时，待检的少量钢筋复检结果显示钢筋质量不合格。后经设计验算，提出用碳纤维进行楼面加固，造成直接经济损失约80万元。为此，有关方对损失的费用由谁承担发生了争议。

问题：

1. 施工单位有何过错？
2. 用碳纤维进行楼面加固的费用应由谁承担？

四、施工质量检验和返修的规定

（一）施工质量检验制度

《建设工程质量管理条例》规定，施工单位必须建立、健全施工质量和检验制度严格工序管理，作好隐蔽工程的质量检查和记录。隐蔽工程在隐蔽前，施工单位应当通知建设单位和建设工程质量监督机构。

施工质量检验，通常是指工程施工过程中工序质量检验（或称为过程检验），包括预检、自检、交接检、分部工程中间检验以及隐蔽工程检验等。

1. 严格工序质量检验和管理

施工工序也可以称为过程。各个工序或过程之间横向和纵向的联系形成了工序网络或过程网络。任何一项工程的施工，都是通过一个由许多工序或过程组成的工序（或过程）网络来实现的。网络上的关键工序或过程都有可能对工程最终的施工质量产生决定性的影响。如焊接节点的破坏，就可能引起桁架破坏，从而导致屋面坍塌。所以，施工单位要加强对施工工序或过程的质量控制，特别是要加强影响结构安全的地基和结构等关键施工过程的质量控制。

完善的检验制度和严格的工序管理是保证工序或过程质量的前提。只有工序或过程网络上的所有工序或过程的质量控制，特别是要加强影响结构安全的地基和结构等关键施工过程的质量控制。

完善的检验制度和严格的工序管理是保证工序或过程质量的前提。只有工序或过程网络上的所有工序或过程的质量都受到严格控制，整个工程的质量才能得到保证。

2. 强化隐蔽工程质量检查

隐蔽工程，是指在施工过程中某一道工序所完成的工程实物，被后一工序形成的工程实物所隐蔽，而且不可以逆向作业的那部分工程。例如，钢筋混凝土工程施工中，钢筋为混凝土所覆盖，前者即为隐蔽工程。

由于隐蔽工程被后续工序隐蔽后，其施工质量就很难检验及认定。如果不认真做好隐蔽工程的质量检查工作，便容易给工程留下隐患。所以，隐蔽工程在隐蔽前，施工单位除了做好检查、检验并做好记录外，还应当及时通知建设单位（实施监理的工程为监理单位）和建设工程质量监督机构，以接受政府监督和向建设单位提供质量保证。

按照2013年4月住房城乡建设部、工商总局经修改后发布的《建设工程施工合同文本》的要求，承包人应当对工程隐蔽部位进行自检，并经自检确认是否具备覆盖条件的，承包人应在共同检查前48小时书面通知监理人检查，通知中应载明隐蔽检查的内容、时间和地点，并应附有自检记录和必要的检查资料。监理人应按时到场并对隐蔽工程及其施工工艺、材料和工程设备进行检查。经监理人检查确认质量符合隐蔽要求，并在检验记录上签字后，承包人才能进行覆盖。经监理人检查确认质量符合隐蔽要求，并在验收记录上签字后，承包人才能尽心覆盖。经监理人检查质量不合格的,承包人应当在监理人指示的时间内完成修复,并由监理人重新检查,由此增加的费用和(或)延误的工期由承包人承担。

除专用合同条款另有约定外,监理人不能按时进行检查的,应在检查前 24 小时向承包人提交书面延期要求,但延期不能超过 48 小时,由此导致工期延误的,工期应予以顺延。监理人未按时进行检查,也未提出延期要求的。视为隐蔽工程检查合同,承包人可自行完成覆盖工作,并作相应记录报送监理人,监理人应签字确认。监理人事后对检查记录有疑问的,可按重新检查的约定重新检查。

案例 6-7 分析:

1. 《建设工程质量管理条例》第 30 条规定:"施工单位必须建立、健全施工质量的检验制度,严格工序质量,作好隐蔽工程的质量检查和记录。隐蔽工程在隐蔽前,施工单位应当通知建设单位和建设工程质量监督机构。"显然,对于隐蔽工程,施工单位必须作好检查、检验和记录,并应当及时做出隐蔽通知。本案中,有一种钢筋复检结果尚未出来,应当还处于自检阶段,不具备隐蔽通知的条件。显然,施工单位准备报请监理方进行钢筋隐蔽工程验收,但是钢筋复检结果未出来,监理方的隐蔽验收也就未通过。因为建设单位提出赶工要求,施工单位在建设单位和监理方同意的情况下,浇筑了混凝土,进行了钢筋隐蔽。这就违反了《建设工程质量管理条例》的规定,绕开了建设工程质量监督机构的监督,所以施工单位是有严重过错的。

2. 用碳纤维进行楼面加固是对钢筋隐蔽工程有质量问题的补救措施,应该由责任者承担加固的费用。具体而言,施工单位没有按照规定,仅在建设单位和监理单位同意的情况下就进行了钢筋隐蔽,应当承担主要责任。建设单位敦促赶工并和监理单位同意施工单位违规操作,也有一定的过错,应当承担一定的责任。具体费用的负担,应当按照责任的大小分别来承担。

(二) 建设工程的返修

案例 6-8 某房地产开发公司与某建筑公司签订了一份建筑工程承包合同。合同规定,建筑公司为房地产开发公司建造一栋写字楼,开工时间为 2007 年 5 月 10 日,竣工时间为 2008 年 11 月 10 日。在施工过程中,建筑公司以工期紧为由,在一些隐蔽工程隐蔽前没有通知房地产开发公司、监理工程师和建设工程质量监督机构,就进行了下一道程序的施工。在竣工验收时,发现该工程存在多处质量缺陷。房地产开发公司要求该建筑公司返修,但建筑公司以下一个工程项目马上要开工为由,拒绝返修。

问题:

1. 该建筑公司有何过错?
2. 该写字楼工程的质量问题应该如何解决?

《建筑法》规定,对已发现的质量缺陷,建筑施工企业应当修复。《建设工程质量管理条例》进一步规定,施工单位对施工中出现质量问题的建设工程或者竣工验收不合格的建设工程,应当负责返修。

《合同法》也作了相应规定,因施工人的原因只是建设工程质量不符合约定的,发包人有权要求施工人在合理期限内无偿修理或者返工、改建。

返修作为施工单位的法定义务,其返修包括施工过程中出现质量问题的建设工程和竣工验收不合格的建设工程两种情形。

所谓返工，是指工程质量不符合规定的质量标准，而又无法修理的情况下重新进行施工；修理则是指工程质量不符合标准，而又有可能修复的情况下，对工程进行修补，使其达到质量的标准的要求。不论是施工过程中出现质量问题的建设工程，还是竣工验收时发现质量问题的工程，施工单位都要负责返修。

对于非施工单位原因造成的质量问题，施工单位也应当负责返修，但是因此而造成的损失及返修费用由责任方负责。

案例 6-8 分析：

1.《建设工程质量管理条例》第 30 条规定："施工单位必须建立、健全施工质量的检验制度，严格工序管理，作好隐蔽工程的质量检查和记录。隐蔽工程在隐蔽前，施工单位应当通知建设单位和建设工程质量监督机构。"在本案中，建筑公司没有通知有关单位验收就将隐蔽工程进行隐蔽并继续施工，严重违反了《建设工程质量管理条例》的上述规定，应该承担相应的法律责任。

2.《建筑法》第 61 条第二款规定："建筑工程竣工验收合格后，方可交付使用；未经验收或者验收不合格的，不得交付使用。"《建设工程质量管理条例》第 32 条规定，"施工单位对施工中出现质量问题的建设工程或者竣工验收不合格的建设工程，应当负责返修。"第 64 条规定："违反本条例规定，施工单位……造成建设工程质量不符合规定的质量标准的，负责返工、修理，并赔偿因此造成的损失；情节严重的，责令停业整顿，降低资质等级或者吊销资质证书。"本案中，建筑公司应该对存在的工程质量缺陷进行修复，并赔偿因此造成的损失；情节严重的，政府主管部门应责令停业整顿，降低资质等级或者吊销资质证书。

五、建立健全职工教育培训制度的规定

案例 6-9　某市政建设工程公司承揽了某县城一桥梁建设工程，合同总价 394 万元。该公司为了减低成本，在施工过程中聘用多名不具备相应条件的无证人员上岗，造成该桥梁 3 个桥墩的钻孔灌注桩配筋不足，桩身高度不够、混凝土强度不够，桥梁的实际承载力与设计承载力误差达 38%。在竣工前夕，该桥梁突然下沉坍塌，现场多人受伤严重，直接经济损失超过 500 万元。

问题：该市政建设工程公司在那些违法行为？应该如何处理？

《建设工程质量管理条例》规定，施工单位应当建立、健全教育培训制度，加强对职工的教育培训；未经教育培训或者考核不合格的人员，不得上岗作业。

施工单位的教育培训通常包括各类质量教育和岗位技能培训等。先培训、后上岗，是对施工单位的职工教育的基本要求。特别是与质量工作有关的人员，如总工程师、项目经理、质量体系内审员、质量检查员，施工人员、材料试验及检测人员；关键技术工种如焊工、钢筋工、混凝土工等，未经培训或者培训考核不合格的人员，不得上岗工作或作业。

案例 6-9 分析：

《建设工程质量管理条例》第 33 条规定："施工单位应当建立、健全教育培训制度，加强对职工的教育培训；未经教育培训或者考核不合格的人员，不得上岗作业。"第 28 条第一款规定："施工单位必须按照工程设计图纸和施工技术标准施工，不得擅自修改工程设计，不得偷工减料、不按图纸要求施工，导致该桥梁工程尚未竣工就下沉坍塌，损失惨重，是严重的违

法行为。”

《建设工程质量管理条例》第64条规定：“违反本条例规定，施工单位在施工中偷工减料的，使用不合格的建筑材料、建筑构配件和设备的，或者有不按照工程设计图纸或者施工技术标准施工的其他行为的，责令改正，处工程合同价款的2%以上4%以下的罚款；造成建设工程质量不符合规定的质量标准的，负责返工、修理，并赔偿因此造成的损失；情节严重的，责令停业整顿，降低资质等级或者吊销资质证书。”据此，该市政建设工程公司应该承担工程合同价款的2%以上4%以下的罚款，负责返工、修理，并赔偿因此造成的损失；情节严重的，还应该责令停业整顿，降低资质等级或吊销资质证书。

任务3 建设单位及相关单位的质量责任和义务

建设工程质量责任制涵盖了多方主体的质量责任制，除施工单位外，还有建设单位，勘察、设计单位、工程监理单位的质量责任。

案例6-10 某化工厂在同意厂区建设部第2个大型厂房时，为了节省投资，决定不做勘察，便将4年前为第1个大型厂房做的勘察成果提供给设计院作为设计依据，让其设计新厂房。设计院先是不同意，但在该化工厂的一再坚持下最终妥协，同意使用旧的勘察成果。该厂房建成后使用1年多就发现墙体多处开裂。该化工厂一纸诉状将施工单位告上法庭，请求判定施工单位承担工程质量责任。

问题：

1. 本案中的质量责任应当由谁承担?
2. 工程中设计方是否有过错，违反了什么规定?

一、建设单位相关的质量责任和义务

建设单位作为建设工程的投资人，是建设工程的主要责任主体。建设单位有权选择承办单位，有权对建设过程进行检查、控制，对建设工程进行验收，并要按时支付工程款和费用等，在整个建设活动中居于主要地位。因此，要确保建设工程的质量，首先就要对建设单位的行为进行规范，对其质量责任予以明确。

（一）依法发包工程

《建设工程质量管理条例》规定，建设单位应当将工程发包给具有相应资质等级的单位。建设单位不得将建设工程肢解发包。建设单位应当依法对工程建设项目的勘察、设计、施工、监理以及与工程建设有关的重要设备、材料等的采购进行招标。

工程建设活动不同于一般的经济活动，从业单位的素质高低直接影响着建设工程质量。企业资质等级反映了企业从事某项工程建设活动的资格和能力，是国家对建设市场准入管理的重要手段。将工程发包给具有相应资质等级的单位来承担，是保证建设工程质量的基本前提。因此，从事工程建设活动必须符合严格的资质条件。2007年6月建设部发布的《建设工程勘察设计资质管理规定》、2007年6月发布的《建筑业企业资质管理规定》、2007年6月发布的《工程监理企业资质管理规定》等，对工程勘察单位、工程设计单位、施工企业和工程监理单位的资质等级、资质标准、业务范围等做出了明确规定。如果建设单位将工程

发包给没有资质等级或资质等级不符合条件的单位，不仅扰乱了将建设市场秩序，更重要的将会因为承包单位不具备完成建设工程的技术能力、专业人员和资金，造成工程质量低劣，甚至使工程项目半途而废。

建设单位发包工程时，应该根据工程特点，以有利于工程的质量、进度、成本控制为原则，合理划分标段，但不得肢解发包工程。如果将应当由一个承包单位完成的工程肢解成若干部分，分包发包给不同的承包单位，将使整个工程建设在管理和技术上缺乏应有的统筹协调，从而造成施工现场秩序的混乱，责任不清，严重影响建设工程质量，一旦出现问题也很难找到责任方。

建设单位还要依照《招标投标法》等有关规定，对必须实行招标的工程项目进行招标，择优选定工程勘察、设计、施工、监理单位以及采购重要设备、材料等。

（二）依法向有关单位提供原始资料

《建设工程质量管理条例》规定，建设单位必须向有关的勘察、设计、施工、工程监理等单位提供与建设工程有关的原始资料。原始资料必须真实、准备、齐全。

原始资料是工程勘察、设计、施工、监理等赖以进行相关工程建设的基础性材料。建设单位作为建设活动的总负责人方，向有关单位提供原始资料，并保证这些资料的真实、准确、齐全、是最基本的责任和义务。

在工程实践中，建设单位根据委托任务向勘察单位提供如勘察任务书、项目规划总平面图、地下管线、地形地貌等在内的基础资料；向设计单位提供政府有关部门批准的项目建议书、可行性研究报告等立项文件，设计任务书，有关城市规划、专业规划设计条件，勘察成果及其他基础资料；向施工单位提供概算批准文件，建设项目正式列入国家、部门或地方的年度固定资产投资计划，建设用地的征用资料，施工图纸及技术资料，建设资金和主要建筑材料、设备的来源落实资料，建设项目所在地规划部门批准文件，施工现场完成“三通一平”的平面图等资料；向工程监理单位提供的原始资料，除包括给施工单位的资料外，还要有建设单位与施工单位签订的承包合同文本。

案例 6-11　某住宅楼工程地下 1 层，地上 18 层，建筑面积 22 800 m^2。通过招标投标程序某施工单位（总承包方）与某房地产开发公司（发包方）按照《建设工程施工合同》（示范文本）签订了施工合同。合同总价款 5 244 万元，采用固定总价一次性包死，合同工期 400 天。施工中发生了以下事件：

事件一：发包方未与总承包方协商便发出书面通知，要求本工程必须提前 60 天竣工。

事件二：发包方指令将住宅楼南面外露阳台全部封闭，并及时办理了合法变更手续，总承包方施工 3 个月后工程竣工。总承包方在工程竣工结算时追加阳台封闭的设计变更增加费用 43 万元，发包方以固定总价包死为由拒绝签认。

问题：

1. 事件一中，发包方以通知书形式要求提前工期是否合法？说明理由。
2. 事件二中，发包方拒绝签认设计变更增加费是否违约？说明理由。

（三）限制不合理的干预行为

《建筑法》规定，建设单位不得以任何理由，要求建筑设计单位或者建筑施工企业在工程设计或者施工作业中，违反法律、行政法规和建设工程质量、安全标准，降低工程质量。

成本是构成价格的主要部分，是承包方估算投标价格的依据和最低的经济底线。如果建设单位一味强调降低成本，迫使承包方互相压价，以低于成本的价格中标，势必会导致中标单位在承包工程后，为了减少开支、降低成本而采取偷工减料、以次充好、粗制滥造等手段，最终导致建设工程出现质量等诸多问题。

建设单位更不得以任何理由，诸如建设资金不足、工期紧等，违反强制性标准的规定，要求设计单位降低设计标准，或者要求施工单位采用建设单位采购的不合格材料设备等。这种行为是法律决不允许的。因为，强制性标准是保证建设工程结构安全可靠的基础性要求，违反了这类标准，必然会给建设工程带来重大质量隐患。

案例 6-11 分析：

1. 事件一中，发包方以通知书形式要求提前工期不合法。

理由：施工单位（总承包方）与房地产开发公司（发包方）已签订合同，合同当事人欲变更合同须征得当事人的同意，发包方不得任意压缩合同约定的合理工期。

2. 事件二中，发包方拒绝签认设计变更增加费是违法的。

理由：总价合同也称总价包干合同，即根据施工招标时的要求和条件，当施工内容和有关条件不发生变化时，业主付给承包商的价款总额就不发生变化。意味着当施工内容和有关条件发生变化时，合同价款总价也会发生变化。

（四）依法报审施工图设计文件

《建设工程质量管理条例》规定，建设单位应当将施工图设计文件报县级以上人民政府建设行政主管或者其他有关部门审查。施工图设计文件未经审查批准的，不得使用。

施工图设计文件是设计文件的重要内容，是编制施工图预算、安排材料、设备订货和非标准设备制作，进行施工、安装和工程验收等工作的依据。施工图设计文件一经完成，建设工程最终所要达到的质量，尤其是地基基础和结构的安全性就有了约束。因此，施工图设计文件的质量直接影响建设工程的质量。

建立和实施施工图设计文件审查制度，是许多发达国家确保建设工程质量的成功做法。我国于 1998 年开始进行建筑工程项目施工图设计文件审查试点工作，在节约投资、发现设计质量隐患和避免违法违规行为等方面都有明显的成效。通过开展对施工图设计文件的审查，既可以对设计单位的成果进行质量控制，也能纠正参与建设活动各方特别是建设单位的不规范行为。

（五）依法实行工程监理

《建设工程质量管理条例》规定，实行监理的建设工程，建设单位应当委托具有相应资质等级的工程监理单位进行监理，也可以委托具有工程监理相应资质等级并与被监理工程的施工承包单位没有隶属关系或者其他利害关系的该工程的设计单位进行监理。

监理工作要求监理人员具有较高的技术水平和较丰富的工程经验，因此国家对开展工程监理工作的单位实行资质许可。工程监理单位的资质反映了该单位从事某项监理工作的资格和能力。为了保证监理工作的质量，建设单位必须将需要监理的工程委托给具有相应资质等级的工程监理单位进行监理。

目前，我国的工程监理主要是对工程的施工过程进行监督，而该工程的设计人员对设计意图比较理解，对设计中各专业如结构、设备等在施工中可能发生的问题也比较清楚，因此由具有监理资质的设计单位对自己设计的工程进行监理，对保证工程质量是十分有利的。但是，设计单位与承包该工程的施工单位不得有行政隶属关系，也不得存在可能直接影响设计单位实施监理公正性的非常明显的经济或其他利益关系。

（六）依法办理工程质量监督手续

《建设工程质量管理条例》规定，按照合同约定，由建设单位在领取施工许可证或者开工报告前，应当按照国家有关规定办理工程质量监督手续。

办理工程质量监督手续是法定程序，不办理质量监督手续的，不发施工许可证，工程不得开工。因此，建设单位在领取施工许可证或者开工报告之前，应当依法到建设行政主管部门或铁路、交通、水利等有关管理部门，或其委托的工程质量监督机构办理工程质量监督手续，接受政府主管部门的工程质量监督。

建设单位办理工程质量监督手续，应提供以下文件和手续：

（1）工程规划许可证；

（2）设计单位资质等级证书；

（3）监理单位资质等级证书，监理合同及“工程项目监理登记表”；

（4）施工单位资质等级证书及营业执照副本；

（5）工程勘察设计文件；

（6）中标通知书及施工承包合同等。

（七）依法保证建筑材料等符合要求

案例 6-12 某工程于 2003 年 5 月开工，施工过程中业主方采购的 SBS 改性沥青防水卷材经施工单位检验后使用，2004 年 8 月 15 日工程竣工验收。2008 年 10 月业主发现屋面有渗漏，经鉴定屋面防水渗漏系防水卷材本身质量问题造成的，业主认为防水卷材已经经过施工单位检验，因此对屋面防水渗漏的质量问题不承担责任，故业主要求施工单位进行维修。

问题：业主的说法是否妥当？为什么？

《建筑工程质量管理条例》规定，按照合同约定，由建设单位采购建筑材料、建筑构配件和设备的，建设单位应当保证建筑材料、建筑构配件和设备符合设计文件和合同要求。建设单位不得明示或者暗示施工单位使用不合格的建筑材料、建筑构配件和设备。

在工程实践中，根据工程项目设计文件和合同要求的质量标准，哪些材料和设备由建设单位采购，哪些材料由施工单位采购，应该在合同中明确约定，并且是谁采购、谁负责。所以，由建设单位采购建筑材料、建筑构配件和设备的，建设单位必须保证建筑材料、建筑构配件和设备符合设计文件和合同要求。对于建设单位负责供应的材料设备，在使用前施工单位应当按照规定对其进行检验和试验，如果不合格，不得在工程上使用，并应通知建设单位予以退换。

有些建设单位为了赶进度或降低采购成本，常常以各种明示或暗示的方式，要求施工单位降低标准而在工程上使用不合格的建筑材料、建筑构配件和设备。此类行为不仅严重违法，而且危害极大。

案例 6-12 分析：

虽然防水卷材经过施工单位的检测，屋面防水也在保修期内，但是，屋面渗漏的直接原因是卷材本身，而防水卷材是业主采购的，根据《施工合同示范文本》27.2条的规定，发包人按一览表约定的内容提供材料设备，并向承包人提供产品合格证明，对其质量负责。发包人在所供材料设备到货前24小时，以书面形式通知承包人，由承包人派人与发包人共同清点。因此，最终的责任在业主，业主要为卷材质量负责。

（八）依法进行装修工程

随意拆改建筑主体结构和承重结构等，会危及建设工程安全和人民生命财产安全。因此，《建设工程质量管理条例》规定，涉及建筑主体和承重结构变动的装修工程，建设单位应当在施工前委托原设计单位或具有相应资质等级的设计单位提出设计方案；没有设计方案的，不得施工。房屋建筑使用者在装修过程中，不得擅自变动房屋建筑主体和承重结构。

建筑设计方案是根据建筑物的功能要求，具体确定建筑标准、结构形式、建筑物的空间和平面布置以及建筑群体的安排。对于涉及建筑主体和承重结构变动的装修工程，设计单位会根据结构形式和特点，对结构受力进行分析，对构件的尺寸、位置、配筋等重新进行计算和设计。因此，建设单位应当委托该建筑工程的原设计单位或者具有相应资质条件的设计单位提出装修工程的设计方案。如果没有方案就擅自施工，则将留下质量隐患甚至造成质量事故，后果严重。

房屋使用者在装修过程中，也不得擅自变动房屋建筑主体和承重结构，如拆除隔墙、窗洞改门洞等，都是不允许的。

案例6-10分析：

1. 经检测，墙体开裂系设计中对地基处理不当引起厂房不均匀沉陷所致。《建筑法》第54条规定："建设单位不得以任何理由，要求建筑设计单位或者建筑施工企业在工程设计或者施工作业中，违反法律、行政法规和建设工程质量、安全标准，降低工程质量。"本案中的化工厂为节省投资，坚持不委托勘察，只向设计单位提供旧的勘察成果，违法了法律规定，对该工程的质量问题应该承担主要责任。

2. 设计方也有过错。《建筑法》第54条还规定，建设设计单位和建筑施工企业对建设单位违反规定提出的降低工程质量的要求，应当予以拒绝。《建设工程质量管理条例》第21条规定："设计单位应当根据勘察成果文件进行建设工程设计。"因此，设计单位尽管开始不同意建设单位的做法，但后来没有坚持原则作了妥协，也应该对工程设计承担质量责任。

3. 法庭经审理，认定该工程的质量责任由该化工厂承担主要责任，由设计方承担次要责任。

二、勘察、设计单位相关的质量责任和义务

《建筑法》规定，建筑工程勘察、设计单位必须对其勘察、设计的质量负责。勘察、设计文件应当符合有关法律、行政法规的规定和建筑工程质量、安全标准、建筑工程勘察、设计技术规范及合同的约定。

《建设工程质量管理条例》进一步规定，勘察、设计单位必须按照工程建设强制性标准进行勘察、设计、并对其勘察、设计的质量负责。注册建筑师、注册结构工程师等注册执业人员应当在设计文件上签字，对设计文件负责。

谁勘察设计谁负责，谁施工谁负责，这是国际上通行的做法。勘察、设计单位和执业注

册人员是勘察设计质量的责任主体，也是整个工程质量的责任主体之一。勘察、设计质量实行单位于执业人员双重责任，即勘察、设计单位对其勘察、设计的质量负责，注册建筑师、注册结构工程师等专业人士对其去签字的设计文件负责。

案例 6-13　某企业建设一所附属小学，委托某设计院为其设计 5 层砖混结构的教学楼、运动场等。该设计院把这项设计转包给某设计院所。该所得最终设计、教学楼的楼梯井净宽为 0.3 m，梯井采用工程玻璃隔离防护，楼梯采用垂直杆件做栏杆，其杆件净距为 0.15 m；运动场与街道之间采用透景墙，墙体采用垂直杆件做栏杆，其杆件净距为 0.15 m。在施工过程中，曾有人对该设计提出异议。经查，该设计所具有相应资质。

问题：设计院、设计所分别有何违法行为？

（一）依法承揽工程的勘察、设计业务

《建设工程质量管理条例》规定，从事建设工程勘察、设计的单位应当依法取得相应等级的资质证书，并在其资质等级许可的范围内承揽工程。禁止勘察、设计单位超越其资质等级许可的范围或者以其勘察、设计单位的名义承揽工程。禁止勘察、设计单位允许其他单位或者个人以本单位的名义承揽工程。勘察、设计单位不得转包或者转包分包所承揽的工程。

（二）勘察、设计必须执行强制性标准

《建设工程质量管理条例》规定，勘察、设计单位必须按照工程建设强制性标准进行勘察、设计，并对其勘察、设计的质量负责。勘察、设计文件应当符合有关法律、行政法规的规定和建筑工程质量、安全标准、建筑工程勘察、设计技术规范以及合同的约定。工程勘察企业的法定代表人、项目负责人、审核人、审定人等相关人员，应当在勘察文件上签字或者盖章，并对勘察质量负责。注册建筑师、注册结构工程师等注册人员应当在设计文件上签字，对设计文件负责。

强制性标准是工程建设技术和经验的积累，是勘察、设计工作的技术依据。只有满足工程建设强制性标准才能保证质量，才能满足工程对安全、卫生、环保等多方面的质量要求，因而勘察、设计单位必须严格执行。

案例 6-13 分析：

1. 《建设工程质量管理条例》第 18 条规定：“勘察、设计单位不得转包或者违法分包所承揽的工程”。本案中，设计院将该小学的设计任务转包给设计所是违法的。

2. 《建设工程质量管理条例》第 19 条规定：“勘察、设计单位必须按照工程建设强制性标准进行勘察、设计，并对勘察、设计的质量负责。”根据《工程建设标准强制性条文》中房屋建筑设计基本规定第 4 条“住宅、托儿所、幼儿园、中小学及少年儿童专用活动场所的栏杆必须采用防止少年儿童攀登的构造，在采用垂直杆件做栏杆时，其杆件净距不应大于 0.11 米”；“托儿所、幼儿园、中小学及少年儿童专用活动场所的楼梯，梯井净宽大于 0.2 米时，必须采用防止少年儿童攀滑的措施，楼梯栏杆应采取不易攀登的构造，当采用垂直杆件做栏杆时，其栏杆净距不应大于 0.11 米”的规定，本案中的楼梯井宽度和楼梯杆件净距、运动场透景墙的栏杆净距都违反了国家强制性标准的规定。设计所应当尽快予以纠正，否则一旦发生事故，则将依法追究其相应的质量责任。

（三）勘察单位提供的勘察成果必须真实、准确

《建设工程质量管理条例》规定，勘察单位提供的地址、测量、水文等勘察成果必须真实、

准确。

工程勘察工作是建设工程的基础工作，工程勘察成果文件时设计和施工的基础资料和重要依据。其真实准确与否直接影响到设计、施工质量，因而工程勘察成果必须真实准确、安全可靠。

案例 6-14 某写字楼项目的整体机构属“筒中筒”，中间“筒”高 18 层，四周裙楼 3 层，地基设计是“满堂红”布桩，素混凝土排土灌桩。施工到 12 层，地下筏板剪切破坏，地下水上冲。经鉴定发现，此地基土属于饱和土，地基中素混凝土排土桩被破坏。

经调查得知：①该工程的地质勘查报告已经载明，此地基土属于饱和土；②在打桩过程中曾出现跳土现场。

问题：本案中设计方有何过错，违法了什么规定？

(四) 设计依据和设计深度

《建设工程质量管理条例》规定，设计单位应当根据勘察成果文件进行建设工程设计。设计文件应当符合国家规定的设计深度要求，注明工程合理使用年限。所完成的施工图应配套，细部节点应交代清楚，标注说明应清晰、完整。凡设计所选用的建筑材料、建筑构配件和设备，应注明规格、型号、性能等技术指标，其质量必须符合国家规定的标准；除有特殊要求的建筑材料、专用设备、工艺生产线等以外，设计单位不得指定生产厂家或供应商。

勘察成果文件是设计的基础资料，是设计的依据。因此，先勘察、后设计是工程建设的基本做法，也是基本建设程序的要求。我国对各类设计文件的编制深度都有规定，在实践中贯彻执行。工程合理使用年限是指从工程竣工验收合格之日起，工程的地基基础、主体结构能保证在正常情况下安全使用的年限。它与《建筑法》中的“建筑物合理寿命年限”、《合同法》中的“工程合理使用年限”等在概念上是一致的。

案例 6-14 分析：

本案中设计多方面的结构技术问题，较为复杂，地下筏板剪切破坏的可能原因并不唯一，需要进一步的结构计算分析才能够下结论。但是，有一点是很明确的，即设计单位对桩型选择失误。因为，该工程的地质勘查报告已经载明此地基属于饱和土，那么饱和土的湿软性决定了设计单位就不应该选择采用排土灌桩。正是由于此失误，所以在打桩过程中出现跳土现象。

因此，设计单位没有根据勘察成果文件提供的信息进行设计，违反了《建设工程质量管理条例》第 21 条规定：“设计单位应当根据勘察成果文件进行建设工程设计。”设计单位应该对该工程设计承担质量责任。

(五) 依法规范设计对建筑材料等的选用

《建筑法》《建设工程质量管理条例》都规定，设计单位在设计文件中选用的建筑材料、建筑构配件和设备，应当注明规格、型号、性能等技术指标，其质量要求必须符合国家规定的标准。除有特殊要求的建筑材料、专用设备、工艺生产线等外，设计单位不得指定生产厂、供应商。

为了使建设工程的施工能够满足设计意图，设计文件中必须注明所选用的建筑材料、建筑构配件和设备的型号、规格、性能等技术指标。这也是设计文件编制深度的要求。但是，在通用产品能保证工程质量的前提下，设计单位不可故意选用特殊要求的产品，也不能滥用权力限制建设单位或施工单位在材料等采购上的自主权。

（六）依法对设计文件进行技术交底

《建设工程质量管理条例》规定，设计单位应当就审查合格的施工图设计文件向施工单位做出详细说明。设计单位应就审查合格的施工图向施工单位做出详细说明，做好设计文件的技术交底工作，对大中型建设工程、超高层建筑以及采用新技术、新结构的工程，设计单位还应向施工现场派驻设计代表。

设计文件的技术交底，通常的做法是设计文件完成后，通过建设单位发给施工单位，再由设计单位将设计的意图、特殊的工艺要求，以及建筑、结构、设备等各专业在施工中的难点、疑点和容易发生的问题等向施工单位作详细说明，并负责解释施工单位对设计图纸的疑问。

对设计文件进行技术交底是设计单位的重要义务，对确保工程质量有着重要的意义。

（七）依法参与建设工程质量事故分析

《建设工程质量管理条例》规定，设计单位应当参与建设工程质量事故分析，并对因设计造成的质量事故，提出相应的技术处理方案。

工程质量的好坏，在一定的程度上就是工程建设是否准确贯彻了设计意图。因此，一旦发生了质量事故，该工程的设计单位最有可能在短时间内发现存在的问题，对事故的分析具有权威性。这是及时进行事故处理十分有利。对因设计造成的质量事故，原设计单位必须提出相应的技术处理方案，这是设计单位的法定义务。

勘察设计单位应对本单位编制的勘察设计文件负责。当其违反国家的法律、法规及相关规定，没有尽到上述质量责任时，根据情节轻重，将会受到责令改正、没收违法所得、罚款、责令停业整顿、降低资质等级、吊销资质证书等处罚；造成损失的，依法承担赔偿责任。注册建筑师、注册结构工程师等执业人员因过错造成质量事故的，责令停止执业 1 年；造成重大事故的，吊销执业资格证书，5 年内不予注册；情节特别恶劣的，终身不予注册。勘察、设计单位违反国家规定，降低工程质量标准，造成重大安全事故、构成犯罪的，要依法追究直接责任人的刑事责任。

三、工程监理单位相关的质量责任和义务

（一）依法承担工程监理业务

《建筑法》规定：监理工程单位应在其资质等级范围内承揽工程监理任务，不得超越本单位资质等级许可的范围或以其他监理单位的名义承揽工程。禁止工程监理单位允许其他单位或个人以本单位的名义承揽工程。工程监理单位也不得将自己承担的工程监理业务进行转让。

《建设工程质量管理条例》进一步规定，工程监理单位应当依法取得相应等级的资质证书，并在其资质等级许可的范围内承担工程监理业务。禁止工程监理单位超越本单位资质等级许可的范围或者以其他工程监理单位的名义承担工程监理业务。禁止工程监理单位允许其他单位或者个人以本单位的名义承担工程监理业务。工程监理单位不得转让工程监理业务。

监理单位按照资质等级承担工程监理业务，是保证监理工作质量的前提。超越资质等级、允许其他单位或者个人以本单位的名义承担监理业务等，将使工程监理变得有名无实，最终会对工程质量造成危害。监理单位转让工程监理业务，与施工单位转包工程有着同样危害性。

案例 6-15 李某是某监理公司派出的监理工程师。自 2012 年入驻施工现场之后，李

某勤勤恳恳地工作，积极为施工单位出谋划策，为施工单位解决了不少技术难题。出于感激，施工单位决定每个月为李某提供补助费1 000元。李某认为自己确实为施工单位做出了不少工作，就收下了这些补助费。

问题：李某可以收下这些补助费吗？

（二）对有隶属关系或其他利害关系的回避

《建筑法》《建设工程质量管理条例》都规定：工程监理单位与被监理工程的施工承包单位以及建筑材料、建筑构配件和设备供应单位有隶属关系或其他利害关系的，不得承担该项建设工程的监理业务。以保证监理活动的公平、公正。

案例6-15分析：

不可以。如果李某收下了这些补助费，李某实质上就与施工单位存在了实质上的利害关系，这与《建筑法》的规定是不符的。

（三）监理工作的依据和监理责任

《建设工程质量管理条例》规定：工程监理单位应选派具有相应资质的总监理工程师驻施工现场。监理工程师应依据有关技术标准、设计文件和建设工程承包合同及工程监理规范的要求，采取旁站、巡视和平行检查等形式，对建筑工程实施监理，对违反有关规范及技术标准的行为进行制止、责令改正；对工程使用的建筑材料、建筑构配件和设备的质量进行检查，不合格者，不得准许使用。工程监理单位不得与建设单位或施工单位串通一气，弄虚作假，降低工程质量。

工程监理的依据如下：

（1）有关法律法规，如《建筑法》《合同法》《建设工程质量管理条例》等；

（2）有关技术标准，如《工程建设标准强制性条文》以及建设工程承包合同中确认采用的推荐性标准等；

（3）设计文件，施工图设计等设计文件既是施工的依据，也是监理单位对施工活动进行监督管理的依据；

（4）建设工程承包合同，监理单位据此监督施工单位是否全面履行合同约定的义务。

（四）工程监理的职责和权限

《建设工程质量管理条例》规定，工程监理单位应当选派具备相应资格的总监理工程师和监理工程师进驻施工现场。未经监理工程师签字，建筑材料、建筑构配件和设备不得在工程上使用或者安装，施工单位不得进行下一道工序的施工。未经总监理工程师签字，建设单位不拨付工程款，不进行竣工验收。

监理单位应根据所承担的监理任务，组建驻工地监理机构。监理机构一般由总监理工程师、监理工程师和其他监理人员组成。监理工程师拥有对建筑材料、建筑构配件和设备以及每道施工工序的检查权，对检查不合格的，有权决定是否允许在工程上使用或进行下一道工序的施工。工程监理实行总监理工程师负责制。总监理工程师依法和在授权范围内可以发布有关指令，全面负责受委托的监理工程。

（五）工程监理的形式

《建设工程质量管理条例》规定，监理工程师应当按照工程监理规范的要求，采取旁站、巡视和平行检查等形式，对建设工程实施监理。

所谓旁站，是指对工程中有关地基和结构安全的关键工序和关键施工过程，进行连续不断地监督检查或检验的监理活动，有时甚至要连续跟班监理。所谓巡视，主要是强调除了关键点的质量控制外，监理工程还应对施工现场进行面上的巡查监理。所谓平行检验，主要是强调监理单位对施工单位已经检验的工程应及时进行检验。对于关键性、较大体量的工程实物，采取分段后平行检验的方式，有利于及时发现质量问题，及时采取措施予以纠正。

工程监理单位没有尽到上述责任影响工程质量的，将根据其违法行为的严重程度，给予责令改正、没收违法所得、罚款、责令停业整顿、降低资质等级、吊销资质证书等处罚。造成重大安全事故、构成犯罪的，要依法追究直接责任人的刑事责任。

四、材料、设备供应单位的质量责任与义务

建筑材料、构配件生产及设备供应单位必须具备相应的生产条件、技术装备和质量保证体系，具备必要的检测人员和设备，并应把好产品看样、订货、储备、运输和核验的质量关，其供应的建筑材料、构配件生产及设备应符合国家及行业现行有关技术标准和设计要求，并应符合以其产品说明、实物样品等方式表明的质量状况。其产品或其包装上的标识则应符合下述要求：

(1) 有产品质量验收合格证明；

(2) 有中文标明的产品名称、生产厂家的厂名、厂址；

(3) 产品包装和商标样式符合国家有关规定和标准要求；

(4) 设备有详细的产品使用说明书，电器设备应有线路图；

(5) 获得生产许可证或使用产品质量认证标志的产品，应有生产许可证或质量认证的编号、批准日期和有效期限。

建筑材料、构配件生产及设备的供需双方均应签订购销合同，并按合同条款进行质量验收。建筑材料、构配件生产及设备供应单位对其生产或供应的产品质量负责。

五、政府主管部门工程质量监督管理的相关规定

为了确保建设工程质量，保障公共安全和人民财产安全，政府必须加强对建设工程质量的监督管理。因此，《建设工程质量管理条例》规定，国家实行建设工程质量监督管理制度。

案例 6-16 某质量监督站派出的监督人员到施工现场进行检查，发现工程进度相对于合约中约定的进度严重滞后。于是，质量监督站的监督人员对施工单位和监理单位提出了批评，并拟对其进行行政处罚。

问题：质量监督站的决定正确吗？

(一) 我国的建设工程质量监督管理体制

《建设工程质量管理条例》规定，国务院行政主管部门对全国的建设工程质量实施统一监督管理。国务院铁路、交通、水利等有关部门按照国务院规定的职责分工，负责对全国的有关专业建设工程质量的监督管理。

国务院发展计划部门按照国务院规定的职责，组织稽查特派员，对国家出资的重大建设项目实施监督检查。国务院经济贸易主管部门按照国务院规定的职责，对国家重大技术改造项目实施监督检查。

县级以上地方人民政府建设行政主管部门对本行政区域内的建设工程质量实施监督管理。县级以上地方人民政府交通、水利等有关部门在各自的职责范围内，负责对本行政区域内的专业建设工程质量的监督管理。

建设工程质量监督管理，可以由建设行政主管部门或者其他有关部门委托的建设工程质量监督机构具体实施。从事房屋建筑工程和市政基础设施工程质量监督的机构，必须按照国家有关规定经国务院建设行政主管部门或者省、自治区、直辖市人民政府建设行政主管部门考核；从事专业建设工程质量监督的机构，必须按照国家有关规定经国务院有关部门或者省、自治区、直辖市人民政府有关部门考核。经考核合格后，方可实施质量监督。

在政府加强监督的同时，还要发挥社会监督的巨大作用，即任何单位和个人对建设工程的质量事故、质量缺陷都有权检举、控告、投诉。

（二）政府监督检查的内容和有权采取的措施

《建设工程质量管理条例》规定，国务院建设行政主管部门和国务院铁路、交通、水利等有关部门以及县级以上地方人民政府建设行政主管部门和其他有关部门，应当加强对有关建设工程质量的法律、法规和强制性标准执行情况的监督情况。

县级以上人民政府建设行政主管部门和其他有关部门履行监督检查职责时，有权采取下列措施：

（1）要求被检查的单位提供有关工程质量的文件和资料；

（2）进入被检查单位的施工现场进行检查；

（3）发现有影响工程质量的问题时，责令改正。

有关单位和个人对县级以上人民政府建设行政主管部门和其他有关部门进行的监督检查应当支持与配合，不得拒绝或者阻碍建设工程质量监督检查人员依法执行职务。

案例 6-16 分析：

不正确。政府监督的依据是法律、法规和强制性标准，不包括合同。所以，进度不符合合同要求不属于监督范围之内。

其次，即使应该予以行政处罚，也不是由监督人员直接处罚，而是由其报告委托部门批准后实施。

（三）建设工程质量事故报告制度

《建设工程质量管理条例》规定，建设工程发生质量事故，有关单位应当在 24 小时内向当地建设行政主管部门和其他有关部门报告。对重大质量事故，事故发生地的建设行政主管部门和其他有关部门应当按照事故类别和等级向当地人民政府和上级建设行政主管部门和其他有关部门报告。特别重大质量事故的调查程序按照国务院有关规定办理。

《安全生产事故报告和调查处理条例》规定，特别重大事故，是指造成 30 人以上死亡，或者 100 人以上重伤，后者 1 亿元以上直接经济损失的事故。特别重大事故、重大事故逐级上报至国务院安全生产监督管理部门和负有安全生产监督管理职责的有关部门。每级上报的时间不得超过 2 小时。必要时，安全生产监督管理部门和负有安全生产监督管理职责的有关部门可以越级上报事故情况。

任务4 建设工程竣工验收制度

工程项目的竣工验收是施工全过程的最后一道工序，也是工程项目管理的最后一项工作。它是建设投资成果转入生产或使用的标志，也是全面考核投资效益、检验设计和施工质量的重要环节。

一、竣工验收的主体和法定条件

案例 6-17 某新建学院综合教学楼工程，框架剪力墙结构。地下2层地上12层，由某国大型施工企业总承包，2007年10月20日基础结构完工，总包计划1个月后组织建设单位、监理单位、设计单位、施工单位四方进行地基与基础验收。

问题：由总包组织建设单位、监理单位、设计单位、施工单位四方验收是否正确？

（一）建设工程竣工验收的主体

《建设工程质量管理条例》规定，建设单位收到建设工程竣工报告后，应当组织设计、施工、工程监理等有关单位进行竣工验收。

对工程进行竣工检查和验收，是建设单位法定的权利和义务。在建设工程完工后，承包单位应当向建设单位提供完整的竣工资料和竣工验收报告，提请建设单位组织竣工验收。建设单位收到竣工验收报告后，应及时组织有设计、施工、工程监理等有关单位参加的竣工验收，检查整个工程项目是否已按照设计要求和合同约定全部建设完成，并符合竣工验收条件。

案例 6-17 分析：

由总承包单位组织建设单位、监理单位、设计单位、施工单位四方验收的做法不正确。

地基与基础验收属于分部分项工程验收，分部（子分部）工程验收由总监理工程师或建设单位项目负责人组织，验收人员包括建设单位、勘察单位、设计单位、监理单位工程项目负责人和施工单位技术质量部门负责人。

（二）竣工验收应当具备的法定条件

案例 6-18 某市花园小区6号楼为5层砖混结构住宅楼，设计采用混凝土小型砌体砌筑，墙体交汇处和转角处加混凝土构造柱，施工过程中发现部分墙体出现裂缝，经处理后继续施工，竣工验收合格后，交付使用。业主入住后，装修时发现墙体空心，经核实，原来设计混凝土构造柱的地方只设置了少量钢筋，没有浇筑混凝土。最后经法定检测机构采用超声波检测法检测后，统计发现大约有75%墙体中未按设计要求设置构造柱，只在1层部分墙体中有构造柱，造成了重大的质量隐患。

问题：

1. 该砖混结构住宅楼工程质量验收的基本要求是什么？
2. 该工程由裂缝的墙体应如何验收？
3. 该工程已交付使用，施工单位是否需要对此承担责任？为什么？

《建筑法》规定，交付竣工验收的建筑工程，必须符合规定的建筑工程质量标准，有完整的工程技术经济资料和经签署的工程保修书，并具备国家规定的其他竣工条件。建筑竣工验收合格后，方可交付使用；未经验收或者验收不合格的，不得交付使用。

《建设工程质量管理条例》进一步规定，建设工程竣工验收应当具备下列条件：

(1) 完成建设工程设计和合同约定的各项内容；

(2) 有完整的技术档案和施工管理资料；

(3) 有工程使用的主要建筑材料、建筑构配件和设备的进场试验报告；

(4) 有勘察、设计、施工、工程监理等单位分别签署的质量合格文件；

(5) 有施工单位签署的工程保修书。

建设工程经验收合格的，方可交付使用。

1. 完成建设工程设计和合同约定的各项内容

建设工程设计和合同约定的内容，主要是指设计文件所确定的以及承包合同"承包人承揽工程项目一览表"中载明的工作范围，也包括建立工程师签发的变更通知单中所确定的工作内容。承包单位必须按合同的约定，按质、按量、按时完成上述工作内容，使工程具有正常的使用功能。

2. 有完整的技术档案和施工管理资料

工程项目竣工验收的资料有：①工程项目竣工报告；②分项、分部工程和单位工程技术人员名单；③图纸会审和设计交底记录；④设计变更通知单，技术变更核实单；⑤工程质量事故发生后调查和处理资料；⑥材料、设备、构配件的质量合格说明资料；⑦试验、检验报告；⑧隐蔽验收记录及施工日志；⑨竣工图；⑩质量检验评定资料。

施工企业提供的以上竣工验收资料应当经监理工程师审查后，认为符合工程施工合同及国家有关规定，并且准确、完整、真实，才能签署同意竣工验收意见。

3. 有工程使用的主要建筑材料、建筑构配件和设备的进场试验报告

对建设工程使用的主要建筑材料、建筑构配件和设备，除须具有质量合格证明资料外，还应当有进场试验、检验报告，其质量要求必须符合国家规定的标准。

4. 有勘察、设计、施工、工程监理等单位分别签署的质量合格文件

勘察、设计、施工、工程监理等有关单位要依据工程设计文件及承包合同所要求的质量标准，对竣工工程进行检查评定；符合规定的，应当签署合格文件。

5. 有施工单位签署的工程保修书

施工单位同建设单位签署工程质量保修书也是交付竣工验收的条件之一，未签署工程质量保修书的工程不得竣工验收。

凡是没有经过竣工验收或者经过竣工验收确定为不合格的建设工程，不得交付使用。如果建设单位未提前获得投资效益，在工程未经验收就提前投产或使用，由此而发生的质量等问题，建设单位要承担责任。

案例 6-18 分析：

1. 该砖混结构住宅楼工程工程质量验收的基本条件应符合《建设工程施工质量验收统一标准》中的要求和其他专业验收规范的要求。

2. 有裂缝的墙体应按下列情况进行验收：

对不影响结构安全的裂缝墙体，应予验收，对影响使用功能和观感质量的裂缝，应进行处理。

对可能影响结构安全的裂缝墙体，应由有资质的检测机构检测鉴定，需要返修或加固处理的墙体，待返修或加固处理满足设计要求后进行重新验收。

3. 施工单位对此必须承担责任，理由是该工程质量问题是由施工过程中未按设计要求施工造成的。

二、施工单位应提交的档案资料

案例 6-19 某写字楼是一座现代化的智能型建筑，框架一剪力墙结构，地下 3 层，地上 28 层，建筑面积 5.8 m^2，施工总承包单位是该市第三建筑公司，由于该工程设备先进，要求高，因此该公司将机电设备安装工程分包给某公司。

问题：

1. 该工程技术竣工档案应由谁上缴到城建档案馆？
2. 某公司的竣工资料直接交给建设单位是否正确？为什么？
3. 该工程施工总承包单位和分包单位在工程档案管理方面的职责是什么？
4. 建设方在工程档案管理方面的职责是什么？

《建设工程质量管理条例》规定，建设单位应该严格按照国家有关档案管理的规定，及时收集、整理建设项目各环节的文件资料，建立、健全建设项目档案，并在建设工程竣工验收后，及时向建设行政主管部门或者其他有关部门移交建设项目档案。

建设工程是百年大计。一般的建筑物设计年限都在 50～70 年之间，重要的建筑物达百年以上。在建设工程投入使用之后，还要进行检查、维修、管理，还可能会遇到改建、扩建或拆除活动，以及在其周围进行建设活动。这些都需要参考原始的勘察、设计、施工等资料。建设单位是建设活动的总负责方，应当在合同中明确要求勘察、设计、施工、监理等单位分别提供工程建设各环节的文件资料，及时收集整理，建立健全建设项目档案。

2001 年 7 月建设部经修改后发布的《城市建设档案管理规定》中规定，建设单位应当在工程竣工后 3 个月内，向城建档案馆报送一套符合规定的建设工程档案。凡建设工程档案不齐全的，应当限期补充。对改建、扩建和重要部位维修的工程，建设单位应当组织设计、施工各单位据实修改、补充和完善原建设工程档案。

施工单位应当按照归档要求制定统一目录，有专业分包工程的，分包单位要按照总承包单位的总体安排做好各项资料整理工作，最后再由总承包单位进行审核、汇总。施工单位一般应当提交的档案资料是：①工程技术档案资料；②工程质量保证资料；③工程检验评定资料；④竣工图；等等。

案例 6-19 分析：

1. 应由建设单位上缴到城建档案馆。

2. 不正确。因为按规定某公司的竣工资料应先交给施工总承包单位，由施工总承包单位统一汇总后交给建设单位，再由建设单位上交到城建档案馆。

3. 总包单位负责收集、汇总各分包单位形成的工程档案，并应及时向建设单位移交；分包单位应将本单位形成的工程文件整理、立卷后及时移交总包单位。

4. 建设单位应履行以下职责：

(1) 在工程招标及勘察、设计、施工、监理等单位签订协议、合同时，应对工程文件的套数、费用、质量、移交时间等提出明确的要求。

(2) 收集和整理工程准备阶段、竣工验收阶段形成的文件,并应进行立卷归档。

(3) 负责组织、监督和检查勘察、设计、施工、监理等单位的工程文件的形成、积累和立卷的归档工作。

(4) 收集和汇总勘察、设计、施工、监理等单位立卷归档的工程档案。

(5) 在组织工程竣工验收前,应提请当地的城建档案管理机构对工程档案进行预验收。

(6) 未取得工程档案验收认可文件,不得组织工程竣工验收。

三、规划、消防、节能、环保等验收的规定

《建设工程质量管理条例》规定,建设单位应当自建设工程竣工验收合格之日起13日内,将建设工程竣工验收报告和规划、公安消防、环保等部门出具的认可文件或者准许使用文件报建设行政主管部门或者其他有关部门备案。

案例6-20 北京地区某高层涉外公寓,剪力墙结构,精装修工程。全部工程内容于2008年8月10日完工,建设单位在2008年15日委托有资质的检验单位进行室内环境污染检测。其中室内环污染物浓度检测了5项污染物含量,分别是氡、甲醛、苯、甲苯、TVOC含量。

问题:

1. 建设单位委托检测时间是否正确?
2. 建筑工程室内环境质量验收应检查哪些资料?

(一) 建设工程竣工规划验收

2015年4月经修改发布的《中华人民共和国城乡规划法》(以下简称《城乡规划法》)规定,县级以上地方人民政府城乡规划主管部门按照国务院规定对建设工程是否符合规划条件予以核实。未经核实或者经核实不符合规划条件的,建设单位不得组织竣工验收。建设单位应当在竣工验收后6个月内向城乡规划主管部门报送有关竣工验收资料。

建设工程竣工后,建设单位应当依法向城乡规划行政主管部门提出竣工规划验收申请,由城乡规划行政主管部门按照选址意见书、建设用地规划许可证、建设工程规划许可证、乡村建设规划许可证及其有关规划的要求,对建设工程进行规划验收,包括对建设用地范围内的各项工程建设情况、建筑物的使用性质、位置、间距、层数、标高、平面、立面、外墙装饰材料和色彩、各类配套服务设施、临时施工用房、施工场地等进行全面核查,并做出验收记录。对于验收合格的,由城乡规划行政主管部门出具规划认可文件或核发建设工程竣工规划验收合格证。

《城乡规划法》还规定,建设单位未在建设工程竣工验收后6个月内向城乡规划部门报送有关竣工验收资料的,由所在地城市、县人民政府规划主管部门责令限期补报;逾期不补报的,处1万元以上5万元以下的罚款。

(二) 建设工程竣工消防验收

2008年10月经修改后颁布的《消防法》规定,按照国家工程建设消防技术标准需要进行消防设计的建设工程竣工,依照下列规定进行消防验收、备案:

(1) 国务院公安部门规定的大型的人员密集场所和其他特殊建设工程,建设单位应当向公安机关消防机构申请消防验收;

(2) 其他建设工程,建设单位在验收后应当报公安机关消防机构备案,公安机关消防机

构应当进行抽查。依法应当进行消防验收的建设工程，未经消防验收或者消防验收不合格的，禁止投入使用；其他建设工程经依法抽查不合格的，应当停止使用。

2012 年 7 月公安部经修改后发布的《建设工程消防监督管理规定》进一步规定，建设单位申请消防验收应当提供下列 8 个方面的材料：建设工程消防验收申请报表；工程竣工验收报告和有关消防设施的工程竣工图纸；消防产品质量合格证明文件；具有防火性能要求的建筑构件、建筑材料、装修材料符合国家或者行业标准的证明文件、出场合格证；消防设置监测合格证明文件；施工、工程监理、监测单位的合法身份证明和资质等级证明文件；建设单位的工商营业执照等合法身份证明文件；法律、行政法规规定过的其他材料。

公安机关消防机构应当自受理消防验收申请之日起 20 日内组织消防验收，并出具消防验收意见。公安机关消防机构对申报消防验收的建设工程，应当依照建设工程消防验收评定标准对已经消防设计审核合格的内容组织消防验收。对综合评定结论为合格的建设工程，公安机关消防机构应当出具消防验收合格意见；对综合评定结论为不合格的，应当出具消防验收不合格建议，并说明理由。

对于依法应当进行消防验收的建设工程，未经消防验收或者消防验收不合格，擅自投入使用的，《消防法》规定，由公安机关消防机构责令停止施工、停止使用或者停产停业，并处 3 万元以上 30 万元以下罚款。

（三）建设工程竣工环保验收

《建设项目环境保护管理条例》规定，建设项目竣工验收后，建设单位应当向审批该建设项目环境影响报告书、环境影响报告表或者环境影响登记表的环境保护行政主管部门，申请该建设项目需要配套建设的环境保护设施竣工验收。

环境保护设施竣工验收，应当与主体工程竣工验收同时进行。需要进行试生产的建设项目，建设单位应当自建设项目投入试生产之日起 3 个月内，向审批该建设项目环境保护行政主管部门，申请该建设项目需要配套建设的环境保护设施竣工验收。分期建设、分期投入生产或者使用的建设项目，其相应的环境保护设施应当分期验收。

环境保护行政主管应当自收到环境保护设施竣工验收申请之日起 30 日内，完成验收。建设项目需要配套建设的环境保护设施经验收合格，该建设项目方可正式投入生产或者使用。

《建设项目环境保护管理条例》还规定，建设项目投入试生产超过 3 个月，建设单位未申请环境保护设施竣工验收的，由审批该建设项目环境影响报告书、环境影响报告表或者环境影响登记表的环境保护行政主管部门责令限期办理环境保护设施竣工验收手续；逾期未办理的，责令停止试生产，可以处 5 万元以下的罚款。

建设项目需要配套建设的环境保护设施未建成、未经验收或者经验收不合格，主体工程正式投入生产或者使用的，由审批该建设项目影响报告书、环境影响报告或者环境影响等级表的环境行政主管部门责令停止生产或者使用，可以处 10 万元以下的罚款。

（四）建筑工程节能验收

《节约能源法》规定，不符合建筑节能标准的建筑工程，建设主管部门不得批准开工建设；已经开工建设的，应当责令停止施工、限期改正；已经建成的，不得销售或者使用。

《民用建筑节能条例》进一步规定，建设单位组织竣工验收，应当对民用建筑是否符合民用建筑节能强制性标准进行查验；对不符合民用建筑节能强制性标准的，不得出具竣工验收合格报告。

建筑节能工程施工质量的验收，主要应按照国家标准《建筑节能工程施工质量验收规范》(GB 50411—2007)以及《建筑工程施工质量验收统一标准》(GB 50300—2013)、各专业工程施工质量验收规范等执行。单位工程竣工验收应在建筑节能分部工程验收合格后进行。

建筑节能工程为单位建筑工程的一个分部工程，并按规定划分为分项工程和检验批。建筑节能工程应按照分项工程进行验收，如墙体节能、幕墙节能工程、门窗节能工程、屋面节能工程、地面节能工程、采暖节能工程、通风与空气调节节能工程、配电与照明节能工程等。当建筑节能分项工程的工程量较大时，可以将分项工程划分为若干个检验批进行验收。当建筑节能工程验收无法按照要求划分分项工程或检验批时，可由建设、施工、监理等各方协商进行划分。但验收项目、验收内容、验收标准和验收记录均应遵守规范的规定。

1. 建筑节能分部工程进行质量验收的条件

建筑节能分部工程的质量验收，应在检验批、分项工程全部合格的基础上，进行建筑围护结构的外墙节能构造实体检验，严寒、寒冷和夏热冬冷地区的外窗气密性现场检测，以及系统节能性能检测和系统联合试运转与调试，确认建筑节能工程质量达到验收的条件后方可进行。

2. 建筑节能分部工程验收的组织

建筑节能工程验收的程序和组织应遵守《建筑工程施工质量验收统一标准》(GB 50300—2013)的要求，并符合下列规定：

(1) 节能工程的检验批验收和隐蔽工程验收应由监理工程师主持，施工单位相关专业的质量检查员与施工员参与；

(2) 节能分项工程验收应由监理工程师主持，施工单位项目技术负责人和相关专业的质量检查员、施工员参加，必要时可邀请设计单位相关专业的人员参加；

(3) 节能分部工程验收应由总监理工程师(建设单位项目负责人)主持，施工单位项目经理、项目技术负责人和相关专业的质量检查员、施工员参与，施工单位的质量或技术负责人应参加，设计单位节能设计人员应参加。

3. 建筑节能工程验收的程序

(1) 施工单位自检评定

建筑节能分部工程施工完成后，施工单位对节能工程质量进行检查，确认符合节能设计文件要求后，填写“建筑节能分部工程质量验收表”，并由项目经理和施工单位负责人签字。

(2) 监理单位进行节能工程质量评估

监理单位收到“建筑节能分部工程质量验收表”后，应全面审查施工单位的节能工程验收资料且整理监理资料，对节能中各分项工程进行质量评估，监理工程师及项目总监在“建筑节能分部工程质量验收表”中签字确认验收结论。

(3) 建筑节能分部工程验收

由监理单位总监理工程师(建设单位项目负责人)主持验收会议，组织施工单位的相关人员、设计单位节能设计人员对节能工程质量进行检查验收。验收各方对工程质量进行检查，提出整改意见。

建筑节能质量监督管理部门的验收监督人员到施工现场对节能工程验收的组织形式、验收程序、执行验收标准等情况进行现场监督，发现有违反规定程序、执行标准或评定结果不准确的，应要求有关单位改正或停止验收。对未达到国家验收标准合格要求的质量问题，签发监督文书。

(4) 施工单位按验收意见进行整改

施工单位按照验收各方提出的整改意见进行整改；整改完毕后，建设、监理、设计、施工单位对节能工程的整改结果进行确认。对建筑节能工程存在重要的整改内容的项目，质量监督人员参加复查。

(5) 节能工程验收结论

符合建筑节能工程质量验收规范的工程为验收合格，即通过节能分部分项工程质量验收。对节能工程验收不合格工程，按《建筑节能工程施工质量验收规范》和其他验收规范的要求整改完后，重新验收。

(6) 验收资料归档

建筑节能工程施工质量验收合格后，相应的建筑节能分部工程验收资料应作为建设工程竣工验收资料中的重要组成部门归档。

4. 建筑节能工程专项验收应注意事项

(1) 建筑节能工程验收重点是检查建筑节能工程效果是否满足设计及规范要求，监理和施工单位应加强和重视节能验收工作，对验收中发现的工程实物质量问题及时解决。

(2) 工程项目中存在以下问题之一的，监理单位不得组织节能工程验收：

① 未完成建筑节能工程设计内容的；

② 隐蔽验收记录等技术档案和施工管理资料不完整的；

③ 工程使用的主要建筑材料、建筑构配件和设备未提供进场检验报告的，为提供相关的节能型检测报告的；

④ 工程存在违反强制性条文的质量问题而未整改完毕的；

⑤ 对监督机构发出的责令整改内容未整改完毕的；

⑥ 存在其他违反法律、法规行为而未处理完毕的。

(3) 工程项目验收存在以下问题之一的，应重新组织建筑节能工程验收：

① 验收组织机构不符合法规及规范要求的；

② 参加验收人员不具备相应资格的；

③ 参加验收各方主体验收意见不一致的；

④ 验收程序和执行标准不符合要求的；

⑤ 各方提出的问题未整改完毕的。

(4) 单位工程在办理竣工备案时应提交建筑节能相关资料，不符合要求的不予备案。

案例 6-20 分析：

1. 检测时间不正确。民用建筑工程及室内装修工程的室内环境质量验收，应在工程完工至少 7 天以后且在工程交付使用前进行。

2. 室内环境质量验收应检查下述资料：

(1) 工程地质勘查报告、工程地点土壤中氡浓度检测报告、工地地点土壤天壤放射性核素镭-226、钾-40 含量检测报告；

(2) 涉及室内环境污染控制的施工图设计文件及工程设计变更文件；

(3) 建筑材料和装修材料的污染物含量检测报告、材料进场检验记录、复验报告；

(4) 与室内环境污染控制有关的隐蔽工程验收记录、施工记录；

(5) 样板间室内污染物浓度检测记录(不做样板间的除外)。

四、竣工结算、质量争议的规定

竣工验收是工程建设活动的最后阶段。在此阶段，建设单位与施工单位容易就合同价款结算、质量缺陷等引起纠纷，导致建设工程不能及时办理竣工验收或完成竣工验收。

案例 6-21 A 企业为解决单位职工用房紧张的问题，与建筑公司 B 签订了一份住宅楼建筑工程承包合同，B 负责组织施工建设，由设计单位 C 提供建筑设计图纸，合同中对工期、质量、价款、结算等作了详细规定。

待工程施工接近尾声时，多年住房紧张的职工，因见内装修逐渐完毕，不顾施工队伍的阻拦，强行搬了进去，到10月1日完工时，此楼已经全部投入使用。这时 A 企业对住宅楼进行验收，发现楼梯间、门厅和部分房间的墙皮脱落、木地板起鼓等质量问题，要求 B 进行返工。B 则拒绝对 A 企业提出的质量问题进行返工，A 企业遂拒绝将工程尾款结算给 B。

迫于职工压力，A 企业出资对质量缺陷部位进行了修复，花费了 10 万元。2010 年 11 月 2 日，A 企业将 B 诉讼至法院，要求赔偿因不履行返工和质量修缮义务而造成 10 万元的经济损失。

B 则认为，工程只有经过竣工验收合格后方可交付使用，但是在工程未经竣工验收的情况下，A 企业将 B 诉讼至法院，要求赔偿因不履行返工和质量修缮义务而造成 10 万元的经济损失。

B 则认为，工程只有经过竣工验收合格后才能交付使用，但是在工程未经验收的情况下，A 企业职工就擅自进入施工现场提前使用，对于其提前使用行为所造成的损失，应当自负经济损失。另外，A 企业按照法律规定应当及时给付工程款。

问题：本案中 A 公司是否应支付 B 公司工程结算款?

(一) 工程竣工结算

《合同法》规定，建设工程竣工后，发包人应当根据施工图及说明书、国家颁发的施工验收规范和质量检验标准及时进行验收。验收合格的，发包人应当按照约定支付价款，并接收该建设工程。《建筑法》也规定，发包单位应当按照合同的约定，及时拨付工程款项。

1. 工程竣工结算的编制与审查

财政部、原建设部《建设工程价款结算暂行办法》规定，工程完工后，双方应按照约定的合同价款及合同价款调整内容及索赔事项，进行工程竣工结算。工程竣工结算分为单位工程竣工结算、单项工程竣工结算和建设项目竣工总结算。

单位工程竣工结算由承包人编制，发包人审查；实行总承包的工程，由具体承包人编制，在总包人审查的基础上，发包人审查。

单项工程竣工结算或建设项目竣工总结算由总(承)包人编制，发包人可直接进行审查，也可以委托具有相应资质的工程造价咨询机构进行审查。政府投资项目，由同级财政部门审查。单项工程竣工结算或建设项目竣工总结算经发、承包人签字盖章后有效。

承包人应在合同约定期限内完成项目竣工结算编制工作，未在规定期限内完成并且提不出正当理由延期的，责任自负。

2. 工程竣工结算审查期限

单项工程竣工后，承包人应在提交竣工验收报告的同时，向发包人递交竣工结算报告及完整的结算资料，发包人应按以下规定时限进行核对(审查)并提出审查意见：

(1) 500 万元以下，从接到竣工结算报告和完整的竣工结算资料之日起 20 天；

(2) 500 万～2 000 万元，从接到竣工结算报告和完整的竣工结算资料之日起 30 天；

(3) 2 000 万～5 000 万元，从接到竣工结算报告和完整的竣工结算资料之日起 45 天；

(4) 5 000 万元以上，从接到竣工结算报告和完整的竣工结算资料之日起 60 天。

建设项目竣工总结算在最后一个单项工程结算审查确认后 15 日内汇总，送发包人后 30 日内审查完成。

3. 工程竣工价款结算

发包人收到承包人递交的竣工结算报告及完整的结算资料后，应按以上规定的期限(合同约定有期限的，从其约定)进行核实，给予确认或者提出修改意见。

发包人根据确认的竣工结算报告向承包人支付工程竣工结算价款，保留 5%左右的保证(保修)金，待工程交付使用 1 年质保期到期后清算(合同另有约定的，从其约定)，质保期内如有返修，发生费用应在质量保证(保修)金内扣除。

工程竣工结算以合同工期为准，实际施工工期比合同赶工期提前或延后，发、承包双方应按合同约定的奖罚办法执行。

4. 索赔及合同以外零星项目工程价款结算

发承包人未能按合同约定履行自己的各项义务或者发生错误，给另一方造成经济损失的，由受损方按合同约定提出索赔，索赔金额按合同约定支付。

发包人要求承包人完成合同以外零星项目，承包人应在接受发包人要求的 7 日内就用工程量和单价、机械台班数量和单价、使用材料和金额等向发包人提出施工签证，发包人签证后施工，如发包人未签证，承包人施工后发生争议的，责任由承包人自负。

发包人与承包人要加强施工现场的造价控制，及时对工程合同外的事项如实记录并履行书面手续。凡由发、承包双方授权的现场代表签字的现场签证以及发、承包双方协商确定的索赔等费用，应在工程竣工结算中如实办理，不得因发、承包双方现场代表的中途变更改变其有效性。

案例 6-22　2003 年，甲建筑公司与乙开发公司签订了"施工合同"，约定由该建筑公司承建其贸易大厦工程。合同签订后，建筑公司积极组织人员、材料进行施工。但是，由于开发公司资金不足及分包项目进度缓慢迟迟不能完工，主体工程完工后工程停滞。2005 年，甲乙双方约定共同委托审价部门对已完工的主体工程进行了审价，确认工程价款为 1 800 万元。2006 年 2 月，乙公司以销售需要为由，占据使用了大厦大部分房屋。2006 年 11 月，因乙公司拒绝支付工程欠款，甲公司起诉至法院，要求乙公司支付工程欠款 900 万元及违约金。乙公司随后反诉，称因工程质量缺陷未修复，请求减少支付工程款 300 万元。

问题：

1. 该大厦未经竣工验收乙公司便提前使用，该工程的质量责任应如何承担？

2. 甲公司要求乙公司支付工程欠款及违约金时，是否还可以主张停工损失，停工损失包括哪些？

5. 未按规定时限办理事项的处理

发包人收到竣工结算报告及完整的结算资料后，在《建设工程价款结算暂行办法》规定或合同约定期限内，对结算报告及资料没有提出意见，则视同认可。

承包人如未在规定时间内提供完整的工程竣工结算资料，经发包人催促后 14 日内仍未提供或没有明确答复，发包人有权根据已有资料进行审查，责任由承包人自负。

根据确认的竣工结报告，承包人向发包人申请支付工程竣工结算款。发包人应在收到申请后 15 日内支付结算款，到期没有支付的应承担违约责任。承包人可以催告发包人支付结算价款，如达成延期支付协议，承包人可以与发包人协商将该工程造价折价，或申请人民法院将该工程依法拍卖，承包人就该工程折价或者拍卖的价款优先受偿。

6. 工程价款结算争议处理

工程造价咨询机构接受发包人或承包人委托，编审工程竣工结算，应按合同约定和实际履行事项认真办理，出具的竣工结算报告经发、承包双方签字后生效。当事人一方对报告有异议的，可对工程结算中有异议部分，向有关部门申请咨询后协商处理，若不能达成一致的，双方可按合同约定的争议或纠纷解决程序办理。

发包人对工程质量有争议，已竣工验收或已竣工未验收但实际投入使用的工程，其质量争议按该工程保修合同执行；已竣工未验收且未实际投入使用的工程以及停工、停建工程的质量争议，应当就有争议部分的竣工结算暂缓办理，双方可就有争议部分的工程委托有资质的检测鉴定机构进行检测，根据检测结果确定解决方案，或按工程质量监督机构的处理决定执行，其余部分的竣工结算依照约定办理。

当事人对工程造价发生合同纠纷时，可通过下列办法解决：

（1）双方协商确定；

（2）按合同条款约定的办法提请调解；

（3）向有关仲裁机构申请仲裁或向人民法院起诉。

《最高人民法院关于审理建设工程施工合同纠纷案件适用法律问题的解释》第 16 条规定，当事人对建设工程的计价标准或者计价方法有约定的，按照约定结算工程价款。因设计变更导致建设工程的工程量或质量标准发生变化，当事人对该部分不能协商一致的，可以参考签订建设工程施工合同时当地建设行政主管部门发布的计价方法或者计价标准结算工程价款。

7. 工程价款结算受理

《建设工程价款结算暂行办法》规定，工程竣工后，发、承包双方应及时办清工程竣工结算。否则，工程不得交付使用，有关部门不予办理权属登记。

（二）竣工工程质量争议的处理

《建筑法》规定，建筑工程竣工时，屋顶、墙面不得留有渗漏、开裂等质量缺陷；对已发现的质量缺陷，建筑施工企业应当修复。《建设工程质量管理条例》规定，施工单位对施工中出现质量问题的建设工程或者竣工验收不合格的建设工程，应当负责返修。

据此，建设工程竣工时发现的质量问题或者质量缺陷，无论是建设单位的责任还是施工单位的责任，施工单位都有义务进行修复或返修。但是，对于非施工单位原因出现的质量问题或质量缺陷，其返修的费用和造成的损失是应由责任方承担的。

案例 6-23 某钢铁厂将一幢职工宿舍楼的修建工程承包给 A 建筑公司，签订了一份建筑工程施工承包合同，对工期、质量、价款、结算等作了详细规定。合同签订后，施工顺利。在宿舍楼工程的二层内装修完毕后，该厂的员工就强行搬了进去，以后每装修完一层，就住进去一层。到工程完工时，此楼已全部被该厂员工所占用。这时，钢铁厂对宿舍楼进行验收，发现一、二层墙皮脱落，门窗开关使用不便等问题，要求施工单位返工。A建筑公司遂对门窗进行了检修，但拒绝重新粉刷墙壁，于是钢铁厂拒付剩余的工程款。A建筑公司便向法院起诉，要求钢铁厂付清剩余的工程款。

问题：本案中的宿舍楼工程未经验收，钢铁厂员工便提前占据使用，其质量责任该如何承担？

1. 承包方责任的处理

《合同法》规定，因施工人的原因致使建设工程质量不符合约定的，发包人有权要求施工人在合理期限内无偿修理或者返工、改建。

如果承包人拒绝修理、返工或改建的，《最高人民法院关于审理建设工程施工合同纠纷案件适用法律问题的解释》第11条规定，因承包人的过错造成建设工程质量不符合约定，承包人拒绝修理、返工或者改建，发包人请求减少支付工程价款的，应予支持。

2. 发包方责任的处理

《建筑法》规定，建设单位不得以任何理由，要求建筑设计单位或者建筑施工企业在工程设计或者施工作业中，违反法律、行政法规和建筑质量、安全标准，降低工程质量。

《最高人民法院关于审理建设工程施工合同纠纷案件适用法律问题的解释》第12条规定，发包人具有下列情形之一，造成建设工程质量缺陷，应当承担过错责任：

（1）提供的设计有缺陷；

（2）提供或者指定购买的建筑材料、建筑构配件、设备不符合强制性标准；

（3）直接指定分包人分包专业工程。

3. 未经竣工验收擅自使用的处理

《建筑法》《合同法》《建设工程质量管理条例》均规定，建设工程竣工经验收合格后，方可交付使用；未经验收或验收不合格的，不得交付使用。

在实践中，一些建设单位处于各种原因，往往未经验收就擅自提前占用使用建设工程。为此，《最高人民法院关于审理建设工程合同纠纷案件适用法律问题的解释》第13条规定，建设工程未经竣工验收，发包人擅自使用后，又以使用部分质量符合约定为由主张权利的，不予支持；但是承包人应当在建设工程的合理使用寿命内对地基基础工程和主体结构质量承担民事责任。

案例6-21分析：

本案中是关于建设单位提前使用建设工程的质量问题和工程款的给付问题。

交付经验收合格的建设工程是施工单位的责任。《建筑法》第58条规定："施工单位对建设工程的施工质量负责，建设单位在具备竣工验收条件时应当及时参加竣工验收，没有经过竣工验收或者竣工验收未通过的，不得提前使用；发包人强行使用时，由此发生的质量问题及其他问题，由发包人承担责任。"

根据上述规定，A企业在住宅楼工程还没有进行竣工验收的情况下对本单位职工擅自进入施工现场场地没有采取可行、有效的措施加以避免，因此，对于质量缺陷的修复责任应当由建设单位承担。根据《建筑法》和《合同法》的规定，建设单位应当支付工程款。

案例 6-22 分析：

1. 乙公司在大厦未经验收的情况下擅自使用该工程，出现质量缺陷的应自行承担责任。因为，乙公司违反了《建筑法》《合同法》和《建设工程质量管理条例》的禁止性规定，可视为其对建筑工程质量的认可。随着乙公司的提前使用，工程质量责任的风险也由施工单位甲公司转移了发包人乙公司，而且工程交付的时间，也可依据《最高人民法院关于审理建设工程施工合同纠纷案件适用法律问题的解释》第 14 条规定："建设工程未经竣工验收，发包人擅自使用的，以转移占有建设工程之日为竣工日期"，认定为乙公司提前使用的时间。但根据《最高人民法院关于审理建设工程施工合同纠纷案件适用法律问题的解释》第 13 条规定："建设工程未经验收，发包人擅自使用后，又以使用部分质量不符合约定为由主张权利的，不予支持；但是承包人应当在建设工程的合理使用寿命内对地基基础工程和主体结构质量承担民事责任。"所以，该大厦如果出现地基基础和主体结构的质量问题，甲公司仍需承担民事责任。

2. 甲公司可以主张停工损失。《合同法》第 283 条规定，"发包人未按照约定的时间和要求提供原材料、设备、场地、资金、技术资料的，承包人可以延期工程日期，并有权要求赔偿停工、窝工等损失。"据此，甲公司在请求支付工程欠款及违约金时，还可以向乙公司主站停工损失。停工损失一般包括人员窝工、机械停置费用、现场看护费用、工程保险费等损失。

案例 6-23 分析：

《建筑法》《合同法》《建设工程质量管理条例》均规定，建设工程竣工验收合格后，方可交付使用；未经验收或验收不合格的，不得交付使用。同时，《最高人民法院关于审理建设工程施工合同纠纷案件适用法律问题的解释》第 13 条规定："建设工程未经竣工验收，发包人擅自使用后，又可以使用部分质量不符合约定为由主张权利的，不予支持；但是承包人应当在建设工程的合理使用寿命内对地基基础工程和主体结构质量承担民事责任。"

本案中的宿舍楼工程未经竣工验收，发包方即钢铁厂员工就擅自使用，且该工程没有地基基础工程和主体结构的质量问题，根据上述法律和司法解释的规定，钢铁厂应当对工程质量承担相应责任，并应当尽快支付剩余的工程款。

五、竣工验收报告备案的规定

《建设工程质量管理条例》，建设单位应当自建设工程竣工验收合格之日 15 日内，将建设工程竣工验收报告和规划、公安消防、环保等部门出具的认可文件或者准许使用文件报建设行政主管部门或者其他有关部门备案。建设行政主管部门或者其他有关部门发现建设单位在竣工验收过程中有违反国家有关建设工程质量管理规定行为的，责令停止使用，重新组织竣工验收。

案例 6-24 某工程，建设单位与甲施工单位签订了施工合同，与丙监理单位签订了监理合同。经建设单位同意，甲施工单位确定乙施工单位作为分包单位，并签订了分包合同。

施工过程中，甲施工单位的资金出现困难，无法按分包合同约定支付乙施工单位的工程进度款，乙施工单位向建设单位提出支付申请，建设单位同意申请，并向乙施工单位支付进度款。

专业监理工程师在巡视中发现，乙施工单位施工的在是施部位存在质量隐患，专业监理工程师随机向甲施工单位签发了整改通知。甲施工单位回函称，建设单位已直接向乙施工单位支付了工程款，因而本单位对乙施工单位施工的工程质量不承担责任。

工程完工，甲施工单位向建设单位提交了竣工验收报告后，建设单位于2006年9月20日组织勘察、设计、施工、监理等单位竣工验收，工程竣工验收通过，各单位分别签署了“竣工验收鉴定证书”，建设单位于2007年3月办理了工程竣工备案。因使用需要，建设单位于2006年10月中旬，要求乙施工单位按其示意图在已竣工验收的地下车库承重墙上开车库大门，该工程于2006年11月底正式投入使用。2008年2月，该工程排水管道严重漏水，经丙监理单位实地检查，确认系新开车库门施工时破坏了承重结构所致。建设单位依工程还在保修期内，要求甲施工单位无偿修理。建设行政主管部门对责任单位进行了处罚。

问题：

1. 甲施工单位回函的说法是否正确？
2. 工程竣工验收程序是否合适？
3. 造成严重漏水，应该由哪个单位承担责任？
4. 建设行政主管部门应该对哪个单位进行处罚？

（一）竣工验收备案的时间及须提交的文件

住房和城乡建设部《房屋建筑和市政基础设施工程竣工验收备案管理办法》规定，建设单位应当自工程竣工验收合格之日起15日内，依照本办法规定，向工程所在地的县级以上地方人民政府建设主管部门（以下称备案机关）备案。

建设单位办理工程竣工验收备案应当提交下列文件：

（1）工程竣工验收备案表。

（2）工程竣工验收报告。竣工验收报告应当包括工程报建日期，施工许可证号，施工图设计文件审查意见，勘察、设计、施工、工程监理等单位分别签署的质量合格文件及验收人员签署的竣工验收原始文件，市政基础设施的有关质量检测和功能性试验资料以及备案机关认为需要提供的有关资料。

（3）法律、行政法规应当由规划、环保等部门出具的认可文件后者准许使用文件。

（4）公安消防部门出具的对大型的人员密集场所和其他特殊建设工程验收合格的证明文件。

（5）施工单位签署的工程质量保修书。

（6）法规、规章规定必须提供的其他文件。住宅工程还应当提交“住宅质量保证书”和“住宅使用说明书”。

（二）竣工验收备案文件的签收和处理

《房屋建筑和市政基础设施工程竣工验收备案管理办法》规定，备案机关收到建设单位报送的竣工验收备案文件，1份由建设单位保存，1份留备案机关存档。

工程质量监督机构应当在工程竣工验收之日起5日内，向备案机关提交工程质量监督报告。

备案机关发现建设单位在竣工验收过程中有违反国家有关建设工程质量管理规定行为的，应当在收讫竣工验收备案文件15日内，责令停止使用，重新组织竣工验收。

案例 6-24 分析：

1. 甲施工单位回函的说法不正确。

理由：《建设工程质量管理条例》第 27 条规定，总承包单位依法将建设工程分包给其他单位的，分包单位应当按照分包合同的约定对其分包工程的质量向总承包单位负责，总承包单位与分包单位对分包工程的质量承担连带责任。

因此，无论建设单位是否已向乙施工单位付款，分包单位按分包合同约定对其分包的工程质量向总承包单位负责。总承包单位对分包工程质量承担连带责任。甲施工单位回函的说法不正确。

2. 工程竣工验收程序不合适。

正确的程序应该为：施工单位准备→监理单位总监组织初验→建设单位组织竣工验收。

3. 造成严重漏水，应该由建设单位和乙施工单位承担责任。

理由：在承重结构上开门属于改变原设计，应经原设计单位同意并出具设计变更或变更原图纸后，才可以施工。建设单位擅自做主，改变承重结构的原设计有过错；乙施工单位无设计方案，改变承重结构有过错。依据《建设工程质量管理条例》第 15 条规定，涉及建筑主体和承重结构变动的装修工程，建设单位应当在施工前委托原设计单位或者具有相应资质等级的设计单位提出设计方案；没有设计方案的，不得施工。

4. 建设行政主管部门应该处罚建设单位和乙施工单位。

理由：建设单位未按时竣工验收备案，擅自改变承重结构；乙施工单位无设计方案施工。

任务 5 建设工程质量保修制度

《建筑法》《建设工程质量管理条例》均规定，建设工程实行质量保修制度。

建设工程质量保修制度，是指建设工程竣工经验收后，在规定的保修期限内，其勘察、设计、施工、材料等原因造成的质量缺陷，应当由施工承包单位负责维修、返工或更换，由责任单位负责赔偿损失的法律制度。

一、质量保修书和最低保修期限的规定

（一）建设工程质量保修书

《建设工程质量管理条例》规定，建设工程承包单位在向建设单位提交工程竣工验收报告时，应当向建设单位出具质量保修书。质量保修书中应当明确建设工程的保修范围、保修期限和保修责任等。

1. 质量保修范围

《建筑法》规定，建筑工程的保修范围应当包括地基基础工程、主体结构工程、屋面防水工程和其他土建工程，以及电气管线、上下水管线的安装工程，供热、供冷系统工程等项目。

当然，不同类型的建设工程，其保修范围是有所不同的。

2. 质量保修期限

《建筑法》规定，保修的期限应当按照保证建筑物合理寿命年限内正常使用，维护使用者合法权益的原则确定。

具体的保修范围和最低保修期限，国务院在《建设工程质量管理条例》中做了明确规定。

3. 质量保修责任

施工单位在质量保修书中，应当向建设单位承诺保修范围、保修期限和有关具体实施保修的措施，如保修的方法、人员及联络办法，保修答复和处理时限，不履行保修责任的罚则等。

需要注意的是，施工单位在建设工程质量保修书中，应当对建设单位合理使用建设工程有所提示。如果是因建设单位或者用户使用不当或擅自改动结构、设备位置以及不当装修等造成质量问题的，施工单位不承担保修则；由此而造成的质量受损或者其他用户损失，应当由责任人承担相应的责任。

案例 6-25　2000 年 4 月，某大学为建设学生公寓，与某建筑公司签订了一份施工合同。合同约定：工程采用固定总价合同形式，主体工程和内外墙承重砖使用标准砌块，每层加圈梁。某大学可按比例预付工程款，剩余费用在验收合格后一次付清。交付使用后，如果在 6 个月内发生质量问题，由承包人负责修复等。1 年后，学生公寓如期完工，在某大学和公司共同进行竣工验收时，发现第 3—5 层的内承重墙体裂缝，遂要求建筑公司修复后再验收，建筑公司认为不影响使用而拒绝修复。因为新生急需入住，大学接受了宿舍楼，在使用了 8 个月之后，公寓楼第 5 层的内承重墙倒塌，致使 1 人死亡，3 人受伤，其中 1 人致残。受害者与某大学要求建筑公司赔偿损失，并修复倒塌工程。建筑公司可以使用不当且已过保修期为由拒绝赔偿。无奈之下，受害者与某大学诉至法院，请法院主持公道。

问题：本案中存在哪些违法行为？谁应该对本事件承担主要责任？

（二）建设工程质量的最低保修期限

根据《建设工程质量管理条例》第 40 条规定，在正常使用条件下，建设工程的最低保修期限如下：

（1）基础设施工程、房屋建筑的地基基础工程和主体结构工程，为设计文件规定的该工程的合理使用年限；

（2）屋面防水工程、有防水要求的卫生间、房间和外墙面的防渗漏，为 5 年；

（3）供热与供冷系统，为 2 个采暖期、供冷期；

（4）电气管线、给排水管道、设备安装和装修工程，为 2 年；

（5）其他项目的保修期限由发包方与承包方约定。

1. 地基基础工程和主体结构的保修期

基础设施工程、房屋建筑的地基基础工程和主体结构工程的质量，直接关系到基础设施工程和房屋建筑的整体安全可靠，必须在该工程的合理使用显现内予以保修，即实行终身负责制。因此，工程合理使用年限就是该工程勘察、设计、施工等单位的质量责任年限。

案例 6-26　某装饰公司承揽了某办公楼的装饰工程。合同中约定保修期为 1 年。竣工后第 2 年，该装饰工程出现了质量问题，装饰公司已过保修期限为由拒绝承担保修责任。

问题：装饰公司的理由成立吗？

2. 屋面防水工程、供热与供冷系统等的最低保修期

在《建设工程管理条例》中，对屋面防水工程、供热与供冷系统、电气管线、给排水管道、设备安装和装修工程等的最低保修期限分别做出了规定。如果建设单位与施工单位经平等协商另行签订保修合同的，其保修期限可以高于法定的最低保修期限，但不能低于最低保修期限，否则试作无效。

建设工程保修期的起始日是竣工验收合格之日。《建设工程质量管理条例》规定，建设行政主管部门或者其他有关部门发现建设单位在竣工验收过程中有违反国家有关建设工程质量管理规定行为的，责任停止使用，重新组织竣工验收。

对于重新组织竣工验收的工程，其保修期为各方都认可的重新组织竣工验收的日期。

案例 6-25 分析：

《建设工程质量管理条例》第 40 条规定："在正常使用条件下，建设工程最低保修期限为：①基础设施工程、房屋建筑的地基基础工程和主体结构工程，为设计文件规定的该工程的合理使用年限；②屋面防水工程、有防水要求的卫生间、房间和外墙面的防渗漏，为 5 年；③供热与供冷系统，为 2 个采暖期、供冷期；④电气管线、给排水管道、设备安装和装修工程，为 2 年。⑤其他项目的保修期限由发包方与承包方约定。建设工程的保修期，由竣工验收合格之日起计算。"根据上述法律规定，建设工程的保修期不能低于国家规定的最低保修期限，其中，对地基基础工程、主体结构工程实际规定为终身保修。本案中大学与建筑公司虽然在合同中双方约定保修期限为 6 个月，但这一期限远远低于国家规定的最低期限，尤其是承重墙属于主体结构，其保修期限依法应终身保修，双方的质量期限条款违反了国家强制性规定，因此是无效的。建筑公司应当向受害者承担损害赔偿责任。承包人损害赔偿责任的内容应当包括：医疗费、因误工减少的收入、残废者生活补助费等。造成受害人死亡的，还应支付丧葬费、抚恤费、死者生前扶养的人必要的生活费用等。此外，建筑公司在施工中偷工减料，造成质量事故，有关主管部门应当按照《建筑法》第 74 条规定对其进行法律制裁。

案例 6-26 分析：

不成立。1 年的保修期违反了国家强制性规定，该条款属于违法条款，是无效的条款。装饰公司必须继续承担保修责任。

3. 建设工程超过合理使用年限后需要继续使用的规定

《建设工程质量管理条例》规定，建设工程在超过合理使用年限后需要继续使用的，产权所有人应当委托具有相应资质等级的勘察、设计单位鉴定，并根据鉴定结果采取加固、维修等措施，重新界定使用期。

应该讲，各类工程根据其重要程度、结构类型、质量要求和使用性能所确定的使用年限是不同的。确定建设工程的合理使用年限，并不意味着超过合理使用年限后，建设工程就一定要报废、拆除。经过具有相应资质等级的勘察、设计单位鉴定，制定技术加固措施，在设计文件中重新界定试用期，并经过相应资质等级的施工单位进行加固、维修和补强，该建设工程能达到继续使用条件的就可以继续使用。但是，如果不经鉴定、加固等而违法继续使用的，所产生的后果由产权所有人自负。

（三）建筑工程质量保修的程序

施工单位自接到保修通知书之日起，必须在两周内到达现场与建设单位共同明确责任、商议返修内容。如施工单位未按时到达现场，建设单位应再次通知施工单位，施工单位自接到再次通知书一周内仍不能到达的，建设单位有权自行返修，所发生的费用由原施工单位承担。

属于施工单位责任的，施工单位应按照合同进行返修；不属于施工单位责任的，建设单位应与施工单位联系，商议维修的具体期限。

二、质量责任的赔偿责任

《建设工程质量管理条例》规定，建设工程在保修范围和保修期限内发生质量问题的，施工单位应当履行保修义务，并对造成的损失承担赔偿责任。

案例 6-27 事件 1：某公路工程施工企业在缺陷责任期满向建设单位申请退还质保金时，建设单位以在保修期间曾自行针对合同路段进行过维修为由，扣除了 40%的质保金，仅将剩余部分的保修金退还。

事件 2：某建筑施工企业与建设单位在某项建筑工程竣工结算后达成协议，承包单位放弃部分结算款项，由建设单位一次性将工程尾款支付给承包单位，承包单位在依约向建设单位索要工程尾款时，建设单位提出应扣除 10%的款项作为质保金，一年后再退还。

问题：试对上述事件进行分析。

（一）保修义务的责任落实与损失赔偿责任的承担

《最高人民法院关于审理建设工程施工合同纠纷案件适用法律问题的解释》规定，因保修人未及时履行保修义务，导致建筑物毁损或者造成人身、财产损害的，保修人应当承担赔偿责任。保修人与建筑物所有人或者发包人对建筑物毁损均有过错的，各自承担相应的责任。

建设工程保修的质量问题是指在保修范围和保修期限内的质量问题。对于保修义务的承担和维修的经济责任承担应当按下述原则处理：

（1）施工单位未按照国家有关标准规范和设计要求施工所造成的质量缺陷，由施工单位负责返修并承担经济责任。

（2）由于设计问题造成的质量缺陷，先由施工单位负责维修，其经济责任按有关规定通过建设单位向设计单位索赔。

（3）因建筑材料、构配件和设备质量不合格引起的质量缺陷，先由施工单位维修，其经济责任属于施工单位采购的或经其验收同意的，由施工单位承担经济责任；属于建设单位采购的，由建设单位承担经济责任。

（4）因建设单位（含监理单位）错误管理而造成的质量缺陷，先由施工单位负责维修，其经济责任由建设单位承担；如属监理单位责任，则由建设单位向监理单位索赔。

（5）因使用单位使用不当造成的损坏问题，先由施工单位负责维修，其经济责任由使用单位自行负责。

（6）因地震、台风、洪水等自然灾害或者其他不可抗力原因造成的损坏问题，先由施工单位负责维修，建设参与各方再根据国家具体政策分担经济责任。

（二）建设工程质量保证金

原建设部、财政部《建设工程质量保证金管理暂行办法》规定，建设工程质量保证金（保修金）（以下简称保证金）是指发包人与承包人在建设工程承包合同中约定，从应付的工程款中预留，用以保证承包人在缺陷责任期内对建设工程出现的缺陷进行维修的资金。

1. 缺陷责任期的确定

所谓缺陷，是指建设工程质量不符合工程建设强制性标准、设计文件，以及承包合同的约定。缺陷责任期一般为 6 个月、12 个月或 24 个月，具体可由发承包双方在合同中约定。

缺陷责任期从工程通过竣(交)工验收之日起计。由于承包人原因导致工程无法按规定期限进行竣(交)工验收的，缺陷责任期从实际通过竣(交)工验收之日起计。由于发包人原因导致工程无法按规定期限进行竣(交)工验收的，在承包人提交竣(交)工验收报告 90 天后，工程自动进入缺陷责任期。

2. 预留保证金的比例

全部或者部分使用政府投资的建设项目，按工程价款结算总额 5%左右的比例预留保证金。社会投资项目采用预留保证金方式的，预留保证金的比例可参照执行。

缺陷责任期内，由承包人原因造成的缺陷，承包人负责维修，并承担鉴定及维修费用。如承包人不维修也不承担费用，发包人可按合同约定扣除保证金，并由承包人承担违约责任。承包人维修并承担相应费用后，不免除对工程的一般损失赔偿责任。由他人原因造成的缺陷，发包人负责组织维修，承包人不承担费用，且发包人不得从保证金中扣除费用。

3. 质量保证金的返还

缺陷责任期内，承包人认真履行合同约定的责任，到期后，承包人向发包人申请返还保证金。

发包人在接到承包人返还保证金申请后，应予 14 日内会同承包人按照合同约定的内容进行核实。如无异议，发包人应当在核实后 14 日内将保证金返还给承包人，逾期支付的，从逾期之日起，按照同期银行贷款利率计付利息，并承担违约责任。发包人在接到承包人返还保证金申请后 14 日内不予答复，经催告后 14 日内仍不予答复，视同认可承包人的返还保证金申请。

发包人和承包人对保证金预留、返还以及工程维修质量、费用有争议，按承包合同约定的争议和纠纷解决程序处理。

案例 6-27 分析：

保修责任与保修金的退还属于两个法律关系。依据财政部、建设部《建设工程价款结算暂行办法》(财建〔2004〕369 号)第 14 条“发包人收到承包人递交的竣工结算报告及完整的结算资料后，应按本办法规定的期限(合同约定有期限的，从其约定)进行核实，给予确认或者提出修改意见。发包人根据确认的竣工结算报告向承包人支付工程竣工结算价款，保留 5%左右的质量保证(保修)金，待工程交付使用一年质保期到期后清算(合同另有约定的，从其约定)，质保期内如有返修，发生费用应在质量保证(保修)金内扣除。”之规定，在双方没有合同另行约定的情况下，建设单位理应在工程交付使用一年后清算。但是此举并不解除承包单位的质量保修责任。

保修金的退还应当按照发承包双方约定或者《建设工程价款结算暂行办法》处理，而承包单位的质量保修责任的依据则是《建筑法》《条例》《办法》等以及双方合同约定。二者的法律基础不同，因此在处理保修责任与保修金的退还纠纷时，应当结合具体情况进行处理。

在事件 1 中，在没有证据证明建设单位通知承包单位履行缺陷责任期内的保修责任，并且造成工程出现质量问题的原因系“由于承包人所用的材料、设备或者操作工艺不符合合同要求，或者承包人的疏忽或未遵守合同中对承包人规定的义务而造成的”的情况下，建设单位不能直接扣减承包单位的保修金。

在事件2中，建设单位理应依约全额支付工程尾款，其提出的扣减10%的保修金在一年后退还，违背了双方补充合同的本意。因为如果建筑工程在保修期内出现质量问题，承包单位理应自费承担保修责任，如果承包单位在建设单位通知后拒不履行保修责任，建设单位可以在自行修复后要求承包单位承担保修费用或者通过诉讼或者仲裁要求承包单位履行保修责任，如果由于质量缺陷或者保修不及时给建设单位或者工程使用人造成损害，建设单位还有权要求承担质量赔偿责任。

课后习题

一、单项选择题

1. 监理工程师李某在对某工程施工的监理过程中，发现该工程设计存在瑕疵，则李某(　　)。

A. 可以要求施工单位修改设计

B. 应当报告建设单位要求施工单位修改设计

C. 应当报告建设单位要求设计单位修改设计

D. 应当要求设计单位修改设计

2. 对涉及结构安全的试块、试件及有关材料，应当在监理人员监督下现场取样并送(　　)的质量检测单位进行检测。

A. 具有相应资质等级　　B. 建设单位许可

C. 建设行政协会许可　　D. 监理协会许可

3. 下列关于建设单位的质量责任和义务的表述中，错误的是(　　)。

A. 建设单位不得暗示施工单位违反工程建设强制性标准，降低建设工程质量

B. 建设单位不得任意压缩合同合理工期

C. 建设单位进行装修时不得变动建筑主体和承重结构

D. 建设工程发包单位不得迫使承包方以低于成本价格竞标

4. 关于建设单位质量责任和义务的说法，错误的是(　　)。

A. 建设单位不得暗示施工单位违反工程建设强制性标准，降低建设工程质量

B. 应当依法报审施工图设计文件

C. 不得将建设工程肢解发包

D. 在领取施工许可证后或开工报告后，按照国家有关规定的办理工程质量监督手续

5. 根据《建设工程质量管理条例》，建设单位最迟应当在(　　)之前办理工程质量监督手续。

A. 竣工验收　　B. 签订施工合同

C. 进场开工　　D. 领取施工许可证

6. 下列不属于发包人义务的情形是(　　)。

A. 提供必要施工条件

B. 及时组织工程竣工验收

C. 向有关部门移交建设项目档案

D. 就审查合格的施工图设计文件向施工企业进行详细说明

7. 根据《建设工程质量管理条例》，组织有关单位参加建设工程竣工验收的义务主体是(　　)。

A. 施工企业　　B. 建设单位

C. 建设行政主管部门　　D. 建设工程质量监督机构

8. 根据《建设工程质量管理条例》，建设工程竣工验收应当具备的条件不包括(　　)。

A. 完成建设工程设计和合同约定的各项内容

B. 有完整的技术档案和施工管理资料

C. 建设单位和施工企业已签署工程结算文件

D. 勘察、设计、施工、工程监理等单位已分别签署质量合格文件

9. 某工程已具备竣工条件，2005 年 3 月 2 日施工单位向建设单位提交竣工验收报告，3 月 7 日经验收不合格，施工单位返修后于 3 月 20 日再次验收合格，3 月 31 日，建设单位将有关资料报送建设行政主管部门备案，则该工程质量保修期自(　　)开始。

A. 2005 年 3 月 2 日　　B. 2005 年 3 月 7 日

C. 2005 年 3 月 20 日　　D. 2005 年 3 月 31 日

10. 因设计原因导致的质量缺陷的，在工程保修期内的正确说法是(　　)。

A. 施工企业不仅要负责保修，还要承担保修费用

B. 施工企业仅负责保修，由此发生的费用可向建设单位索赔

C. 施工企业仅负责保修，由此发生的费用可想设计单位索赔

D. 施工企业不负责保修，应由建设单位自行组织维修

11. 某工程竣工验收合格后第 11 年内，部分梁板发生不同程度断裂。经有相应资质的质量鉴定机构鉴定，确认断裂原因混凝土施工养护不当致其强度不符合设计要求，则该质量缺陷应由(　　)。

A. 建设单位维修并承担维修费用

B. 施工单位维修并承担维修费用

C. 施工单位维修，设计单位承担维修费用

D. 施工单位维修，混凝土供应单位承担维修

12. 建设工程在超过合理使用年限后需要继续使用的，产权所有人应当委托(　　)鉴定，并根据鉴定结果采取加固、维修等措施，重新界定使用期。

A. 勘察、设计单位　　B. 监理单位

C. 建设安全监督管理机构　　D. 工程质量监督机构

13. 下列建设单位向施工单位做出的意思表示，为法律、行政法规所禁止的是(　　)。

A. 明示报名参加投标的各施工单位以低价竞标

B. 明示施工单位在施工中应优化工期

C. 暗示施工单位采用《建设工程施工(合同文本)》签订合同

D. 暗示施工单位在非承重墙结构部位使用不合格的水泥

14. 工程监理的依据不包括(　　)。

A. 建设工程承包合同　　B. 有关技术标准
C. 竣工图　　D. 设计文件

15. 根据《建设工程质量管理条例》，关于工程监理职责和权限的说法，错误的是(　　)。
A. 未经监理工程师签字，建筑材料不得在工程上使用
B. 未经监理工程师签字，建设单位不得拨付工程款
C. 隐蔽工程验收未经监理工程师签字，不得进入下一道工序
D. 未经总监理工程师签字，建设单位不进行竣工验收

16. 关于不符合建筑节能标准的建筑，错误的是(　　)。
A. 不得批准开工建设　　B. 已开工建设的，应当责令停止施工
C. 已开工建设的，应当责令限期改正　　D. 已经建成的，可以正常使用

17. 根据相关法律规定，建设工程总承包单位完工后向建设单位出具质量保修书的时间为(　　)。
A. 竣工验收合格后　　B. 提交竣工验收报告时
C. 竣工验收时　　D. 交付使用时

18. 某建设项目总投资 5 000 万元，使用政府投资 2 000 万元。施工合同价 3 600 万元，最终与施工单位结算价款总额为 4 000 万元。则结算时，应按照(　　)万元预留保证金。
A. 100　　B. 180　　C. 150　　D. 200

19. 根据《建设工程质量管理条例》，对于涉及(　　)的装修工程，建设单位应委托原设计单位或具有相应资质的设计单位提出设计方案。
A. 增加工程内部装饰　　B. 建筑主体和承重结构变动
C. 增加工程造价总额　　D. 改变建筑工程局部使用功能

20. 涉及结构安全的试块、试件和材料见证取样和送检的比例不得低于有关技术标准中规定应取样数量的(　　)。
A. 20%　　B. 30%　　C. 40%　　D. 50%

二、多项选择题

1. 下列选项中，对施工单位的质量责任和义务标书正确的是(　　)。
A. 总承包单位不得将主体对外分包
B. 分包单位应当按照分包合同的约定对总承包单位负责
C. 总承包单位与每一分包单位就各自分包部分的质量承担连带责任
D. 施工单位在施工中发现设计图纸有差错时，应当按照国家标准施工
E. 在建设工程竣工验收合格之前，施工单位应当对质量问题履行保修义务

2. 在施工过程中，施工人员发现设计图纸不符合技术标准，施工单位技术负责人采取的做法是(　　)。
A. 继续按照工程设计图纸施工　　B. 按照技术标准修改工程设计
C. 及时向设计单位索赔　　D. 及时提出意见和建议
E. 通过建设单位要求设计单位予以变更

3. 施工企业对建筑材料、建筑构配件和设备进行检验，通常应当按照(　　)进行，不合格的不得使用

A. 工程设计要求　B. 企业标准　C. 施工技术标准　D. 通行惯例

E. 合同约定

4. 某住宅楼工程设计合理使用年限为50年。以下是该工程施工单位和建设单位签订的《工程质量保修书》，其中(　　)保修期符合《建设工程质量管理条例》规定。

A. 地基基础和主体结构工程为50年　B. 屋面防水工程、卫生间防水为8年

C. 电气管线、给排水管道为2年　D. 供热与供冷系统为1年

E. 装饰装修工程为1年

5. 建设单位因急于投产，擅自使用了未经竣工验收的工程。使用过程中，建设单位发现了一些质量缺陷，遂以质量不符合约定为由将施工单位诉至人民法院，则下列情形中，能够获得人民法院支持的有(　　)。

A. 因建设单位使用不当造成防水层损坏

B. 因工人操作失误造成制冷系统损坏

C. 因百年一遇的台风造成屋面损毁

D. 使用中地基基础出现非正常沉陷

E. 使用中主体某处大梁出现裂缝

6. 关于见证取样的规定，(　　)必须实施见证取样送检，才可用于工程。

A. 用于承重结构的混凝土试块　B. 用于承重墙的砖

C. 防水卷材　D. 钢筋垫块

E. 用于承重结构的钢筋连接接头试件

7. 王某取得监理工程师执业资格后，受总监理工程师委派，进驻某建设工程项目履行监理职责，其实施监理的依据包括(　　)。

A. 法律、法规及有关技术标准　B. 建设工程施工合同

C. 劳动用工合同　D. 工程设计文件

E. 招标公告

8. 某建设项目实行施工总承包，总承包单位将该建设项目依法分包，则关于工程档案的整理、移交，下列说法正确的是(　　)。

A. 总承包单位负责汇总各分包单位形成的工程档案，整理无误后向城建档案馆移交

B. 分包单位自行整理本单位形成的工程文件，并向总承包单位移交

C. 建设单位负责对档案文件的审查，审查合格后向城建档案馆移交

D. 勘察、设计等单位立卷归档后，向总承包单位移交

E. 分包单位自行整理的工程文件由本单位档案管理部门保存，不向其他单位移交

9. 房屋建筑工程质量保修书中的内容一般包括(　　)。

A. 工程概况、房屋使用管理要求　B. 保修范围和内容

C. 超过合理使用年限继续使用的条件　D. 保修期限和责任

E. 保修单位名称、详细地址

10. 下列标准属于强制性标准的有(　　)。

A. 行业专用的质量标准　B. 工程建设通用的安全标准

C. 工程建设行业专用的制图方法标准　D. 工程建设通用的试验标准

E. 工程建设行业专用的评定方法标准

项目七　建设工程施工环境保护、节约能源和文物保护法律制度

知识目标

◇ 了解建筑工程环境保护的基本制度

◇ 熟悉建筑工程文物保护的法律制度

◇ 掌握施工现场噪声污染防治的相关规定

◇ 掌握施工现场空气污染防治的相关规定

◇ 掌握施工现场水污染防治的相关规定

◇ 掌握施工现场固体废物污染防治的相关规定

◇ 掌握绿色施工的基本内容和相关规定

◇ 熟悉违法行为的法律责任

技能目标

◇ 能够运用所学的基本知识指导工程实践活动

◇ 能够运用相关法律条款处理实际工作中遇到的问题和纠纷

◇ 具有通过执业资格考试的能力

第一部分　情景案例导入与分析

案例1　某市高层办公楼工程施工过程中遭居民投诉

案情简介　某建筑施工企业承接了某市高层办公楼工程，该办公楼位于该市二环内，建筑面积为3.5万m^2，地上22层，结构类型为框架—剪力墙结构，基础为箱形基础。该工程东、西、南三面为住宅建筑，由于工期紧张，基础需要连续夜间施工。为此，周边居民意见很大，纷纷到有关部门进行投诉。

问题：

1. 建筑业常见的重要环境因素有哪些？

2. 工程施工过程中，为避免空气污染，应该采取何种措施？

案例分析：

1. 建筑业常见重要的环境因素有：噪声、粉尘、废弃物、废水、废气、化学品等。

2. 施工过程中，为避免空气污染，应采用如下措施：

(1) 施工现场垃圾渣土要及时清理出场；

(2) 高大建筑物清理施工垃圾时,要使用封闭式的容器或者采取其他措施处理高空废弃物,严禁凌空随意抛撒;

(3) 施工现场道路应指定专人定期洒水清扫,形成制度,防止道路扬尘;

(4) 对于细颗粒散体材料的运输、储存要注意遮盖、密封,防止和减少飞扬;

(5) 车辆开出工地要做到不带泥沙,基本做到不撒土、不扬尘、减少对周围环境的污染;

(6) 机动车都要安装减少尾气排放的装置,确定符合国家标准;

(7) 拆除旧建筑时,应适当洒水,防止扬尘。

案例 2　工程项目未履行"三同时"制度

案情简介　某学校附近为一大型房地产开发项目。开发商为赶工期,24 小时不间断工作,常常是各种机械声不绝于耳。据环保局监测,其噪声已达 80 分贝和 95 分贝。该项目自规划以来,未履行"三同时"手续,也未考虑任何消声防震措施。环保局在调解同时,对该开发商罚款 3 万元,并要求补办"三同时"审批手续,审批通过前不得施工。

问题:环保局的处罚有无法律依据?

案情分析:

建设项目的环境噪声污染防治设施必须与主体工程同时设计、同时施工、同时投产使用。建设项目在投入生产或者使用之前,其环境噪声污染防治设施必须经原审批环境影响报告书的环境保护行政主管部门验收;达不到国家规定要求的,该建设项目不得投入生产或者使用。

在城市市区范围内向周围生活环境排放建筑施工噪声的,应当符合国家规定的建筑施工场界环境噪声排放标准。

在城市市区范围内,建筑施工过程中使用机械设备,可能产生环境噪声污染的,施工单位必须在工程开工 15 日以前向工程所在地县级以上地方人民政府环境保护行政主管部门申报该工程的项目名称、施工场所和期限、可能产生的环境噪声值以及所采取的环境噪声污染防治措施的情况。

在已有的城市交通干线的两侧建设,有噪声敏感建筑物的,建设单位应当按照国家规定间隔一定距离,并采取减轻、避免交通噪声影响的措施。

第二部分　相关工作任务

任务 1　施工现场噪声污染防治的规定

环境噪声污染,是指产生的环境噪声超过国家规定的环境噪声排放标准,并干扰他人正常生活、工作和学习的现象。

在工程建设领域,环境噪声污染的防治主要包括两个方面:施工现场环境噪声污染的防治和交通运输噪声污染的防治。

一、施工现场环境噪声污染的防治

(一) 建筑施工场界环境噪声排放标准的规定

案例 7-1 某日 22:00 以后,某市城管执法队员接群众举报,在某工地内有产生噪声污染的建筑施工作业,严重影响了周围居民的休息。城管执法队员经调查取证后了解到,噪声源为混凝土施工,施工场界噪声经测试为 72.4 dB,该施工单位未办理任何夜间施工手续并公告附近居民,也非抢修、抢修等特殊作业。

问题:

1. 本案例中,施工单位的夜间施工作业有无违法行为?如违法则说明理由。
2. 本案例中的施工单位应当接受哪些行政处罚?

《环境噪声污染防治法》规定,在城市市区范围内向周围生活环境排放建筑施工噪声的,应对符合国家规定的建筑施工场界环境噪声排放标准。

建筑施工场界,是指由有关主管部门批准的建筑施工场地边界或建筑施工过程中实际使用的施工场地边界。《建筑施工场界环境噪声排放标准》(GB 12523—2011)规定,建筑施工过程中场界环境噪声不得超过规定的排放限值。建筑施工场界环境噪声排放限值为,昼间 70 dB(A),夜间 55 dB(A)。夜间噪声最大声级超过限值的幅度不得高于 15 dB(A)。昼间是指 6:00—22:00 之间的时段;夜间是指 22:00—次日 6:00 之间的时段。县级以上人民政府为环境噪声污染防治的需要而对该时段划分另有规定的,应按其规定执行。

(二) 使用机械设备可能产生环境噪声污染须申报的规定

案例 7-2 北京市某建筑工程公司下属的混凝土搅拌站位于城市市区范围内,其 2006 年投产使用,2010 年扩建后,该厂围墙与受害的四户居民的住房仅有几米距离。该厂自投产以来一直昼夜施工,产生大量噪声、振动和粉尘,严重影响了四户居民的正常生产、生活,并使该四户居民的房屋产生不同程度的损坏。四户居民申请北京市某区环保局对该厂产生的噪声及振动进行检测鉴定,结论是噪声和振动均超标。该建筑公司也未获得相关部门的环境审批。后四户居民以该混凝土搅拌站所属的建筑工程公司为被告,向北京市某区人民法院提起了民事诉讼,请求法院判令被告停止侵害、赔偿损失。

问题:

1. 本案例中,该建筑工程公司有无违法行为?
2. 你认为法院应该怎样判决?

《环境噪声污染防治法》规定,在城市市区范围内,建筑施工过程中使用机械设备可能产生环境噪声污染的,施工单位必须在工程开工 15 日之前向工程所在地县级以上地方人民政府环境保护行政主管部门申报该工程的项目名称、施工场所和期限、可能产生的环境噪声值以及所采取的环境噪声污染防治措施的情况。

国家对环境噪声污染严重的落后设备实行淘汰制度。国务院经济综合主管部门应当会同国务院有关部门公布限期禁止生产、禁止销售、禁止进口的环境噪声污染严重的设备名录。

案例 7-2 问题 1 分析:

《环境噪声污染防治法》规定,在城市市区范围内,建筑施工过程中使用机械设备,可能产生环境噪声污染的，施工单位必须在工程开工15日以前向工程所在地县级以上地方人民政府环境保护行政主管部门申报该工程的项目名称、施工场所和期限、可能产生的环境噪声值以及所采取的环境噪声污染防治措施的情况。

建设项目可能产生环境噪声污染的，建设单位必须提出环境影响报告书，规定环境噪声污染的防治措施，并按照国家规定的程序报环境保护行政主管部门批准。环境影响报告书中，应当有该建设项目所在地单位和居民的意见。

该建筑公司对搅拌站的作业并没有进行相关的环境影响报告的审批，也没有采取相关的防治措施，因此属违法行为。

（三）禁止夜间进行产生环境噪声污染施工作业的规定

《环境噪声污染防治法》规定，在城市市区噪声敏感建筑物集中区域内，禁止夜间进行产生环境噪声污染的建筑施工作业，但抢修、抢险作业和因生产工艺要求或特殊需要必须连续作业的除外。因特殊需要必须连续作业的，必须有县级以上人民政府或者其有关主管部门的证明。以上规定的夜间作业，必须公告附近居民。

噪声敏感建筑物集中区域，是指医疗区、文教科研区和以机关或者居民住宅为主的区域。

案例7-1问题1分析：

本案例中的施工单位违反了有关夜间施工作业的法律规定。《环境噪声污染防治法》第30条规定，“在城市市区噪声敏感建筑物集中区域内，禁止夜间进行产生环境噪声污染的建筑施工作业，但抢修、抢险作业和因生产工艺要求或特殊需要必须连续作业的除外。因特殊需要必须连续作业的，必须有县级以上人民政府或者其有关主管部门的证明。以上规定的夜间作业，必须公告附近居民。”该施工单位的夜间作业不属于抢修、抢险作业，也没有县级以上人民政府或者有关主管部门出具的因生产工艺上要求或者特殊需要而必须连续作业的证明，并且未向附近居民进行公告。

此外，《环境噪声污染防治法》第28条规定，“在城市市区范围内向周围生活环境排放建筑施工噪声的，应对符合国家规定的建筑施工场界环境噪声排放标准。”经检测，该施工场界噪声为72.4 dB，超过了《建筑施工场界环境噪声排放标准》(GB 12523—2011)关于建筑施工场界环境噪声排放限值夜间55 dB(A)且夜间噪声最大声级超过限值的幅度不得高于15 dB(A)的规定。

因此，其夜间施工作业构成了环境噪声污染的违法行为。

（四）政府监管部门现场检查的规定

《环境噪声污染防治法》规定，县级以上人民政府环境保护行政主管部门和 环境噪声污染防治工作的监督管理部门、机构，有权依据各自的职责对管辖范围内排放环境噪声的单位进行现场检查。

被检查的单位必须如实反映情况，并提供必要的资料。检查部门、机构应当为被检查的单位保守技术秘密和业务秘密。检查人员进行现场检查，应当出示证件。

二、交通运输噪声污染的防治

《环境噪声污染防治法》规定，在城市市区范围内行使的机动车辆的消声器和喇叭必须符合国家规定的要求。机动车辆必须加强维修和保养，保持技术性能良好，防治环境噪声污染。

警车、消防车、工程抢险车、救护车等机动车辆安装、使用警报器，必须符合国务院公安部门的规定；在执行非紧急任务时，禁止使用警报器。

三、对产生环境噪声污染企业事业单位的规定

《环境噪声污染防治法》规定，产生环境噪声污染的企业事业单位，必须保持防治环境噪声污染的设施的正常使用；拆除或者闲置环境噪声污染防治设施的，必须事先报经所在地的县级以上地方人民政府环境保护行政主管部门批准。

产生环境噪声污染的单位，应当采取措施进行治理，并按照国家规定缴纳超标准排污费。征收的超标准排污费必须用于污染的防治，不得挪作他用。

对于在噪声敏感建筑物集中区域内造成严重环境噪声污染的企业事业单位，限期治理。被限期治理的单位必须按期完成治理任务。

四、违法行为应承担的法律责任

《环境噪声污染防治法》规定，未经环境保护行政主管部门批准，擅自拆除或者闲置环境噪声污染防治设施，致使环境噪声排放超过规定标准的，由县级以上地方人民政府环境保护行政主管部门责令改正，并处罚款。

排放环境噪声的单位违反规定，拒绝环境保护行政主管部门或者其他依照本法规定行使环境噪声监督管理权的部门、机构现场检查或者在被检查时弄虚作假的，环境保护行政主管部门或者其他依照本法规定行使环境噪声监督管理权的监督管理部门、机构可以根据不同情节，给予警告或者处以罚款。

建筑施工单位违反规定，在城市市区噪声敏感建筑物集中区域内，夜间进行禁止进行的产生环境噪声污染的建筑施工作业的，由工程所在地县级以上地方人民政府环境保护行政主管部门责令改正，可以并处罚款。

机动车辆不按照规定使用声响装置的，由当地公安机关根据不同情节给予警告或者处以罚款。

受到环境噪声污染危害的单位和个人，有权要求加害人排除危害；造成损失的，依法赔偿损失。赔偿责任和赔偿金额的纠纷，可以根据当事人的请求，由环境保护行政主管部门或者其他环境噪声污染防治工作的监督管理部门、机构调解处理；调解不成的，当事人可以向人民法院起诉。当事人也可以直接向人民法院起诉。

案例 7-1 问题 2 分析：

《环境噪声污染防治法》第 56 条规定："在城市市区噪声敏感建筑物集中区域内，夜间进行禁止进行的产生环境噪声污染的建筑施工作业的，由工程所在地县级以上地方人民政府环境保护行政主管部门责令改正，可以并处罚款。"据此，该单位应当接受市环境保护行政主管部门责令改正，可以并处罚款的行政处罚。

案例 7-2 问题 2 分析：

《环境噪声污染防治法》规定："受到环境噪声污染危害的单位和个人，有权要求加害人

排除危害；造成损失的，依法赔偿损失。”而搅拌站的行为确实已经构成了噪声污染且对居民造成了损失，因此，法院应该判令被告停止侵害、赔偿损失。

任务2 施工现场废气、废水污染防治的规定

一、大气污染的防治

按照国际标准化组织(ISO)的定义，大气污染通常是指由于人类活动或自然过程引起某些物质进入大气中，呈现出足够的浓度，达到足够的时间，并因此危害了人体的舒适、健康和福利或环境污染的现象。如果不对大气污染物的排放总量加以控制和防治，将会严重破坏生态系统和人类生存条件。

(一) 施工现场大气污染的防治

案例7-3

武汉市后湖10万居民陷“光灰之城”

根据2006年出台的《后湖地区分区规划》，后湖被定义为“和谐生态居住新城”，位列武汉4大居住新城之一，到2020年规划居住人口30万。东至汉黄路、解放大道，南抵京广线，西起姑嫂树路，北接施工中的三环线，规划用地面积23.6 km^2。2010年后湖居民纷纷向有关部门投诉，空气中漫天飞舞的都是灰尘，走在路上，鼻孔里都是渣土的味道。家里每天都不得不紧闭门窗，家长也不敢让孩子出去玩耍。生活受到极大的影响。经有关部门调查发现，目前，后湖片区，位于金桥大道、后湖五路、后湖大道、幸福大道上，尚有5个在建工地，分别为高架桥、凯旋茗苑、盛世东方、江岸区检察院、同安家园。进出施工现场的路面不平，车厢也没加盖，车辆不时撒下渣土。多处工地施工，车辆出入未能按照建筑工地施工车辆出入要求清洗车轮，大量泥土进入后湖大道。另外，施工场地黄土暴露太多。武汉市环保局的一项调查表明，后湖道路施工过程中产生的扬尘，主要来源于混凝土搅拌站、施工材料运输和装卸过程。

问题：该建设活动中应该采取哪些措施防治扬尘污染？

2015年8月经修改后公布的《中华人民共和国大气污染防治法》(以下简称《大气污染防治法》)规定，企业事业单位和其他生产经营单位者应当采取有效措施，防止、减少大气污染，对所造成的损害依法承担责任。

企业事业单位和其他生产经营者向大气排放污染物的，应当依照法律法规和国务院环境保护主管部门的规定设置大气污染物排放口。禁止通过偷排、篡改或者伪造检测数据、以逃避现场检查为目的的临时停产、非紧急情况下开启应急排放通道、不正常运行大气污染防治设施等逃避监管的方式排放大气污染物。

建设单位应当将防治扬尘污染的费用列入工程造价，并在施工承包合同中明确施工的那位扬尘污染防治责任。施工单位应当制定具体的施工扬尘污染防治实施方案。施工单位应当在施工工地设置硬质围挡，并采取覆盖、分段作业、择时施工、洒水抑尘、冲洗地面和车辆等有效防尘降尘措施。建筑土方、工程渣土、建筑垃圾应当及时清运；在场内堆存的，应当采取密闭式防尘网遮盖。工程渣土、建筑垃圾应当进行资源化处理。

施工单位应当在施工工地公示扬尘污染防治措施、负责人、扬尘监督管理主管部门等信

息。暂时不能开工的建设用地，建设单位应当对裸露地面进行覆盖；超过三个月的，应当进行绿化、铺装或者遮盖。禁止在人口集中地区和其他依法需要特殊保护的区域内焚烧沥青、油毡、橡胶、塑料、皮革、垃圾以及其他产生有毒有害烟尘和恶臭气体的物质。

运输煤炭、垃圾、煤渣、煤灰、水泥、石灰、石膏、砂土等易产生扬尘的物料应当密闭；不能密闭的，应当设置不低于堆放物高度的严密围挡，并采取有效覆盖措施防治扬尘污染。码头、矿山、填埋场和消纳场应当实施分区作业，并采取有效措施防治扬尘污染。

2007 年 9 月建设部颁布的《绿色施工导则》中对施工现场的扬尘污染作了相关规定：

(1) 运送土方、垃圾、设备及建筑材料等，不污损场外道路。运输容易散落、飞扬、流漏的物料的车辆，必须采取措施封闭严密，保证车辆清洁。施工现场出口应设置洗车槽。

(2) 土方作业阶段，采取洒水、覆盖等措施，达到作业区目测扬尘高度小于 1.5 m，不扩散到场区外。

(3) 结构施工、安装装饰装修阶段，作业区目测扬尘高度小于 0.5 m。对易产生扬尘的堆放材料应采取覆盖措施；对粉末状材料应封闭存放；场区内可能引起扬尘的材料及建筑垃圾搬运应有降尘措施，如覆盖、洒水等；浇筑混凝土前清理灰尘和垃圾时尽量使用吸尘器，避免使用吹风器等易产生扬尘的设备；机械剔凿作业时可用局部遮挡、掩盖、水淋等防护措施；高层或多层建筑清理垃圾应搭设封闭性临时专用道或采用容器吊运。

(4) 施工现场非作业区达到目测无扬尘的要求。对现场易飞扬物质采取有效措施，如洒水、地面硬化、围挡、密网覆盖、封闭等，防止扬尘产生。

(5) 构筑物机械拆除前，做好扬尘控制计划。可采取清理积尘、拆除体洒水、设置隔挡等措施。

(6) 构筑物爆破拆除前，做好扬尘控制计划。可采用清理积尘、淋湿地面、预湿墙体、屋面敷水袋、楼面蓄水、建筑外设高压喷雾状水系统、搭设防尘排栅和直升机投水弹等综合降尘。选择风力小的天气进行爆破作业。

(7) 在场界四周围挡高度位置测得的大气总悬浮颗粒物月平均浓度与城市背景值的差值不大于 0.08 mg/m^3。

案例 7-3 分析：

该建设活动中应采取的防治扬尘污染的措施有：

(1) 运输土方时加覆盖设施，集中堆放的土方加盖绿色密格网，封闭严密以防土方遗洒扬尘。并由施工员负责覆盖工作，并经常检查覆盖情况如发现有破损或未覆盖处立即进行修补、覆盖。

(2) 建筑垃圾应当及时清运，日产日清，装卸车不得凌空抛撒，车辆不得沾带泥土驶出施工工地。

(3) 水泥、石灰等散体材料运输过程中必须进行覆盖。存放时采用入库或严密遮盖措施存放。

(4) 施工现场及办公、生活区及时进行洒水降尘。配备的水车由专人负责。正常情况下每天上、下午各一遍，遇到风沙天气，相应增加洒水遍数。

(5) 在施工区域出口处设立洗车池，施工车辆驶出现场前经过洗车池，防止车辆带泥上路。

(6) 施工现场存土表面拍实，采用密格网进行表面覆盖。

(7) 外运土方、渣土的车辆加盖，不得超量运载，装载物低于槽帮 0.15 m。

(8) 施工现场成立现场保洁小分队，每日两次清扫和洒水，降尘和及时清理浮土垃圾。

(二) 对向大气排放污染物单位的监管

《大气污染防治法》规定，向大气排放污染物的单位，必须按照国务院环境保护行政主管部门的规定向所在地的环境保护行政主管部门申报拥有的污染物排放设施、处理设施和在正常作业条件下排放污染物的种类、数量、浓度，并提供防治大气污染方面的有关技术资料。

排污单位排放大气污染物的种类、数量、浓度有重大改变的，应当及时申报；其大气污染物处理设施必须保持正常使用，拆除或者闲置大气污染物处理设施的，必须事先报经所在地的县级以上地方人民政府环境保护行政主管部门批准。

向大气排放污染物的，其污染物排放浓度不得超过国家和地方规定的排放标准。在人口集中地区和其他依法需要特殊保护的区域内，禁止焚烧沥青、油毡、橡胶、塑料、皮革、垃圾以及其他产生有毒有害烟尘和恶臭气体的物质。

(三) 违法行为应承担的法律责任

《大气污染防治法》规定，违反本法规定，有下列行为之一的，环境保护行政主管部门或者规定的监督管理部门可以根据不同情节，责令停止违法行为，限期改正，给予警告或者处5万元以下罚款：

(1) 拒报或者谎报国务院环境保护行政主管部门规定的有关污染物排放申报事项的；

(2) 拒绝环境保护行政主管部门或者其他监督管理部门现场检查或者在被检查时弄虚作假的；

(3) 排污单位不正常使用大气污染物处理设施，或者未经环境保护行政主管部门批准，擅自拆除、闲置大气污染物处理设施的；

(4) 未采取防燃、防尘措施，在人口集中地区存放煤炭、煤矸石、煤渣、煤灰、砂石、灰土等物料的。

向大气排放污染物超过国家和地方规定排放标准的，应当限期治理，并由所在地县级以上地方人民政府环境保护行政主管部门处1万元以上10万元以下罚款。

违反本法规定，有下列行为之一的，由县级以上地方人民政府环境保护行政主管部门或者其他依法行使监督管理权的部门责令停止违法行为，限期改正，可以处5万元以下罚款：

(1) 未采取有效污染防治措施，向大气排放粉尘、恶臭气体或者其他含有有毒物质气体的；

(2) 未经当地环境保护行政主管部门批准，向大气排放转炉气、电石气、电炉法黄磷尾气、有机烃类尾气的；

(3) 未采取密闭措施或者其他防护措施，运输、装卸或者贮存能够散发有毒有害气体或者粉尘物质的；

(4) 城市饮食服务业的经营者未采取有效污染防治措施，致使排放的油烟对附近居民的居住环境造成污染的。

在城市市区进行建设施工或者从事其他产生扬尘污染的活动，未采取有效扬尘防治措施，致使大气环境受到污染的，限期改正，处2万元以下罚款；对逾期仍未达到当地环境保护规定要求的，可以责令其停工整顿。对因建设施工造成扬尘污染的处罚，由县级以上地方人民政府建设行政主管部门决定；对其他造成扬尘污染的处罚，由县级以上地方人民政府指定的有关主管部门决定。

造成大气污染事故的企业事业单位，由所在地县级以上地方人民政府环境保护行政主管部门根据所造成的危害后果处直接经济损失50 %以下罚款，但最高不超过50万元；情节较重的，对直接负责的主管人员和其他直接责任人员，由所在单位或者上级主管机关依法给予行政处分或者纪律处分；造成重大大气污染事故，导致公私财产重大损失或者人身伤亡的严重后果，构成犯罪的，依法追究刑事责任。

案例7-4 2012年11月22日，某市环保局接到居民投诉，城区二环路一处建筑工地正进行施工，尘土飞扬，还传来阵阵刺鼻味道，严重影响了当地居民生活。市环保局随即对该工地进行检查，发现该工地堆放的大量沙石、灰土等物料及建筑垃圾，由于冬季施工天气干燥，经风一吹尘土飞扬，而且该地交通繁忙，车辆经过也激起大量扬尘。同时，屋面防水工程使用的沥青，在熬制过程中挥发出大量刺激(刺鼻)性气体，对小区居民生活造成了严重影响。

市环保局要求该施工单位进行限期整改。但是，该施工单位未采取任何整改措施，依然照常进行施工作业。

问题：

1. 施工单位违反了《大气污染防治法》的哪些规定?
2. 市环保局应当对其作如何处罚?

案例7-4分析：

1.《大气污染防治法》第36条规定，“向大气排放粉尘的排污单位，必须采取除尘措施。严格限制向大气排放含有毒物质的废气和粉尘；确需排放的，必须经过净化处理，不超过规定的排放标准。”本案中的施工单位违反了此项规定，没有对运土方车辆采取必要的防漏洒及清洗等除尘措施，导致产生大量粉尘污染环境。

《大气污染防治法》第40条规定，“向大气排放恶臭气体的排污单位，必须采取措施防止周围居民区受到污染。”第41条规定，“在人口集中地区和其他依法需要特殊保护的区域内，禁止焚烧沥青、油毡、橡胶、塑料、皮革、垃圾以及其他产生有毒有害烟尘和恶臭气体物质。”本案中的施工单位违反法律规定，导致沥青在熬制过程中挥发出的大量刺激(刺鼻)性气体，对小区居民生活造成了严重影响。

2. 依据《大气污染防治法》第56条、第57条规定，该市环保局应当责令施工单位停止违法行为，限期改正，可以处5万元以下罚款。此外，依据该法第58条规定，对于该施工单位违反限期改正的要求，逾期仍未达到当地环境保护规定要求的违法行为，市环保局可以责令其停工整顿。

二、水污染的防治

2008年2月颁布的《中华人民共和国水污染防治法》(以下简称《水污染防治法》)规定，水污染防治应当坚持预防为主、防治结合、综合治理的原则，优先保护饮用水水源，严格控制工业污染、城镇生活污染，防治农业面源污染，积极推进生态治理工程建设，预防、控制和减少水环境污染和生态破坏。

建设单位在江河、湖泊新建、改建、扩建排污口的，应当取得水行政主管部门或者流域管理机构同意；涉及通航、渔业水域的，环境保护主管部门在审批环境影响评价文件时，应当征求交通、渔业主管部门的意见。

建设项目的水污染防治设施，应当与主体工程同时设计、同时施工、同时投入使用。水污染防治设施应当经过环境保护主管部门验收，验收不合格的，该建设项目不得投入生产或者使用。

禁止在饮用水水源一级保护区内新建、改建、扩建与供水设施和保护水源无关的建设项目；已建成的与供水设施和保护水源无关的建设项目，由县级以上人民政府责令拆除或者关闭。禁止在饮用水水源二级保护区内新建、改建、扩建排放污染物的建设项目；已建成的排放污染物的建设项目，由县级以上人民政府责令拆除或者关闭。

禁止在饮用水水源准保护区内新建、扩建对水体污染严重的建设项目；改建建设项目，不得增加排污量。

案例 7-5 2013 年 3 月 22 日，南方某市突降大雨，环保局执法人员巡查发现市区某路段有大面积的积水，便及时上报该局。不久，市政部门派人来疏通管道，从管道中清出大量的泥沙、水泥块，还发现井口内有一个非市政部门设置的排水口，其方向紧靠某工地一侧。经执法人员调查确认，该工地的排水管道于 2013 年 1 月份打桩时铺设，工地内没有任何污水处理设施，其施工废水直接排放到工地外。工地的排污口通向该路段一侧的雨水井，但未办理任何审批手续。

问题：本案中，施工单位向道路雨水井排放施工废水的行为是否构成水污染违法行为？

（一）施工现场水污染的防治

《水污染防治法》规定，排放水污染物，不得超过国家或者地方规定的水污染物排放标准和重点水污染物排放总量控制指标。

直接或者间接向水体排放污染物的企业事业单位和个体工商户，应当按照国务院环境保护主管部门的规定，向县级以上地方人民政府环境保护主管部门申报登记拥有的水污染物排放设施、处理设施和在正常作业条件下排放水污染物的种类、数量和浓度，并提供防治水污染方面的有关技术资料。

（1）禁止向水体排放油类、酸液、碱液或者剧毒废液。禁止在水体清洗装贮过油类或者有毒污染物的车辆和容器。禁止向水体排放、倾倒放射性固体废物或者含有高放射性和中放射性物质的废水。向水体排放含低放射性物质的废水，应当符合国家有关放射性污染防治的规定和标准。

（2）禁止向水体排放、倾倒工业废渣、城镇垃圾和其他废弃物。禁止将含有汞、镉、砷、铬、铅、氰化物、黄磷等的可溶性剧毒废渣向水体排放、倾倒或者直接埋入地下。存放可溶性剧毒废渣的场所，应当采取防水、防渗漏、防流失的措施。禁止在江河、湖泊、运河、渠道、水库最高水位线以下的滩地和岸坡堆放、存贮固体废弃物和其他污染物。

（3）在饮用水水源保护区内，禁止设置排污口。在风景名胜区水体、重要渔业水体和其他具有特殊经济文化价值的水体的保护区内，不得新建排污口。在保护区附近新建排污口，保证保护区水体不受污染。

禁止利用渗井、渗坑、裂隙和溶洞排放、倾倒含有毒污染物的废水、含病原体的污水物。禁止利用无防渗漏措施的沟渠、坑塘等输送或者存贮含有毒污染物的废水、和其他废弃物。

(5) 兴建地下工程设施或者进行地下勘探、采矿等活动，应当采取防护性措施，防止地下水污染。人工回灌补给地下水，不得恶化地下水质。

2013 年 10 月颁布的《城镇排水与污水处理条例》规定，城镇排水主管部门应当会同有关部门，按照国家有关规定划定城镇排水与污水处理设施保护范围，并向社会公布。在保护范围内，有关单位从事爆破、钻探、打桩、顶进、挖掘、取土等可能影响城镇排水与污水处理设施安全的活动的，应当与设施维护运营单位等共同制定设施保护方案，并采取相应的安全防护措施。

建设工程开工前，建设单位应当查明工程建设范围内地下城镇排水与污水处理设施的相关情况。城镇排水主管部门及其他相关部门和单位应当及时提供相关资料。建设工程施工范围内有排水管网等城镇排水与污水处理设施的，建设单位应当与施工单位、设施维护运营单位共同制定设施保护方案，并采取相应的安全保护措施。因工程建设需要拆除、改动城镇排水与污水处理设施的，建设单位应当制定拆除、改动方案，报城镇排水主管部门审核，并承担重建、改建和采取临时措施的费用。

2015 年 1 月住房和城乡建设部发布的《城镇污水排入排水管网许可管理办法》进一步规定，未取得排水许可证，排水户不得向城镇排水设施排放污水。各类施工作业需要排水的，由建设单位申请领取排水许可证。因施工作业需要向城镇排水设施排水的，排水许可证的有效期，由城镇排水主管部门根据排水状况确定，但不得超过施工期限。排水户应当按照排水许可证确定的排水类别、总量、时限、排放污水。

排水户不得有下列危及城镇排水设施安全的行为：

(1) 向城镇排水设置排放、倾倒剧毒、易燃易爆物质、腐蚀性废液和废渣、有害气体和烹饪油烟等；

(2) 堵塞城镇排水设施或者向城镇排水设施内排放、倾倒垃圾、渣土、施工泥浆、油脂、污泥等易堵塞物；

(3) 擅自拆卸、移动和穿凿城镇排水设施；

(4) 擅自向城镇排水设施加压排放污水。

排水户因发生事故或者其他突发事件，排放的污水可能危及城镇排水与污水处理设施安全运行的，应当立即停止排放，采取措施消除危害，并按规定及时向城镇排水主管部门等有关部门报告。城镇排水主管部门实施排水许可不得收费。

案例 7-5 分析：

施工单位向道路雨水井排放施工废水的行为构成了水污染违法行为。《水污染防治法》第 21 条规定："直接或者间接向水体排放污染物的企业事业单位和个体工商户，应当按照国务院环境保护主管部门的规定，向县级以上地方人民政府环境保护主管部门申报登记拥有的水污染物排放设施、处理设施和在正常作业条件下排放水污染物的种类、数量和浓度，并提供防治水污染方面的有关技术资料。企业事业单位和个体工商户排放水污染物的种类、数量和浓度有重大改变的，应当及时申报登记；其水污染物处理设施应当保持正常使用；拆除或者闲置水污染物处理设施的，应当事先报县级以上地方人民政府环境保护主管部门批准。"本案中的施工单位，没有依法申报登记水污染物的情况和提供防治水污染方面的有关技术资料。

《水污染防治法》第 22 条规定："向水体排放污染物的企业事业单位和个体工商户，应当按照法律、行政法规和国务院环境保护主管部门的规定设置排污口；在江河、湖泊设置排污口的，还应当遵守国务院水行政主管部门的规定。禁止私设暗管或者采取其他规避监管的方式排放水污染物。”本案中的施工单位私自设置排水口排放水污染物，没有办理相应的审批手续。

《水污染防治法》第 33 条第一款规定：“禁止向水体排放、倾倒工业废渣、城镇垃圾和其他废弃物。”本案中的施工单位向雨水井中排放的施工废水中含有大量的泥沙、水泥块等废弃物。

(二) 发生事故或者其他突发性事件的规定

《水污染防治法》规定，企业事业单位发生事故或者其他突发性事件，造成或者可能造成水污染事故的，应当立即启动本单位的应急方案，采取应急措施，并向事故发生地的县级以上地方人民政府或者环境保护主管部门报告。

(三) 违法行为应承担的法律责任

案例 7-6 某环保局接到村民投诉，称某高速公路建设项目给村民的稻田造成了大面积污染。该环保局工作人员迅速赶到现场。经了解，是施工单位在混凝土搅拌场处私设排污口，将生产过程中产生的废水直接排入水沟，经水沟进入稻田，形成了板结，使村里几十亩水稻受损严重。

问题：施工单位直接向水沟排放施工废水的行为应受到何种处罚？

《水污染防治法》规定，排放水污染物超过国家或者地方规定的水污染物排放标准，或者超过重点水污染物排放总量控制指标的，由县级以上人民政府环境保护主管部门按照权限责令限期治理，处应缴纳排污费数额 2 倍以上 5 倍以下的罚款。限期治理期间，由环境保护主管部门责令限制生产、限制排放或者停产整治。限期治理的期限最长不超过 1 年；逾期未完成治理任务的，报经有批准权的人民政府批准，责令关闭。

在饮用水水源保护区内设置排污口的，由县级以上地方人民政府责令限期拆除，处 10 万元以上 50 万元以下的罚款；逾期不拆除的，强制拆除，所需费用由违法者承担，处 50 万元以上 100 万元以下的罚款，并可以责令停产整顿。

除上述规定外，违反法律、行政法规和国务院环境保护主管部门的规定设置排污口或者私设暗管的，由县级以上地方人民政府环境保护主管部门责令限期拆除，处 2 万元以上 10 万元以下的罚款；逾期不拆除的，强制拆除，所需费用由违法者承担，处 10 万元以上 50 万元以下的罚款；私设暗管或者有其他严重情节的，县级以上地方人民政府环境保护主管部门可以提请县级以上地方人民政府责令停产整顿。未经水行政主管部门或者流域管理机构同意，在江河、湖泊新建、改建、扩建排污口的，由县级以上人民政府水行政主管部门或者流域管理机构依据职权，依照以上规定采取措施、给予处罚。

有下列行为之一的，由县级以上地方人民政府环境保护主管部门责令停止违法行为，限期采取治理措施，消除污染，处以罚款；逾期不采取治理措施的，环境保护主管部门可以指定有治理能力的单位代为治理，所需费用由违法者承担：

(1) 向水体排放油类、酸液、碱液的；

(2) 向水体排放剧毒废液，或者将含有汞、镉、砷、铬、铅、氰化物、黄磷等的可溶性剧毒废渣向水体排放、倾倒或者直接埋入地下的；

(3) 在水体清洗装贮过油类、有毒污染物的车辆或者容器的；

(4) 向水体排放、倾倒工业废渣、城镇垃圾或者其他废弃物，或者在江河、湖泊、运河、渠道、水库最高水位线以下的滩地、岸坡堆放、存贮固体废弃物或者其他污染物的；

(5) 向水体排放、倾倒放射性固体废物或者含有高放射性、中放射性物质的废水的；

(6) 违反国家有关规定或者标准，向水体排放含低放射性物质的废水、热废水或者含病原体的污水的；

(7) 利用渗井、渗坑、裂隙或者溶洞排放、倾倒含有毒污染物的废水、含病原体的污水或者其他废弃物的；

(8) 利用无防渗漏措施的沟渠、坑塘等输送或者存贮含有毒污染物的废水、含病原体的污水或者其他废弃物的。

有以上第(3)，(6)项行为之一的，处 1 万元以上 10 万元以下的罚款；有以上第(1)，(4)，(8)项行为之一的，处 2 万元以上 20 万元以下的罚款；有以上第(2)，(5)，(7)项行为之一的，处 5 万元以上 50 万元以下的罚款。

企业事业单位有下列行为之一的，由县级以上人民政府环境保护主管部门责令改正；情节严重的，处 2 万元以上 10 万元以下的罚款：

(1) 不按照规定制定水污染事故的应急方案的；

(2) 水污染事故发生后，未及时启动水污染事故的应急方案，采取有关应急措施的。

案例 7-6 分析：

依据《水污染防治法》第 72 条、第 75 条第二款的规定，市环保局应当责令该施工单位限期改正，限期拆除私自设置的排污口，并可对该施工单位处 2 万元以上 10 万元以下的罚款；逾期不拆除的，强制拆除，所需费用由违法者承担，处 10 万元以上 50 万元以下的罚款。

任务 3　施工现场固体废物污染防治的规定

2015 年 4 月经修改后公布的《中华人民共和国固体废物污染环境防治法》(以下简称《固体废物污染环境防治法》)中规定，国家对固体废物污染环境的防治，实行减少固体废物的产生量和危害性、充分合理利用固体废物和无害化处置固体废物的原则，促进清洁生产和循环经济发展。

一、施工现场固体废物污染环境的防治

施工现场的固体废物主要是建筑垃圾和生活垃圾。固体废物又分为一般固体废物和危险废物。所谓危险废物，是指列入国家危险废物名录或者根据国家规定的危险废物鉴别标准和鉴别方法认定的具有危险特性的固体废物。

(一) 一般固体废物污染环境的防治

(1) 收集、贮存、运输、利用、处置固体废物的单位和个人，必须采取防扬散、防流失、防渗漏或者其他防止污染环境的措施；不得擅自倾倒、堆放、丢弃、遗撒固体废物。禁止任何单位或者个人向江河、湖泊、运河、渠道、水库及其最高水位线以下的滩地和岸坡等法律、法规规定禁止倾倒、堆放废弃物的地点倾倒、堆放固体废物。

(2) 转移固体废物出省、自治区、直辖市行政区域贮存、处置的，应当向固体废物移出地的省、自治区、直辖市人民政府环境保护行政主管部门提出申请。移出地的省、自治区、直辖市人民政府环境保护行政主管部门应当商经接受地的省、自治区、直辖市人民政府环境保护行政主管部门同意后，方可批准转移该固体废物出省、自治区、直辖市行政区域。未经批准的，不得转移。

(3) 工程施工单位应当及时清运工程施工过程中产生的固体废物，并按照环境卫生行政主管部门的规定进行利用或者处置。

2005 年 3 月原建设部颁布的《城市建筑垃圾管理规定》进一步规定，施工单位不得将建筑垃圾交给个人或者未经核准从事建筑垃圾运输的单位运输。处置建筑垃圾的单位在运输建筑垃圾的单位在运输建筑垃圾时，应当随车携带建筑垃圾处置核准文件，按照城市人民政府有关部门规定的运输路线、时间运行，不得丢失、遗撒建筑垃圾，不得超过核准范围承运建筑垃圾。

(二) 危险废物污染环境防治的特别规定

(1) 对危险废物的容器和包装物以及收集、贮存、运输、处置危险废物的设施、场所，必须设置危险废物识别标志。以填埋方式处置危险废物不符合国务院环境保护行政主管部门规定的，应当缴纳危险废物排污费。危险废物排污费用于污染环境的防治，不得挪作他用。

(2) 禁止将危险废物提供或者委托给无经营许可证的单位从事收集、贮存、利用、处置的经营活动。运输危险废物，必须采取防止污染环境的措施，并遵守国家有关危险货物运输管理的规定。禁止将危险废物与旅客在同一运输工具上载运。

(3) 收集、贮存、运输、处置危险废物的场所、设施、设备和容器、包装物及其他物品转做他用时，必须经过消除污染的处理，方可使用。

(4) 产生、收集、贮存、运输、利用、处置危险废物的单位，应当制定意外事故的防范措施和应急预案，并向所在地县级以上地方人民政府环境保护行政主管部门备案；环境保护行政主管部门应当进行检查。因发生事故或者其他突发性事件，造成危险废物严重污染环境的单位，必须立即采取措施消除或者减轻对环境的污染危害，及时通报可能受到污染危害的单位和居民，并向所在地县级以上地方人民政府环境保护行政主管部门和有关部门报告，接受调查处理。

(三) 施工现场固体废物的减量化和回收再利用

《绿色施工导则》规定，制定建筑垃圾减量化计划，如住宅建筑，每万平方米的建筑垃圾不宜超过 400 t。

加强建筑垃圾的回收再利用，力争建筑垃圾的再利用和回收率达到 30%，建筑物拆除产生的废弃物的再利用和回收率大于 40%。对于碎石类、土石方类建筑垃圾，可采用地基填埋、铺路等方式提高再利用率，力争再利用率大于 50%。

施工现场生活区设置封闭式垃圾容器，施工场地生活垃圾实行袋装化，及时清运。对建筑垃圾进行分类，并收集到现场封闭式垃圾站，集中运出。

二、违法行为应当承担的法律责任

《固体废物污染环境防治法》规定，违反有关城市生活垃圾污染环境防治的规定，有下列行为之一的，由县级以上地方人民政府环境卫生行政主管部门责令停止违法行为，限期改正，处以罚款：

(1) 随意倾倒、抛撒或者堆放生活垃圾的；

(2) 擅自关闭、闲置或者拆除生活垃圾处置设施、场所的；

(3) 工程施工单位不及时清运施工过程中产生的固体废物，造成环境污染的；

(4) 工程施工单位不按照环境卫生行政主管部门的规定对施工过程中产生的固体废物进行利用或者处置的；

(5) 在运输过程中沿途丢弃、遗撒生活垃圾的。

单位有以上第(1)，(3)，(5)项行为之一的，处 5 000 元以上 5 万元以下的罚款；有以上第(2)，(4)项行为之一的，处 1 万元以上 10 万元以下的罚款。个人有前款第(1)，(5)项行为之一的，处 200 元以下的罚款。

违反有关危险废物污染环境防治的规定，有下列行为之一的，由县级以上人民政府环境保护行政主管部门责令停止违法行为，限期改正，处以罚款：

(1) 不设置危险废物识别标志的；

(2) 不按照国家规定申报登记危险废物，或者在申报登记时弄虚作假的；

(3) 擅自关闭、闲置或者拆除危险废物集中处置设施、场所的；

(4) 不按照国家规定缴纳危险废物排污费的；

(5) 将危险废物提供或者委托给无经营许可证的单位从事经营活动的；

(6) 不按照国家规定填写危险废物转移联单或者未经批准擅自转移危险废物的；

(7) 将危险废物混入非危险废物中贮存的；

(8) 未经安全性处置，混合收集、贮存、运输、处置具有不相容性质的危险废物的；

(9) 将危险废物与旅客在同一运输工具上载运的；

(10) 未经消除污染的处理将收集、贮存、运输、处置危险废物的场所、设施、设备和容器、包装物及其他物品转做他用的；

(11) 未采取相应防范措施，造成危险废物扬散、流失、渗漏或者造成其他环境污染的；

(12) 在运输过程中沿途丢弃、遗撒危险废物的；

(13) 未制定危险废物意外事故防范措施和应急预案的。

有以上第(1)，(2)，(7)，(8)，(9)，(10)，(11)，(12)，(13)项行为之一的，处 1 万元以上 10 万元以下的罚款；有以上第(3)，(5)，(6)项行为之一的，处 2 万元以上 20 万元以下的罚款；有以上第(4)项行为的，限期缴纳，逾期不缴纳的，处应缴纳危险废物排污费金额 1 倍以上 3 倍以下的罚款。

危险废物产生者不处置其产生的危险废物又不承担依法应当承担的处置费用的，由县级以上地方人民政府环境保护行政主管部门责令限期改正，处代为处置费用 1 倍以上 3 倍以下的罚款。

造成固体废物严重污染环境的，由县级以上人民政府环境保护行政主管部门按照国务院规定的权限决定限期治理；逾期未完成治理任务的，由本级人民政府决定停业或者关闭。

造成固体废物污染环境事故的，由县级以上人民政府环境保护行政主管部门处 2 万元以上 20 万元以下的罚款；造成重大损失的，按照直接损失的 30%计算罚款，但是最高不超过 100 万元，对负有责任的主管人员和其他直接责任人员，依法给予行政处分；造成固体废物污染环境重大事故的，并由县级以上人民政府按照国务院规定的权限决定停业或者关闭。

收集、贮存、利用、处置危险废物，造成重大环境污染事故，构成犯罪的，依法追究刑事责任。

拒绝县级以上人民政府环境保护行政主管部门或者其他固体废物污染环境防治工作的监督管理部门现场检查的，由执行现场检查的部门责令限期改正；拒不改正或者在检查时弄虚作假的，处 2 000 元以上 2 万元以下的罚款。

案例 7-7 2007 年 5 月 10 日，某工地的一车建筑垃圾被倾倒在某市大街的道路两侧，污染面积 75 m^2，被该市环保局执法人员当场查获。经查，该工地已依法办理渣土消纳许可证，施工单位与某运输公司签订了建筑垃圾运输合同，约定由该运输公司按照渣土消纳许可证的要求，负责该工地的建筑垃圾渣土清运处置，在垃圾渣土清运过程中出现的问题由运输公司全权负责。但是，该运输公司没有取得从事建筑垃圾运输的核准证件。

问题：

1. 如何确定该建筑垃圾污染事件的责任主体？
2. 运输公司与施工单位分别应受到何种处罚？

案例 7-7 分析：

1. 依据《固体废物污染环境防治法》第 17 条第一款的规定，“收集、贮存、运输、利用、处置固体废物的单位和个人，必须采取防扬散、防流失、防渗漏或者其他防止污染环境的措施；不得擅自倾倒、堆放、丢弃、遗撒固体废物。”2005 年 3 月建设部颁布的《城市建筑垃圾管理规定》第 14 条规定：“处置建筑垃圾的单位在运输建筑垃圾时，应当随车携带建筑垃圾处置核准文件，按照城市人民政府有关部门规定的运输路线、时间运行，不得丢弃、遗撒建筑垃圾，不得超出核准范围承运建筑垃圾。”

本案中，施工单位作为建筑垃圾的产生单位，已经依法办理了渣土消纳许可证，并要求运输公司按照渣土消纳许可证的要求，负责工地产生的建筑垃圾渣土的清运处置。运输公司违法将一车建筑垃圾倾倒在道路两侧，应当为建筑垃圾污染事件的责任主体。

2.《固体废物污染环境防治法》第 74 条规定，“违反本法有关城市生活垃圾污染环境防治的规定，有下列行为之一的，由县级以上地方人民政府环境卫生行政主管部门责令停止违法行为，限期改正，处以罚款：……⑤在运输过程中沿途丢弃、遗撒生活垃圾的。……处5 000元以上 5 万元以下的罚款；……”。《城市建筑垃圾管理规定》第 22 条第 2 款规定：“施工单位将建筑垃圾交给个人或者未经核准从事建筑垃圾运输的单位处置的，由城市人民政府市容环境卫生主管部门责令限期改正，给予警告，处 1 万元以上 10 万元以下罚款。”

据此，市环保局应当责令运输公司停止违法行为，限期改正，并可处 5 000 元以上 5 万元以下的罚款；市容环境卫生主管部门责令施工单位限期改正，给予警告，处 1 万元以上 10 万元以下罚款。

任务 4 施工节约能源制度

在工程建设领域，节约能源主要包括建筑节能和施工节能两个方面。

建筑节能是解决建设项目建成后使用过程中的节能问题。2008 年 8 月颁布的《民用建筑节能条例》规定，“民用建筑节能，是指在保证民用建筑使用功能和室内热环境质量的前提下，降低其使用过程中能源消耗的活动。”施工节能则是要解决施工过程中的节约能源问题。

一、合理使用与节约能源的一般规定

（一）节能的产业政策

2007 年 10 月颁布的《中华人民共和国节约能源法》规定，国家实行有利于节能和环境保护的产业政策，限制发展高耗能、高污染行业，发展节能环保型产业。

国家对落后的耗能过高的用能产品、设备和生产工艺实行淘汰制度。禁止使用国家明令淘汰的用能设备、生产工艺。国家鼓励企业制定严于国家标准、行业标准的企业节能标准。

（二）用能单位的法定义务

用能单位应当按照合理用能的原则，加强节能管理，制定并实施节能计划和节能技术措施，降低能源消耗。用能单位应当建立节能目标责任制，对节能工作取得成绩的集体、个人给予奖励。用能单位应当定期开展节能教育和岗位节能培训。

用能单位应当加强能源计量管理，按照规定配备和使用经依法检定合格的能源计量器具。用能单位应当建立能源消费统计和能源利用状况分析制度，对各类能源的消费实行分类计量和统计，并确保能源消费统计数据真实、完整。任何单位不得对能源消费实行包费制。

（三）循环经济的法律要求

案例 7-8 《循环经济促进法》规定，发展循环经济应当在技术可行、经济合理和有利于节约资源、保护环境的前提下，按照(　　)原则实施。

A. 减少废物产生　　B. 减量化优先
C. 能源消耗最低　　D. 再利用优先

循环经济是指在生产、流通和消费等过程中进行的减量化、再利用、资源化活动的总称。减量化，是指在生产、流通和消费等过程中减少资源消耗和废物产生。再利用，是指将废物直接作为产品或者经修复、翻新、再制造后继续作为产品使用，或者将废物的全部或者部分作为其他产品的部件予以使用。资源化，是指将废物直接作为原料进行利用或者对废物进行再生利用。

2008 年 8 月颁布的《中华人民共和国循环经济促进法》规定，发展循环经济应当在技术可行、经济合理和有利于节约资源、保护环境的前提下，按照减量化优先的原则实施。在废物再利用和资源化过程中，应当保障生产安全，保证产品质量符合国家规定的标准，并防止产生再次污染。

企业事业单位应当建立健全管理制度，采取措施，降低资源消耗，减少废物的产生量和排放量，提高废物的再利用和资源化水平。

国务院循环经济发展综合管理部门会同国务院环境保护等有关主管部门，定期发布鼓励、限制和淘汰的技术、工艺、设备、材料和产品名录。禁止生产、进口、销售列入淘汰名录的设备、材料和产品，禁止使用列入淘汰名录的技术、工艺、设备和材料。

案例 7-8 分析：B

二、建筑节能

《节约能源法》规定，国家实行固定资产投资项目节能评估和审查制度。不符合强制性节能标准的项目，依法负责项目审批或者核准的机关不得批准或者核准建设；建设单位不得开工建设；已经建成的，不得投入生产、使用。

国家鼓励在新建建筑和既有建筑节能改造中使用新型墙体材料等节能建筑材料和节能设备，安装和使用太阳能等可再生能源利用系统。

建筑工程的建设、设计、施工和监理单位应当遵守建筑节能标准。

（一）新建建筑节能的规定

国家推广使用民用建筑节能的新技术、新工艺、新材料和新设备，限制使用或者禁止使用能源消耗高的技术、工艺、材料和设备。国家限制进口或者禁止进口能源消耗高的技术、材料和设备。

建设单位、设计单位、施工单位不得在建筑活动中使用列入禁止使用目录的技术、工艺、材料和设备。

1. 施工图审查机构的节能义务

施工图设计文件审查机构应当按照民用建筑节能强制性标准对施工图设计文件进行审查；经审查不符合民用建筑节能强制性标准的，县级以上地方人民政府建设主管部门不得颁发施工许可证。

2. 建设单位的节能义务

建设单位不得明示或者暗示设计单位、施工单位违反民用建筑节能强制性标准进行设计、施工，不得明示或者暗示施工单位使用不符合施工图设计文件要求的墙体材料、保温材料、门窗、采暖制冷系统和照明设备。

按照合同约定由建设单位采购墙体材料、保温材料、门窗、采暖制冷系统和照明设备的，建设单位应当保证其符合施工图设计文件要求。

建设单位组织竣工验收，应当对民用建筑是否符合民用建筑节能强制性标准进行查验；对不符合民用建筑节能强制性标准的，不得出具竣工验收合格报告。

3. 设计单位、施工单位、工程监理单位的节能义务

案例 7-9 2012 年年底某住宅小区 1 期工程完成设计，2013 年开始施工。按当地规定，所有新建、改建、扩建的住宅建设项目，必须按照《夏热冬冷地区居住建筑节能设计标准》的要求进行建筑节能设计、施工。在施工过程中，建设单位按设计图纸规定的规格、数量要求采购了墙体材料、保温材料、采暖制冷系统等，并声称是优质产品；施工单位在以上材料设备进入施工现场后，便直接用于该项目的施工并形成工程实体，导致 1 期工程验收不合格。经有关部门检验，建设单位购买的墙体材料、保温材料、采暖制冷系统存在严重质量问题，根本不符合该项目设计图纸规定的质量要求。

问题：

1. 施工单位的行为是否违法？
2. 监理单位应该担负哪些职责？
3. 施工单位应承担哪些法律责任？

设计单位、施工单位、工程监理单位及其注册执业人员，应当按照民用建筑节能强制性

标准进行设计、施工、监理。

施工单位应当对进入施工现场的墙体材料、保温材料、门窗、采暖制冷系统和照明设备进行查验;不符合施工图设计文件要求的,不得使用。

工程监理单位发现施工单位不按照民用建筑节能强制性标准施工的,应当要求施工单位改正;施工单位拒不改正的,工程监理单位应当及时报告建设单位,并向有关主管部门报告。

墙体、屋面的保温工程施工时,监理工程师应当按照工程监理规范的要求,采取旁站、巡视和平行检验等形式实施监理。未经监理工程师签字,墙体材料、保温材料、门窗、采暖制冷系统和照明设备不得在建筑上使用或者安装,施工单位不得进行下一道工序的施工。

案例 7-9 分析:

1.《民用建筑节能条例》第 16 条规定:"施工单位应当对进入施工现场的墙体材料、保温材料、门窗、采暖制冷系统和照明设备进行查验;不符合施工图设计文件要求的,不得使用。"本案中,施工单位未对进入施工现场的墙体材料、保温材料、采暖制冷系统等进行查验,导致不符合施工图设计文件要求的墙体材料等用于该项目的施工,构成了违法行为。

2. 墙体、屋面的保温工程施工时,监理工程师应当按照工程监理规范的要求,采取旁站、巡视和平行检验等形式实施监理。未经监理工程师签字,墙体材料、保温材料、门窗、采暖制冷系统和照明设备不得在建筑上使用或者安装,施工单位不得进行下一道工序的施工。

工程监理单位发现施工单位不按照民用建筑节能强制性标准施工的,应当要求施工单位改正;施工单位拒不改正的,工程监理单位应当及时报告建设单位,并向有关主管部门报告。

(二) 既有建筑节能的规定

案例 7-10　下列施工中,属于既有建筑节能改造主要内容的是既有建筑(　　)。

A. 承重结构改造　　B. 围护结构改造

C. 屋面防水层修复　　D. 外墙裂缝修补

既有建筑节能改造,是指对不符合民用建筑节能强制性标准的既有建筑的围护结构、供热系统、采暖制冷系统、照明设备和热水供应设施等实施节能改造的活动。

实施既有建筑节能改造,应当符合民用建筑节能强制性标准,优先采用遮阳、改善通风等低成本改造措施。既有建筑围护结构的改造和供热系统的改造应当同步进行。

案例 7-10 分析:

答案:B

理由:既有建筑节能改造,是指对不符合民用建筑节能强制性标准的既有建筑的围护结构、供热系统、采暖制冷系统、照明设备和热水供应设施等实施节能改造的活动。(二建 2012 年真题)

三、施工节能的规定

《绿色施工导则》规定:"绿色施工是指工程建设中,在保证质量、安全等基本要求的前提下,通过科学管理和技术进步,最大限度地节约资源与减少对环境负面影响的施工活动,实现四节一环保(节能、节地、节水、节材和环境保护)。"

(一) 节材与材料资源利用

(1) 图纸会审时,应审核节材与材料资源利用的相关内容,达到材料损耗率比定额损耗率降低 30 %;根据施工进度、库存情况等合理安排材料的采购、进场时间和批次,减少库存;现场材料堆放有序;储存环境适宜,措施得当;保管制度健全,责任落实;材料运输工具适宜,装卸方法得当,防止损坏和遗洒;根据现场平面布置情况就近卸载,避免和减少二次搬运;采取技术和管理措施提高模板、脚手架等的周转次数;优化安装工程的预留、预埋、管线路径等方案;应就地取材,施工现场 500 km 以内生产的建筑材料用量占建筑材料总重量的 70%以上。

(2) 推广使用预拌混凝土和商品砂浆。推广使用高强钢筋和高性能混凝土,减少资源消耗。推广钢筋专业化加工和配送。

(3) 优化钢筋配料和钢构件下料方案。优化钢结构制作和安装方法。采取数字化技术,对大体积混凝土、大跨度结构等专项施工方案进行优化。

(二) 节水与水资源利用

1. 提高用水效率

(1) 施工中采用先进的节水施工工艺。

(2) 现场机具、设备、车辆冲洗,喷洒路面,绿化浇灌等优先采用非传统水源,尽量不使用自来水。现场混凝土施工宜优先采用中水搅拌、中水养护,有条件的地区和工程应收集雨水养护;处于基坑降水阶段的工地,宜优先采用地下水作为混凝土搅拌用水、养护用水、冲洗用水和部分生活用水。

(3) 施工现场供水管网应根据用水量设计布置,管径合理、管路简捷,采取有效措施减少管网和用水器具的漏损。

(4) 现场机具、设备、车辆冲洗用水必须设立循环用水装置。施工现场办公区、生活区的生活用水采用节水系统和节水器具。

(5) 施工现场建立可再利用水的收集处理系统,使水资源得到梯级循环利用。

(6) 施工现场分别对生活用水与工程用水确定用水定额指标,并分别计量管理。

(三) 节能与能源利用

1. 节能措施

(1) 制订合理施工能耗指标,提高施工能源利用率。

(2) 优先使用国家、行业推荐的节能、高效、环保的施工设备和机具。

(3) 施工现场分别设定生产、生活、办公和施工设备的用电控制指标,定期进行计量、核算、对比分析,并有预防与纠正措施。

(4) 在施工组织设计中,合理安排施工顺序、工作面,以减少作业区域的机具数量,相邻作业区充分利用共有的机具资源。

(5) 根据当地气候和自然资源条件,充分利用太阳能、地热等可再生能源。

2. 机械设备与机具

(1) 建立施工机械设备管理制度,开展用电、用油计量,完善设备档案,及时做好维修保养工作。

(2) 选择功率与负载相匹配的施工机械设备,避免大功率施工机械设备低负载长时间运行。采用节电型机械设备。

(3) 合理安排工序,提高各种机械的使用率和满载率。

3. 生产、生活及办公临时设施

(1) 利用场地自然条件,合理设计生产、生活及办公临时设施的体形、朝向、间距和窗墙面积比,使其获得良好的日照、通风和采光。南方地区可根据需要在其外墙窗设遮阳设施。

(2) 临时设施宜采用节能材料,墙体、屋面使用隔热性能好的材料,减少夏天空调、冬天取暖设备的使用时间及耗能量。

(3) 合理配置采暖、空调、风扇数量,规定使用时间,实行分段分时使用,节约用电。

4. 施工用电及照明

(1) 临时用电优先选用节能电线和节能灯具,临电线路合理设计、布置,临电设备宜采用自动控制装置。采用声控、光控等节能照明灯具。

(2) 照明设计以满足最低照度为原则,照度不应超过最低照度的20%。

(四) 节地与施工用地保护

1. 临时用地指标

根据施工规模及现场条件等因素合理确定临时设施。施工平面布置应合理、紧凑。临时设施占地面积有效利用率大于90%。

2. 临时用地保护

(1) 应对深基坑施工方案进行优化,减少土方开挖和回填量,最大限度地减少对土地的扰动,保护周边自然生态环境。

(2) 红线外临时占地应尽量使用荒地、废地,少占用农田和耕地。工程完工后,及时对红线外占地恢复原地形、地貌,使施工活动对周边环境的影响降至最低。

(3) 利用和保护施工用地范围内原有绿色植被。对于施工周期较长的现场,可按建筑永久绿化的要求,安排场地新建绿化。

3. 施工总平面布置

(1) 施工总平面布置应做到科学、合理,充分利用原有建筑物、构筑物、道路、管线为施工服务。

(2) 施工现场搅拌站、仓库、加工厂、作业棚、材料堆场等布置应尽量靠近已有交通线路或即将修建的正式或临时交通线路,缩短运输距离。

(3) 临时办公和生活用房应采用经济、美观、占地面积小、对周边地貌环境影响较小,且适合于施工平面布置动态调整的多层轻钢活动板房、钢骨架水泥活动板房等标准化装配式结构。生活区与生产区应分开布置,并设置标准的分隔设施。

(4) 施工现场围墙可采用连续封闭的轻钢结构预制装配式活动围挡,减少建筑垃圾,保护土地。

(5) 施工现场道路按照永久道路和临时道路相结合的原则布置。施工现场内形成环形通路,减少道路占用土地。

(6) 临时设施布置应注意远近结合(本期工程与下期工程),努力减少和避免大量临时建筑拆迁和场地搬迁。

四、违法行为应承担的法律责任

(一) 违反建筑节能标准违法行为应承担的法律责任

《节约能源法》规定,设计单位、施工单位、监理单位违反建筑节能标准的,由建设主管部门责令改正，处10万元以上50万元以下罚款；情节严重的，由颁发资质证书的部门降低资质等级或者吊销资质证书；造成损失的，依法承担赔偿责任。

《民用建筑节能条例》规定，施工单位未按照民用建筑节能强制性标准进行施工的，由县级以上地方人民政府建设主管部门责令改正，处民用建筑项目合同价款2%以上4%以下的罚款；情节严重的，由颁发资质证书的部门责令停业整顿，降低资质等级或者吊销资质证书；造成损失的，依法承担赔偿责任。

注册执业人员未执行民用建筑节能强制性标准的，由县级以上人民政府建设主管部门责令停止执业3个月以上1年以下；情节严重的，由颁发资格证书的部门吊销执业资格证书，5年内不予注册。

（二）使用黏土砖及其他施工节能违法行为应承担的法律责任

《循环经济促进法》规定，在国务院或者省、自治区、直辖市人民政府规定禁止生产、销售、使用黏土砖的期限或者区域内生产、销售或者使用黏土砖的，由县级以上地方人民政府指定的部门责令限期改正；有违法所得的，没收违法所得；逾期继续生产、销售的，由地方人民政府工商行政管理部门依法吊销营业执照。

《民用建筑节能条例》规定，施工单位有下列行为之一的，由县级以上地方人民政府建设主管部门责令改正，处10万元以上20万元以下的罚款；情节严重的，由颁发资质证书的部门责令停业整顿，降低资质等级或者吊销资质证书；造成损失的，依法承担赔偿责任：

（1）未对进入施工现场的墙体材料、保温材料、门窗、采暖制冷系统和照明设备进行查验的；

（2）使用不符合施工图设计文件要求的墙体材料、保温材料、门窗、采暖制冷系统和照明设备的；

（3）使用列入禁止使用目录的技术、工艺、材料和设备的。

（三）用能单位其他违法行为应承担的法律责任

《节约能源法》规定，用能单位未按照规定配备、使用能源计量器具的，由产品质量监督部门责令限期改正；逾期不改正的，处1万元以上5万元以下罚款。

瞒报、伪造、篡改能源统计资料或者编造虚假能源统计数据的，依照《中华人民共和国统计法》的规定处罚。

无偿向本单位职工提供能源或者对能源消费实行包费制的，由管理节能工作的部门责令限期改正；逾期不改正的，处5万元以上20万元以下罚款。

进口列入淘汰名录的设备、材料或者产品的，由海关责令退运，可以处10万元以上100万元以下的罚款。进口者不明的，由承运人承担退运责任，或者承担有关处置费用。

案例7-9问题3分析：

《民用建筑节能条例》第41条规定："施工单位有下列行为之一的，由县级以上地方人民政府建设主管部门责令改正，处10万元以上20万元以下的罚款；情节严重的，由颁发资质证书的部门责令停业整顿，降低资质等级或者吊销资质证书；造成损失的，依法承担赔偿责任：①未对进入施工现场的墙体材料、保温材料、门窗、采暖制冷系统和照明设备进行查验的；②使用不符合施工图设计文件要求的墙体材料、保温材料、门窗、采暖制冷系统和照明设备的；……"据此，当地建设主管部门应当依法责令该施工单位改正，处10万元以上20万元以下的罚款。

任务5 施工文物保护制度

我国地域辽阔，历史悠久，是世界上文化传统不曾中断的多民族统一国家。历史遗存至今的大量文物古迹，形象地记载着中华民族形成发展的进程，不但是认识历史的证据，也是增强民族凝聚力、促进民族文化可持续发展的基础。中国优秀的文物古迹，不但是中国各族人民的，也是全人类共同的财富。

为此，我国相继颁布了《文物保护法》《水下文物保护管理条例》《文物保护法实施条例》《历史文化名城名镇名村保护条例》等法律、行政法规，并参照《国际古迹保护与修复宪章》（《威尼斯宪章》）为代表的国际原则，制定了《中国文物古迹保护准则》。

一、施工发现文物报告和保护的规定

《文物保护法》规定，地下埋藏的文物，任何单位或者个人都不得私自发掘。考古发掘的文物，任何单位或者个人不得侵占。

（一）配合建设工程进行考古发掘工作的规定

进行大型基本建设工程，建设单位应当事先报请省、自治区、直辖市人民政府文物行政部门组织从事考古发掘的单位在工程范围内有可能埋藏文物的地方进行考古调查、勘探。

确因建设工期紧迫或者有自然破坏危险，对古文化遗址、古墓葬急需进行抢救发掘的，由省、自治区、直辖市人民政府文物行政部门组织发掘，并同时补办审批手续。

（二）施工发现文物的报告和保护

《文物保护法》规定，在进行建设工程或者在农业生产中，任何单位或者个人发现文物，应当保护现场，立即报告当地文物行政部门，文物行政部门接到报告后，如无特殊情况，应当在24小时内赶赴现场，并在7日内提出处理意见。

依照以上规定发现的文物属于国家所有，任何单位或者个人不得哄抢、私分、藏匿。

（三）水下文物的报告和保护

《水下文物保护管理条例》规定，任何单位或者个人以任何方式发现遗存于中国内水、领海内的一切起源于中国的、起源国不明的和起源于外国的文物，以及遗存于中国领海以外依照中国法律由中国管辖的其他海域内的起源于中国的和起源国不明的文物，应当及时报告国家文物局或者地方文物行政管理部门；已打捞出水的，应当及时上缴国家文物局或者地方文物行政管理部门处理。

任何单位或者个人以任何方式发现遗存于外国领海以外的其他管辖海域以及公海区域内的起源于中国的文物，应当及时报告国家文物局或者地方文物行政管理部门；已打捞出水的，应当及时提供国家文物局或者地方文物行政管理部门辨认、鉴定。

二、违法行为应承担的法律责任

案例7-11 某工程施工人员陈某在施工过程中发现文物隐匿不报，相关部门接到举报后，经详细调查，发现情况属实，于是要求陈某将文物上交，陈某不但拒不上交，而且态度极其恶劣，辱骂威胁工作人员，情节十分严重。

问题：陈某应受到怎样的处罚？

(一) 哄抢、私分国有文物等违法行为应承担的法律责任

《文物保护法》规定，有下列行为之一，构成犯罪的，依法追究刑事责任：

(1) 盗掘古文化遗址、古墓葬的；

(2) 故意或者过失损毁国家保护的珍贵文物的；

(3) 擅自将国家馆藏文物出售或者私自送给外国有关单位或者个人的；

(4) 将国家禁止出境的珍贵文物私自出售或者送给外国人的；

(5) 以牟利为目的倒卖国家禁止经营的文物的；

(6) 走私文物的；

(7) 盗窃、哄抢、私分或者非法侵占国有文物的；

(8) 应当追究刑事责任的其他妨害文物管理行为。

造成文物灭失、损毁的，依法承担民事责任。构成违反治安管理行为的，由公安机关依法给予治安管理处罚。构成走私行为，尚不构成犯罪的，由海关依照有关法律、行政法规的规定给予处罚。

有下列行为之一，尚不构成犯罪的，由县级以上人民政府文物主管部门会同公安机关追缴文物；情节严重的，处 5 000 元以上 5 万元以下的罚款：①发现文物隐匿不报或者拒不上交的；②未按照规定移交拣选文物的。

案例 7-11 分析：

陈某应受到 5 000 元以上 5 万元以下的罚款处罚。

理由：《文物保护法》规定，有下列行为之一，尚不构成犯罪的，由县级以上人民政府文物主管部门会同公安机关追缴文物；情节严重的，处 5 000 元以上 5 万元以下的罚款：①发现文物隐匿不报或者拒不上交的；②未按照规定移交拣选文物的。

(二) 在文物保护单位的保护范围和建设控制地带内进行建设工程违法行为应承担的法律责任

《文物保护法》规定，有下列行为之一，尚不构成犯罪的，由县级以上人民政府文物主管部门责令改正，造成严重后果的，处 5 万元以上 50 万元以下的罚款；情节严重的，由原发证机关吊销资质证书：

(1) 擅自在文物保护单位的保护范围内进行建设工程或者爆破、钻探、挖掘等作业的；

(2) 在文物保护单位的建设控制地带内进行建设工程，其工程设计方案未经文物行政部门同意、报城乡建设规划部门批准，对文物保护单位的历史风貌造成破坏的；

(3) 擅自迁移、拆除不可移动文物的；

(4) 擅自修缮不可移动文物，明显改变文物原状的；

(5) 擅自在原址重建已全部毁坏的不可移动文物，造成文物破坏的；

(6) 施工单位未取得文物保护工程资质证书，擅自从事文物修缮、迁移、重建的。

刻划、涂污或者损坏文物尚不严重的，或者损毁依法设立的文物保护单位标志的，由公安机关或者文物所在单位给予警告，可以并处罚款。

在文物保护单位的保护范围内或者建设控制地带内建设污染文物保护单位及其环境的设施的，或者对已有的污染文物保护单位及其环境的设施未在规定的期限内完成治理的，由环境保护行政部门依照有关法律、法规的规定给予处罚。

（三）未取得相应资质证书擅自承担文物保护单位修缮、迁移、重建工程违法行为应承担的法律责任

《文物保护法实施条例》规定，未取得相应等级的文物保护工程资质证书，擅自承担文物保护单位的修缮、迁移、重建工程的，由文物行政主管部门责令限期改正；逾期不改正，或者造成严重后果的，处5万元以上50万元以下的罚款；构成犯罪的，依法追究刑事责任。

未取得建设行政主管部门发给的相应等级的资质证书，擅自承担含有建筑活动的文物保护单位的修缮、迁移、重建工程的，由建设行政主管部门依照有关法律、行政法规的规定予以处罚。

（四）历史文化名城名镇名村保护范围内违法行为应承担的法律责任

损坏或者擅自迁移、拆除历史建筑的，由城市、县人民政府城乡规划主管部门责令停止违法行为、限期恢复原状或者采取其他补救措施；有违法所得的，没收违法所得；逾期不恢复原状或者不采取其他补救措施的，城乡规划主管部门可以指定有能力的单位代为恢复原状或者采取其他补救措施，所需费用由违法者承担；造成严重后果的，对单位并处20万元以上50万元以下的罚款，对个人并处10万元以上20万元以下的罚款；造成损失的，依法承担赔偿责任。

擅自设置、移动、涂改或者损毁历史文化街区、名镇、名村标志牌的，由城市、县人民政府城乡规划主管部门责令限期改正；逾期不改正的，对单位处1万元以上5万元以下的罚款，对个人处1 000元以上1万元以下的罚款。

（五）水下文物保护违法行为应承担的法律责任

《水下文物保护管理条例》规定，破坏水下文物，私自勘探、发掘、打捞水下文物，或者隐匿、私分、贩运、非法出售、非法出口水下文物，依法给予行政处罚或者追究刑事责任。

案例7-12 在某市的火车站南广场地下车库工程施工中，挖掘机司机挖到一个古墓，非但没有及时上报，而是将其重新掩埋，在晚上带人将古墓里的文物盗走，后经公安部门的努力，追回玉带18片，但其他出土文物不知去向。文保专家表示，该处发现的是明朝的某位皇亲的幕。

问题：

1. 本案中哪些行为违反了《文物保护法》的规定？
2. 施工过程中发现文物时施工单位应该采取什么措施？
3. 对文物保护违法行为应如何处理？

案例7-12分析：

1. 根据《文物保护法》第32条规定："在进行建设工程或者在农业生产中，任何单位或者个人发现文物，应当保护现场，立即报告当地文物行政部门。""任何单位或者个人不得哄抢、私分、藏匿。"本案中，高速铁路施工人员在取土区挖出沉船遗骸和部分文物时，不仅没有依法及时报告，而且滥挖和哄抢文物，造成了文物破坏。施工人员的哄抢、滥挖行为以及不及时上报文物行政部门的行为，违反了《文物保护法》的规定。

2. 根据《文物保护法》第32条规定，在施工过程中发现文物时，首先应当保护现场，停止施工，立即报告当地文物行政部门；其次，配合考古发掘单位，保护出土文物或者遗迹的安全，在发掘未结束前不得继续施工。

3. 依据《文物保护法》第64条、第65条规定，对于盗窃、哄抢、私分或者非法侵占国有文物的，构成犯罪的，依法追究刑事责任；造成文物灭失、损毁的，依法承担民事责任；构成违反治安管理行为的，由公安机关依法给予治安管理处罚。

课后习题

一、单项选择

1. 《环境噪声污染防治法》规定，在城市市区范围内向周围生活环境排放建筑施工噪声的，应该符合国家规定的（　　）环境噪声排放标准。

A. 施工场地内　　B. 建筑施工场界　　C. 施工场地周边　　D. 建筑施工场地

2. 建筑施工场界环境噪声排放限值，昼间为（　　）dB。

A. 50　　B. 60　　C. 70　　D. 75

3. 国家对环境噪声污染严重的落后设备实行（　　）制度。

A. 报废　　B. 登记　　C. 更新　　D. 淘汰

4. 下列关于噪声污染防治的说法中，错误的是（　　）。

A. 在医院、学校等附件。禁止夜间进行产生环境噪声污染的建筑施工作业

B. 因燃气管道抢修、抢险作业可以在夜间连续作业

C. 特殊需要必须连续作业的，必须有县级以上人民政府或者其有关主管部门的证明

D. 建设工程必须夜间施工的，施工单位应在开工15日以前向建设主管部门申报

5. 土方作业阶段，采取洒水、覆盖等措施，达到作业区目测扬尘高度小于（　　）m。

A. 0.5　　B. 1.0　　C. 1.2　　D. 1.5

6. 对施工现场大气污染防治，重点是防治（　　）。

A. 扬尘　　B. 废气　　C. 粉尘　　D. 积尘

7. 浇筑混凝土前清理灰尘和垃圾时尽量使用（　　）

A. 吹风器　　B. 吸尘器　　D. 密网覆盖　　D. 高压喷雾

8. 建设项目投入生产或者使用之前，其大气污染防治设施必须经（　　）验收。

A. 地方政府主管领导　　B. 大气污染防治监管部门

C. 建设单位主管领导　　D. 环境保护行政主管部门

9. 某大型项目由于未进行配套环境保护措施的技术论证其环境影响评价文件未获批准，关于该项目的立项和开工，下列说法中正确的是（　　）。

A. 可以先批准立项，但建设单位不得开工

B. 不得批准立项，建设单位不得开工

C. 不得批准立项，但建设单位可以先开工

D. 可以先批准立项，建设单位可以先开工

10. 可能产生环境噪声污染的，应当由（　　）提出环境影响报告书。

A. 建设单位　　B. 建设行政主管部门

C. 施工单位　　D. 环境保护行政主管部门

11. 下列各项，《水污染防治法》未作禁止规定的是（　　）。

A. 向水体排放热水

B. 向水体排放、倾倒放射性固体废物

C. 向水体排放油类、酸液、碱液或者剧毒废物

D. 向水体排放和倾倒工业废渣、城市垃圾和其他废弃物

12. 生产环境噪声污染的企事业单位在拆除或(　　)环境噪声污染防治设施时，必须事先经过所在地县级以上地方政府环境保护行政主管部门批准。

A. 维修　　B. 检测　　C. 闲置　　D. 使用

13. 根据《循环经济促进法》规定，以下不属于国家鼓励推广使用的工程建筑材料是(　　)。

A. 预拌混凝土　　B. 现场搅拌砂浆　　C. 商品砂浆　　D. 散装水泥

14. 我国《固体废物污染防治法》中对于固体废物污染环境问题做了有关规定，下列选项叙述不正确的是(　　)。

A. 禁止境外废物进境倾倒、堆放

B. 禁止将危险物与旅客用同一运输工具运载

C. 禁止向水体排放油类、酸类废液

D. 禁止经中华人民共和国过境转移危险废物

15. 施工单位应当对进入施工现场的墙体材料、保温材料、门窗、采暖系统和照明设备进行查验；不符合(　　)要求的，不得使用。

A. 施工图设计文件　　B. 建筑节能强制性标准

C. 企业或地方标准　　D. 民用建筑节能条例

二、多项选择

1. 环境保护"三同时"制度是指建设项目需要配套的环境保护设施必须与主体工程(　　)。

A. 同时论证　　B. 同时施工　　C. 同时投产使用　　D. 同时设计

E. 同时竣工验收

2. 某交通施工项目穿越噪声敏感建筑集中区域，可能造成环境噪声污染，下列说法正确的是(　　)。

A. 禁止一切夜间施工作业活动

B. 因特殊需要进行夜间施工的，须获批准

C. 建设工程施工前必须公告附件居民

D. 采取其他有效的控制噪声污染的措施

E. 在开工15日前向工程所在地县级以上地方人民政府环境保护行政主管部门报告

3. 关于我国节约能源法律、法规及相关规定，说法正确的是(　　)。

A. 任何单位不得对能源消费实行包费制

B. 施工图纸经审查符合民用建筑节能强制性标准的，才能颁发施工许可证

C. 建筑工程保温材料的安装采取监理工程师事后签字确认制

D. 建筑工程不符合民用建筑节能强制性标准的，不得出具竣工验收合格报告

E. 照明设计以满足最低照度为原则

4. 绿色施工的"四节一环保"，环保是指环境保护，四节是指(　　)。

A. 节能　　B. 节地　　C. 节水　　D. 节材

E. 节电

5. 下列属于对提高用水效率的规定是(　　)。

A. 施工中采用先进的节水施工工艺

B. 应制定有效的水质检测与卫生保障措施

C. 现场机具、设备、车辆冲洗用水必须设立循环用水装置

D. 对混凝土搅拌站点等用水集中的区域和工艺点进行专项计量考核

项目八　解决建设工程纠纷法律制度

知识目标

◇ 了解建筑法律责任的相关概念及分类
◇ 熟悉民事诉讼、仲裁、和解、调解的有关特点
◇ 掌握民事诉讼管辖、诉讼时效的规定
◇ 掌握仲裁的程序
◇ 掌握建筑民事法律责任

技能目标

◇ 能够运用所学法律责任的基本知识分析判断建筑活动行为的合法性
◇ 能够运用所学知识对建筑活动进行合法、科学的管理
◇ 具有通过执业资格考试的能力

第一部分　情景案例导入与分析

案例1　因非法转包拖欠工程款导致的诉讼问题

案情简介　A建筑公司的资质等级较低。但经A建筑公司的介绍，B建筑公司最终承接了某建筑公司工程，并将该工程的部分非主体工程施工分包给了A建筑公司。由于发包人拖欠B建筑公司工程款，导致B建筑公司也拖欠了A建筑公司的工程款项。为此，A建筑公司背着B建筑公司，以实际是工人名义单独起诉发包人，要求发包人直接向其支付工程价款。在法院审理过程中，发包人与A建筑公司双方达成调解协议，约定由发包人直接向A建筑公司支付工程款，然后在工程竣工结算时从给付B建筑公司的工程价款中扣除。法院根据该调解协议制作了调解书，经双方签字后生效。由于A建筑公司高估冒算工程量，导致发包人实际确认并支付的工程款远远超过了A建筑公司应得款额，后在工程决算时B建筑公司发现了此事。

问题：

B建筑公司应如何维护自己的利益？

案例分析：

近年来，在民事诉讼的司法实践中，一些当事人通过恶意诉讼或者利用调解进行诉讼欺诈，损害第三人合法权益的事项日益突出。我国《民事诉讼法》虽然确立了第三人参加诉讼的制度，但该制度的前提是第三人在本诉讼进行中知道该诉的存在，尤其是当事人以恶意串

通、虚假自认等方式损害第三人权利的，第三人更是无从知道，也就无法参加诉讼以维护自己的权益。在本案中，由于发包人与A建筑公司双方串通进行调解，且在调解书生效后自行履行，B建筑公司不知晓亦无法提出异议，导致自身利益受损。

新修订的《民事诉讼法》规定了第三人撤销之诉，即：第三人因不能归责于本人的事由为参加诉讼，但有证据证明发生法律效力的判决、裁定、调解书的部分或者全部内容错误，损害其民事利益的，可自知道或者知道其民事权益受到损害之日起6个月内，向做出该判决、裁定、调解书的人民法院提起诉讼。据此，B建筑公司可以自知道或者自当知道调解书事由之日起6个月内，向做出调解书的人民法院提出撤销该调解书的诉讼，以维护自己的权益。

第二部分　相关工作任务

任务1　建设工程纠纷主要种类和法律解决途径

一、建设工程纠纷主要种类和法律解决途径

所谓法律纠纷，是指公民、法人以及其他组织之间因人身、财产或其他法律关系所发生的对抗冲突(或有争议)，主要包括民事纠纷、行政纠纷、刑事附带民事纠纷。民事纠纷是平等主体间的有关人身权、财产权的纠纷；行政纠纷是行政机关之间或行政机关同公民、法人和其他组织之间由于行政行为而产生的纠纷；刑事附带民事纠纷是因犯罪而产生的有关人身权、财产权纠纷。

(一) 建设工程纠纷的主要种类

建设工程项目通常具有投资规模大、建造周期长、技术要求高、合同关系复杂和政府监管严格等特点，因而在建设工程领域里常见的是民事纠纷和行政纠纷。

1. 建设工程民事纠纷

建设工程民事纠纷，是在建设工程活动中平等主体之间发生的以民事权利义务法律关系为内容的争议。民事纠纷主要是因为违反了民事法律规范或者合同约定而引起的。民事纠纷可分为两大类：一类是财产关系方面的民事纠纷，如合同纠纷、损害赔偿纠纷等；另一类是人身关系方面的民事纠纷，如名誉纠纷、继承权纠纷等。

民事纠纷的特点有三点：①民事纠纷主体之间的法律地位平等；②民事纠纷的内容是对民事权利义务的争议；③民事纠纷的可处分性(针对有关财产关系的民事纠纷具有可处分性，而有关人身关系的民事纠纷多具有不可处分性)。在建设工程领域，较为普遍和重要的民事纠纷主要是合同纠纷、侵权纠纷。

合同纠纷，是指因合同的生效、解释、履行、变更、终止等行为而引起的合同当事人之间的所有争议。合同纠纷的内容，主要表现在争议主体对于导致合同法律关系产生、变更与消灭的法律事实以及法律关系的内容有着不同的观点与看法。合同纠纷的范围涵盖了一项合同从成立到终止的整个过程。建设工程合同纠纷主要有工程总承包合同纠纷、工程勘察合同纠纷、工程设计合同纠纷、工程施工合同纠纷、工程监理合同纠纷、工程分包合同纠纷、材

料设备采购合同纠纷等。

侵权纠纷，是指一方当事人不法侵害他人财产权或者人身权而产生的纠纷。建设工程领域常见的侵权纠纷，如施工中造成对他人财产或者人身损害而产生的侵权纠纷，未经许可使用他人的专利、工法等而造成的知识产权侵权纠纷等。

发包人和承包人就有关工期、质量、造价等产生的建设工程合同争议，是建设工程领域最常见的民事纠纷。

（二）建设工程行政纠纷

建设工程行政纠纷，是在建设工程活动中行政机关之间或行政机关同公民、法人和其他组织之间由于行政行为而引起的纠纷，包括行政争议和行政案件。在行政法律关系中，一方面行政机关对公民、法人和其他组织行使行政管理职权，应当依法行政；另一方面公民、法人和其他组织也应当依法约束自己的行为，做到自觉守法。在各种行政纠纷中，既有因行政机关超越职权、滥用职权、行政不作为、违反法定程序、事实认定错误、适用法律错误等所引起的纠纷，也有公民、法人或其他组织逃避监督管理、非法抗拒监督管理或误解法律规定而产生的纠纷。

行政机关的行政行为具有以下五个特征：

（1）行政行为是执行法律的行为。任何行政行为均须有法律根据，具有从属法律性，没有法律的明确规定或授权，行政主体不得做出任何行政行为。

（2）行政行为具有一定的裁量性。这是由立法技术本身的局限性和行政管理的广泛性、变动性、应变性所决定的。

（3）行政主体在实施行政行为时具有单方面意志性，不必与行政相对方协商或征得其同意，便可依法自主做出。

（4）行政行为是以国家强制力保障实施的，带有强制性。行政相对方必须服从并配合行政行为，否则行政主体将予以制裁或强制执行。

（5）行政行为以有偿为例外。只有当特定行政相对人承担了特别公共负担，或者分享了特殊公共利益时，方可为有偿的。

在建设工程领域，行政机关易引发行政纠纷的具体行政行为主要有如下四种：

1. 行政许可

行政许可，即行政机关根据公民、法人或者其他组织的申请，经依法审查、准予其从事特定活动的行政管理行为，如施工许可、专业人员职业资格注册、企业资质等级核准、安全生产许可等。行政许可易引发的行政纠纷通常是行政机关的行政不作为、违反法定程序等。

2. 行政处罚

行政处罚，即行政机关或其他行政主体依照法定职权、程序对于违法但尚未构成犯罪的相对人给予行政制裁的具体行政行为。常见的行政处罚为警告、罚款、没收违法所得、取消投标资格、责令停止施工、责令停业整顿、降低资质等级、吊销资质证书等。行政处罚易导致的行政纠纷，通常是行政处罚超越职权、滥用职权、违反法定程序、事实认定错误、适用法律错误等。

3. 行政奖励

行政奖励，即及行政机关依照条件和程序，对为国家、社会和建设事业做出重大贡献的单位和个人，给予物质或精神鼓励的具体行政行为，如表彰建设系统先进集体、劳动模范和先进工作者等。行政奖励易引发的行政纠纷，通常是违反程序、滥用职权、行政不作为等。

4. 行政裁决

行政裁决，即行政机关或法定授权的组织，依照法律授权，对平等主体之间发生的与行政管理活动密切相关的、特定的民事纠纷（争议）进行审查，并做出裁决的具体行政行为，如对特定的侵权纠纷、损害赔偿纠纷、权属纠纷、国有资产产权纠纷以及劳动工资、经济补偿纠纷等的裁决。行政裁决易引发的行政纠纷，通常是行政裁决违法法定程序、事实认定错误、适用法律错误等。

二、民事纠纷的法律解决途径

《合同法》规定，当事人可以通过和解或者调解解决合同争议。当事人不愿和解、调解或者和解、调解不成的，可以根据仲裁协议向冲裁机构申请仲裁。涉外合同的当事人可以根据仲裁协议向中国仲裁机构或者其他仲裁机构申请仲裁。当事人没有订立仲裁协议或者仲裁协议无效的，可以向人民法院起诉。当事人应当履行发生法律效力的判决、仲裁裁决、调解书；拒不履行的，对方可以请求人民法院执行。

据此，民事纠纷的法律解决途径主要有四种，即和解、调解、仲裁、诉讼。

1. 和解

和解是民事纠纷的当事人在自愿互谅的基础上，就已经发生的争议进行协商、妥协与让步并达成协议，无须第三方介入，完全自行解决争议的一种方式。它不仅从形式上，而且从心理上消除了当事人之间的对抗。

和解可以在民事纠纷的任何阶段进行，无论是否已经进入诉讼或者仲裁程序，只要终审裁判未生效或者仲裁裁决未做出，当事人均可自行和解。例如，诉讼当事人之间为处理和结束诉讼而达成了解决争议问题的妥协或协议，其结果是撤回起诉或中止诉讼而无须判决。和解也可与仲裁、诉讼程序相结合：当事人达成和解协议的，已提请仲裁的，可以请求仲裁庭根据和解协议做出裁决书或者调解书；已经提起诉讼的，可以请求法庭在和解协议基础上制作调解书，或者由当事人双方达成和解协议，由法院记录在卷。

需要注意的是，和解达成的协议不具有强制执行力，在性质上仍属于当事人之间的约定。如果一方当事人不按照和解协议执行，另一方当事人不能直接申请法院强制执行，但可要求对方承担不履行和解协议的违约责任。

2. 调解

调解是指双方当事人以外的第三方应纠纷当事人的请求，以法律、法规、政策或合同约定以及社会公德为依据，居中调停，对纠纷双方进行疏导、劝说，促使其互谅互让，自愿协商达成协议，解决纠纷的一种方式。

在我国，调解的主要方式是人民调解、行政调解、仲裁调解、司法调解、行业调解以及专业机构调解。

3. 仲裁

仲裁是当事人根据在纠纷发生前或纠纷发生后达成的协议，自愿将纠纷提交中立第三方做出裁决，纠纷各方都有义务执行该裁决的一种解决纠纷的方式。仲裁与法院不同。法院行使国家所赋予的审判权，向法院起诉不需要双方当事人在诉讼前达成协议，只要一方当事人向有审判管辖权的法院起诉，经法院受理后，另一方必须应诉。仲裁具有民间性质，其受理案件的管辖权来自双方协议。有效的仲裁协议可以排除法院的管辖权;纠纷发生后,一方当事人提起仲裁的,另一方必须仲裁。但是,没有仲裁协议,就不能启动仲裁程序。

根据《仲裁法》的规定,该法的调整范围仅限于民商事仲裁,即“平等主体的公民、法人和其他组织之间发生的合同纠纷和其他财产纠纷”;对于婚姻、收养、监护、抚养、继承纠纷以及依法应当由行政机关处理的行政争议等不能仲裁。此外,劳动争议仲裁不受《仲裁法》的调整。仲裁具有以下六个特点:

(1) 自愿性

当事人的自愿性是仲裁最突出的特点。仲裁是最能充分体现当事人意思自治原则的争议解决方式。仲裁以当事人的自愿为前提,即是否将纠纷提交仲裁,向哪个仲裁委员会申请仲裁,仲裁庭如何组成,仲裁员的选择,以及仲裁的审理方式、开庭形式等,都是在当事人自愿的基础上,由当事人协商确定的。

(2) 专业性

专家裁案,是民商事仲裁的重要特点之一。民商事仲裁往往涉及不同行业的专业知识,如建设工程纠纷的处理不仅涉及与工程建设有关的法律法规,还常常需要运用大量的工程造价、工程质量方面的专业知识以及建筑业自身特有的交易习惯和行业惯例。仲裁机构的仲裁员是各行业具有一定专业水平的专家,精通专业知识、熟悉行业规则,对确保仲裁结果的公正准确发挥着关键作用。

(3) 独立性

《仲裁法》规定,仲裁委员会独立与行政机关,与行政机关没有隶属关系。仲裁委员会之间也没有隶属关系。

在仲裁过程中,仲裁庭独立进行仲裁,不受任何行政机关、社会团体和个人的干涉,也不受其他仲裁机构的干涉,具有独立性。

(4) 保密性

仲裁以不公开审理为原则。同时,当事人及其代理人、证人、翻译、仲裁员、仲裁庭咨询的专家和指定的鉴定人、仲裁委员会有关工作人员也要遵守保密义务,不得对外界透露案件实体和程序的有关情况。因此,可以有效地保护当事人的商业秘密和商业信誉。

(5) 快捷性

仲裁实行一裁终局制度,仲裁裁决一经做出即发生法律效力。仲裁裁决不能上诉,这使得当事人之间的纠纷能够迅速得以解决。

(6) 执行的强制性和广泛性

对于生效的仲裁裁决书和调解书,当事人有权向人民法院申请强制执行。中国是《承认和执行外国仲裁裁决公约》(以下简称《纽约公约》的缔约国。根据公约,中国仲裁机构做出的涉外仲裁裁决书和调解书,可在所有缔约国之间得到承认和执行。截至 2010 年 10 月,已有 145 个国家和地区加入《纽约公约》。

4. 诉讼

民事诉讼是指人民法院在当事人和其他诉讼参与人的参加下,以审理、裁判、执行等方式解决民事纠纷的活动,以及由此产生的各种诉讼关系的总和。诉讼参与人包括原告、被告、第三人、证人、鉴定人、勘验人等。

在我国,《民事诉讼法》是调整和规范法院及诉讼参与人的各种民事诉讼活动的基本法律。民事诉讼具有以下三个特点：

（1）公权性

民事诉讼是由人民法院代表国家意志行使司法审判权，通过司法手段解决平等民事主体之间的纠纷。在法院主导下，诉讼参与人围绕民事纠纷的解决，进行着能产生法律后果的活动。它既不同于群众自治组织性质的人民调解委员会以调解方式解决纠纷，也不同于由民间性质的仲裁委员会以仲裁方式解决纠纷。

民事诉讼主要是法院与纠纷当事人之间的关系，但也涉及其他诉讼参与人，包括证人、鉴定人、翻译人员、专家辅助人员、协助执行人等；在诉讼和解时还表现为纠纷当事人之间的关系。

（2）程序性

民事诉讼时依照法定程序进行的诉讼活动，无论是法院还是当事人或者其他诉讼参与人，都应当严格按照法律规定的程序和方式实施诉讼行为，违反诉讼程序常常会引起一定的法律后果或者达不到诉讼目的，如法院的裁判被上级法院撤销，当事人失去为某种诉讼行为的权利等。

民事诉讼分为一审程序、二审程序和执行程序三大诉讼阶段。并非每个案件都要经过这三个阶段，有的案件一审就终结，有的经过二审终结，有的不需要启动执行程序。但如果案件要经历诉讼全过程，就要按照上述顺序依次进行。

（3）强制性

强制性是公权力的重要属性。民事诉讼的强制性既表现在案件的受理上，又反映在裁判的执行上。调解、仲裁均建立在当事人自愿的基础上，只要有一方当事人不愿意进行调解、仲裁，则调解和仲裁将不会发生。此外，和解、调解协议和履行依靠当事人的自觉，不具有强制执行的效力，但法院的裁判具有强制执行的效力，一方当事人不履行生效判决或裁定，另一方当事人可以申请法院强制执行。

除上述四种民事纠纷解决方式外，由于建设工程活动及其纠纷的专业性、复杂性，我国在建设工程法律实践中还在探索其他解决纠纷的新方式，如争议评审机制。

三、行政纠纷的法律解决途径

行政纠纷的法律解决途径主要有两种，即行政复议和行政诉讼。

（一）行政复议

行政复议是公民、法人或其他组织（作为行政相对人）认为行政机关的具体行政行为侵犯其合法权益，依法请求法定的行政复议机关审查该具体行政行为的合法性、适当性，该复议机关依照法定程序对该具体行政行为进行审查，并作出行政复议决定的法律制度。这是公民、法人或其他组织通过行政救济途径解决行政争议的一种方法。

行政复议具有以下特点：

（1）提出行政复议的，必须是认为行政机关行使职权的行为侵犯其合法权益的公民、法人和其他组织；

（2）当事人提出行政复议，必须是在行政机关已经作出行政决定之后，如果行政机关尚未做出决定，则不存在复议问题。复议的任务是解决行政争议，而不是解决民事或其他争议；

（3）当事人对行政机关的行政决定不服，只能按照法律规定向有行政复议权的行政机关申请复议；

(4) 行政复议以书面审查为主，以不调解为原则。行政复议的结论做出后，即具有法律效力。只要法律未规定复议决定为终局裁决的，当事人对复议决定不服的，仍可以按《行政诉讼法》的规定，向人民法院提请诉讼。

(二) 行政诉讼

行政诉讼是公民、法人或其他组织依法请求法院对行政机关具体行政行为的合法性进行审查并依法裁判的法律制度。

行政诉讼具有以下主要特点：

(1) 行政诉讼时法院解决行政机关实施具体行政行为时与公民、法人或其他组织发生的争议；

(2) 行政诉讼为公民、法人或其他组织提供法律救济的同时，具有监督行政机关依法行政的功能；

(3) 行政诉讼的被告与原告是恒定的，即被告只能是行政机关，原告则是作为行政行为相对人的公民、法人或其他组织，原告和被告之间不可能互易诉讼身份。

除法律、法规规定必须先申请行政复议的以外，行政纠纷当事人可以自主选择申请行政复议还是提起行政诉讼。行政纠纷当事人对行政复议决定不服的，除法律规定行政复议决定为最终裁决的以外，可以依照《行政诉讼法》的规定向人民法院提起行政诉讼。

任务2 民事诉讼制度

一、民事诉讼的法院管辖

民事诉讼中的管辖是指各级法院之间和同级法院之间受理第一民事案件的分工和权限。

我国《民事诉讼法》规定的民事案件的管辖，包括级别管辖、地域管辖、移送管辖、指定管辖和管辖权转移。人民法院受理案件后，被告有权针对人民法院对案件是否有管辖权提出管辖权异议，这是当事人的一项诉讼权利。

案例 8-1 某建筑企业与建设单位在施工合同中约定：发生争议提交由管辖权的人民法院解决。后双方因工程价款的拨付发生争议又协商不成，拟向人民法院提起诉讼以解决争议。

问题：本案中应当是哪一地、哪一级人民法院具有管辖权？

(一) 级别管辖

级别管辖，是指按照一定的标准，划分上下级法院之间受理第一审民事案件的分工和权限。我国法院有四级，分别是：基层人民法院、中级人民法院、高级人民法院和最高人民法院，每一级均受理一审民事案件。我国《民事诉讼法》主要根据案件的性质、影响和诉讼标的金额等来确定级别管辖。在实践中，争议的金额的大小，往往使确定级别管辖的重要依据，但各地人民法院确定的级别争议标的数额标准不尽相同。

(二) 地域管辖

地域管辖，就是根据人民法院的辖区范围和民事案件的隶属关系，划分同级人民法院之间审判第一审民事案件的权限。级别管辖则是确定民事案件由哪一级人民法院管辖。就是说，级别管辖是确定纵向的审判分工，地域管辖是确定横向的审判分工。地域管辖主要包括如下几种情况：

1. 一般地域管辖

一般地域管辖，是以当事人与法院的隶属关系来确定诉讼管辖，通常实行“原告就被告”原则，即以被告住所地作为确定管辖的标准。

(1) 对公民提起的民事诉讼，由被告住所地人民法院管辖；被告住所地与经常居住地不一致，由经常居住人民法院管辖。其中，公民的住所地是指该公民的户籍所在地。经常居住地是指公民离开住所指起诉时已连续居住满 1 年的地方，但公民住院就医的地方除外。

(2) 对法人或者其他组织提起的民事诉讼，由被告住所地人民法院管辖。被告住所地是指法人或者其他组织的主要办事机构所在地或者主要营业地。

(3) 同一诉讼的几个被告住所地、经常住所地在两个以上人民法院辖区的，原告可以向任何被告住所地或经常居住地人民法院起诉。

2. 特殊地域管辖

特殊地域管辖，是指以诉讼标的所在地、引起民事法律关系发生、变更、消灭的法律事实所在地为标准确定的管辖。我国《民事诉讼法》规定了 10 种特殊地域管辖，其中与工程建设领域关系最为密切的是因合同纠纷提诉讼的管辖。

《民事诉讼法》规定：“因合同纠纷提起的诉讼，由被告住所地或合同履行地人民法院管辖。”合同履行地是指合同约定的履行义务的地点，主要是指合同标的的交付地点。合同履行地应当在合同中明确约定，没有约定或约定不明的，当事人既不能协商确定，又不能按照合同有关条款和交易习惯确定的，按照《合同法》第 62 条的有关规定确定。对于购销合同纠纷，《最高人民法院关于在确定经济纠纷案件管辖中如何确定购销合同履行地的规定》中规定：“对当事人在合同中明确约定履行地点的，以约定的履行地点为合同履行地。当事人在合同中未明确约定履行地点的，以约定的交货地点为合同履行地。合同中约定的货物到达地、到站地、验收地、安装调试地等，均不应视为合同履行地。”对于建设工程施工合同纠纷，《最高人民法院关于审理建设工程施工合同该纠纷案件适用法律问题的解释》中规定：“建设工程施工合同纠纷以施工行为地为合同履行地。”

3. 专属管辖

专属管辖，是指法律规定某些特殊类型的案件专门由特定的法院管辖。专属管辖是排他性管辖，排除了诉讼当事人协议选择管辖法院的权利。专属管辖与一般地域管辖和特殊地域管辖的关系是：凡法律规定为专属管辖的诉讼，均使用专属管辖。

《民事诉讼法》中规定了 3 种适用专属管辖的案件，其中因不动产纠纷提出的诉讼，由不动产所在地人民法院管辖，如房屋买卖纠纷、土地使用权转让纠纷等。

4. 协议管辖

发生合同纠纷或者其他财产权益纠纷的，《民事诉讼法》还规定了协议管辖制度。所谓协议管辖，是指合同当事人在纠纷发生前后，在法律允许的范围内，以书面形式约定案件的管辖法院。协议管辖适用于合同纠纷或者其他财产权益纠纷，其他财产权益纠纷包括因物权、知识产权中的财产权而产生的民事纠纷管辖。

《民事诉讼法》规定，合同的当事人可以在书面合同中协议选择被告住所地、合同履行地、合同签订地、原告住所地、标的物所在地等与争议有实际联系的地点的人民法院管辖，但不得违反本法对级别管辖和专属管辖的规定。“与争议有实际联系的地点”还包括侵犯物权或者只是产权等财产权益的行为发生地等。

案例 8-1 分析：

1. 按照《最高人民法院关于审理建设工程施工合同纠纷案件适用法律问题的解释》的规定，建设工程施工合同纠纷不适用专属管辖。本案合同中又未明确约定管辖法院，对协议管辖也不适用。所以，本案应当适用特殊地域管辖的规定，即合同履行地或者被告住所地人民法院均有管辖权。

2. 根据双方争议金额（即诉讼标的额），按照最高人民法院关于《全国各省、自治区、直辖市高级人民法院和中级人民法院管辖第一审民商事案件标准》的规定，可以确定有管辖权的第一审人民法院管辖。也就是说，当事人可根据双方争议金额在该合同履行地或者被告住所地的相应级别的人民法院中任选其一提起诉讼。

（三）移送管辖和制定管辖

案例 8-2　某建筑公司与发包人在施工合同中约定：双方若发生争议，提交发包人居住所地人民法院管辖。后双方因工程价款的支付时间发生争议，建筑公司向合同履行地的人民法院起诉，法院受理了此案，并向发包人送达了应诉通知书。

问题：发包人可否提出管辖权异议，受诉人民法院应当做出移送管辖还是管辖权转移？

1. 移送管辖

人民法院发现受理的案件不属于本院管辖的，应当移送有管辖权的人民法院，受移送的人民法院应当受理。受移送的人民法院认为受移送的案件依照规定不属于本院管辖的，应当报请人民法院指定管辖，不得再自行移送。

移送管辖有两种：一种是同级人民法院间的移送管辖，一般是由于地域管辖的原因引起的；另一种是上下级人民法院间的移送管辖，一般是由于级别管辖的原因引起的。

2. 指定管辖

有管辖权的人民法院由于特殊原因，不能行使管辖权的，由上级人民法院指定管辖。人民法院之间因管辖权发生争议，由争议双方协商解决；协商解决不了的，报请其共同上级人民法院指定管辖。

（四）管辖权转移

所谓管辖权转移，是指上级人民法院有权审理下级人民法院管辖的第一审民事案件；确有必要将本院管辖的第一审民事案件交下级人民法院审理的，应当报请其上级人民法院批准。

下级人民法院对它所管辖的第一审民事案件，认为需要由上级人民法院审理的，可以报请上级人民法院审理。

管辖权转移与移送管辖的区别有如下三点：

（1）移送管辖是没有管辖权的法院把案件移送给有管辖权的法院审理，而管辖权转移是有管辖权的法院把案件转移给原来没有管辖权的法院审理；

（2）移送管辖可能在上下级法院之间或者在同级法院间发生，而管辖权转移仅限于上下级法院之间；

(3) 二者在程序上不完全相同。

(五) 管辖权异议

管辖权异议是指当事人向受诉人民法院提出的该法院对案件无管辖权的主张。《民事诉讼法》规定，人民法院受理案件后，当事人对管辖权有异议的，应当在提交答辩状期间提出。人民法院对当事人提出的异议，应当审查。异议成立的，裁定将案件移交有管辖权的人民法院；异议不成立的，裁定驳回。

一般来说，当事人可以就以下情形提出管辖权异议：就地域管辖权提出异议；就级别管辖权提出异议；仲裁协议或仲裁条款有效的，为排除法院管辖而提出异议等。另外，《民事诉讼法》还规定了应诉管辖制度，即当事人未提出管辖权异议并应诉管辖的，视为受诉人民法院有管辖权，但违反级别管辖和专属管辖规定的除外。

根据《最高人民法院关于审理民事级别管辖异议议案件若干问题的规定》，受诉人民法院应当在受理异议之日起 15 日内做出裁定；对人民法院级别管辖异议做出的裁定，当事人不服提起上诉的，第二审人民法院应当依法审理并做出裁定。

案例 8-2 分析：

本案合同中约定了争议由发包人住所地人民法院管辖，符合协议管辖的规定，所以本案有管辖权的法院应为发包人住所地法院。但是，建筑企业却向合同履行地人民法院提起诉讼，违反了协议管辖的约定，所以发包人可以据此提出管辖权异议。由于受诉人民法院对本案不具有管辖权，本案应当依法移送发包人住所地的人民法院管辖。

二、民事诉讼的当事人和代理人

(一) 当事人

民事诉讼中的当事人，是指因民事权利和义务发生争议，以自己的名义进行诉讼，请求人民法院进行裁判的公民、法人或其他组织。狭义的民事诉讼当事人包括原告和被告。广义的民事诉讼当事人包括原告、被告、共同诉讼人和第三人。外国人、无国籍人、外国企业和组织在人民法院起诉、应诉，同中华人民共和国公民、法人和其他组织有同等的诉讼权利义务。

外国法院对中华人民共和国公民、法人和其他组织的民事诉讼权利加以限制的，中华人民共和国人民法院对该国公民、企业和组织的民事诉讼权利，实行对等原则。

案例 8-3 甲公司开发某商业地产项目，乙建筑公司(以下简称乙公司)经过邀请招标程序中标并签订了施工总承包合同。施工中，乙公司将水电安装工程设备建筑安装公司(以下简称丙公司)。丙公司又将部分水电安装的施工劳务作业违法分包给包工头蔡某。施工中，因甲公司拖欠乙公司工程款，继而乙公司拖欠丙公司工程款，丙公司拖欠蔡某的劳务费。当蔡某知道这个情况后，在起诉丙公司的同时，将甲公司也起诉到法院，要求支付被拖欠的劳务费。甲公司认为自己与蔡某没有合同关系，遂提出诉讼主体异议；丙公司认为蔡某没有劳务施工资质，不具备签约能力，合同无效，也不能成为原告。

问题：蔡某可否在起诉丙公司的同时，也起诉甲公司即发包方？

1. 原告和被告

原告，是指维护自己的权益或自己所管理的他人权益，以自己名义起诉，从而引起民事诉讼程序的当事人。被告，是指原告诉称侵犯原告公民权益而由法院通知其应诉的当事人。

《民事诉讼法》规定，公民、法人和其他组织可以作为民事诉讼的当事人。法人由其法定代表人进行诉讼，其他组织由其主要负责人进行诉讼。

公民、法人和其他组织虽然都可以成为民事诉讼中的原告或被告，但在实践中，情况还是比较复杂，需要进一步结合《最高人民法院关于使用〈中华人民共和国民事诉讼法〉若干问题的意见》及相关规定进行正确认定。

随着我国经济社会的快速发展和变化，出现了一些环境污染、侵害众多消费者权益等严重损害社会公共利益的行为。为保护社会公共利益，除了加强行政监管外，《民事诉讼法》还初步确立了我国的民事公益诉讼制度。根据《民事诉讼法》规定，对污染环境、侵害众多消费者合法权益等损害社会公共利益的行为，法律规定的机关和有关组织可以向人民法院提起诉讼。

2. 共同诉讼人

共同诉讼人，是指当事人一方或双方为二人以上(含二人)，其诉讼标的是共同的，或者诉讼标的是同一种类、人民法院认为可以合并审理并经当事人同意，共同在人民法院进行诉讼的人。

3. 第三人

第三人，是指对他人争议的诉讼标的有独立的请求权，或者虽无独立的请求权，但案件的处理结果与其有法律上的利害关系，而参加到原告、被告已经开始的诉讼中进行诉讼的人。

《民事诉讼法》规定，对当事人双方的诉讼标的，第三人认为有独立请求的，有权提起诉讼。对当事人双方诉讼标的，第三人虽然没有独立请求权，但案件处理结果同他有法律上的利害关系的，可以申请参加诉讼，或者由人民法院通知他参加诉讼。人民法院判决承担民事责任的第三人，有当事人的诉讼权利和义务。

以上规定的第三人，因不能归责于本人的事由未参加诉讼，但有证据证明发生法律效力的判决、裁定、调解书和部分或者全部内容错误，损害其民事权益的，可以自知道或者应当知道其民事权益受到损害之日起6个月内，向做出该判决、裁定、调解书的人民法院提起诉讼。人民法院经审理，诉讼请求成立的，应当改变或者撤销原判决、裁定、调解书；诉讼请求不成立的，驳回诉讼请求。

案例8-3分析：

根据《最高人民法院关于审理建设工程施工合同纠纷案件适用法律问题的解释》第26条规定："实际施工人以转包人、违法分包人为被告起诉的，人民法院应当依法受理。实际施工人以发包人为被告主张权利的，人民法院可以追加转包人或者违法分包人为本案当事人。发包人只在欠付工程价款范围内对实际施工人承担责任。"据此，本案中蔡某作为实际施工人，不仅可以起诉违法分包的丙公司，也可以起诉作为发包人的甲公司。但甲公司只在欠付工程价款范围内对实际施工人蔡某承担责任。

(二) 诉讼代理人

诉讼代理人，是指根据法律规定或当事人的委托，代理当事人进行民事诉讼活动的人。民事法律行为代理分为法定代理、委托代理和指定代理。与此相对应，民事诉讼代理人也可分为法定诉讼代理人、委托代理人和指定诉讼代理人。在建设工程领域的民事诉讼代理中，最常见的是委托代理诉讼代理人。

当事人、法定代理人可以委托1～2人作为其诉讼代理人。新修订的《民事诉讼法》规定，下列人员可以被委托为诉讼代理人：①律师、基层法律服务工作者；②当事人的近亲属或工作人员；③当事人所在社区、单位以及有关社会团体推荐的公民。

委托他人代为诉讼的，须向人民法院提交由委托人签名或盖章的授权委托书，授权委托书必须记明委托事项和权限。《民事诉讼法》规定，“诉讼代理人代为承认、放弃、变更诉讼请求，进行和解、提起诉讼或者上诉，必须有委托人的特别授权”。针对实践中经常出现的授权委托书仅写“全权代理”而无具体授权的情形，最高人民法院还特别规定，在这种情况下不能认定诉讼代理人已获得特别授权，即诉讼代理人无权代为承认、放弃、变更诉讼请求，进行和解、提起反诉或者上诉。

三、民事诉讼的证据和诉讼时效

(一) 民事诉讼证据

证据，是指在诉讼中能够证明案件真实情况的各种资料。当事人要证明自己提出的主张，需要向法院提供相应的证据资料。

掌握证据的种类才能正确收集证据；掌握证据的保全才能不使对自己有利的证据灭失；掌握证据的应用才能真正发挥证据的作用。

根据新修订的《民事诉讼法》，证据包括：当事人的陈述、书证、物证、视听资料、电子数据、证人证言、鉴定意见、勘验笔录。证据必须查证属实，才能作为认定事实的根据。

1. 当事人的陈述

当事人陈述，是指当事人在诉讼或仲裁中，就本案中的事实向法院或仲裁机构所做的陈述。《民事诉讼法》规定，人民法院对当事人的陈述，应当结合本案的其他证据，审查确定能否作为认定事实的根据。当事人拒绝陈述的，不影响人民法院根据证据认定案件事实。《最高人民法院关于民事诉讼证据的若干规定》还规定，当事人对自己的主张，只有本人陈述而不能提出其他相关证据的，其主张不予支持。但对方当事人认可的除外。

2. 书证

书证，是指以文字、符号所记录或表示的，以证明待证事实的文书，如合同、书信、文件、票据等。书证是民事诉讼和仲裁中普遍并大量应用的一种证据。

3. 物证

物证，是指用物品的外形、特征、质量等说明待证事实的一部分或全部的物品。在工程实践中，建筑材料、设备以及工程质量等，往往表现为物证这种形式。

在民事诉讼和仲裁过程中，应当遵循“优先提供原件或者原物”原则。《民事诉讼法》规定，“书证应当提交原件。物证应当提交原物。提交原件或原物确有困难的，可以提交复制品、照片、副本、节录本”。需要说明的是，根据《最高人民法院关于民事诉讼证据的若干规定》的规定，当事人“如需自己保存证据原件、原物或者提供原件、原物确有困难的，可以提供经人民法院核对无异的复制件或者复制品”。但是，无法与原件、原物核对的复印品、复印件，不能单独作为认定案件事实的依据。

4. 试听资料

试听资料，是指利用录音、录像等方法记录下来的有关案件事实的材料，如用录音机录制的当事人的谈话、用摄像机拍摄的人物形象及其活动等。

试听资料虽然具有易于保存、生动逼真等优点，但另一方面，试听资料也有容易通过技术手段被篡改的缺点。《民事诉讼法》规定，人民法院对试听资料，应当辨别真伪，并结合本案的其他证据，审查确定能否作为认定事实的根据。

同时，《最高人民法院关于民事诉讼证据的若干规定》，存在疑点的试听资料，不能单独作为认定案件事实的依据。

对于未经对方当事人同意私自录制其谈话取得的资料的效力，《最高人民法院关于民事诉讼证据的若干规定》规定，对于一方当事人提出的，有其他证据佐证并以合法手段取得的、无疑点的试听资料或者与试听资料核对无误的复制件，对方当事人提出异议但没有足以反驳的相反证据的，人民法院应当确认其证明力。

5. 电子数据

电子数据，是指与案件实施有关的电子邮件、网上聊天记录、电子签名、网络访问记录等以电子形式存在的证据，如储存在计算机等电子设备的软盘、硬盘或光盘中的电子数据信息。

6. 证人证言

证人证言，是指证人以口头或书面方式向人民法院所做的对案件事实的陈述。证人所做的陈述，既可以是亲自听到、看到的，也可以是从其他人、其他地方间接得知的。人民法院认定证人证言，可以通过对证人的智力状况、品德、知识、经验、法律意识和专业技能等的综合分析做出判断。

《民事诉讼法》规定，凡是知道案件情况的单位和个人，都有义务出庭作证。有关单位的负责人应当支持证人作证。不能正确表达意志的人，不能作证。

经人民法院通知，证人应当出庭作证。有下列情形之一的，经人民法院许可，可以通过书面证言、试听传输技术或者试听资料等方式作证：①因健康原因不能出庭的；②因路途遥远，交通不便不能出庭的；③因自然灾害等不可抗力不能出庭的；④其他有正当理由不能出庭的。

《最高人民法院关于民事诉讼证据的若干规定》还规定，与一方当事人或者其代理人有利害关系的证人出具的证言，以及无正当理由未出庭作证的证人证言，不能单独作为认定案件事实的依据。

7. 鉴定意见

鉴定意见，是指具备相应资格的鉴定人对民事案件中出现的专门性问题，通过鉴别和判断后做出的书面意见。在建设工程领域，较常见的如工程质量鉴定、技术鉴定、工程造价鉴定、伤残鉴定、笔迹鉴定等。由于鉴定意见是运用专业知识所作出的鉴别和判断，所以，具有科学性和较强的证明力。

《民事诉讼法》规定，当事人可以就查明事实的专门问题向人民法院申请鉴定。当事人申请鉴定的，由双方当事人协商确定具备资格的鉴定人；协商不成的，由人民法院指定。当事人未申请鉴定，人民法院对专门性问题认为需要鉴定的，应当委托具备资格的鉴定人进行鉴定。

当事人对鉴定意见有异议或者人民法院认为鉴定人又必要出庭的，鉴定人应当出庭作证。经人民法院通知，鉴定人拒不出庭作证的，鉴定意见不得作为认定事实的根据；制度鉴定费用的当事人可以要求返还鉴定费用。

8. 勘验笔录

勘验笔录，是指人民法院为了查明案件的真实，指派勘验人员对与案件争议有关的现场、物品或物体进行查验、拍照、测量，并将查验的情况与结果制成的记录。《民事诉讼法》规定，勘验物证或者现场，勘验人必须出示人民法院的证件，并邀请当地基层组织或者当事人所在单位派人参加。当事人或者当事人的成年家属应当到场，拒不到场的，不影响勘验的进行。勘验笔录应由勘验人、当事人和被邀参加人签名或者盖章。

四、民事诉讼时效的规定

(一) 诉讼时效的概念

诉讼时效，是指权利人在法定的时效期间内，未行使其权利的，依据法律规定消灭其胜诉权的制度。

案例 8-4 某工程发包人长期拖欠工程款，施工单位应多种原因在诉讼时效期限内未行使请求权。后双方发生争议，施工单位将发包人诉至法院。

问题：

1. 法院是否应受理此案?
2. 法院是否可以直接驳回诉讼请求?
3. 如果施工合同中约定工程价款请求权的诉讼时效为 1 年，应当如何处理?

超过诉讼时效期间，在法律上发生的效力是权利人的胜诉权消灭。超过诉讼时效期间权利人行使权利的，如果符合《民事诉讼法》规定的起诉条件，法院仍然应当受理。如果法院经受理后查明无中止、中断、延长事由的，判决驳回诉讼请求。但是，依照 2008 年 8 月发布的《最高人民法院关于审理民事案件适用诉讼时效制度若干问题的规定》，当事人未提出诉讼时效抗辩，法院不应对诉讼时效问题进行释明及主动适用诉讼时效的规定进行裁判。当事人违反法律规定，约定延长或者缩短诉讼时效期间、预先放弃诉讼时效利益的，法院不予认可。

应当注意的是，根据《民法通则》的规定，超过诉讼时效期间，当事人自愿履行的，不受诉讼时效限制。《最高人民法院关于贯彻执行〈中华人民共和国民法通则〉若干问题的意见(试行)》中规定，超过诉讼时效期间，义务人履行义务后又以超过诉讼时效为由反悔的，不予支持。

(二) 不适用于诉讼时效的情形

当事人可以对债权请求权提出诉讼时效抗辩，但对下列债权请求权提出诉讼时效抗辩的，法院不予支持：①支付存款本金及利息请求权；②兑付国债、金融债券以及向不特定对象发行的企业债券本息请求权；③基于投资关系产生的缴付出资请求权；④其他依法不适用诉讼时效规定的债权请求权。

(三) 诉讼时效期间的种类

根据我国《民法通则》及有关法律的规定，诉讼时效期间通常可划分为四类：

(1) 普通诉讼时效，即向人民法院请求保护民事权利的期间。普通诉讼时效期间通常为 2 年。

(2) 短期诉讼时效。下列诉讼时效期间为1年:身体受到伤害要求赔偿的;延付或拒付租金的;出售质量不合格的商品未声明的;寄存财物被丢失或损毁的。

(3) 特殊诉讼时效。特殊诉讼时效不是由民法规定的,而是由特别规定的诉讼时效。例如,《合同法》规定,因国际货物买卖合同和技术进出口合同争议的时效期间为4年;《海商法》规定,就海上货物运输向承运人要求赔偿的请求权,时效期间为1年。

(4) 权利的最长保护期限。诉讼时效期间从知道或应当知道权利被侵害时起计算。但是,从权利被侵害之日起超过20年的,法院不予保护。

(四) 诉讼时效期间的起算

《民法通则》规定,诉讼时效期间从知道或者应当知道权利被侵害时起计算。《最高人民法院关于贯彻执行〈中华人民共和国民法通则〉若干问题的意见(试行)》和《最高人民法院关于审理民事案件适用诉讼时效制度若干问题的规定》中规定,在下列情况下,诉讼时效期间的计算方法是:

(1) 人身损害赔偿的诉讼时效期间,伤害明显的,从受伤之日起算;伤害当时未曾发现,后经检查确诊并能证明是由侵害引起的,从伤害确诊之日起算。

(2) 当事人约定同一债务分期履行的,诉讼时效期间从最后一期履行期限届满之日起计算。

(3) 未约定履行期限和合同,依照《合同法》第61条、第62条的规定,可以确定履行期限的,诉讼时效期间从履行期限届满之日起计算;不能确定履行期限的,诉讼时效期间从债权人要求债务人履行义务的宽限期届满之日起计算,但债务人在债权人第一次向其主张权利之日明确表示不履行义务的,诉讼时效期间从债务人明确表示不履行义务之日起计算。

(4) 合同被撤销,返还财产、赔偿损失请求权的,诉讼时效期间从合同被撤销之日起计算。

(5) 返还不当得利请求权的诉讼时效期间,从当事人一方知道或者应当知道不当得利事实及对方当事人之日起计算。

(6) 管理人因无因管理行为产生的给付必要管理费用、赔偿损失请求权的诉讼时效期间,从无因管理行为结束并且管理人知道或者应当知道本人之日起计算。

本人因不当无因管理行为产生的赔偿损失请求权的诉讼时效期间,从其知道或者应当知道管理人及损害事实之日起计算。

案例8-4分析:

1. 法院应当受理此案。对于超过诉讼时效但符合《民事诉讼法》规定的起诉条件的案件,法院仍然应当受理。但是,如果法院受理后查明无中止、中断、延长事由的,可以判决驳回诉讼请求。

2. 没有当事人的诉讼时效抗辩,法院不可以直接或者依职权驳回原告的诉讼请求。依照《最高人民法院关于审理民事案件适用诉讼时效制度若干问题的规定》,当事人未提出诉讼时效抗辩,法院不应对诉讼时效问题进行释明及主动适用诉讼时效的规定进行裁判。

3. 如果施工合同中约定工程价款的请求权诉讼时效为1年,法院将不予认可。根据《最高人民法院关于审理民事案件适用诉讼时效制度若干问题的规定》,当事人违反法律规定,约定延长或者缩短诉讼时效期间、预先放弃诉讼时效利益的,法院不予认可。

(五) 诉讼时效中止和中断

案例 8-5 根据施工合同,甲建设单位应于 2009 年 9 月 30 日支付乙建筑公司工程款,2010 年 6 月 1 日,乙单位向甲单位提出支付请求,则就该款额的诉讼时效(　　)。

A. 中断　　B. 中止　　C. 终止　　D. 届满

案例 8-6 按照合同的约定,2007 年 1 月 1 日发包方应该向承包方支付工程款,但没有支付。2007 年 7 月 1 日之间,当地发生了特大洪水,导致承包方不能行使请求权。2007 年 12 月 3 日,承包方向法院提起诉讼,请求发包方支付拖欠的工程款,2007 年 12 月 31 日法院做出判决。则下面的说法正确的是(　　)。

A. 2007 年 7 月 1 日至 8 月 1 日之间诉讼时效中止

B. 2007 年 12 月 31 日起诉讼时效中止

C. 2007 年 12 月 3 日诉讼时效中断

D. 2007 年 7 月 1 日至 8 月 1 日之间诉讼时效中断

1. 诉讼时效中止

《民法通则》规定,在诉讼时效期间的最后 6 个月内,因不可抗力或者其他障碍不能行使请求权的,诉讼时效中止。从中止时效的原因消除之日起,诉讼时效期间继续计算。

根据上述规定,诉讼时效中止,应当同时满足两个条件:

(1) 权利人由于不可抗力或者其他障碍,不能行使请求权;

(2) 导致权利人不能行使请求权的事由发生在诉讼时效期间的最后 6 个月内。

诉讼时效中止,即诉讼时效期间暂时停止计算。在导致诉讼时效中止的原因消除后,也就是权利人开始可以行使请求权时起,诉讼时效期间继续计算。《最高人民法院关于审理民事案件适用诉讼时效制度若干问题的规定》中规定了诉讼时效中止的特殊情形:

(1) 权利被侵害的无民事行为能力人、限制民事行为能力人没有法定代理人,或者法定代理人死亡、丧失代理权、丧失行为能力;

(2) 继承开始后未确定继承人或者遗产管理人;

(3) 权利人被义务人或者其他人控制无法主张权利;

(4) 其他导致权利人不能主张权利的客观情形。

2. 诉讼时效中断

《民法通则》规定,诉讼时效因提起诉讼、当事人一方提出要求或者同意履行义务而中断。从中断起时,诉讼时效期间重新计算。

《最高人民法院关于审理民事案件适用诉讼时效制度若干问题的规定》中规定了诉讼时效中断的特殊情形:

(1) 具有下列情形之一的,应当认定为《民事通则》第 140 条规定的“当事人一方提出要求”,产生诉讼时效中断的效力:

① 当事人一方直接向对方当事人送交主张权利文书,对方当事人在文书上签字、盖章或者虽未签字、盖章但能够以其他方式证明该文书到达对方当事人的;

② 当事人一方以发送信件或者数据电文方式主张权利,信件或者数据电文方式主张权利,信件或者数据电文到达或者应当到达对方当事人的;

③ 当事人一方为金融机构，依照法律规定或者当事人约定从对方当事人账户中扣收欠款利息的；

④ 当事人一方下落不明，对方当事人在国家级或者下落不明的当事人一方住所地的省级有影响的媒体上刊登具有主张权利内容的公告的，但法律和司法解释另有特别规定的，适用其规定。

案例 8-5 分析：

答案：A

理由：2010 年 6 月 1 日乙单位向甲单位提出支付请求，诉讼时效因权利人主张权利或者义务人同意履行义务而中断。

案例 8-6 分析：

答案：C

理由：该诉讼时效为 2 年，当事人一方向法院提交起诉状或者口头起诉的，诉讼时效从提交起诉状或者口头起诉之日起中断。2007 年 12 月 3 日承包方向法院提起诉讼，所以导致诉讼时效中断。《民法通则》规定，在诉讼时效期间的最后 6 个月内，因不可抗力或者其他障碍不能行使请求权的，诉讼时效中止。A 选项 2007 年 7 月 1 日至 8 月 1 日这个时间段不在诉讼时效最后 6 个月。

(2) 权利人对同一债权中的部分债权主张权利的，诉讼时效中断的效力及剩余债权，但权利人明确表示放弃剩余债权的情形除外。

(3) 当事人一方向法院提交起诉状或者口头起诉的，诉讼时效从提交起诉状或者口头起诉之日起中断。

(4) 下列事项之一，法院应当认定与提起诉讼具有同等诉讼时效中断的效力：①申请仲裁；②申请支付令；③申请破产、申报破产债权；④为主张权利而申请宣告义务人失踪或死亡；⑤申请宿迁财产保全、诉前临时禁令等诉前措施；⑥申请强制执行；⑦申请追加当事人或者被通知参加诉讼；⑧在诉讼中主张抵消；⑨其他与提起诉讼具有同等诉讼时效中断效力的事项。

(5) 权利人向人民调解委员会以及其他依法有权解决相关民事纠纷的国家机关、事业单位、社会团体等社会组织提出保护相应民事权利的请求，诉讼时效从提出请求之日起中断。

(6) 权利人向公安机关、人民检察院、人民法院报案或者控告，请求保护其民事权利的，诉讼时效从其报案或者控告之日起中断。上述机关决定不立案、撤销案件、不起诉的，诉讼时效期间从权利人知道或者应当知道不立案、撤销案件或者不起诉之日起重新计算；刑事案件进入审理阶段，诉讼时效期间从刑事裁判文书生效之日起重新计算。

(7) 义务人做出分期履行、部分履行、提供担保、请求延期履行、制定清偿债务计划等承诺或者行为的，应当认定为《民法通则》第 140 条规定的当事人一方“同意履行义务”。

(8) 对于连债权人中的一人发生诉讼时效中断效力的事由，应当认定对其他连带债权人也发生诉讼时效中断的效力。

(9) 债权人提起代位权诉讼的，应当认定对债权人的债权和债务人的债权均发生诉讼时效中断的效力。

(10) 债权转让的，应当认定诉讼时效从债权转让通知达到债务人之日中断。债务承担情形下，构成原债务人对债务承认的，应当认定诉讼时效从债务承担意思表示达到债权人之日起中断。

此外，《最高人民法院关于贯彻执行〈中华人民共和国民法通则〉若干问题的意见（试行）》也规定，诉讼时效因权利人主张权利或者义务人同意履行义务而中断后，权利人在新的诉讼时效期间内，再次主张权利或者义务人再次同意履行义务的，可以认定为诉讼时效再次中断。权利人向债务保证人、债务人的代理人或者财产代管人主张权利的，可以认定诉讼时效中断。

案例 8-7 某房地产公司为担保工程价款的支付，将自己的一栋办公楼抵押给承包该工程施工的某建筑公司，双方签字抵押合同并办理了抵押登记。在工程验收合格并签订了结算协议后，房地产公司一直拖欠支付工程价款，引发了双方的争议。

问题：

1. 该建筑公司能否申请人民法院直接拍卖、变卖抵押财产？
2. 该建筑公司应当如何实现担保物权？

案例 8-7 分析：

1. 该建筑公司不能申请人民法院直接拍卖、变卖抵押财产。虽然《物权法》规定："抵押权人与抵押人未就抵押权实现方式达成协议的，抵押人可以请求人民法院拍卖、变卖抵押财产。"这属于实体法对担保物权的实现做出的规定，但《民事诉讼法》规定的作为人民法院执行依据的法律文书中并不包括债权人享有的担保物权本身，也就是说，债权人享有的担保物权不能直接申请人民法院执行。

2. 为更好地保护担保物权人的合法权益，《民事诉讼法》特别规定，实现担保物权案件适用特别程序审理，实行一审终审，并且应当在立案之日起 30 日内或者公告期满后 30 日内审结。该法第 196 条规定："申请实现担保物权，由担保物权人以及其他有权请求实现担保物权的人依照物权法等法律，向担保财产所在地或者担保物权登记地基层人民法院提出。"第 197 条规定："人民法院受理申请后，经审查，符合法律规定的，裁定拍卖、变卖担保财产，当事人依据该裁定可以向人民法院申请执行；不符合法律规定的，裁定驳回申请，当事人可以向人民法院提起诉讼。"本案中的建筑公司可以向抵押登记地的人民法院提出申请，由人民法院适用特别程序审理，做出拍卖裁定。

任务 3 仲裁制度

仲裁是解决民事纠纷的重要方式之一。我国仲裁活动主要的法律依据有：《中华人民共和国仲裁法》（以下简称《仲裁法》）、《民事诉讼法》、《最高人民法院关于适用〈中华人民共和国仲裁法〉若干问题的解释》（以下简称《仲裁法》司法解释），以及我国签署加入的国际公约《承认和执行外国仲裁裁决公约》（也称纽约公约）。

仲裁有下列三项基本制度：

（1）协议仲裁制度。仲裁协议是当事人自愿原则的体现，当事人申请仲裁、仲裁委员会受理仲裁以及仲裁庭对仲裁案件的审理和裁决，都必须以当事人依法订立的仲裁协议为前提。《仲裁法》规定，没有仲裁协议，一方申请仲裁的，仲裁委员会不予受理。

(2) 排除法院管辖制度。仲裁和诉讼是两种不同的争议解决方式，当事人只能选用其中的一种。《仲裁法》规定："当事人达成仲裁协议，一方向人民法院起诉的，人民法院不予受理，但仲裁协议无效的除外。"因此，有效的仲裁协议可以排除法院对案件的司法管辖权，只有在没有仲裁协议或者仲裁协议无效的情况下，法院才可以对当事人的纠纷予以受理。

(3) 一裁终局制度。仲裁实行一裁终局的制度。裁决做出后，当事人就同一纠纷再申请仲裁或者向人民法院起诉的，仲裁委员会或者人民法院不予受理。但是，裁决被人民法院依法撤销或者不予执行的，当事人就该纠纷可以根据双方重新达成的仲裁协议申请仲裁，也可以向人民法院起诉。

案例 8-8 上海某公司和张家港某公司于 2003 年 8 月 4 日签订的《设备购销合同》(下称《合同》)中有关仲裁条款为："在本合同下或与本合同相关的任何以及所有无法友好解决的争议应通过仲裁解决。仲裁应根据中国国际经济贸易仲裁委员会调解和仲裁规则进行。仲裁应在北京进行。仲裁结果应为终局性的，对双方均有约束力。"在《合同》履行期间，双方就有关事项发生争议。上海某公司(下称申请人)向中国国际经济贸易仲裁委员会(下称仲裁委员会)申请仲裁。

仲裁委员会受理本案后，向双方当事人发出仲裁通知。张家港某公司(下称被申请人)收到仲裁通知后，向仲裁委员会提出管辖异议称：申请人和被申请人签订的本案合同中虽然涉及了仲裁约定，但对具体仲裁机构的约定不明确。本案合同中只是约定了争议可以通过仲裁解决及仲裁适用的规则，并且明确了"仲裁应在北京进行"，却没有明确具体的仲裁机构。根据相关法律的规定，如果要仲裁的话，必须双方明确约定并选择特定的仲裁机构，但本案合同双方却未能予以明确。因此，该纠纷应当移送被告所在地或合同履行地法院管辖。

申请人认为被申请人的抗辩理由不能成立。因为，根据合同中的仲裁条款，申请人和被申请人明确表达了其通过仲裁的方式解决双方争议的意愿。本案合同项下的争议应当提交中国国际经济贸易仲裁委员会仲裁解决，被申请人所谓的双方就仲裁机构约定不明确的主张缺乏合同和法律依据。

问题：本案中的中国国际经济贸易仲裁委员会对此案是否具有管辖权？

一、仲裁协议和仲裁受理

(一) 仲裁协议

1. 仲裁协议的形式

《仲裁法》规定："仲裁协议包括合同中订立的仲裁条款和其他以书面形式在纠纷发生前或者纠纷发生后达成的请求仲裁的协议。"据此，仲裁协议应当书面形式，口头方式达成的仲裁意思表示无效。仲裁协议既可以表现为合同中的仲裁条款，也可以表现为当独立于合同而存在的仲裁协议书。实践中，在合同约定仲裁条款的形式最为常见。

《仲裁法》司法解释规定："《仲裁法》第 16 条规定的'其他书面形式'的仲裁协议，包括以合同书、信件和数据电文(包括电报、电传、传真、电子数据交换和电子邮件)等形式达成的请求仲裁的协议。"此外，《电子签名法》还规定，能够有形地表现所载内容，并可以随时调取查用的数据电文，视为符合法律、法规要求的书面形式；可靠的电子签名与手写签名或者盖章具有同等的法律效力。

2. 仲裁协议的内容

合法有效的仲裁协议应当具有下列法定内容：

（1）请求仲裁的意思表示。请求仲裁的意思表示，是指条款中应该由“仲裁”两字，表明当事人的仲裁意愿。该意愿应当是确定的，而不是模棱两可的。有的当事人在合同中约定发生争议可以提交仲裁，也可提交诉讼，根据这种约定就无法判定当事人有明确的仲裁意愿。因此，《仲裁法》司法解释规定，这样的仲裁协议无效。

（2）仲裁事项。仲裁事项，可以是当事人之间合同履行过程中的或与合同有关的一切争议，也可以是合同中某一特定问题的争议；既可以是事实问题的争议，也可以是法律问题的争议。其范围取决于方当事人在仲裁协议中的约定。

（3）选定的仲裁委员会。选定的仲裁委员会，是指仲裁协议中约定的仲裁委员会的名称应该准确。《仲裁法》司法解释规定，仲裁协议约定的仲裁机构名称不准确，但能够确定具体的仲裁机构的，应当认定了仲裁机构。仲裁协议约定两个以上仲裁机构的，当事人可以协议选择其中的一个仲裁机构申请仲裁；当事人不能就仲裁机构选择达成一致的，仲裁协议无效。仲裁协议约定由某地的仲裁机构仲裁且该地仅有一个仲裁机构的，该仲裁机构视为决定的仲裁机构。该地有两个以上仲裁机构的，当事人可以协议选择其中的一个仲裁机构申请仲裁；当事人不能就仲裁机构选择达成一致的，仲裁协议无效。

上述三项内容必须同时具备，仲裁协议才能有效。我国许多仲裁机构都列出了示范仲裁条款，例如北京仲裁委员会示范仲裁条款写明：“因本合同引起的或与本合同有关的任何争议，决提请北京仲裁委员会按照该会的仲裁规则进行仲裁。仲裁裁决是终局的，对双方都有约束力。”当然，如果合同当事人较多，也可以将其表述为仲裁裁决“对各方均有约束力。”

案例 8-8 分析：

《仲裁法》第 16 条规定，当事人在仲裁协议中应当具有选定的仲裁委员会。在该合同中，虽没有写明具体的仲裁机构，但是根据该合同第 9 章第二款的约定：“仲裁应根据中国国际经济贸易仲裁委员会调解和仲裁规则进行”，双方约定了仲裁适用的仲裁规则。根据《关于适用〈中华人民共和国仲裁法〉若干问题的解释》第 4 条的规定：“仲裁协议仅约定纠纷适用的仲裁规则的，视为未约定仲裁机构，但当事人达成补充协议或者按照约定的仲裁规则能够确定仲裁机构的除外。”中国国际经济贸易仲裁委员会 2012 年 5 月 1 日施行的《仲裁规则》第 4 条第四款规定：“凡当事人约定按照本规则进行仲裁但未约定仲裁机构的，均视为同意将争议提交仲裁委员会仲裁。”

综上所述，本案中能够根据该合同约定的仲裁规则确定仲裁机构。因此，中国国际经济贸易仲裁委员会对本案具有管辖权。

案例 8-9 甲房地产开发公司（以下简称甲公司）与乙房地产开发公司（以下简称乙公司）签订了《H 项目合作开发合同》中规定：双方合作开发 H 项目，乙公司在取得市政发改委项目建议书批复文件 10 日内向甲公司支付补偿金 700 万元，如乙公司不能按时付款，本合同即作废，乙公司应向甲公司支付 300 万元违约金。合同还约定：“因本合同引起的或与本合同有关的任何争议，均提请 B 仲裁委员会仲裁。仲裁裁决是终局的，对双方均有约束力。”因乙公司在取得 H 项目批复文件后未支付补偿金，甲公司通知解除合同并向 B 仲裁委员会申请仲裁。乙公司在收到B仲裁委员会的仲裁通知及相关资料后提出了管辖异议，称合同中虽有仲裁条款，但合同已经解除，B仲裁委员会没有管辖权。甲公司认为乙公司的抗辩理由不能成立。B仲裁委员会根据合同中的仲裁条款做出了裁决。为此，乙公司以B仲裁委员会对本案无管辖权为由向E人民法院提出撤销该裁决的申请。

问题：本案中的B仲裁委员会对此案是否具有管辖权？

3. 仲裁协议的效力

（1）对当事人的法律效力

仲裁协议合法有效，即对当事人产生法律约束力。发生纠纷后，一方当事人只能向仲裁协议约定的仲裁机构申请仲裁，而不能就该纠纷向人民法院提起诉讼。

（2）对法院的约束力

有效的仲裁协议排除了人民法院对仲裁协议约定的争议事项的司法管辖权。《仲裁法》规定，当事人达成仲裁协议，一方向人民法院起诉未声明有仲裁协议，人民法院受理后，另一方在首次开庭前提交仲裁协议的，人民法院应当驳回起诉，但仲裁协议无效的除外。

（3）对仲裁机构的法律效力

仲裁协议是仲裁委员会受理仲裁案件的前提，是仲裁庭受理和裁决案件的依据。没有有效的仲裁协议，仲裁委员会就不能获得对争议案件的管辖权。同时，仲裁委员会只能对当事人在仲裁协议中约定的争议事项进行仲裁，对超过仲裁协议约定范围的其他争议事项无权仲裁。

（4）仲裁协议的独立性

仲裁协议独立存在，合同的变更、解除、终止或者无效，以及合同成立后未生效、被撤销等，均不影响仲裁协议的效力。当事人在订立合同时就争议达成仲裁协议的，合同未成立也不影响仲裁协议的效力。

4. 仲裁协议效力的确认

当事人对仲裁协议效力有异议的，应当在仲裁庭首次开庭前提出。当事人既可以请求仲裁委员会做出决定，也可以请求人民法院裁定。一方请求仲裁委员会做出决定，另一方请求人民法院裁定的，由人民法院裁定。

当事人向人民法院申请确认仲裁协议效力的案件，由仲裁协议约定的仲裁机构所在地的中级人民法院管辖；仲裁协议约定的仲裁机构不明确的，由仲裁协议签订或者被申请人住所地的中级人民法院管辖。

案例 8-9 分析：

《仲裁法》第19条规定："仲裁协议独立存在，合同的变更、解除、终止或者无效，不影响仲裁协议的效力。"因此，虽然双方已终止合同履行，但并不影响合同中仲裁条款的效力。E人民法院"民事裁定书"中认定：B仲裁委员会有权根据该仲裁条款对所涉的双方争议进行仲裁，乙公司的该项主张不能成立。E人民法院最终裁定驳回乙公司申请撤销B仲裁委员会裁决的请求。

（二）仲裁受理

1. 申请仲裁的条件

当事人申请仲裁，应当符合的条件有：①有效的仲裁协议；②有具体的仲裁请求和事实、理由；③属于仲裁委员会的受理范围。

2. 申请仲裁的方式

当事人申请仲裁，应当向仲裁委员会递交仲裁协议或者合同仲裁条款、仲裁申请书及副本。其中，仲裁申请书应当载明的事项包括：①当事人的姓名、性别、年龄、职业、工作单位和住所，法人或者其他组织的名称、住所和法定代表人或者主要负责人的姓名、职务；②仲裁请求和所依据的事实、理由；③证据和证据来源、证人姓名和住所。

对于申请仲裁的具体要求和审查标准，各仲裁机构在《仲裁法》规定的范围内会有所不同，一般可以登录其网站进行查询。

3. 审查与受理

仲裁委员会收到仲裁申请书之日起 5 日内经审查认为符合受理条件的，应当受理，并通知当事人；认为不符合受理条件的，应当书面通知当事人不予受理，并说明理由。

仲裁委员会受理仲裁申请后，应当在仲裁规则规定的期限内向仲裁委员会提交答辩书。仲裁委员会收到答辩书后，应当在仲裁规则规定的期限内将答辩书副本送达申请人。被申请人未提交答辩书的，不影响仲裁程序的进行。被申请人有权在答辩期内提出发请求。

4. 财产保全和证据保全

为保证仲裁程序顺利进行、仲裁案件公正审理以及仲裁裁决有效执行，当事人有权审理财产保全和证据保全。当事人要求采取保全措施的，应向仲裁委员会提出书面申请，由仲裁委员会将保全申请转交被申请人住所地或其财产所在地或证据所在地有管辖权的人民法院做出裁定；当事人也可以直接向有管辖权的人民法院提出保全申请。

申请人在人民法院采取保全措施后 30 日内不依法申请仲裁的，人民法院应当解除保全。

二、仲裁审理的法定程序

仲裁审理的法定程序主要包括仲裁庭的组成、开庭和审理、仲裁和解与调解、仲裁裁决等过程。

（一）仲裁庭的组成

仲裁案件采用普通程序或者简易程序来审理。采用普通程序审理仲裁案件，由 3 名仲裁员组成合议仲裁庭；采用简易程序审理仲裁案件，由 1 名仲裁员组成独任仲裁庭。但是，经当事人协商达成一致，应当采用普通程序审理的案件，也可以采用简易程序审理。

1. 合议仲裁庭

当事人约定由 3 名仲裁员组成仲裁庭的，应当各自选定 1 名或者各自委托仲裁委员会主任指定 1 名仲裁员，第三名仲裁员由当事人共同选定或者共同委托仲裁委员会主任指定。第三名仲裁员是首席仲裁员。

2. 独任仲裁庭

当事人约定 1 名仲裁员成立仲裁庭的，应当由当事人共同选定或者共同委托仲裁委员会主任指定仲裁员。

当事人没有在仲裁规定的期限内约定仲裁庭的组成方式或者选定仲裁员的，由仲裁委员会主任指定。

仲裁员由下列情形之一的，必须回避，当事人也有权提出回避申请：

(1) 是本案当事人或者当事人、代理人的近亲属；

(2) 与本案有利害关系；

(3) 与本案当事人、代理人有其他关系，可能影响公正仲裁的；

(4) 私自会见当事人、代理人，或者接受当事人、代理人的请客送礼的。

当事人提出回避申请，应当说明理由，在首次开庭前提出。回避事由在首次开庭后知道的，可以在最后一次开庭结束前提出。

案例 8-10 某建筑公司按照与某房地产开发公司签订的建设工程施工合同中的仲裁条款，向某仲裁委员会申请仲裁。开庭时，建筑公司请来了几家媒体记者要求旁听，开发公司对此坚决反对。

问题：建筑公司请求的媒体记者是否有权要求旁听？

(二) 开庭和审理

仲裁审理和方式分为开庭审理和书面审理两种。仲裁应当开庭审理做出裁决，这是仲裁审理的主要方式。但是，当事人协议不开庭的，仲裁庭可以根据仲裁申请书、答辩书以及其他材料做出裁决，即书面审理方式。为了保护当事人的商业秘密和商业信誉，仲裁不公开进行，当事人协议公开的，可以公开进行，但涉及国家秘密的除外。

当事人应当对自己的主张提供证据。仲裁庭认为有必要收集的证据，可以自行收集。证据应当在开庭时出示，当事人可以质证。当事人在仲裁过程中有权进行辩论。

仲裁庭可以做出缺席裁决。申请人经书面通知，无正当理由开庭时不到庭或者未经仲裁庭许可中途退庭的，可以视为撤回仲裁申请；如果被申请人提出了反请求，不影响仲裁庭发请求进行审理，并做出裁决。被申请人经书面通知，无正当理由不到庭或者未经仲裁庭许可中途退庭的，仲裁庭可以进行缺席审理并做出裁决；如果被申请人提出了反请求的，可以视为撤回仲裁反请求。

案例 8-10 分析：

《仲裁法》第 40 条规定："仲裁不公开进行。当事人协议公开的，可以公开进行，但涉及国家秘密的除外。"本案中，由于开发公司反对公开审理，除双方当事人或者当事人的法定代表人及其仲裁代理人有权参加外，其他未经授权的人员包括媒体记者内均无权申请旁听。

(三) 仲裁和解与调节

当事人申请仲裁后，可以自行和解。当事人自行达成和解协议的，可以请求仲裁庭根据和解协议制作裁决书，也可以撤回仲裁申请。当事人撤回仲裁申请后反悔的，仍可以根据原仲裁协议另行申请仲裁。

仲裁庭在做出裁决前，可以根据当事人的请求或者在征得当事人同意的情况下按照其认为适当的方式主持调解。调解达成协议的，当事人可以撤回仲裁申请，也可以请求仲裁庭根据调解协议的内容制作调解书或者裁决书。调解不成的，应当及时做出裁决。调解书经双方当事人签收后即与裁决书具有同等法律效力。在调解书签收前当事人反悔的，仲裁庭应当及时做出裁决。

(四) 仲裁裁决

仲裁裁决是有仲裁庭做出的具有强制执行效力的法律文书。独任仲裁庭审理的案件由独任仲裁员做出仲裁裁决，合议仲裁庭审理的案件由 3 名仲裁员集体做出仲裁裁决。裁决应当按照多数仲裁员的意见做出，少数仲裁员的不同意见可以记入笔录。仲裁员无法形成多数意见时，按照首席仲裁员的意见做出。仲裁裁决书由仲裁员签名，加盖仲裁委员会的印章。对裁决持不同意见的仲裁员可以签名，也可以不签名。有些仲裁机构的仲裁规则中规定，不签名的仲裁应当出具个人意见，仲裁机构将其个人意见随同裁决书送达当事人，但该意见不构成裁决书的一部分。裁决书自做出之日起发生法律效力。仲裁实行一裁终局制度，当事人不得就已经裁决的事项再行申请仲裁，也不得就此提起诉讼；当事人申请人民法院撤销裁决的，应当依法进行。

三、仲裁裁决的执行

（一）仲裁裁决的执行效力

仲裁裁决做出后，当事人应当履行裁决。一方当事人不履行的，另一方当事人可以依照我国《民事诉讼法》的规定，向人民法院申请执行。根据我国最高人民法院的相关司法解释，当事人申请执行仲裁裁决案件，由被执行人所在地或者被执行财产所在地的中级人民法院管辖。

仲裁裁决在所有《承认和执行外国仲裁裁决公约》缔约国或者地区，均可以得到承认和执行。

申请仲裁裁决强制执行必须在法律规定的期限内提出(按照《民事诉讼法》的规定，申请执行的期间为 2 年)。申请执行时效的中止、中断，适用法律有关诉讼时效中止、中断的规定。申请仲裁裁决强制执行的 2 年期间，自仲裁裁决书规定履行期限或仲裁机构的仲裁规定履行期间的最后 1 日起计算。仲裁裁决书规定分期履行的，依规定的每次履行期间的最后 1 日起计算。

（二）仲裁裁决的不予执行

根据《仲裁法》《民事诉讼法》的规定，被申请人提出证据证明裁决有下列情形之一的，经人民法院组成合议庭审查核实，裁定不予执行：

(1) 当事人在合同中没有仲裁条款或者事后没有达成书面仲裁协议的；

(2) 裁决的事项不属于仲裁协议的范围或者仲裁机构无权仲裁的；

(3) 仲裁庭的组成或者仲裁的程序违反法定程序的；

(4) 裁决所根据的证据是伪造的；

(5) 对方当事人向仲裁机构隐瞒了足以影响公正裁决的证据的；

(6) 仲裁员在仲裁该案时有索贿受贿、徇私舞弊、枉法裁决行为的。

仲裁裁决被法院依法裁定不予执行的，当事人就该纠纷可以重新达成仲裁协议，并依据该仲裁协议申请仲裁，也可以向法院提起诉讼。

任务 4 调解、和解制度

一、调解的规定

根据调解人的不同，我国调解的形式主要有人民调解、行政调解、仲裁调解、法院调解和专业机构调解等。

案例 8-11 某施工企业承接某高校实验楼的改造工程，因对方对实际工程量发生争议，导致工程竣工后长期不能结算。施工企业按照约定提起仲裁，要求据实结算工程款。仲裁期间，该实验楼因实施规划要求已被拆除，不能再通过现场测量的方法进行造假鉴定。在仲裁庭主持下，双方互谅互让达成调解协议。仲裁庭据此制作了调解书。后因高校拒绝付款，施工企业向人民法院申请强制执行。高校则以调解书不具有强制执行效力为由提出执行异议。

问题：

1. 当事人不愿调解的，仲裁庭可否强制调解？
2. 仲裁庭调解不成立的应该怎么办？
3. 调解书的法律效力如何？
4. 仲裁调解书是否具有强制执行的法律效力？

（一）人民调解

《人民调解法》规定，人民调解是指人民调解委员会通过说服、疏导等方式，促使当事人在平等协商基础上自愿达成调解协议，解决民间纠纷的活动。人民调解制度作为一种司法辅助制度，是人民群众自己解决纠纷的法律制度，也是一种具有中国特色的司法制度。

1. 人民调解的原则和人员机构

人民调解的基本原则是：当事人自愿原则；当事人平等原则；合法原则；尊重当事人权利原则。

人民调解的组织形式是人民调解委员会。《人民调解法》规定，人民调解委员会是村民委员会和居民委员会下设的调解民间纠纷的群众性自治组织，在人民政府和基层人民法院指导下进行工作。人民调解委员会由 3～9 人组成，设主任 1 人，必要时可以设副主任若干人。

人民调解员由人民调解委员会委员和人民调解委员会聘任的人员担任。人民调解员应当具备的基本条件有以下五条：①公道正派；②热心人民调解工作；③具有一定文化水平；④有一定的法律知识和政策水平；⑤成年公民。

2. 人民调解的程序和调解协议

人民调解应当遵循的程序主要有以下五条：①当事人申请调解；②人民调解委员会主动调解；③指定调解员或由当事人选定调解员进行调解；④达成协议；⑤调解结束。

经人民调解委员会调解达成调解协议的，可以制作调解协议书。当事人认为无须制作调解协议的，可以采取口头协议的方式，人民调解员应当记录协议内容。经人民调解委员会调解达成的调解协议对当事人双方具有法律约束力，当事人应当履行。当事人就调解协议的履行或者调解协议的内容发生争议的，一方当事人可以向法院提起诉讼。

经人民调解委员会调解达成调解协议后，双方当事人认为有必要的，可以按照《民事诉讼法》的规定，自调解协议生效之日起 30 日内共同向调解组织所在地基层人民法院申请司法确认调解协议。人民法院受理申请后，经审查，符合法律规定的，裁定调解协议有效，一方当事人拒绝履行或者未全部履行的，对方当事人可以向人民法院申请强制执行的；不符合法律规定的，裁定驳回申请，当事人可以通过调解方式变更原调解协议或者达成新的调解协议，也可以向人民法院起诉。

（二）行政调解

行政调解是指有关国家行政机关应纠纷当事人的请求，依据法律、法规、规章和政策，对属于其职权管辖范围内的纠纷，通过耐心的说服教育，使纠纷的双方互相谅解，在平等协商的基础上达成一致协议，促成当事人解决纠纷。

行政调解可分为：基层人民政府，即乡、镇人民政府对一般民间纠纷的调解；国家行政机关依照法律规定对某些特定民事纠纷、经济纠纷或劳动纠纷等进行的调解。

行政调解达成的协议也不具有强制约束力。

（三）仲裁调解

仲裁调解是仲裁机构对受理的仲裁案件进行的调解。

仲裁庭在做出裁决前，可以先行调解。当事人自愿调解的，仲裁庭应当调解。调解不成的，应当及时做出裁决。调解达成协议的，仲裁庭应当制作调解书或者根据协议的结果制作裁决书。调解书与裁决书具有同等法律效力。调解书经双方当事人签收后，即发生法律效力。在调解书签收后，即发生法律效力。在调解书签收前当事人反悔的，仲裁庭应当及时做出裁决。

仲裁与调解书相结合是仲裁制度的特点。该做法将仲裁和调解各自的优点结合起来，不仅有助于解决当事人之间的争议，还有助于保持当事人的友好合作关系，具有很大的灵活性和便利性。

案例 8-11 分析：

1. 按照《仲裁法》第 51 条第一款规定："仲裁庭在做出裁决前，可以先行调解。当事人自愿调解的，仲裁庭应当调解。"但是，仲裁庭不能强行调解。

2. 按照《仲裁法》的规定，调解不成的，应当及时做出裁决。

3. 《仲裁法》第 51 条第二款规定，"调解达成协议的，仲裁庭应当制作调解书或者根据协议的结果制作裁决书。调解书与裁决书具有同等法律效力。"

4. 生效的调解书具有强制执行法律效力。《仲裁法》第 51 条规定："调解达成协议的，仲裁庭应当制作调解书或者根据协议的结果制作裁决书。调解书与裁决书具有同等法律效力。"《民事诉讼法》第 237 条规定："对依法设立的仲裁机构的裁决，一方当事人不履行的，对方当事人可以向有管辖权的人民法院申请执行。受申请的人民法院应当执行。"

（四）法院调解

《民事诉讼法》规定，人民法院审理民事案件，根据当事人自愿的原则，在事实清楚的基础上，分清是非，进行调解。法院调解是人民法院对受理的民事案件、经济纠纷案件和轻微刑事案件在双方当事人自愿的基础上进行的调解，是诉讼内调解。法院调解书经双方当事人签收后，即具有法律效力，效力于判决书相同。在民事诉讼中，除适用特别程序的案件和当事人有严重违法行为需给予行政处罚的经济纠纷案件的情形外，其他案件均可适用调解。

1. 调解方法

《民事诉讼法》规定，人民法院进行调解，可以由审判员一人主持，也可以由合议庭主持，并尽可能就地进行。人民法院进行调解，可以邀请有关单位和个人协助。被邀请的单位和个人，应当协助人民法院进行调解。

2. 调解协议

调解达成协议，必须双方自愿，不得强迫。调解协议的内容不得违反法律规定。

调解达成协议，人民法院应当制作调解书。调解书应当写明诉讼请求、案件的事实和调解结果。调解书由审判员、书记员署名，加盖人民法院印章，送达双方当事人。调解书经双方当事人签收后，即具有法律效力。

但是，下列案件之一调解达成协议的，人民法院可以不制作调解书：①调解和好的离婚案件；②调解维持收养关系的案件；③能够即时履行的案件；④其他不需要制作调解书的案件。对不需要制作调解书的协议，应当记入笔录，由双方当事人、审判人员、书记员签名或者盖章后，即具有法律效力。

调解未达成协议或者调解书送达前一方反悔的，人民法院应当及时判决。

（五）专业机构调解

《人民调解法》实施以来，我国出现了一批以处理民商事法律纠纷的专业调解机构，如中国国际商会（中国贸促会）调解中心、北京仲裁委员会调解中心等。专业机构调解是当事人在发生争议前或争议后，协议约定由依法成立的具有独立调解规则的机构按照其调解规则进行调解。所谓调解机构、调解员以及调解当事人之间在调解过程中所应遵守的程序性规范。

专业调解机构备有调解员名单，供当事人在个案中选定。调解员由专业调解机构聘请经济、贸易、金融、投资、知识产权、工程承包、运输、保险、法律等领域里具有专门知识及实际经验、公道正派的人士担任。专业调解机构进行调解达成的调解协议对当事人双方均有约束力。

二、和解的规定

和解和调解的区别在于：和解是当事人之间自愿协商，达成协议，没有第三人参加，而调解是在第三人支持下进行疏导、劝说，使之相互谅解，自愿达成协议。

案例 8-12　某施工企业承接某开发商的住宅工程项目，在工程竣工后双方因结算款发生纠纷。施工企业按照合同的约定提起诉讼，索要其认为尚欠的结算款。开发商在法院做出判决之前，与施工企业就其起诉的所有事宜达成一致。

问题：

1. 当事人能否在诉讼期间自行和解？
2. 诉讼阶段的和解如何才能产生法律效力？
3. 当事人就诉讼的所有事宜均已达成和解，诉讼程序该如何继续？

（一）和解的类型

和解达成协议，在形式上既可以是口头的，也可以是书面的。和解的应用也很灵活，可以在各个阶段达成和解协议。

1. 诉讼前的和解

诉讼前的和解是指发生诉讼以前，双方当事人互享协商达成协议，自行解决争执。这是当事人依法处分自己民事实体权利的民事法律行为。

和解成立后，当事人所争执的权利即归确定，所抛弃的权利随即消失，当事人不得任意反悔要求撤销。但是，如果事后发现和解所依据的文件是伪造或涂改的，或者当事人在和解时不知道该和解时间已为为法院判决所确定，或者当事人对重要的争执有重大误解而达成和解协议的，当事人都可以要求撤销和解协议。

案例 8-13　某施工企业承接某开发商的住宅工程项目。在工程竣工验收合格并结算完毕后,因开发商拒绝支付工程尾款,施工企业向人民法院提起诉讼。在诉讼过程中,当事人双方在庭下就所有诉讼事宜达成和解协议,于是施工企业撤诉。此后,开发商以双方私下达成的和解协议不具有法律效力为由,拒绝履行付款义务。

问题:双方达成的和解协议是否具有法律效力?

2. 诉讼中的和解

诉讼中的和解是当事人在诉讼进行中互相协商,达成协议,解决双方的争执。《民事诉讼法》规定:"双方当事人可以自行和解。"这种和解在法院做出判决前,当事人都可以进行。当事人可以就全部诉讼请求达成和解协议,也可以就个别诉讼请求达成和解协议。

当事人达成和解协议后,原告既可以撤诉,双方也可以请求人民法院对和解事项制作调解书,经当事人签名盖章产生法律效力。

3. 执行中的和解

执行中的和解,是人民法院在执行已发生法律效力的民事判决、裁定过程中,当事人自行达成协议,自动履行生效和解协议的行为。

《民事诉讼法》规定,在执行中,双方当事人自行和解达成协议的,执行员应当将协议内容记入笔录,由双方当事人签名或者盖章。一方当事人不履行和解协议和或者反悔的,对方当事人可以申请人民法院按照原生效法律文书强制执行。

4. 仲裁中的和解

《仲裁法》规定,当事人申请仲裁后,可以自行和解。

和解是双方当事人的自愿行为,不需要仲裁庭的参与。达成和解协议的,可以请求仲裁庭根据和解协议做出裁决书,也可以撤回仲裁申请。当事人达成和解协议,撤回仲裁申请后又反悔的,可以根据仲裁协议申请仲裁。

(二) 和解的效力

和解达成的协议不具有强制执行效力,如果一方当事人不按照和解协议履行,另一方当事人不可以请求人民法院强制执行,但可以向法院提起诉讼,也可以根据约定申请仲裁。

法院或仲裁庭通过对和解协议的审查,对于意思真实而又不违反法律强制性或禁止性规定的和解协议予以支持,也可以支持遵守协议方要求违反协议方就不执行该和解协议承担违约责任的请求。但是,对于一方非自愿做出的或者违反法律强制性或禁止性规定的和解协议,不予支持。

案例 8-12 分析:

1. 《民事诉讼法》第 51 条规定,"双方当事人可以自行和解。"这种和解在法院做出判决前,当事人都可以进行。

2. 诉讼阶段的和解没有法律效力。本案中的开发商与施工企业和解后,可以请求法院调解。《民事诉讼法》第 89 条规定,"调解达成协议,人民法院应当制作调解书。""调解书经双方当事人签收后,即具有法律效力。"

3. 本案中,开发商与施工企业就诉讼的全部事宜达成和解并经法院制作调解书,经当事人签名盖章后产生法律效力,即结束诉讼程序的全部,视为当事人撤销诉讼。

案例 8-13 分析:

《民事诉讼法》第 13 条第二款规定:"当事人有权在法律规定范围内处分自己的民事权

利和诉讼权利”；第 50 条规定：“双方当事人可以自行和解”。因此，双方当事人在诉讼中自行达成和解协议，属于依法处理自己的民事权利和诉讼权利，除非具有《合同法》第 52 条、第 53 条规定的无效情形，否则该和解协议有效，对双方均有法律约束力，应当遵照履行，但其不具有强制执行的效力。在开发商拒绝履行和解协议的情况下，施工企业可以根据和解协议向人民法院提起诉讼。

任务 5 行政强制、行政复议和行政诉讼制度

一、行政强制的种类的法定程序

《中华人民共和国行政强制法》(以下简称《行政强制法》)规定，行政强制包括行政强制措施和行政强制执行。

行政强制措施，是指行政机关在行政管理过程中，为制止违法行为、防止证据损毁、避免危害发生、控制危险扩大等情形，依法对公民的人身自由实施暂时性限制，或者对公民、法人或者其他组织的财务实施暂时性控制的行为；行政强制执行，是指行政机关或者行政机关申请人民法院，对不履行行政决定的公民、法人或其他组织，依法强制履行义务的行为。

(一) 行政强制的种类

行政强制的种类又包括行政强制措施的种类和行政强制执行的种类。

1. 行政强制措施的种类

行政强制措施包括：限制公民人身自由；查封场所、设施或者财物；扣押财物；冻结存款、汇款；其他行政强制措施；等等。

行政强制措施由法律设定；尚未制定法律，且属于国务院行政管理职权事项的，行政法规可以设定除限制公民人身自由、冻结存款、汇款和应当由法律规定的行政强制措施以外的其他行政强制措施；尚未制定法律、行政法规，且属于地方性事务的，地方性法规可以设定查封场所、设施或财物和扣押财物的行政强制措施。法律、法规以外的其他规范性文件不得设定行政强制措施。

法律对行政强制措施的对象、条件、种类做了规定的，行政法规、地方性法规不得做出扩大规定；法律中未设定行政强制措施的，行政法规、地方性法规不得设定行政强制措施。但是，法律规定特定事项由行政法规规定具体管理措施的，行政法规可以设定除限制公民人身自由，冻结存款、汇款和应当由法律规定的行政强制措施以外的其他行政强制措施。

2. 行政强制执行的种类

行政强制执行包括：加处罚款或者滞纳金；划拨存款、汇款；拍卖或者依法处理查封、扣押的场所、设施或者财物；排除妨碍、恢复原状；代履行；其他强制执行方式。

行政强制执行由法律设定；法律没有规定行政机关强制执行的，作出行政决定的行政机关应当申请人民法院强制执行方式。

行政强制执行由法律设定；法律没有规定行政机关强制执行的，作出行政决定的行政机关应当申请人民法院强制执行。

(二) 行政强制的法定程序

行政强制的程序包括行政强制措施的实施程序、行政强制执行的实施程序和申请法院

强制执行程序。

1. 行政强制措施的实施程序

(1) 一般规定

行政机关履行行政管理职责,依照法律、法规的规定,实施行政强制措施。但违法行为情节显著轻微或者没有明显社会危害的,可以不采行政强制措施。

① 实施主体。行政强制措施由法律、法规规定的行政机关在法定职权范围内实施。行政强制措施权不得委托;依据《行政处罚法》的规定行使相对集中行政处罚权的行政机关,可以实施法律、法规规定的与行政处罚权有关的行政强制措施。此外,行政强制措施应当由行政机关具备资格的行政执法人员实施,其他人员不得实施。

② 实施程序。行政机关实施行政强制措施应遵守下列规定:

a. 实施前须向行政机关负责人报告并经批准;

b. 由两名以上行政执法人员实施;

c. 出示执法身份证件;

d. 通知当事人到场;

e. 当场告知当事人采取行政强制措施的理由、依据以及当事人依法享有的权利、救济途径;

f. 听取当事人的陈述和申辩;

g. 制作现场笔录;

h. 现场笔录由当事人和行政执法人员签名或者盖章,当事人拒绝的,在笔录中予以证明;

i. 当事人不到场的,邀请见证人到场,由见证人和行政执法人员在现场笔录上签名或者盖章;

j. 法律、法规规定的其他程序。

此外,依照法律规定实施限制公民人身自由的行政强制措施,还应当当场告知或者实施行政强制措施后立即通知当事人家属实施行政强制措施的行政机关、地点和期限;在紧急情况下当场实施行政强制措施的,再返回行政机关的,立即向行政机关负责人报告并补办批准手续;履行法律规定的其他程序。

(2) 查封、扣押的实施

① 查封、扣押主体及对象。查封、扣押由法律、法规规定的行政机关实施,其他任何行政机关或者组织不得实施。

查封、扣押限于涉案的场所、设施或者财物,不得查封、扣押与违法行为无关的场所、设施或者财物,以及公民个人及其所扶养家属的生活必需品。当事人的场所、设施或者财物已被其他国家机关依法查封的,不得重复查封。

② 查封、扣押程序及期限。行政机关决定实施查封、扣押的,应当遵守前述有关行政强制措施程序规定,制作并当场交付查封、扣押决定书和清单。

查封、扣押的期限不得超过 30 日;情况复杂的,经行政机关负责人批准,可以延长,但是延长期限不得超过 30 日。法律、行政法规另有规定的除外。

③ 查封、扣押对象的保管。对查封、扣押的场所、设施或者财务,行政机关应当妥善保管,不得使用或者损毁;造成损失的,应当承担赔偿责任;对查封的场所、设施或者财务,行政

机关可以委托第三人保管，第三人不得损毁或者擅自转移、处置。因第三人的原因造成的损失，行政法规规定应当销毁的，依法销毁；应当解除查封、扣押的，做出解除查封、扣押的决定。

（3）冻结的实施

① 实施冻结的主体。冻结存款、汇款应当由法律规定的行政机关实施，不得委托给其他行政机关或者组织；其他任何行政机关或者组织不得冻结存款、汇款。

② 冻结程序。行政机关依照法律规定决定实施冻结存款、汇款的，应当履行下列程序：

a. 实施前须向行政机关负责人报告并经批准；

b. 由两名以上行政执法人员实施；

c. 出示执法身份证件；

d. 制作现场笔录。

此外，还应当向金融机构交付冻结通知书。

金融机构在接到行政机关依法做出的冻结通知书后，应当立即予以冻结，不得拖延，不得在冻结前向当事人泄露信息；法律规定以外的行政机关或者组织要求冻结当事人存款、汇款的，金融机构应当拒绝。

③ 实施冻结后的处理。自冻结存款、汇款之日起 30 日内，行政机关应当做出处理决定或者做出解除冻结决定；情况复杂的，经行政机关负责人批准，可以延长，但是延长期限不得超过 30 日。法律另有规定的除外。延长冻结的决定应当及时书面告知当事人，并说明理由。

2. 行政强制执行的实施程序

（1）一般程序。行政机关依法作出行政决定后，当事人在行政机关决定的期限内不履行义务的，具有行政强制执行权的行政机关依照《行政强制法》规定强制执行。

行政机关做出强制执行决定前，应当事先催告当事人履行义务。经催告，当事人逾期仍不履行行政决定，且无正当理由的，行政机关可以做出强制执行决定。催告期间，对有证据证明有转移或者隐蔽财务迹象的，行政机关可以做出立即强制执行决定。

此外，划拨存款、汇款应当由法律规定的行政机关决定，并书面通知金融机构。金融机构接到行政机关依法做出划拨存款、汇款的决定后，应当立即划拨。

（3）代履行的执行。行政机关依法做出要求当事人履行排除妨碍、恢复原状等义务的行政决定，当事人逾期不履行，经催告仍不履行，其后果已经或者将危害交通安全、造成环境污染或者破坏自然资源的，行政机关可以代履行，或者委托没有利害关系的第三人代履行。

3. 申请人民法院强制执行程序

当事人在法定期限内不申请行政复议或者提起行政诉讼，又不履行行政决定的，没有行政强制执行权的行政机关可以自期限届满之日起 3 个月内，按照《行政强制法》有关规定申请人民法院强制执行。

行政法院接到行政机关强制执行的申请，应当在 5 日内受理。人民法院对行政机关强制执行的申请进行书面审查，对符合强制执行规定，且行政决定具备法定执行效力的，除依法可以听取被执行人和行政机关意见的情形外，应当自受理之日起 7 日内做出执行裁定。此外，应情况紧急，为保障公共安全，行政机关可以申请人民法院立即执行。

案例 8-14 某工地的施工企业夜间施工扰民，区环保局接到群众举报并进行查实后，依法对施工企业做出停工整改和处以2万元罚款的行政处罚决定。施工企业认为该处罚金额过高，欲提起行政复议。

问题：施工企业可以向哪些部门申请行政复议？

二、行政复议的范围、受理和复议决定

行政复议，是指行政机关根据上级行政机关对下级行政机关的监督权，在当事人的申请和参加下，按照行政复议程序对具体行政行为进行合法性和适当性审查，并做出决定以解决行政侵权争议的活动。

（一）行政复议的范围

行政复议的目的，是为了防止和纠正违法的或者不当的具体行政行为，保护公民、法人和其他组织的合法权益，保障和监督行政机关依法行政职权。因此，只要是公民、法人或者其他组织认为行政机关的具体行政行为侵犯其合法权益，就有权向行政机关提出行政复议申请。

根据《行政复议法》的规定，有11项可申请行政复议的情形，结合建设工程实践，其中以下七种尤为重要：

（1）对行政机关做出的警告、罚款、没收违法所得、没收非法财物、责令停产停业、暂扣或者吊销许可证、暂扣或者吊销执照、行政拘留等行政处罚决定不符的；

（2）对行政机关做出的限制人身自由或者查封、扣押、冻结财产等行政强制措施决定不服的；

（3）对行政机关做出的有关许可证、执照、资质证、资格证等证书变更、中止、撤销的决定不服的；

（4）认为行政机关侵犯合法的经营自主权的；

（5）认为行政机关违法集资、征收财物、摊派费用或者违法要求履行其他义务的；

（6）认为符合法定条件，申请行政机关颁发许可证、执照、资质证、资格证等证书，或者申请行政机关审批、登记有关事项，行政机关没有依法办理的；

（7）认为行政机关的其他具体行政行为侵犯其合法权益的。

此外，公民、法人或者其他组织认为行政机关的具体行政行为所依据的下列规定不合法，在对具体行政行为申请行政复议时，可以一并向行政复议机关提出对该规定的审查申请：①国务院部门的规定；②县级以上地方各级人民政府及其工作部门的规定；③乡、镇人民政府的规定。但以上规定不含国务院部、委员会规章和地方人民政府规章。规章的审查依照法律、行政法规办理。

下列事项应按规定的纠纷处理方式解决，不能提起行政复议：

（1）不服行政机关做出的行政处分或者其他人事处理决定的，应当按照有关法律、行政法规的规定提起申诉；

（2）不服行政机关对民事纠纷做出的调解或者其他处理，应当依法申请仲裁或者向法院提起诉讼。

公民、法人或者其他组织认为具体行政行为侵犯其合法权益的，可以自知道该具体行政行为之日起60日内提出行政复议申请；但法律规定的申请期限超过60日的除外。因不可抗力或者其他正当理由耽误法定申请期限的，申请期限自障碍消除之日起继续计算。

依法申请行政复议的公民、法人或者其他组织是申请人。做出具体行政行为的行政机关是被申请人。申请人可以委托代理人代为参加行政复议。申请人申请行政复议，可以书面申请，也可以口头申请。

（二）行政复议受理

行政复议机关收到行政复议申请后，应当在5日内进行审查，依法决定是否受理，并书面告知申请人；对符合行政复议申请条件，但不属于本机关受理范围的，应当告知申请人向有关行政复议机关提出。

在行政复议期间，行政机关不停止执行具体行政行为，但由下列情形之一的，可以停止执行：

（1）被申请人认为需要停止执行的；

（2）行政复议机关认为需要停止执行的；

（3）申请人申请停止执行，行政复议机关为其机关认为其要求合理，决定停止执行的；

（4）法律规定停止执行的。

（三）行政复议决定

行政复议原则上采取书面审查的办法，但申请人提出要求或者行政复议机关负责法制工作的机构认为有必要时，可以向有关组织和人员调查情况，听取申请人、被申请人和第三人的意见。行政复议决定做出前，申请人要求撤回行政复议申请的，经说明理由，可以撤回；撤回行政复议申请的，行政复议终止。

申请人、第三人可以查阅被申请人提出的书面答复、做出具体行政行为的证据、依据和其他有关材料、除涉及国家秘密、商业秘密或者个人隐秘外，行政复议机关不得拒绝。在行政复议过程中，被申请人不得自行向申请人和其他有关组织或者个人收集证据。

行政复议机关应当在受理行政复议申请之日起60日内作出行政复议决定，其主要类型有：

（1）对于具体行政行为认定事实清楚，证据确凿，适用依据正确，程序合法，内容适当的，决定维持。

（2）对于被申请人不履行法定职责的，决定其在一定期限内履行。

（3）对于具体行政行为有下列情形之一的，决定撤销、变更或者确认该具体行政行为违法：①主要事实不清、证据不足的；②适用依据错误的；③违法法定程序的；④超越或者滥用职权的；⑤具体行政行为明显不当的。

对于决定撤销或者确认该具体行政行为违反的，可以责令被申请人在一定期限内重新做出具体行政行为。

（4）被申请人不按照法律规定提出书面答复、提交当初做出具体行政行为的证据、依据和其他材料的，视为该具体行政行为没有证据、依据，决定撤销该具体行政行为。

申请人在申请行政复议时可以一并提出行政赔偿请求，行政复议机关对符合国家赔偿法有关规定应当给予赔偿的，在决定撤销、变更具体行政行为或者确认具体行政行为违法时，应同时决定被申请人依法给予赔偿。

案例8-14分析：

《行政复议法》第12条第一款规定："对县级以上地方各级人民政府工作部门的具体行政行为不服的，由申请人选择，可以向该部门的本级人民政府申请行政复议，也可以向上一级主管部门申请行政复议。"据此，施工企业可以向区人民政府申请行政复议，也可以向市环保局申请行政复议。

三、行政诉讼的受案范围、审理程序和判决执行

行政诉讼，是指人民法院应当事人的请求，通过审查具体行政行为合法性的方式，解决特定范围内行政争议的活动。

案例 8-15 某区规划局的工作人员范某在项目审批过程中存在着工作失职行为，区规划局经查实后对其做出记大过处理，但范某不服。

问题：范某可否申请行政诉讼？

(一) 行政诉讼受案范围

行政诉讼受案范围确定了行政机关具体行政行为受司法监督的限度，以及公民、法人或其他组织获得司法救济的范围。

《行政诉讼法》规定，人民法院受理公民、法人和其他组织对下列具体行政行为不服提起的诉讼：

(1) 对拘留、罚款、吊销许可证和执照、责令停产停业、没收财物等行政处罚不服的；

(2) 对限制人身自由(如强制隔离、强制约束)或者对财产的查封、扣押、冻结等行政强制措施不服的；

(3) 认为行政机关侵犯法律规定的经营自主权的；

(4) 认为符合法定条件申请行政机关颁发许可证和执照，行政机关拒绝颁发或者不予答复的；

(5) 申请行政机关履行保护人身权、财产权的法定职责，行政机关拒绝履行或者不予答复的；

(6) 认为行政机关没有依法发给抚恤金、遗属抚恤金、福利金、救济金等；

(7) 认为行政机关违法要求履行义务的(如财产义务、行为义务、典型表现为乱收费、乱摊派)；

(8) 认为行政机关侵犯其他人身权、财产权的；

(9) 法律、法规规定可以提起行政诉讼的其他行政案件。

但是，人民法院不受理公民、法人或者其他组织对下列事项提起的诉讼：

(1) 国防、外交等国家行为；

(2) 行政法规、规章或者行政机关制定、发布的具有普遍约束力的决定、命令；

(3) 行政机关对行政机关工作人员的奖惩、任免等决定；

(4) 法律规定由行政机关最终裁决的具体行政行为。

案例 8-15 分析：

区规划局对其工作人员范某做出的记大过处理属行政处分，不属于行政处罚措施。因此，范某不能通过行政诉讼解决，但可以依据《公务员法》第 90 条的规定，自知道该人事处理之日起 30 日内向原处理机关申请复核；对复核结果不服的，可以自接到复核决定之日起 15 日内，按照规定向同级公务员主管部门或者做出该人事处理的机关的上一级机关提出申诉，也可以不经复核，自知道该人事处理之日起 30 日内直接提出申诉。对省级以下机关做出的

申诉处理决定不服的，可以向做出处理决定的上一级机关提出再申诉。公务员对处分不服向行政监察机关申诉的，按照《中华人民共和国行政检查法》的规定办理。

行政诉讼主要适用于一般地域管辖。行政案件由最初做出具体行政行为的行政机关所在地人民法院管辖。经复议的案件，复议机关改变原具体行政行为的，也可以由复议机关所在地人民法院管辖。对限制人身自由的行政强制措施不服提起的诉讼，由被告所在地或者原告所在地人民法院管辖。因不动产提起的行政诉讼，由不动产所在地人民法院管辖。

两个以上人民法院都有管辖权的案件，原告可以选择其中一个人民法院提起诉讼。原告向两个以上有管辖权的人民法院提起诉讼的，由最先收起诉状的人民法院管辖。

案例 8-16 2010 年 4 月，某建筑公司获准在当地修建其自用的综合楼工程。施工期间，市燃气总公司（以下简称燃气公司）在 2000 年 5 月巡线发现，该楼房基井内可见燃气次高压主管线被占压；供应全城燃气的高压主干线与综合楼外墙基础的最小间距低于燃气技术规范，且被该工地的临时建筑占压。当地的区建委于 2010 年 5 月 20 日做出处理决定，责令该建筑公司立即停止施工，由燃气公司将燃气改道工程完工后，经区建委批准方可复工，所需费用由建筑公司承担。同年 6 月，燃气公司按该决定的要求将该改道方案送达区建委批准并向建筑公司去函，要求及时支付改道费用，以彻底消除隐患。但建筑公司未执行区建委的停工决定，对燃气公司多次派员接洽、制止无果，致使该大楼占压高压、次高压燃气管道的严重安全隐患未能排除。据此，该市建委认为，建筑公司行为违反了《城市燃气管理办法》第 12 条、第 13 条的规定，依据该办法第 41 条、第 43 条的规定，于 2012 年 7 月 25 日对建筑公司作出行政处罚：罚款 3 万元；承担整改经费 70 600 元。期间，市建委以《建设行政处罚听证告知书》、《行政处罚事先告知书》向建筑公司告知陈述、申辩和听证权，使用国内特快专递送达，取得收件人夏某的快递回执；但并未举行听证会。随后，建筑公司依法提起行政诉讼。

问题：

1. 建筑公司对上述行政处罚不服有哪些救济途径？
2. 建筑公司如果直接提起行政诉讼，应该如何确定起诉期限？
3. 本案中的行政处罚在处罚程序、适用法律上是否违法？
4. 《城市燃气管理办法》的内容是否属于行政复议机关审查范围？
5. 如果建筑公司质疑《城市燃气管理办法》的内容合法性，并就此提请行政诉讼，人民法院是否应当审理？

（二）行政案件的审理程序

1. 起诉与受理

提起行政诉讼应当符合下列四个条件：

（1）原告是认为具体行政行为侵犯其合法权益的公民、法人或者其他组织；

（2）有明确的被告；

（3）有具体的诉讼请求和事实根据；

（4）属于人民法院受案范围和受诉人民法院管辖。

行政争议未经行政复议，由当事人直接向法院提起行政诉讼的，除法律另有规定的外，应当在知道做出具体行政行为之日 3 个月内起诉。经过行政复议但对行政复议决定不服而依法提起行政诉讼的，应当在收到行政复议决定书之日起 15 日内起诉；若行政复议机关逾期不作复议决定的，除法律另有规定的外，应当在行政复议期满之日起 15 日内起诉。

人民法院接到起诉状后应当在 7 日内审查立案或者裁定不予受理。原告对裁定不服的，可以提起上诉。

2. 审理

《行政诉讼法》规定，行政诉讼期间，除该法规规定的情形外，不停止具体行政行为的执行。除涉及国家秘密、个人隐私和法律另有规定的外，人民法院应当公开审理行政案件。人民法院审理行政案件，不适用调解。

人民法院审理行政诉讼案件，以法律和行政法规、地方性法规为依据。地方性法规使用于本行政区域内发生的行政案件；审理民族自治地方的行政案件，并以该民族自治地方的自治条例和单行条例为依据。人民法院审理行政案件，参照国务院部、委根据法律和国务院的行政法规、决定、命令制定、发布的规章以及省、自治区、直辖市和省、自治区的人民政府所在地的市和经国务院批准的较大的市的人民政府根据法律和国务院的行政法规制定、发布的规章。

经人民法院两次合法传唤，原告无正当理由拒不到庭的，视为申请撤诉；被告无正当理由拒不到庭的，可以缺席判决。

3. 判决

法院经过审理，根据不同情况，分别就行政案件做出如下判决：

(1) 认为具体行政行为证据确凿，适用法律、法规正确，符合法定程序的，判决维持。

(2) 认为具体行政行为有下列情形之一，判决撤销或者部分撤销，并可以判决被告重新做出具体行政行为：①主要证据不足的；②适用法律、法规错误的；③违反法定程序的；④超越职权的；⑤滥用职权的。

(3) 认为被告不履行或拖延履行法定职责，判决其在一定期限内履行。

(4) 认为行政处罚显失公平(即同类型的行政处罚畸轻畸重，明显的不公平)的，可以判决变更。

(5) 认为原告的诉讼请求依法不能成立，直接判决否定原告的诉讼请求。

(6) 通过对被诉行政行为的审查，确认被诉具体行政行为合法或违反的判决。

当事人不服人民法院第一审判决的，有权在判决书送达之日起 15 日内提起上诉；不服人民法院第一审裁定的，有权在裁定书送达之日 10 日内提起上诉。逾期不提起上诉的，人民法院的第一审判决或者裁定发生法律效力。

第二审判决、裁定，是终审判决、裁定。当事人对已经发生法律效力的行政判决、裁定，认为确有错误的，可以向原审人民法院或者上一级人民法院提出申诉，但判决、裁定不停止执行。

4. 执行

当事人必须履行人民法院发生法律效力的行政判决、裁定。公民、法人或者其他组织拒绝履行判决、裁定的，行政机关可以向第一审人民法院申请强制执行，或者依照强制执行。

行政机关拒绝履行判决、裁定的，第一审人民法院可以采取以下措施：

(1) 对应当归还的罚款或者应当给付的赔偿金，通知银行从该行政机关的账户内划拨；

(2) 在规定期限内不执行的，从期满之日起，对该行政机关按日处 50 元至 100 元的罚款；

(3) 向该行政机关的上一级行政机关或者监察、人事机关提出司法建议。接受司法建议的机关，根据有关规定进行处理，并将处理情况告知人民法院；

(4) 拒不执行判决、裁定，情节严重构成犯罪的，依法追究主管人员和直接责任人员的刑事责任。

案例 8-16 分析：

1. 根据《行政复议法》第 6 条、第 12 条，《行政诉讼法》第 11 条、第 13 条、第 17 条及第 25 条规定，就上述罚款的行政处罚，若建筑公司不服，其救济途径有：①向该市人民政府或者上级建设行政主管部门提起行政复议；②不经提起行政复议，可直接向市建委所在地基层人民法院提起诉讼；③经行政复议机关维持市建委的行政处罚决定，建筑公司仍不服的，有权向市建委所在地基层人民法院以市建委为被告提起行政诉讼；④经行政复议且复议机关改变市建委的行政处罚决定，建筑公司仍不服的，建筑公司有权向市建委所在地或者复议机关所在地基层人民法院以复议机关为被告提起行政诉讼。

2. 根据《行政诉讼法》第 39 条规定，建筑公司如果直接向人民法院提起诉讼，应当在知道做出具体行政行为之日起 3 个月内提出。该公司法定代表人于 2012 年 7 月 25 日签收行政处罚决定，则建筑公司提起行政诉讼期限截止于 2012 年 10 月 24 日(含当天)。

3. 法院审理认为，根据 2009 年 8 月经修改后颁布的《行政处罚法》第 32 条、第 42 条规定，市建委应当向建筑公司告知陈述、申诉、听证权。但是，市建委虽以书面形式告知，并使用特快专递送达，但实际未送达给建筑公司(经审理查明，快递签收人并非该公司员工，也与该公司无关联)，且无证据表明建筑公司事实上行使了陈述、申辩和听证权利。因此，市建委对建筑公司的行政处罚属程序违法。

4. 根据《行政复议法》第 7 条规定，公民、法人或者其他组织认为行政机关的具体行政行为所依据的规定不合法，在对其具体行政行为申请行政复议时，可以一并向行政复议机关提出对该规定的审查申请，但是不含国务院部、委员会规章。《城市燃气管理办法》是建设部令第 62 号，属于部门规章。因此，不属于行政复议审查范围。

5. 根据《行政诉讼法》第 12 条规定，人民法院不受理公民、法人或者其他组织对"行政法规、规章或者行政机关制定、发布的具有普遍约束力的决定、命令"提起的诉讼。《城市燃气管理办法》属于建设部的部门规章。因此，不属于人民法院受理行政诉讼范围。

课后习题

一、单项选择题

1. 某工程建设项目发生工程款结算纠纷，当地建设行政管理部门组织建设方与施工方进行了商谈，但未达成一致意见。上述纠纷属于(　　)。

A. 合同纠纷　　B. 行政纠纷　　C. 侵权纠纷　　D. 程序纠纷

2. 以下不属于民事纠纷处理方式的是(　　)。

A. 当事人自行和解 B. 行政复议　　C. 行政机关调解　　D. 商事仲裁

3. 当事人双方在合同中约定解决争议的方法只能为调解。当纠纷发生后，若一方坚决不同意调解，此时争议解决方式为(　　)。

A. 和解　　B. 调解　　C. 诉讼　　D. 仲裁

4. 总包单位与分包单位发生工程质量纠纷后，双方达成了和解协议，但分包单位未执行和解协议，针对此种情况，则总包单位的下列作法错误的是(　　)。

A. 请求建设行政管理机关调解　　B. 向人民法院起诉

C. 申请人民法院强制执行　　D. 向约定的仲裁委员会申请裁员

5. 施工单位与物资供应单位因采购的防水材料质量问题发生争议，双方多次协商，但没有达成和解，则关于此争议的处理，下列说法正确的是(　　)。

A. 双方依仲裁协议申请仲裁后，仍可以和解

B. 如果双方在申请仲裁后达成了和解协议，该和解协议即具有法律强制执行力

C. 如果双方通过诉讼方式解决争议，不能再和解

D. 如果在人民法院执行中，双方当事人达成和解协议，则原判决书终止执行

6. 一裁终局制度体现了仲裁的(　　)特点。

A. 专业性　　B. 自愿性　　C. 独立性　　D. 快捷性

7. 仲裁的保密性特点体现在它以(　　)为原则。

A. 不开庭审理　　B. 不允许代理人参加

C. 不公开审理　　D. 不允许证人参加

8. 下列关于解决合同纠纷方式的说法中，正确的是(　　)。

A. 对仲裁裁决不服可以再向人民法院起诉

B. 协商是解决纠纷的重要方式，和解协议具有强制执行的效力

C. 当事人可以经调解解决合同争议

D. 对法院一审判决不服，可向仲裁机构申请仲裁

9. 建设工程施工合同应以(　　)为合同履行地。

A. 施工行为地　　B. 发包方住所地

C. 合同签订地　　D. 承包方住所地

10. 甲地的建设单位与乙地的施工单位在丙地签订了建设工程施工合同，合同规定：若发生争议，向丙地法院起诉。则该诉讼管辖方式为(　　)。

A. 一般地域管辖　　B. 协议管辖

C. 专属管辖　　D. 指定管辖

11. 甲市的王先生购买了位于乙市的商品房一套，该住房的开发商为丙市的某房地产开发公司，工程由丁市的某建筑企业施工建设。王先生入住不到一年，发现该房屋的承重墙出现严重开裂。王先生欲对此提出诉讼，则本案应由(　　)市人民法院管辖。

A. 甲　　B. 乙　　C. 丙　　D. 丁

12. 在民事诉讼中，“一般授权”所行使的诉讼权利为(　　)。

A. 代为承认对方的诉讼请求　　B. 进行和解

C. 变更诉讼请求　　D. 法庭辩论

13. 当事人委托福泽律师事务所的张律师做自己的诉讼代理人，授权委托书中委托权限一栏仅注明“全权代理”。则张律师有权代为(　　)。

A. 陈述事实、参加辩论　　B. 承认、放弃、变更诉讼请求
C. 进行和解　　D. 提起反诉或上诉

14. 下列材料不属于《民事诉讼法》中规定的证据种类的是(　　)。
A. 书证　B. 证人证言　C. 律师代理意见　D. 鉴定结论

15. 民事诉讼的证据不包括(　　)。
A. 书证　B. 物证　C. 电子数据　D. 科学实验

二、多项选择题

1. 关于民事纠纷解决方式的说法,正确的是(　　)。
A. 调解只能在民事诉讼阶段进行
B. 和解可以在民事纠纷的任何阶段进行
C. 仲裁机构受理案件的管辖权来自于当事人双方的协议
D. 仲裁实行一裁终局制　E. 民事诉讼实行两审终审制

2. 下列关于仲裁与诉讼特点的表述正确的是(　　)。
A. 仲裁的程序相对灵活,诉讼的程序较严格
B. 仲裁以不公开审理为原则,诉讼则以不公开审理为例外
C. 仲裁实行一裁终局制,诉讼实行两审终审制
D. 仲裁机构由双方协商确定,管辖人民法院则不能由双方约定
E. 仲裁和诉讼时两种独立的争议解决方式

3. 根据《民事诉讼法》,合同当事人可以以书面合同中协议选择的(　　)人民法院管辖。
A. 双方约定的其他地方　　B. 原告住所地
C. 被告住所地　　D. 合同履行地
E. 合同签订地

4. 根据《民事诉讼法》,下列案件纠纷适用专属管辖的是(　　)。
A. 货物运输　　B. 人员伤害
C. 房屋权属　　D. 土地使用权出让
E. 建设工程施工合同

5. 施工单位诉建设单位拖欠工程案件中,施工单位对人民法院委托的鉴定机构做出的鉴定结论有异议申请重新鉴定,人民法院应予准许的情形有(　　)。
A. 建设单位不同意鉴定结论　　B. 鉴定人员不具备相关的鉴定资格
C. 鉴定程序严重违法　　D. 鉴定结论明显依据不足
E. 经过质证认定鉴定结论不能作为证据使用

参考答案

项目一　建设法规体系

一、单项选择题

1. C　2. D　3. A　4. A　5. B　6. C　7. D　8. C

二、多项选择题

1. ABC　2. AD　3. BC　4. ABCD　5. ABCD　6. ABDE　7. AE　8. ADE

项目二　建设工程许可法规

一、单项选择题

1. B　2. C　3. A　4. B　5. C　6.　B　7. C　8. C　9. C　10. D

二、多项选择题

1. ACE　2. BCDE　3. ACDE　4. ABCD　5. BCDE

项目三　工程发包与承包法规

一、单项选择题：

1. D　2. B　3. D　4. D　5. B　6. C　7. B　8. B　9. C　10. B　11. D　12. A　13. D　14. B　15. C　16. C　17. C　18. D　19. C　20. C

二、多项选择题：

1. BCDE　2. BC　3. ABDE　4. BC　5. ACDE

项目四　建设工程合同与劳动合同法规

一、单项选择题

1. C　2. A　3. D　4. B　5. D　6. D　7. D　8. C　9. D　10. D　11. D　12. C　13. B　14. B　15. C　16. C　17. B　18. C　19. A　20. B

二、多项选择题

1. ABCE　2. BC　3. CD　4. AD　5. AB　6. ABE　7. ABD　8. AB　9. ABCD　10. BE

项目五　建设工程安全生产法规

一、单项选择题

1. B　2. B　3. D　4. B　5. B　6. B　7. B　8. D　9. C　10. A　11. D　12. D　13. B　14. C　15. C

二、多项选择题

1. ABCD 2. ACD 3. BD 4. BCE 5. ABCD 6. ADE 7. CE 8. ABC 9. BDE 10. ACE

项目六 建设工程质量管理法规

一、单项选择题

1. C 2. A 3. C 4. C 5. D 6. D 7. B 8. C 9. C 10. B 11. B 12. A 13. D 14. C 15. B 16. D 17. B 18. D 19. B 20. B

二、多项选择题

1. ABC 2. DE 3. ACE 4. ABC 5. DE 6. ABCD 7. ABD 8. BC 9. BDBD

项目七 建设工程施工环境保护、节约能源和文物保护法律制度

一、单项选择题

1. B 2. C 3. D 4. D 5. D 6. A 7. B 8. D 9. B 10. A 11. A 12. C 13. B 14. C 15. A

二、多项选择题

1. BCD 2. BCDE 3. BCD 4. ABCD 5. ACD

项目八 解决建设工程纠纷法律制度

一、单项选择题

1. A 2. B 3. C 4. C 5. A 6. D 7. C 8. C 9. A 10. B 11. B 12. D 13. A 14. C 15. D

二、多项选择题

1. BCDE 2. ABCE 3. BCDE 4. CD 5. BCDEA